中国特色高水平专业群系列教材

高等职业教育“十四五”规划教材

企业数字化运营（活页式）

QIYE SHUZIHUA YUNYING

张艳玲 主编

张立华 主审

中国农业大学出版社
China Agricultural University Press

内容简介

本书在教学使用过程中可以采用线上云班课与线下操作实训相结合的方式组织教学，以用友 ERP-U8V15.0、DBE 财务大数据实训、DBE 数字营销综合实训、DBE 人力大数据实训和 DBE 区块链综合实训等为工作平台，基于工作过程和岗位分工，以企业经济活动案例为载体，着重介绍企业数字财务、数字业务、数字人力、数字营销和数字人民币等业务的处理流程和操作方法。

本书适用于大中专院校财经类专业，也可以作为各类培训机构的指导书。

图书在版编目（CIP）数据

企业数字化运营 / 张艳玲主编 . -- 北京：中国农业大学出版社，2023.10

ISBN 978-7-5655-3081-4

Ⅰ. ①企… Ⅱ. ①张… Ⅲ. ①企业经营管理－数字化－高等职业教育－教材 Ⅳ. ① F272.3

中国国家版本馆 CIP 数据核字（2023）第 194575 号

书　名 企业数字化运营

作　者 张艳玲 主编 张立华 主审

策划编辑 张 玉　　**责任编辑** 张 玉 邢永丽

封面设计 郑 川 李尘工作室

出版发行 中国农业大学出版社

社　址 北京市海淀区圆明园西路 2 号　　**邮政编码** 100193

电　话 发行部 010-62733489，1190　　读者服务部 010-62732336

编辑部 010-62732617，2618　　出 版 部 010-62733440

网　址 http: // www.caupress.cn　　**E-mail** cbsszs@cau.edu.cn

经　销 新华书店

印　刷 运河（唐山）印务有限公司

版　次 2023 年 10 月第 1 版 2023 年 10 月第 1 次印刷

规　格 185 mm × 260 mm 16 开本 19.25 印张 474 千字

定　价 57.00 元

图书如有质量问题本社发行部负责调换

编审委员会

主　编

张艳玲(黑龙江农业经济职业学院)

副主编

曲海波(牡丹江大学)

肖文博(黑龙江农业经济职业学院)

参　编

赵玉玲(黑龙江农业经济职业学院)

杜学超(黑龙江农业经济职业学院)

王　达(新道科技股份有限公司)

主　审

张立华(黑龙江农业经济职业学院)

前言

进入信息时代，随着大数据、云计算、人工智能、物联网和区块链等新技术的发展，企业的数字化转型势在必行。其优势主要表现为：业务数字化，释放生产力；人才数字化，激发创造力；组织数字化，提升凝聚力。党的二十大报告指出，加快发展数字经济，促进数字经济和实体经济深度融合。数字化转型是企业面对数字时代的必然选择。本书通过“互联网+应用”“线上资源与线下课堂结合教学”的方式从数字财务、数字业务、数字人力、数字营销和数字人民币等方面为学生全景展示企业数字化运营体系的构建方法；加强学生对企业数字化运营体系的认识和理解；提高学生运用数字化运营知识分析企业管理现象及解决问题的能力。

本书在深入调查了解我国中小企业会计数字化现状的基础上，根据教育部制定的财经大类专业教学标准，与企业、中高职院校的专家学者合作完成。本书依托用友 ERP-U8V15.0 软件、DBE 财务大数据实训、DBE 数字营销综合实训、DBE 人力大数据实训和 DBE 区块链综合实训等平台，以商业企业典型的业务为载体，根据企业数字化工作的流程，按照“必须、够用、实用”的原则，组织了九个项目的教学内容，通过任务描述、知识准备、任务流程、技能训练等环节设计教学内容，以清晰的业务流程、详细的操作步骤启发学生积极思考，不断提高学生分析问题和解决问题的能力。

本书由黑龙江农业经济职业学院张艳玲担任主编，牡丹江大学曲海波、黑龙江农业经济职业学院肖文博担任副主编，黑龙江农业经济职业学院赵玉玲、杜学超，新道科技股份有限公司王达参加了编写。具体编写分工为：项目一、项目二和项目五由张艳玲编写，项目三由赵玉玲编写，项目四由肖文博编写，项目七由曲海波编写，项目八由杜学超编写，项目六和项目九由王达编写，最后由张艳玲统稿成书。本教材由黑龙江农业经济职业学院张立华担任主审。

在本书的编写过程中，得到了新道科技股份有限公司等单位的大力支持，并给本书提供了许多宝贵的建议。本书在编写过程中借鉴了一些企业管理和数字化建设的相关资料和文献，在此谨对相关作者表示衷心的感谢！

由于编者水平有限，对实际工作研究不够全面，书中难免存在疏漏和不当之处，在此，我们期待使用本书的人员不吝指正，以便今后不断完善。

编 者

2023 年 3 月

目 录

项目一　企业背景介绍

企业背景介绍

知识目标

- 了解企业基本信息。
- 了解企业组织结构。

能力目标

- 能熟知企业各种会计政策。

一、企业基本信息

1. 公司简介

北京美庭商贸有限公司是一家销售家居用品的商贸公司，公司组织结构如图 1-1-1 所示。

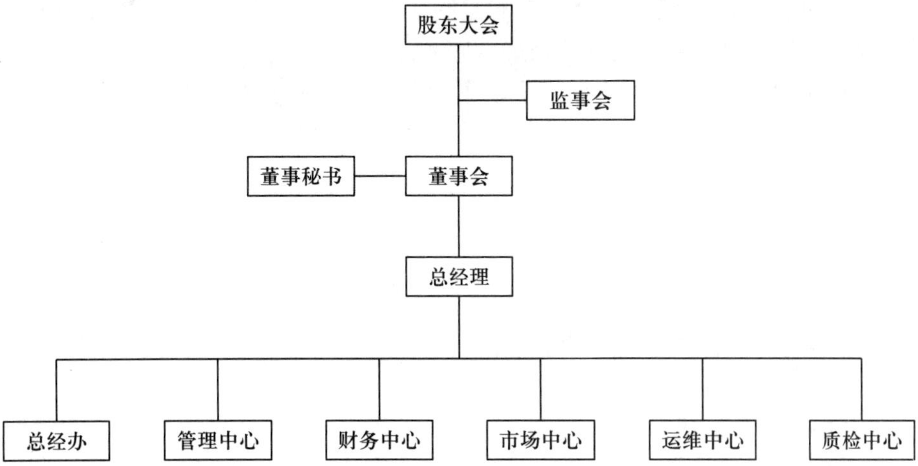

图 1-1-1　组织结构图

2. 企业基本信息

企业名称：北京美庭商贸有限公司

企业负责人：李伟

企业注册地址：北京市昌平区回龙观路 15 号

企业经营范围：枕头、床罩、被品、床垫类家居用品销售服务等

企业注册登记日期：2016 年 1 月

注册登记地点:北京市昌平区回龙观路 15 号
办公地址:北京市昌平区回龙观路 15 号
纳税人识别号:91110300708461188Y
邮政编码:100045
电话:010-28285858
基本户开户银行:中国工商银行北京海淀支行
基本户开户银行账号:110022999988889958 8

二、企业会计政策

会计制度:本公司执行《企业会计准则》和《企业会计制度》及其补充规定。

会计年度:本公司会计年度采用公历年度,即每年自 1 月 1 日起至 12 月 31 日止。

营业周期:本公司以 12 个月作为一个营业周期,并以其作为资产和负债的流动性划分标准。

记账本位币:本公司记账本位币为人民币。

记账基础和计价原则:本公司采用借贷记账法,以权责发生制为记账基础,以历史成本为计价原则。

应收款项:应收款项包括应收账款、其他应收账款等。

存货:存货包括库存商品、低值易耗品。存货取得时按实际成本计价,发出时按先进先出法计价;低值易耗品的核算采用“一次摊销法”核算。

固定资产折旧方法:本企业固定资产折旧采用平均年限法,按月计提折旧。

收入确认原则:公司在履行了合同中的履约义务,即在客户取得相关商品或服务控制权时,按照分摊至该项履约义务的交易价格确认收入。

税项:公司主要适用增值税和企业所得税。增值税按应税收入的 13% 计算销项税额,并按扣除当期允许抵扣的进项税额后的差额缴纳增值税;企业所得税按应纳税所得额的 25% 计算缴纳。

项目二　企业数字化建模

知识目标

- 掌握建立账套、设置用户及其授权的方法。
- 掌握基础档案设置的方法。
- 掌握各系统初始余额录入的方法。

能力目标

- 能识别系统管理员和账套主管。

思政目标

- 时刻牢记财务工作者承担重要职责，肩负重要使命，要当好财政资金的“守护人”。

任务1　建立账套

任务描述

账套管理

一、账套管理

2020年3月1日，根据表2-1-1为北京美庭商贸有限公司建立账套。

表2-1-1　账套信息

账套号	001
账套名称	北京美庭商贸有限公司
启用日期	2020年3月
企业类型	商业
基础信息	客户、供应商、存货分类，有外币核算
编码方案	科目编码:42222;部门:22;收发类别:121;其他采用系统默认
数据精度	采用系统默认
系统启用	启用总账、应收、应付、固定资产、薪资管理、采购、销售、库存、存货;启用日期统一为:2020年3月1日

二、用户及权限管理

2020 年 3 月 1 日，根据表 2-1-2 为北京美庭商贸有限公司添加用户并授权。

表 2-1-2　用户信息

编码	姓名	权限
01	吴波	账套主管
02	张远东	库存管理

知识准备

思政案例

钱云秀：精心理好“钱袋子”

习近平总书记指出，“一个有希望的民族不能没有英雄，一个有前途的国家不能没有先锋。”“‘中国好人’最可贵的地方就是在平凡工作中创造不平凡的业绩”。时代造就英雄，伟大来自平凡。在这个属于奋斗者的新时代，只要执着坚守、奋力逐梦，每一名追梦者都可以创造不平凡的业绩，每一个人都可以成为时代的英雄、先锋和榜样。

威信县财政局副局长兼预算股股长钱云秀自 2005 年参加工作以来，先后在乡（镇）财政所担任出纳、会计，在县财政局从事预算指标管理、财政收支预决算编制和审核等工作。10 多年来，她始终发扬勤奋、务实、勇于拼搏的敬业精神，精心理好、扎好“钱袋子”，为当好财政“大管家”充分发挥参谋助手作用。

理“财”需要恒心。钱云秀深知，财政收支是保证县域国民经济运行通畅的基础。县财政局预算股担负着编制年度财政收支预决算草案和预算调整方案并组织执行，负责组织部门预算编制、审核等工作。钱云秀作为预算股股长，她总有算不完的账、填不完的表格、写不尽的分析报告，但她始终以高度负责、勤奋敬业的态度忘我工作。2017 年 5 月，县财政局有件紧急事项需要处理，钱云秀当时在休产假，她获悉后，立即抱上婴儿就赶到单位工作，花了近两个小时的时间才处理结束。

理“财”需要强烈的责任心。钱云秀有着一颗“为国理财、为民服务”的强烈的责任心。2019 年 2 月 28 日下午 4 时多，她的家人打电话说，其年已八旬的父亲摔了一跤，看是否有时间回乡下老家看一下。钱云秀当时手里的工作繁多，脱不了身，她打算待晚上加班把预算公开工作做完后，次日一早就送父亲去医院。谁知，当晚 11 时许，她的父亲就去世了。

理“财”需要细心。财政工作是一项艰巨而烦琐的工作，尤其是基层财政预算工作，要求高、难度大，既要细致，又要严谨。钱云秀深刻认识到“细节决定成败”，始终坚持做到“细心、精细、精益求精”，保证财政预算工作质量。单位同事填写的报表，她都会不厌其烦地看上几遍，就怕其中有错而没被发现。为降低错误发生率，下达单位预算指标时,她务必按指标文号、下达单位等分门别类地做好各项登记,并设置了整个工作簿的平衡关系,保证字表文件登记的准确性和完整性,方便平时查看。同时,很大程度上减少了年终与各部门的对账工作量。

10 多年来,钱云秀成为精心理好"钱袋子"的行家里手,为管好"家"、当好"家"尽职尽责。钱云秀先后被评为"全省财政系统先进工作者""全省财政系统先进个人"。日前,省委、省政府为钱云秀记一等功。

希望同学们将来能有扎根平凡岗位甘于奉献的高尚情怀、默默耕耘的奋斗品质、矢志创新的敬业态度,带动更多身边人向上向善,弘扬社会主义核心价值观,争做社会的好公民、单位的好员工、家庭的好成员,为努力开创祖国高质量跨越式发展奉献自己的光和热。

一、系统管理概述

系统管理模块为系统管理员维护和管理各种不同类型的用友 U8V15.0 账套提供了一个方便的操作平台,它是围绕着用友 U8V15.0 账套来进行组织的。

账套在整个用友 U8V15.0 系统中是非常重要的,它是存放各种数据的载体,各种财务数据、业务数据、一些辅助信息等都存放在账套中。账套本身就是一个数据库文件。

二、系统管理的功能

系统管理模块主要能够实现以下功能:

(1) 对账套的统一管理,包括建立、修改、引入和输出(恢复备份和备份)。

(2) 对操作员及其功能权限实行统一管理,设立统一的安全机制,包括用户、角色和权限设置。

(3) 允许设置自动备份计划,系统根据这些设置定期进行自动备份处理,实现账套的自动备份。

(4) 对年度账的管理,包括建立、引入、输出年度账,结转上年数据,清空年度数据。

由于用友 ERP-U8 软件所含的各个产品是为同一个主体的不同层面服务的,并且产品与产品之间相互联系、数据共享,因此,就要求这些产品具备如下特点:

①具备公用的基础信息。

②拥有相同的账套和年度账。

③操作员和操作权限集中管理并且进行角色的集中权限管理。

④业务数据共用一个数据库。

任务流程

一、账套管理

操作流程如下。

(1) 选择【用友 ERP-U8V15.0】—【系统服务】—【系统管理】,进入系统管理的登录界面。

(2)单击【系统】—【注册】,系统将弹出如图 2-1-1 所示界面。

图 2-1-1　登录对话框

(3)在登录对话框中选择默认应用服务器的计算机名或 IP 地址(即本机器名),用户在【操作员】对话框输入“admin”,输入密码(此处为空,可由用户自行修改)。【账套名】为软件安装时默认的应用服务器的数据源。单击【登录】按钮,完成登录任务。

(4)初次以系统管理员身份进入系统管理界面,如图 2-1-2 所示,此时可以进行用户注册注销、角色选择、权限分配、建立账套、指定账套主管等操作。以后也可以用账套主管身份进入此界面,进行账套的相关维护,设置该账套操作员的权限。

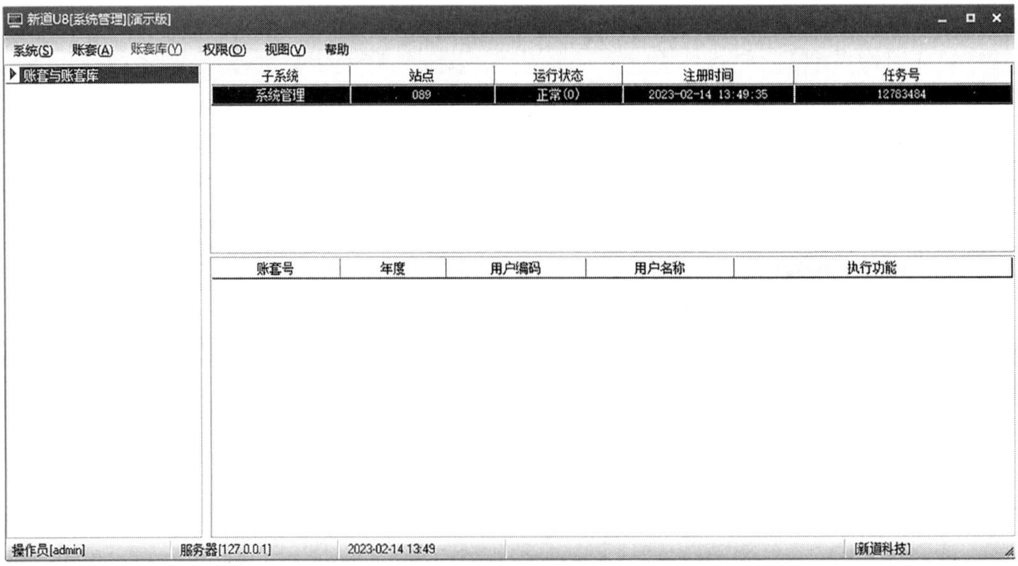

图 2-1-2　系统管理员 admin 工作界面

☆ **提示**

只有账套主管才能使用【年度账】菜单。

(5)在【系统管理】功能窗口中,执行【账套】—【建立】,建账方式选择“新建空白账套”,点击【下一步】按钮,如图 2-1-3 所示。

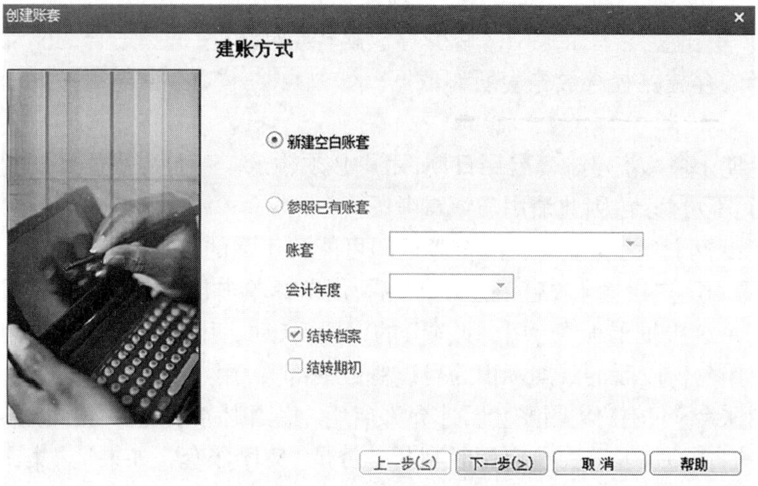

图 2-1-3　建账方式对话框

(6)在图 2-1-4 中输入账套号与账套名称等信息。

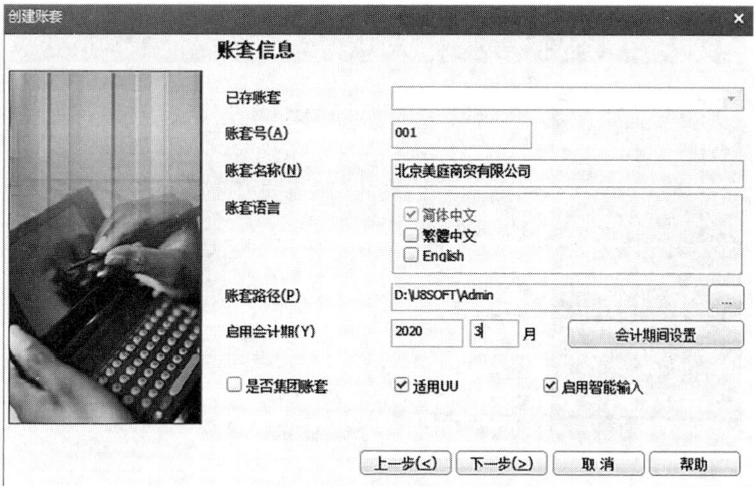

图 2-1-4　账套信息对话框

功能按钮操作说明:

【已存账套】系统将现有的账套以下拉框的形式在此栏目中表示出来,用户只能参照,而不能输入或修改。其作用是在建立新账套时可以明晰已经存在的账套,避免在新建账套时重复建立。

【账套号】用来输入新建账套的编号,用户必须输入,可输入 3 个字符(只能是 001—999 之间的数字,而且不能与已存账套号重复)。

【账套名称】用来输入新建账套的名称,目的是标识新账套的信息,用户必须输入。

【账套语言】选择账套中数据所支持的语种,默认是简体中文并必选。建账之日以后还可以通过“语言扩展”功能,增加新的语种,但已扩展的语种不能删除。

【账套路径】用来输入新建账套的保存路径,用户必须输入,可以参照输入,但不能是网络路径中的磁盘。单击参照图标,弹出“账套存放路径”对话框,选择适合的驱动器和目标文件夹,系统按选择的存放路径存放账套所有数据。如“D:\yyzt”。或此时可按界面操作提示进行新建路径。

【启用会计期】输入新建账套启用日期,用户必须输入。一旦启用会计期间并进行了后续操作则会计期间不可修改,因此请用户慎重考虑。

【会计期间设置】因为企业的实际核算期间可能和正常的自然日期不一致,所以系统提供此功能进行设置。用户在输入“启用会计期”后,用鼠标单击【会计期间设置】按钮,弹出会计期间设置界面,系统根据前面“启用会计期”的设置,自动启用月份以前的日期标识为不可修改的部分;而启用月份以后的日期标识为可以修改的部分,用户可以任意设置。

【是否集团账套】只有“集团账套”,才允许启用“集团财务系统”;“集团财务”的启用月份为会计月对应的自然月的第一天;启用时判断是否是“集团账套”,如果是“集团账套”,不允许启用“总账”产品。

各项内容输入完成后,单击【下一步】按钮,进入单位信息录入界面。

(7)在图 2-1-5 功能窗口中,填入单位信息,其中单位名称必须输入,其他内容按要求输入。完成后单击【下一步】按钮。

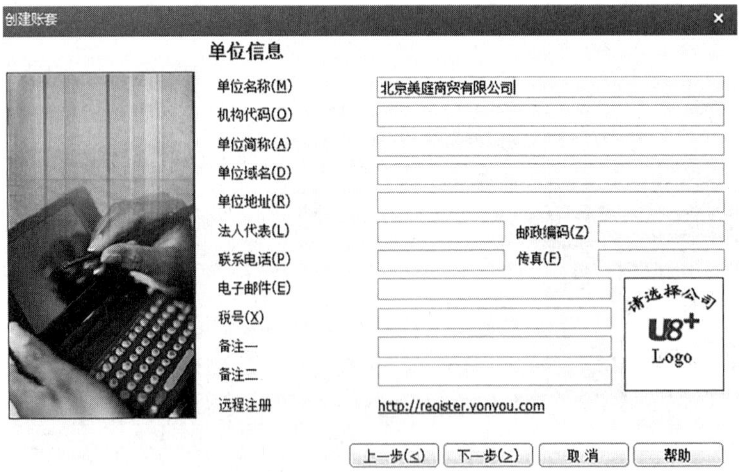

图 2-1-5　单位信息对话框

(8)输入核算类型。用于记录本单位的基本核算信息,包括本位币代码、本位币名称、账套主管、行业性质、企业类型、是否按行业预置科目等(图 2-1-6)。

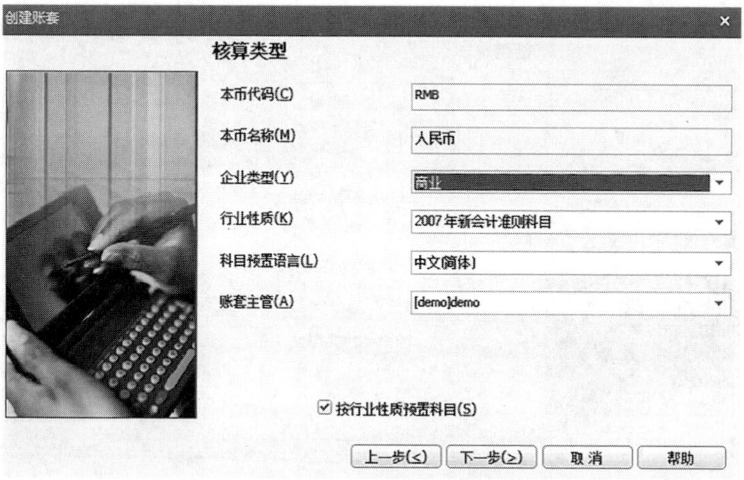

图 2-1-6　核算类型设置

功能按钮操作说明：

【本币代码】用来输入新建账套所用的本位币代码，例如“人民币”的代码为 RMB。

【本币名称】用来输入新建账套所用的本位币名称，必须输入。

【企业类型】用户必须从下拉框中选择输入与自己企业类型相同或最相近的类型。系统提供工业、商业、医药流通三种类型。本账套选用“工业”企业类型。

【行业性质】用户必须从下拉框中选择输入本单位所处的行业性质。软件中提供了行政、工业企业、商品流通等多种不同性质的行业。请选择适用于本企业的行业性质，为下一步“是否按行业预置科目”确定行业范围，系统还会根据我们的选择预制一些行业特定的报表，本账套选择“新会计制度科目”。

【科目预置语言】选择科目档案所使用的语言，包括：中文简体、中文繁体、English。

【账套主管】用来确认新建账套的账套主管，用户只能从下拉框中选择输入。对于账套主管的设置和定义请参考权限管理的内容。

【按行业预置科目】如果用户希望采用系统预置所属行业的标准一级科目，则选中该选项。以后进入系统后，会计科目由系统自动设置；否则由用户自己设置会计科目。设置完成后单击【下一步】按钮。

(9) 设置基础信息。基础信息包括存货是否分类、客户是否分类、供应商是否分类、有无外币核算等几项内容，用户可根据本单位的实际情况适当选择。如图 2-1-7 所示。

功能按钮操作说明：

【存货是否分类】如果单位的存货较多，类别繁杂，应该选择存货分类核算，此时在选择基础信息设置时必须先设置存货类别，再设置存货档案。

【客户是否分类】如果本单位的客户多，为了管理方便、有序，应该选择此项内容，这样在设置客户档案之前也应先设置客户类别。

【供应商是否分类】如果选择了供应商分类，在设置供应商档案前要先进行供应商类别的定义。

【有无外币核算】对于涉及外币收付的企业应该选择此项内容。

各项内容设置完成后，单击【完成】按钮。系统提示“可以创建账套了吗？”如果前面的各项操作没有问题，单击【是】按钮，系统创建账套。

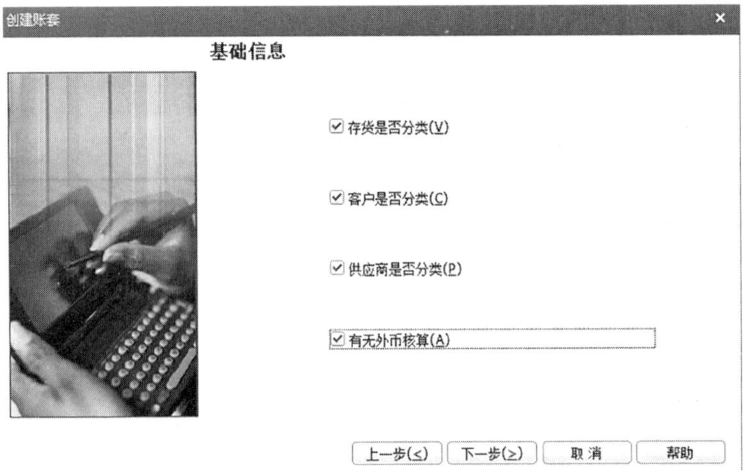

图 2-1-7　基础信息设置

（10）编码方案维护与运算精度。系统在创建完账套后给出各项内容的基本编码方案，用户也可以根据自己的需要进行修改。如图 2-1-8 所示。

对于运算精度用户同样可以根据企业需要进行修改。如图 2-1-9 所示。完成后单击【确定】按钮，如图 2-1-10 所示，单击【是】按钮结束建账工作。

编码方案

项目	最大级数	最大长度	单级最大长度	第1级	第2级	第3级	第4级	第5级	第6级	第7级	第8级	第9级
科目编码级次	13	40	9	4	2	2	2	2				
客户分类编码级次	5	12	9	2	3	4						
供应商分类编码级次	5	12	9	2	3	4						
存货分类编码级次	8	12	9	2	2	2	2	3				
部门编码级次	9	12	9	2	2							
地区分类编码级次	5	12	9	2	3	4						
费用项目分类	13	50	9	1	2							
结算方式编码级次	2	3	3	1	2							
货位编码级次	8	20	9	2	3	4						
收发类别编码级次	3	5	5	1	2	1						
项目设备	8	30	9	2	2							
责任中心分类档案	5	30	9	2	2							
项目要素分类档案	6	30	9	2	2							
供应商权限组级次	5	12	9	2	3	4						

确定(O)　取消(C)　帮助(F)

图 2-1-8　编码方案设置

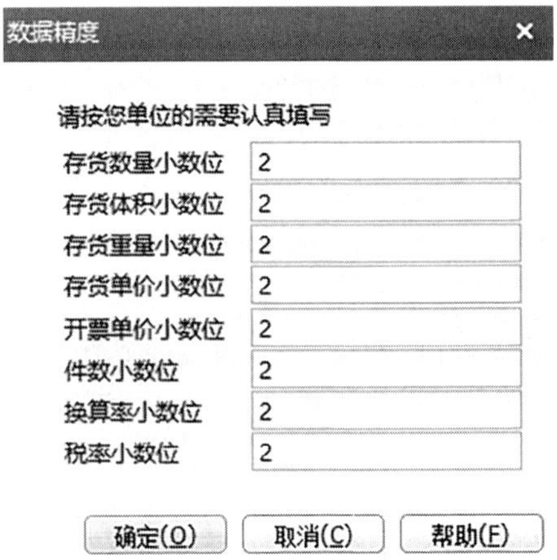

图 2-1-9　数据精度设置

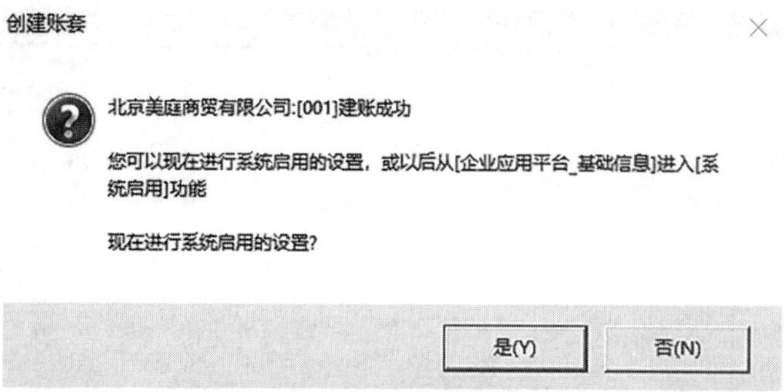

图 2-1-10 系统启用提示框

(11) 账套建立成功后，可以进行“系统启用”设置，如图 2-1-11、图 2-1-12 所示；用户也可以在【企业门户】的【基础信息】选择时使用“系统启用”设置。

图 2-1-11 进入系统启用界面

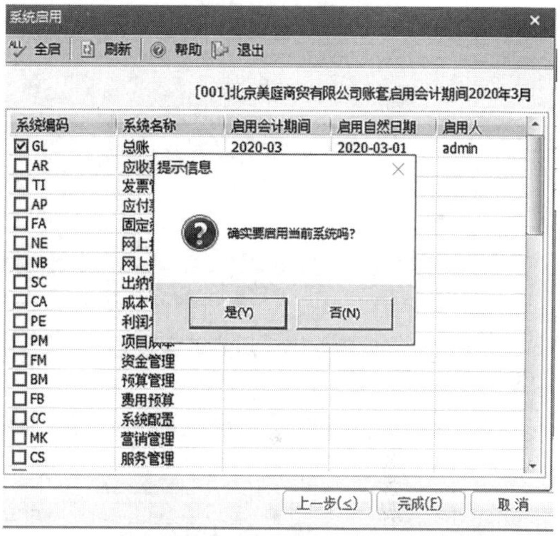

图 2-1-12 启用系统及提示

二、用户及权限管理

系统中的每位用户都将被授予一定的角色，可以是一个，也可以是多个，某个操作人员被授予哪些角色，也就拥有了相应内容的操作权限。这是对用户分配操作权限的一种方法。此外，也可以通过【用户】【权限】功能给用户追加或分配软件操作的功能权限。

用户及权限管理

操作流程如下。

(1) 以系统管理员“admin”的身份进入系统管理，选择【权限】—【用户】，单击【增加】按钮，如图 2-1-13 所示，输入编号、姓名、所属部门等信息，选择相应的角色。如图 2-1-14 所示。

重复以上操作，将所有操作员注册完毕。如图 2-1-15 所示。如要注销某操作员，要区分以下两种情况：其一是已经注册为操作员，但未进行任何内容的操作，可以直接注销；其二是已经有操作内容但仍要注销此人，则只能取消其全部操作权限即视为注销。

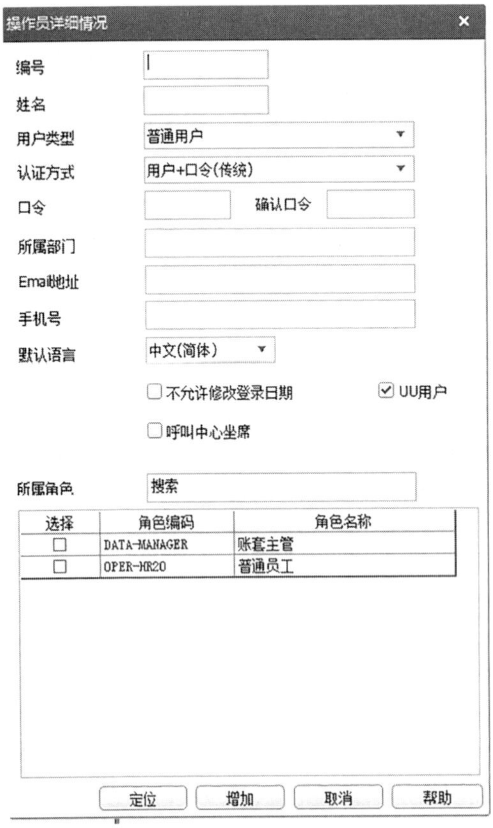

图 2-1-13　用户注册界面

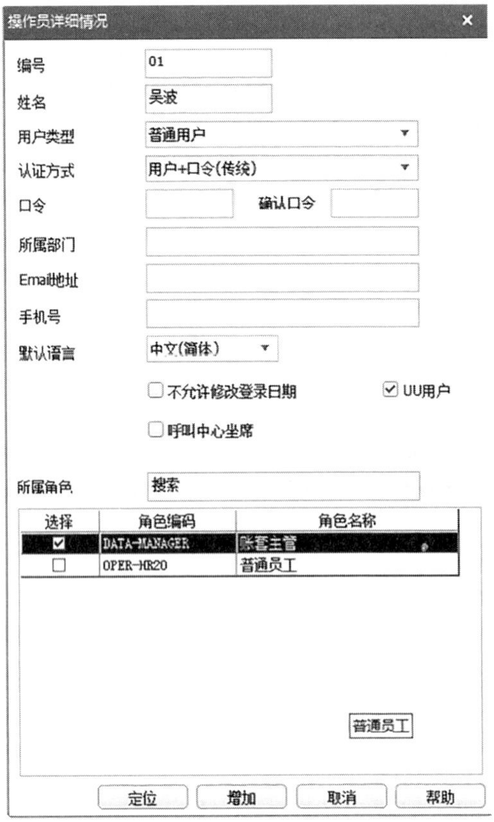

图 2-1-14　已经注册操作员界面

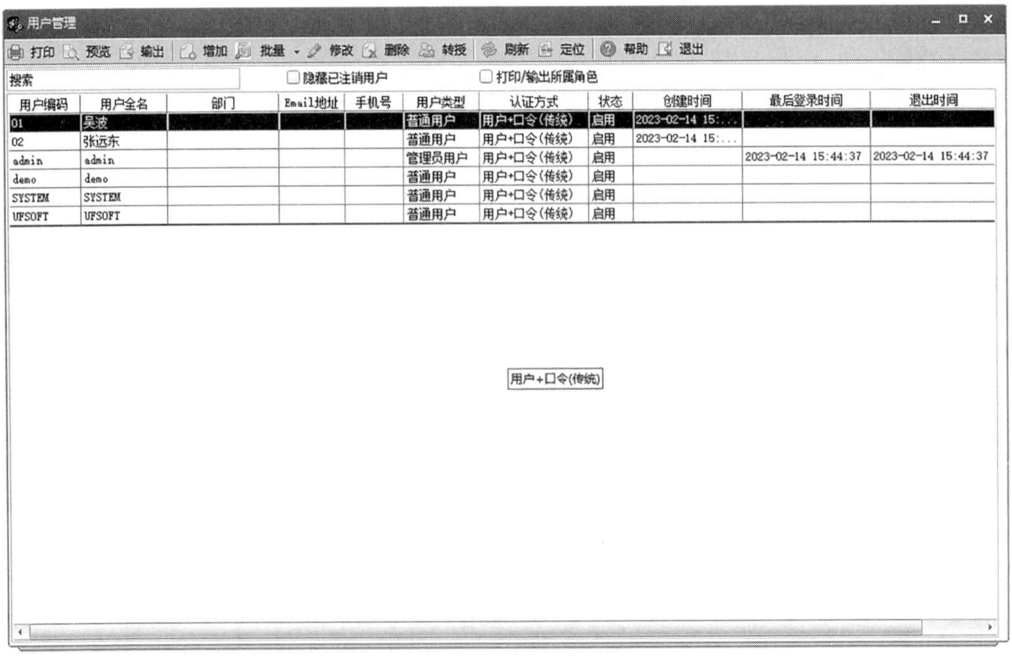

图 2-1-15　用户注册注销界面

(2) 以系统管理员“admin”的身份进入系统管理，执行【权限】—【权限】功能，系统弹出“操作员权限”管理界面。选择账套和账套所在年度，系统中可能有多个可以正常使用的账套，一般而言，我们所涉及的只是其中一个，如图 2-1-16 所示。

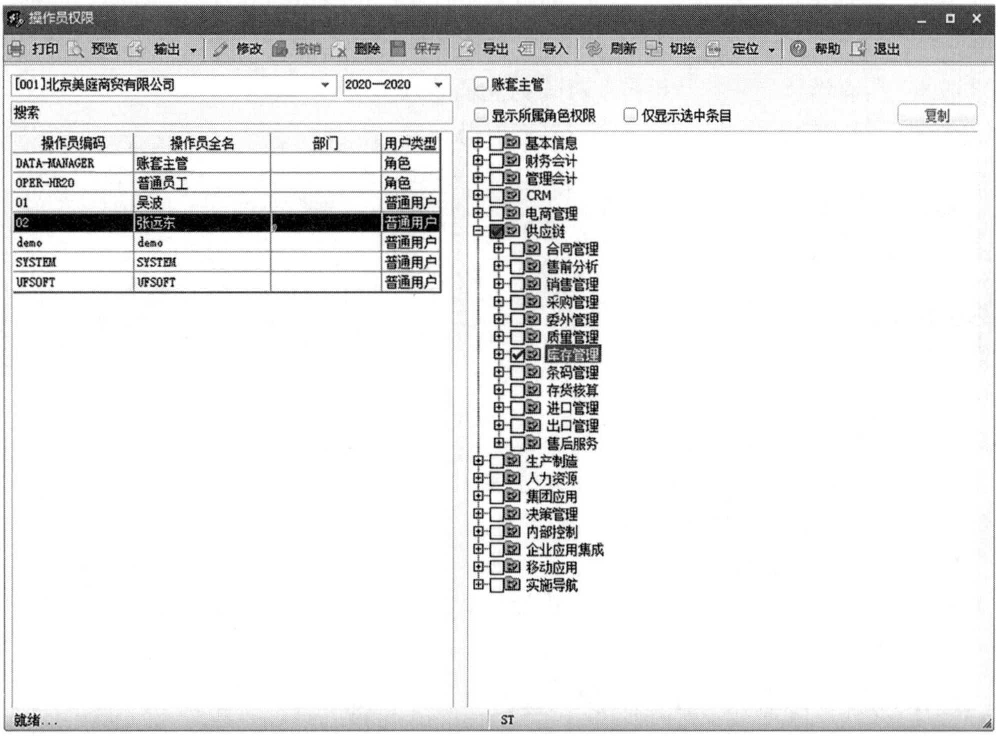

图 2-1-16　操作员权限管理

(3) 选择要分配权限的角色或操作员，单击【修改】按钮，设置用户或角色权限。

(4) 选择操作项目（即功能权限）。在此如果选择了【显示所属角色权限】选项，系统会将该用户已经有的角色权限显示出来（其中带阴影的项目表示只选择了所属的一部分内容），我们可以继续追加选择目录树下的未选项目。完成后点击【保存】。

技能训练

一、企业概况

（一）企业基本情况

企业名称：北京美华电子股份有限公司（简称：美华公司）（位于北京市海淀区中山路 68 号）；
企业类型：工业企业；
法定代表人：李越；
联系电话和传真均为：010-64912356；
纳税人识别号：01010686868。

(二)会计政策和核算方法

(1)企业记账本位币为人民币。

(2)原材料核算采用计划成本法核算。

(3)固定资产折旧方法采用平均年限法(一),按月计提折旧。

(4)增值税税率13%,企业所得税税率25%(企业所得税税率实行查账计征,按季预缴、年终汇算清缴);所有涉及的采购及销售业务均为无税单价。

(5)月末计算并结转相关税费。损益结转采用账结法。

二、企业数据

(一)账套管理

账套信息:

账套号:686;

账套名称:北京美华有限责任公司;

启用日期:2020年01月01日。

基础信息:客户、供应商不分类,存货分类,有外币核算。

编码方案:科目编码42222;部门22;收发类别:121;其他采用系统默认。

数据精度:采用系统默认。

系统启用:启用总账、应收账款、应付账款、固定资产、薪资、采购、销售、库存、存货启用日期统一为:2020年1月1日。

(二)用户及权限管理(表2-1-3)

表2-1-3 用户信息

操作员编号	操作员姓名	系统权限
201	王璇	账套主管
202	张震	总账
203	周立波	出纳
204	王宇	应收账款、应付账款管理、薪资管理、固定资产管理
205	杨再新	采购管理、销售管理、库存管理、存货管理

任务2 基础信息设置

任务描述

客商信息

一、客商信息

2020年3月1日,根据表2-2-1中的信息设置客户档案。

表 2-2-1　客户档案

客户分类	客户编码	客户名称/简称	纳税人登记号	地址 电话	开户银行 银行账号	默认值
02 市外	0102	深圳宝马汇商业中心	910440301710936858	深圳市福田区农林路 69 号深国投广场二号楼 0755-21512288	中国工商银行深圳市红围支行 4000021219200065217	是
	0104	无锡宁润信息网络有限公司	81320213560341655Y	无锡市新区硕放街道经一路 8 号 0510-85309091	中国农业银行无锡硕放支行 635101040013624	是

供应商档案：2020 年 3 月 1 日，根据表 2-2-2 中的信息设置供应商档案。

表 2-2-2　供应商档案

供应商分类	编码	供应商名称/简称	纳税人登记号	地址、电话	开户银行、银行账号	默认值
01 商品供应商	0103	浙江桐乡卫风蚕丝制品有限公司	910002135603416889	桐乡市振东新区北晨路 2 号 0216-85301234	中国农业银行桐乡北晨支行 6233964950182421	是

二、财务信息

2020 年 3 月 1 日，根据表 2-2-3 为北京美庭商贸有限公司设置财务信息。

财务信息

表 2-2-3　财务信息

增加会计科目	科目编码：1502 科目名称：债权投资减值准备
修改会计科目	设置应收账款为客户往来辅助核算 设置应付账款为供应商往来辅助核算
指定科目	现金科目：库存现金 银行科目：银行存款
凭证类别	收款凭证、付款凭证、转账凭证

三、业务信息

2020 年 3 月 1 日，根据表 2-2-4 为北京美庭商贸有限公司设置业务信息。

业务信息

表 2-2-4　业务信息

仓库档案	仓库编码：02，名称：设备库，仓库属性：资产仓（不参与需求计划运算，不记入成本），主要用来存放设备等固定资产的仓库
收发类别	1. 入库；11. 采购入库 2. 出库；21. 销售出库
采购类型	编号：02；采购类型：受托代销（缺省项按默认）
销售类型	编码：01，销售类型：正常销售（缺省项按默认）

知识准备

一、企业应用平台

为使企业能够存储企业内部和外部的各种信息，企业员工、用户和合作伙伴能够从单一的渠道访问其所需的个性化信息，用友软件为我们提供了企业应用平台。通过企业应用平台，企业员工可以通过单一的访问入口访问企业的各种信息，定义自己的业务工作，并设计自己的工作流程。

二、企业应用平台的功能

企业应用平台的主要功能模块包括业务工作、基础设置和系统服务 3 个方面。

1. 业务工作

企业应用平台也是操作员进入用友 U872 软件的唯一入口，当操作员登录企业应用平台后，首先展现的界面就是“业务工作”，“业务工作”集成了登录操作员所拥有的全部操作权限。

2. 基础设置

“基础设置”是为了更好地使用用友 U872 系统，首先需要我们做好基础设置工作，包括基本信息、基础档案、业务参数、个人参数、单据设置、档案设置和变更管理等的设置工作。

3. 系统服务

“系统服务”包括系统管理、服务器配置、工具和权限等功能。

任务流程

一、客商信息

1. 定义客户分类

操作流程如下。

(1) 在企业应用平台“基础设置”选项卡中，执行【基础档案】—【客商信息】—【客户分类】操作。

(2) 单击【增加】按键，在打开的“客户分类”窗口中，录入客户的分类编码、分类名称，单击【保存】，如图 2-2-1 所示。

(3) 重复第二步操作，完成对其他客户分类的设置。设置完毕后，单击【退出】按键。如图 2-2-2 所示。

2. 定义客户档案

操作流程如下。

(1) 在企业应用平台“基础设置”选项卡中，执行【基础档案】—【客商信息】—【客户档案】命令，打开“客户档案”设置窗口。

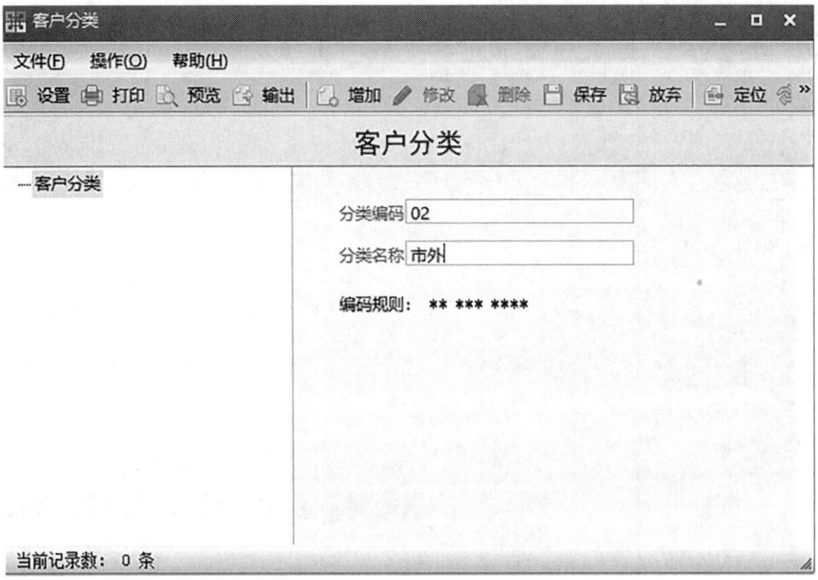

图 2-2-1　设置客户分类 1

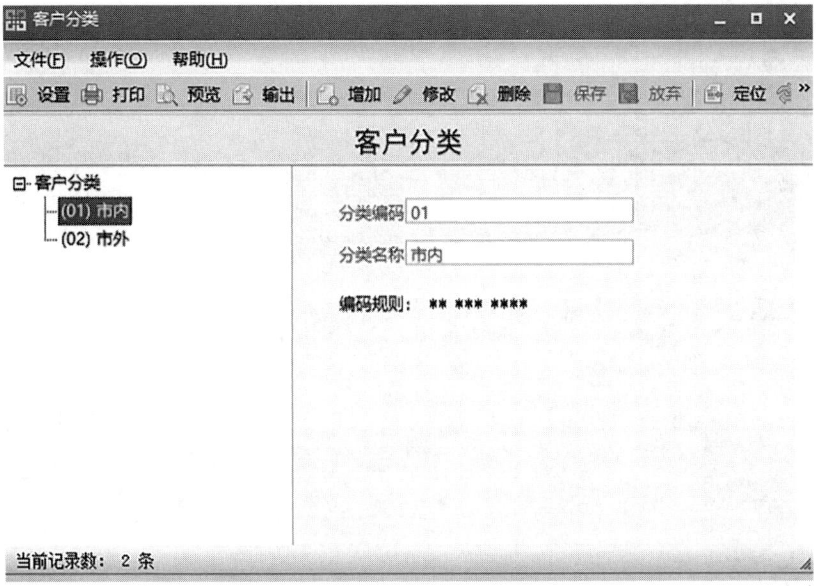

图 2-2-2　设置客户分类 2

(2)单击【增加】按键，在打开的“增加客户档案”窗口中，录入客户编码、客户简称、税号等信息。单击【银行】按键，在打开“客户银行档案”窗口中，单击【增加】按键，选择客户的所属银行，录入客户的开户银行、银行账号、默认值等信息，录入完成，单击【保存】按键，单击【退出】按键，返回到“增加客户档案”窗口，单击【保存】按键，保存所设置的客户档案信息。如图 2-2-3 所示。

(3)重复第四步操作，完成对其他客户档案的设置。设置完毕后，单击【退出】按钮。如图 2-2-4 所示。

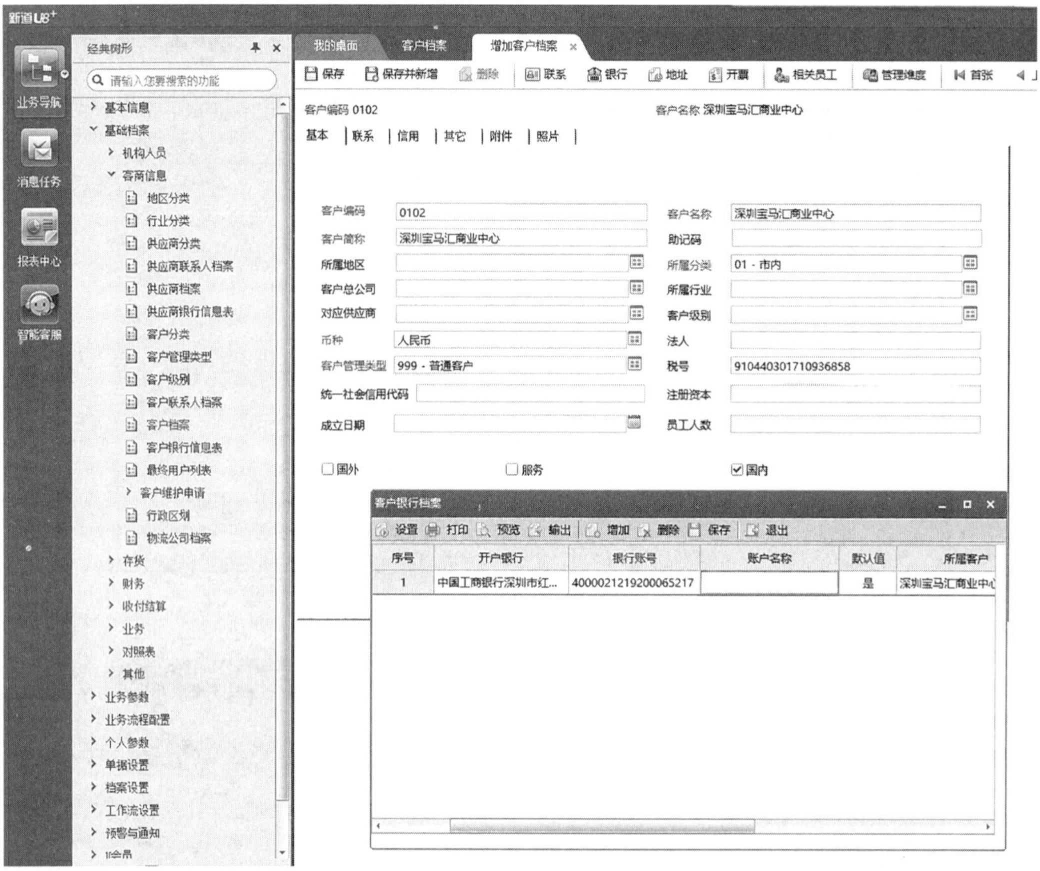

图 2-2-3　设置客户档案

图 2-2-4　设置客户档案

☆ 提示

当客户的基本信息编辑完成并保存后，方可使用银行的编辑功能，来编辑此客户的银行信息。

3. 定义供应商分类

操作流程如下。

(1)在企业应用平台“基础设置”选项卡中,执行【基础档案】—【客商信息】—【供应商分类】命令,打开“供应商分类”设置窗口。

(2)单击【增加】按钮,在打开的“供应商分类”窗口中,录入供应商的分类编码、分类名称,录入完毕后,单击【保存】按钮。设置完毕后,单击【退出】按键。如图 2-2-5 所示。

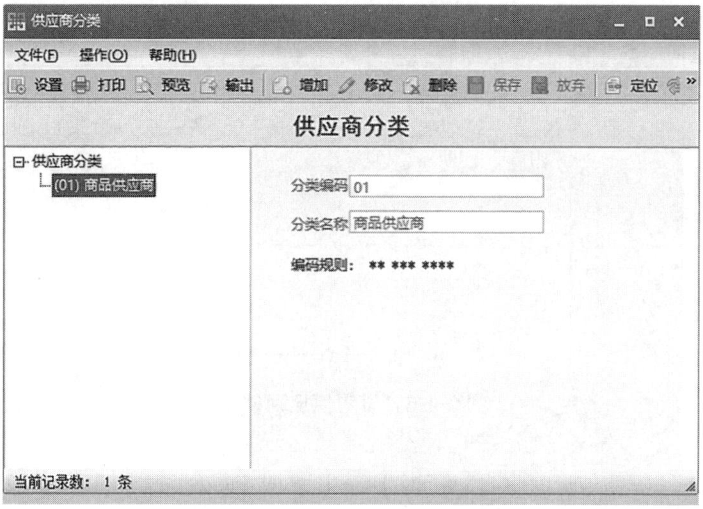

图 2-2-5　供应商分类

4. 定义供应商档案

操作流程如下。

(1)在企业应用平台“基础设置”选项卡中,执行【基础档案】—【客商信息】—【供应商档案】命令,打开“供应商档案”设置窗口。

(2)单击【增加】按钮,在打开的“增加供应商档案”窗口中,录入供应商编码、供应商简称、选择所属分类等信息,录入完毕后,单击【保存】按钮。设置完毕后,单击【退出】按键。如图 2-2-6 所示。

☆ **提示**

1. 供应商、客户编码必须唯一。
2. 如果账套中未对供应商、客户进行分类,则所属分类为“无分类”。

二、财务信息

1. 增加会计科目

操作流程如下。

(1)在企业应用平台“基础设置”选项卡中,执行【基础档案】—【财务】—【会计科目】命令,打开“会计科目”设置窗口。

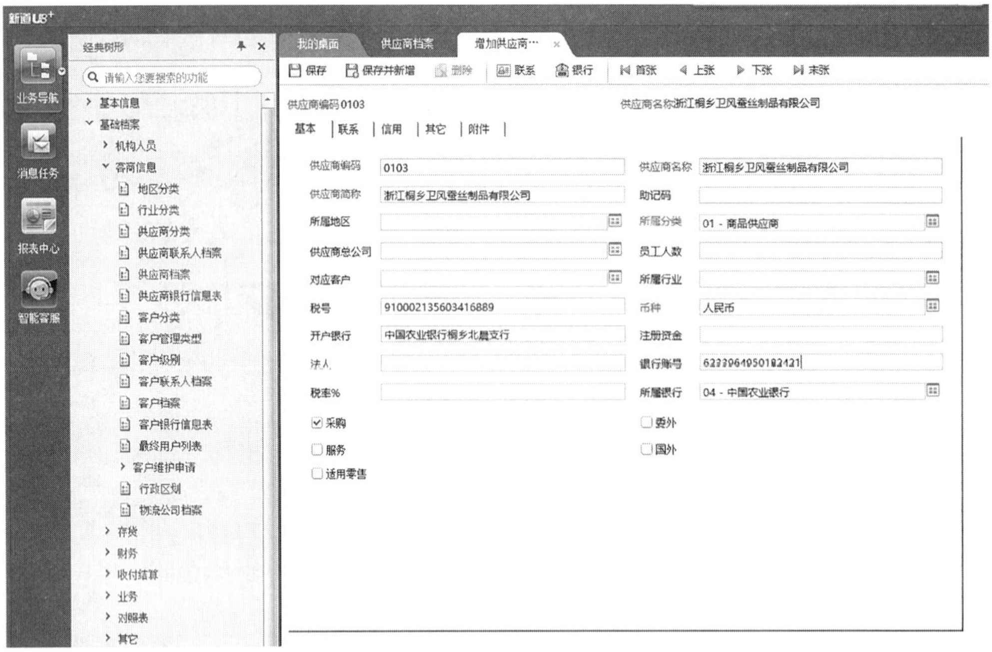

图 2-2-6 设置供应商档案

(2) 单击【增加】按钮,或者执行【编辑】—【增加】命令,打开“新增会计科目”对话框,用户根据需要在对话框中录入科目编码、科目名称,选择是否需要进行“数量核算”是否需要进行“辅助核算”以及是否需要“受控系统”等,相关信息录入完毕,单击【确定】按钮,系统自动按科目编码顺序保存增加的会计科目。如图 2-2-7 所示。

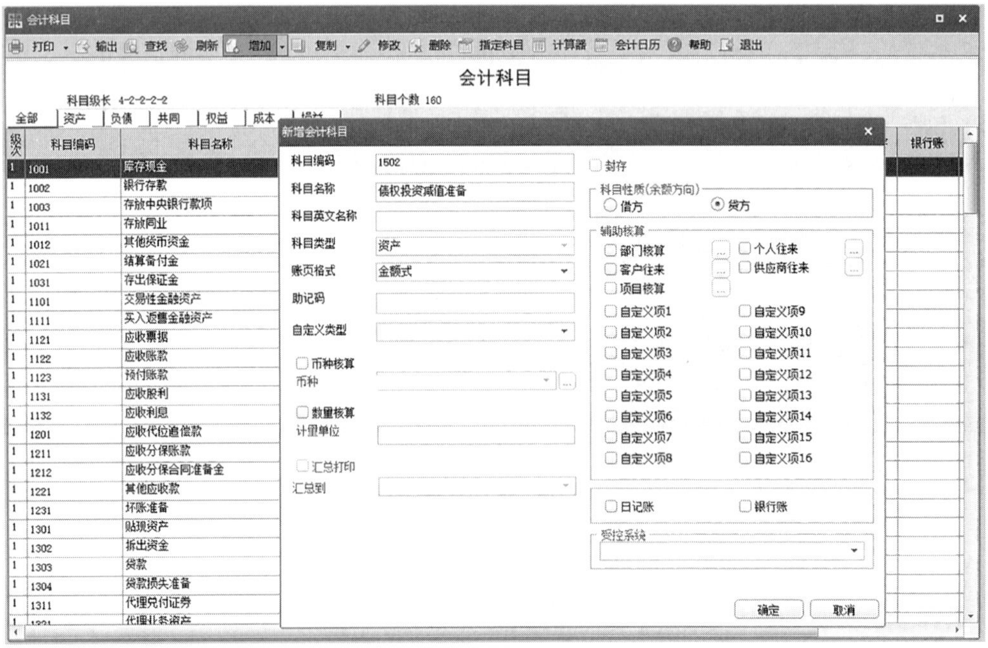

图 2-2-7 新增会计科目

2. 修改会计科目

操作流程如下。

(1) 在企业应用平台“基础设置”选项卡中，执行【基础档案】—【财务】—【会计科目】命令，打开“会计科目”设置窗口。

(2) 选中要修改的会计科目，单击【修改】按钮，或直接双击要修改的会计科目，打开“会计科目—修改”对话框。如图 2-2-8 所示。

图 2-2-8　修改会计科目

(3) 单击对话框右下角【修改】按键，进入科目修改的可编辑状态，根据需要对所选科目进行修改，如“应收账款”科目，辅助核算选择“客户往来”，受控系统自动设置为“应收系统”，修改完成，单击【确定】按键进行保存。单击【退出】按键退出。

(4) 重复第二步和第三步操作，完成其他科目的受控设置。

3. 指定科目

(1) 在企业应用平台“基础设置”选项卡中，执行【基础档案】—【财务】—【会计科目】操作，打开设置窗口。

(2) 执行【指定科目】命令，打开“指定科目”对话框，系统默认选定了“1001 库存现金”科目，单击【>】按钮，将“1001 库存现金”科目选至“已选科目”列表框内。如图 2-2-9 所示。

(3) 选定“银行科目”单选框，单击【>】按钮，将“1002 银行存款”科目选至“已选科目”列表框内。单击【确定】按钮。

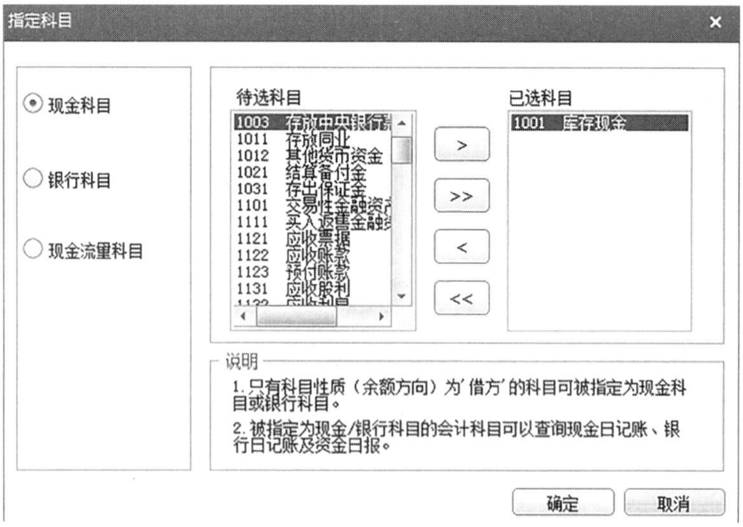

图 2-2-9　指定科目设置

4. 定义凭证类别

操作流程如下。

在企业应用平台“基础设置”选项卡中，执行【基础档案】—【财务】—【凭证类别】命令，打开“凭证类别”设置窗口，选择“收款凭证 付款凭证 转账凭证”分类方式，单击【确定】，如图 2-2-10 所示。

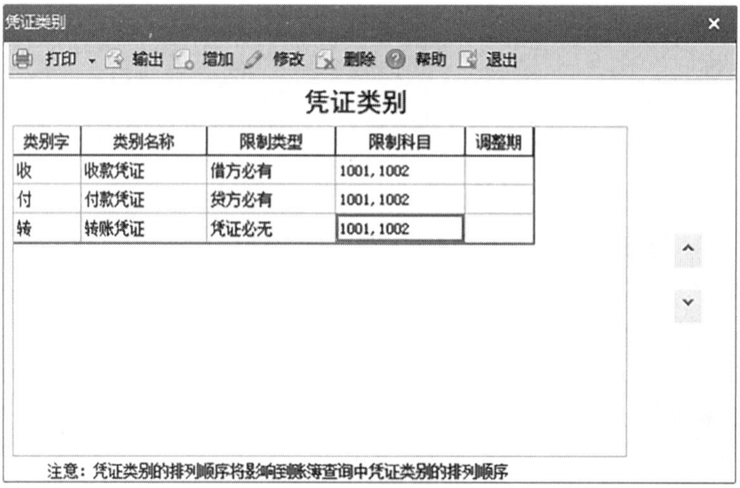

图 2-2-10　设置凭证类别

三、业务信息

（一）仓库档案

操作流程如下。

（1）在企业应用平台“基础设置”选项卡中，选择【基础设置】—【基础档案】—【业务】，双击【仓库档案】,在“仓库档案”界面中显示已经设置好的仓库档案信息。

(2) 如需新增仓库档案,在“仓库档案”界面下,单击【增加】按钮,根据企业仓库资料信息,依次录入仓库编码、仓库名称、计价方式等信息后,保存并退出。如图 2-2-11 所示。

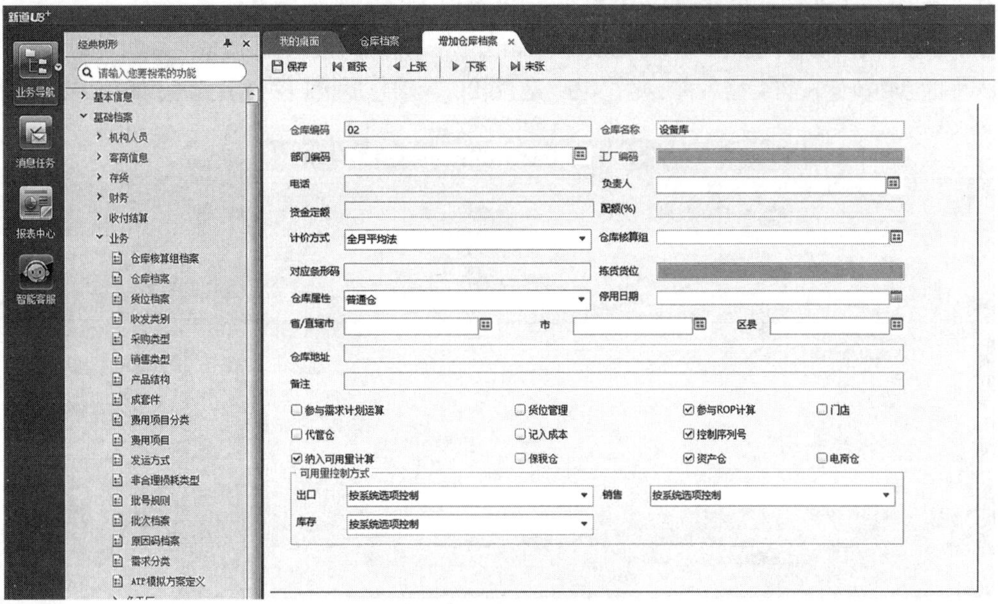

图 2-2-11　仓库档案设置

(二)收发类别

操作流程如下。

(1) 在企业应用平台“基础设置”选项卡中,选择【基础设置】—【基础档案】—【业务】,双击“收发类别”,在“收发类别”界面中显示已经设置好的收发类别信息。

(2) 如需新增收发类别,在“收发类别”界面下,单击【增加】按钮,根据企业收发类别信息,依次录入收发类别编码、收发类别名称、收发标志等信息后按【保存】按钮。如图 2-2-12 所示。

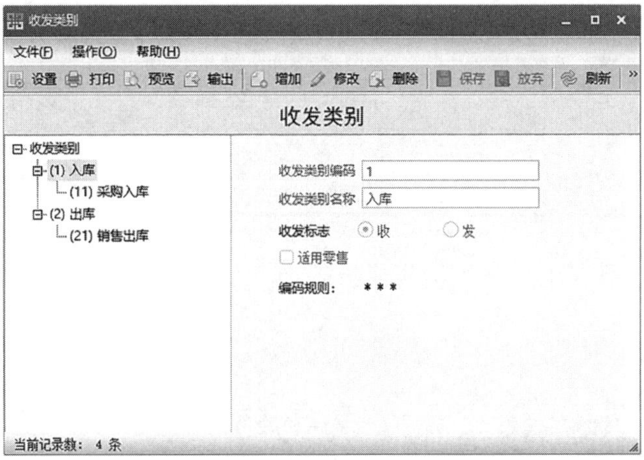

图 2-2-12　收发类别设置

(三)采购类型

操作流程如下。

(1)在企业应用平台“基础设置”选项卡中,选择【基础设置】—【基础档案】—【业务】,双击【采购类型】,在“采购类型”界面中显示已经设置好的采购类型信息。

(2)如需新增采购类型,在“采购类型”界面下,单击【增加】按钮,根据企业采购类型信息,依次录入采购类型编码、采购类型名称、入库类别、是否默认等信息后按【保存】按钮。如图 2-2-13 所示。

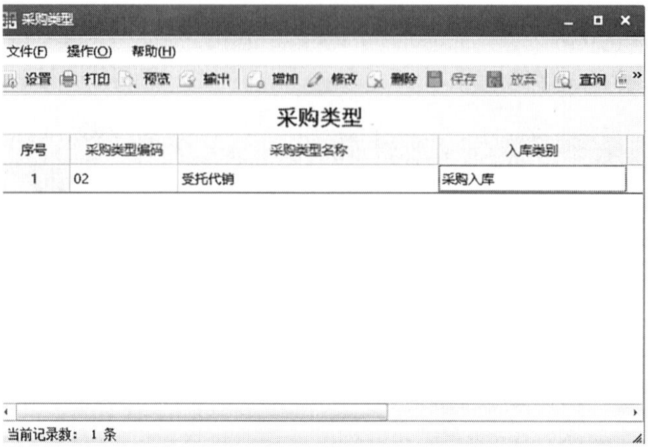

图 2-2-13 采购类型设置

(四)销售类型

操作流程如下。

(1)在企业应用平台“基础设置”选项卡中,选择【基础设置】—【基础档案】—【业务】,双击“销售类型”,在“销售类型”界面中显示已经设置好的销售类型信息。

(2)如需新增销售类型,在“销售类型”界面下,单击【增加】按钮,根据企业销售类型信息,依次录入销售类型编码、销售类型名称、出库类别、是否默认等信息后按【保存】按钮。如图 2-2-14 所示。

图 2-2-14 销售类型设置

技能训练

北京美华电子股份有限公司企业基础档案数据见表 2-2-5 至表 2-2-17。

1. 部门档案

表 2-2-5　部门档案

编号	名称
01	办公室
02	财务部
03	生产部
0301	一车间
0302	二车间
04	市场部
0401	采购部
0402	销售部

2. 人员类别

表 2-2-6　人员类别

人员类别编码	人员类别名称
1001	管理人员
1002	生产人员
1003	采购人员
1004	销售人员

3. 人员档案

表 2-2-7　人员档案

职员编号	职员名称	性别	所属部门	是否业务员	人员类别
101	李越	男	办公室	是	管理人员
201	王璇	女	财务部	是	管理人员
202	张震	女	财务部	是	管理人员
203	周立波	男	财务部	是	管理人员
204	王宇	女	财务部	是	管理人员
205	杨再新	男	财务部	是	管理人员
301	孙贵武	男	一车间	是	生产人员
302	刘朋	男	一车间	是	生产人员
303	欧阳春	女	二车间	是	生产人员

续表 2-2-7

职员编号	职员名称	性别	所属部门	是否业务员	人员类别
401	赵巍	男	采购部	是	采购人员
402	张明玉	女	采购部	是	采购人员
403	吴宇	男	销售部	是	销售人员

4. 供应商档案

表 2-2-8　供应商档案

编号	名称	简称	税号	开户银行	账号
001	沈阳吉昌公司	吉昌	1234567890123	工行沈阳分行	123456789012
002	石家庄天悦公司	天悦	9876543210987	工行石家庄分行	987654321098
003	浙江天目公司	天目	8765432109876	工行杭州分行	876543210987

5. 客户档案

表 2-2-9　客户档案

编号	名称	简称	税号	开户银行	账号
001	辽宁勤力公司	勤力	456789045678	工行大连分行	456789045678
002	河北益达公司	益达	789065432123	工行保定分行	789065432123
003	山东海平公司	海平	567890123456	工行烟台分行	567890123456

6. 结算方式

表 2-2-10　结算方式

结算方式编号	结算方式名称	是否票据管理
1	现金结算	否
2	支票	否
201	现金支票	是
202	转账支票	是
3	汇兑	否
301	信汇	否
302	电汇	否
4	银行本票	否
5	银行汇票	否
6	委托收款	否
7	托收承付	否

7. 银行档案

银行编码:01;

银行名称:中国工商银行;
账号长度:14 位。

8. 本单位开户银行

表 2-2-11　本单位开户银行

编号	银行账号	开户银行
001	67676767676789	中国工商银行北京市海淀区支行

9. 凭证类型设置

表 2-2-12　凭证类型设置

类型	限制类型	限制科目
记账凭证	无限制	

10. 存货分类

表 2-2-13　存货分类

存货分类编码	存货分类名称
01	原材料
02	周转材料
03	库存商品

11. 计量单位

表 2-2-14　计量单位

计量单位组	计量单位编号	计量单位名称
01 基本计量单位 (无换算率)	1	吨
	2	个
	3	箱
	4	件
	5	千克
	6	平方米
	7	千米

12. 存货档案

表 2-2-15　存货档案

存货编码	存货名称	所属分类码	计量单位	存货属性
101	塑料	01	千克	外购、生产耗用
102	合金	01	千克	外购、生产耗用
103	推式开关	01	个	外购、生产耗用

续表 2-2-15

存货编码	存货名称	所属分类码	计量单位	存货属性
104	脚踏开关	01	个	外购、生产耗用
105	2 平方米电线	01	平方米	外购、生产耗用
106	4 平方米电线	01	平方米	外购、生产耗用
107	木材	01	吨	外购、生产耗用
108	玻璃纤维	01	吨	外购、生产耗用
109	铝材	01	吨	外购、生产耗用
201	润滑油	02	吨	外购、生产耗用
202	包装箱	02	个	外购、生产耗用
301	卧室台灯	03	个	自制、内销
302	落地台灯	03	个	自制、内销

13. 仓库档案

表 2-2-16　仓库档案

仓库编码	仓库名称
1	原材料仓库
2	成品仓库

注：编码为 301、302 的存货存放在成品仓库，其他存货存放在原材料仓库。

14. 收发类别

表 2-2-17　收发类别

收发类别编码	收发类别名称	收发类别编码	收发类别名称
1	入库类别	2	出库类别
101	采购入库	201	销售出库
102	产成品入库	202	领用出库
		203	其他出库

任务 3　期初数据录入

任务描述

财务链期初数据录入

一、财务链期初数据录入

2020 年 3 月 1 日，根据表 2-3-1 为北京美庭商贸有限公司录入财务链期初数据。

表 2-3-1　财务链期初数据

应收款管理系统	应收账款期初余额					
	单据类型	单据日期	客户	币种	科目	金额
	其他应收单	2020-02-29	深圳宝马汇商业中心	人民币	1122	438 030.00
应付款管理系统	应付账款期初余额					
	单据类型	单据日期	客户	币种	科目	金额
	其他应付单	2020-02-20	北京万达物流有限公司	人民币	220201	113 000.00
总账管理系统	在总账模块期初余额表中依次引入应收账款期初余额，录入库存商品的期初余额：5 703 462.00，并进行试算平衡					

二、供应链期初数据录入

2020 年 3 月 1 日，根据表 2-3-2 为北京美庭商贸有限公司录入供应链期初数据。

供应链期初数据录入

表 2-3-2　供应链期初数据

采购管理系统	按表中数据录入期初入库单并完成采购模块期初记账				
	商品名称	单位	价格（不含税）	数量	金额
	硅胶床垫	个	3 300.00	260	858 000.00
销售管理系统	下表为 2 月 10 日北京天地商业广场的商品发货清单				
	商品名称	单位	数量	价格（不含税）	金额
	蚕丝被	套	380	2 100.00	798 000.00
	硅胶床垫	个	400	4 300.00	1 720 000.00
	合计				2 518 000.00
库存管理和存货核算系统	在存货核算中引入库存期初数据并记账				

知识准备

一、应收、应付款系统初始数据录入

初次使用本系统时，要将启用应收系统时未处理完的所有客户的应收账款、预收账款、应收票据等数据录入本系统，以便于以后的核销处理，并且作为期初建账的数据，这样既保证了数据的连续性又保证了数据的完整性。当进入第二年度处理时，系统自动将上年度未处理完的单据转为下一年度的期初余额。在下一年度的第一个会计期间里，可以进行期初余额的调整。

应付账款系统初始数据录入同应收账款系统。

二、总账初始数据录入

为了保证新系统的数据能与原系统的数据衔接，保持账簿数据的连续完整，在应用总账系统前，需要将一些基础数据输入系统中。首先将各账户的年初余额或启用月份的月初余额，以及年初到该月的累计发生额计算清楚，然后输入总账系统中。

“期初余额” 功能包括主要输入科目期初余额及核对期初余额，并进行试算平衡。

三、固定资产系统初始数据录入

固定资产卡片是固定资产核算和管理的基础依据，为了保持历史资料的连续性，在使用固定资产系统进行核算前，除了前面必要的基础工作外，必须将建账日期以前的数据录入系统之中，保持历史数据的连续性。

原始卡片的录入不限制必须在第一个期间结账前，任何时候都可以录入原始卡片。

四、采购与销售管理系统初始数据录入

在启用采购管理系统进行采购业务管理前，如果存在上月尚未完成的采购业务，应根据业务进展的情况，录入相应的单据和业务数据。上月已签订但尚未执行的采购合同，需要在系统中作为期初采购订单录入；上月已收货，但尚未收到采购发票的业务，需要暂估入库，在系统中作为期初采购入库单录入；上月已收到的发票，但尚未收到货物的业务，可暂时压票，在本月实际收到货物时再在系统中进行处理。

销售管理系统大致同采购管理系统录入初始数据。

五、库存管理与存货核算系统初始数据录入

库存管理与存货核算系统的初始数据，可以只录入一个系统的数据，另一个系统通过 “取数” 方式获得。

如果供应链管理系统各个子系统集成使用，则期初记账应遵循一定的顺序，即采购管理系统必须先记账，库存管理系统和存货核算系统的期初记账顺序无特别的要求。但需要注意的是，库存管理系统所有仓库的所有存货必须 “审核” 确认，这个操作步骤相当于期初记账。

任务流程

一、应收、应付款系统初始数据录入

操作流程如下。

(1) 进入企业应用平台后，选择【业务工作】—【财务会计】—【应收款管理】—【期初余额】，双击 “期初余额” 进入应收款 “期初余额—查询” 界面，系统管理的登录界面，如图 2-3-1 所示。

(2) 单击【确定】按钮进入 “期初余额明细表” 窗口。单击【增加】按钮，出现 “单据类型” 窗口。单据名称可以选择 “销售发票、应收单、预收款和应收票据”，单据类型因单据名称的不同而不同，方向有正向和负向之分，代表不同的意义。结合资料，选择单据名称为 “应收单”，单据类型为 “其他应收单”，方向为 “正向”。如图 2-3-2 所示。

图 2-3-1　期初余额 - 查询

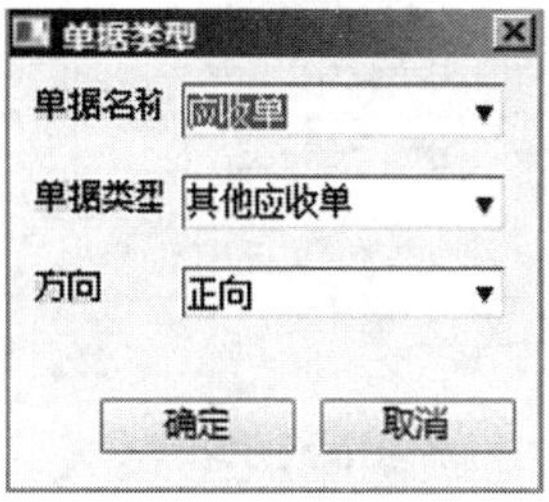

图 2-3-2　单据类别

单击【确定】进入“期初单据录入—应收单”窗口。

(3) 单击【增加】后，修改单据日期，依次录入应收单的其他内容。如图 2-3-3 所示。

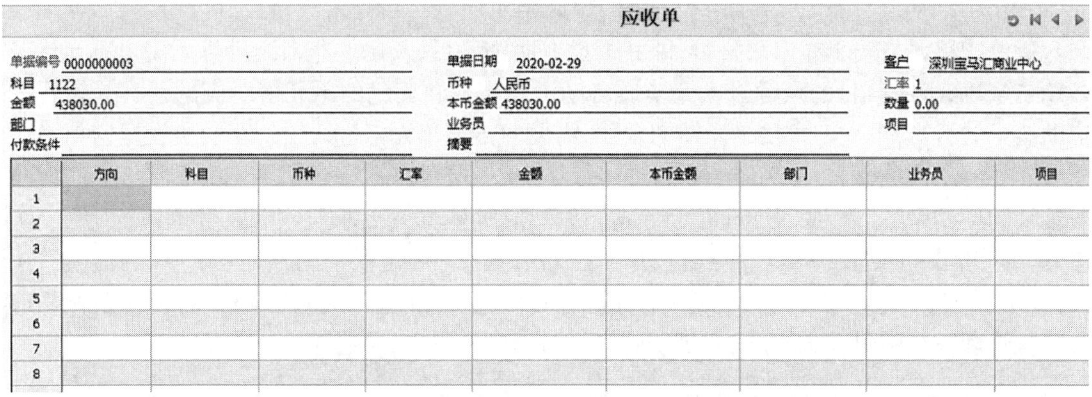

图 2-3-3　应收单填制

(4) 单击【保存】按钮以保存应收单。

(5) 应付款系统初始数据的录入方法同应收款系统，如图 2-3-4 所示。

☆ **提示**

1. 如果退出了录入期初余额的单据界面，在“期初余额明细表”窗口中没有看到新录入的期初余额，应单击【刷新】按钮，就可以列示所有的期初余额的内容。

2. 录入预收款的单据类型仍然是“收款单”，但是款项类型为“预收款”。

3. 期初余额所录入的票据保存后自动审核。

图 2-3-4　应付单填制

二、总账初始数据录入

操作流程如下。

(一)总账初始余额的录入

(1)进入企业应用平台后,选择【业务工作】—【财务会计】—【总账】—【期初】,双击【期初余额】进入总账“期初余额录入”界面。

(2)在“期初余额录入”界面中,白色的单元格对应的科目是末级科目,可直接输入期初余额。灰色的单元格属于非末级科目,即其下设有明细科目,灰色的非末级科目无需也不允许录入期初余额,下级科目的余额录入完毕后自动汇总生成。黄色的单元格对应的科目是设置了辅助核算的科目,不允许直接录入期初余额,需要双击该单元格进入辅助账初始设置窗口。

(3)如以“应收账款”期初余额录入为例:双击【应收账款期末余额单元格】后,进入“应收账款辅助期初余额”界面,点击【增行】或【往来明细(本账套要求应收账款管理系统中引入)】进入“期初往来明细”界面,再点击【引入】按钮,提示“确定要引入期初吗?”选择【是】按钮,提示“请选择您所要的操作”选择【按钮】后再进行“汇总”,将应收账款的期初余额从应收账款管理系统中引入。如图 2-3-5、图 2-3-6 所示。

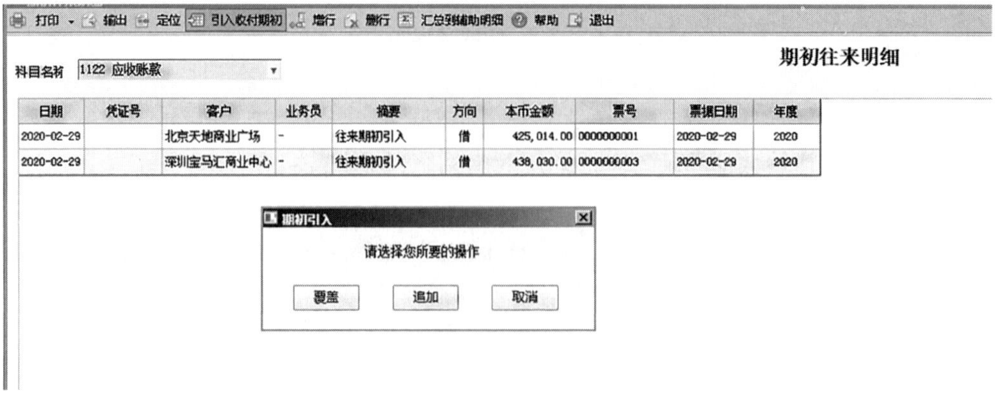

图 2-3-5　辅助期初余额数据录入

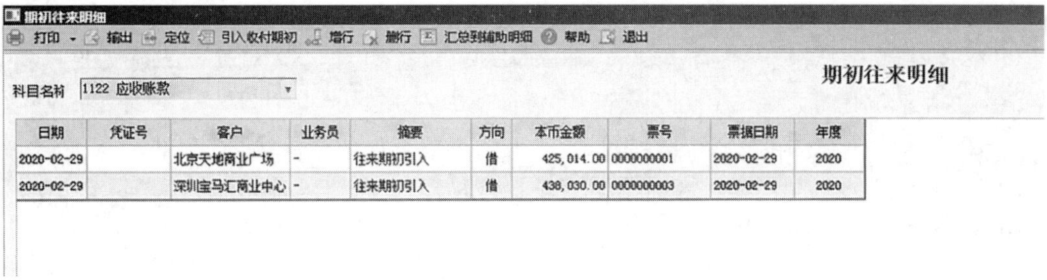

日期	凭证号	客户	业务员	摘要	方向	本币金额	票号	票据日期	年度
2020-02-29		北京天地商业广场	-	往来期初引入	借	425,014.00	0000000001	2020-02-29	2020
2020-02-29		深圳宝马汇商业中心	-	往来期初引入	借	438,030.00	0000000003	2020-02-29	2020

图 2-3-6　期初往来明细

(4)将总账中所有的科目期初余额录入系统中。

(二)试算平衡

在“期初余额录入”界面中点击【试算】按钮后,出现如图 2-3-7 所示界面。

科目编码	科目名称	方向	币别/计量	年初余额	累计借方	累计贷方	期初余额
1001	库存现金	借		50,000.00			50,000.00
1002	银行存款	借		5,540,600.00			5,540,600.00
100201	工行存款	借		5,540,600.00			5,540,600.00
1003	存放中央银行款项	借					
1011	存放同业	借					
1012	其他货币资金	借					
1021	结算备付金	借					
1031	存出保证金	借					
1101	交易性金融资产	借					
1111	买入返售金融资产	借					
1121	应收票据	借					
1122	应收账款	借		863,044.00			863,044.00
1123	预付账款	借					
1131	应收股利	借					
1132	应收利息	借					
1201	应收代位追偿款	借					
1211	应收分保账款	借					
1212	应收分保合同准备金	借					
1221	其他应收款	借					
122101	单位	借					
122102	个人	借					
122103	其他	借					
1231	坏账准备	贷					
1301	贴现资产	借					
1302	拆出资金	借					

图 2-3-7　期初试算平衡表

☆ **提示**

1. 无论往来核算在总账还是在应收应付系统,有往来辅助核算的科目都要按明细录入数据。

2. 只要求录入最末级科目的余额和累计发生数,上级科目的余额和累计发生数由系统自动计算。

3. 如果某科目为数量、外币核算，可以录入期初数量、外币余额。但必须先录入本币余额，再录入外币余额。

4. 在录入辅助核算期初余额之前，必须先设置各辅助核算目录。

5. 如果期初余额试算不平衡，系统将不允许记账，但可以填制凭证。

6. 当录入有辅助核算的会计科目的期初余额时，如果在辅助核算项对应的期初录入窗口中多拉出一空白行，而致无法退出时，可按“Esc”键退出。

三、采购与销售管理系统初始数据录入

（一）采购管理系统初始余额的录入

操作流程如下。

（1）单击【业务工作】—【供应链】—【采购管理】—【采购入库】，双击“采购入库单”，弹出“期初采购入库单”界面，增加空白单据，单击【仓库】输入框右侧按钮，打开“采购仓库档案”界面，选择“01 商品仓”，单击【供货单位】输入框右侧按钮，打开“采购供应商档案”界面，选择“0101 深圳安美家居有限公司”，单击【存货编码】输入框右侧按钮，打开“采购存货档案”界面，选择“0401 硅胶床垫”，录入“数量：260”，录入“本币单价：3 300”，单击【保存】如图 2-3-8 所示。

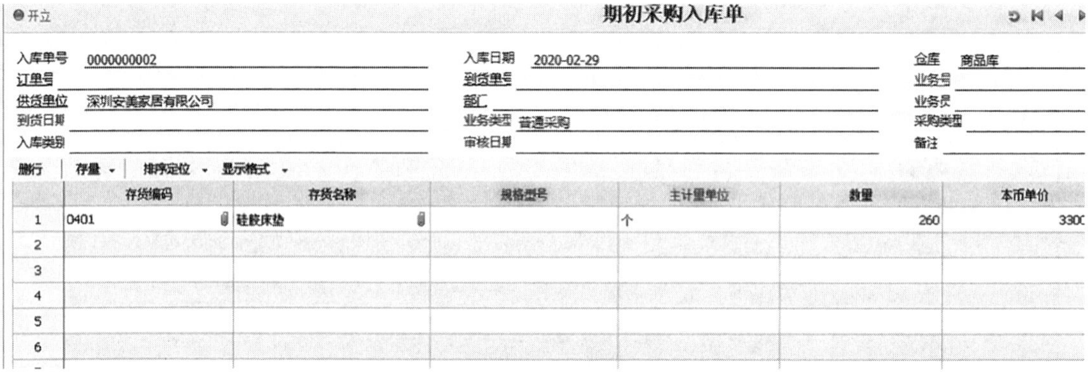

图 2-3-8 期初采购入库单

（2）采购期初记账：进入企业应用平台后，选择【业务工作】—【供应链】—【采购管理】—【设置】，双击【采购期初记账】进入“采购选项设置”界面，单击【记账】以完成采购期初记账工作。并提示“期初记账完毕！”如图 2-3-9 所示。

☆ **提示**

供应链管理系统各个子系统集成使用时，如果采购管理系统不执行期初记账，库存管理系统和存货核算系统不能记账。

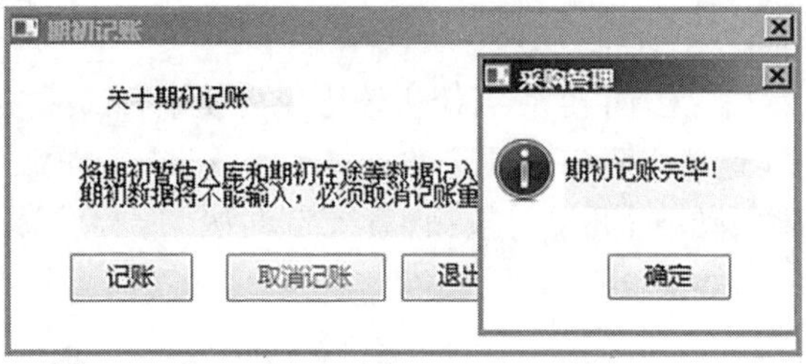

图 2-3-9　采购期初记账

(二)销售管理系统初始数据的录入

操作流程如下。

(1)进入企业应用平台后，选择【业务工作】—【供应链】—【销售管理】—【设置】—【期初发货单】，双击【期初发货单】进入"期初发货单"界面，录入各项信息，如图 2-3-10 所示。

图 2-3-10　期初发货单

(2)期初发货单录完信息后，点击【审核】按钮。

四、库存管理与存货核算系统初始数据录入

操作流程如下。

(一)库存管理系统初始数据录入

(1)进入企业应用平台后，选择【业务工作】—【供应链】—【库存管理】—【设置】，双击【期初结存】进入"库存期初数据录入"界面。

(2)在"库存期初数据录入"界面中，首先选择仓库，如"商品库"，然后点击【修改】按钮，参照选择存货编码，填入数量、单价、入库类别等信息。待完成原材料仓库的全部存货后，点击【保存】按钮以保存所有的数据。

(3)在"库存期初数据录入"界面中对商品库的全部存货进批审核，点击【批审】按钮完成审核工作。

(二)存货核算系统初始数据录入

(1)进入企业应用平台后,选择【业务工作】—【供应链】—【存货核算】—【设置】【期初余额】,双击【期初余额】进入"期初余额"界面。

(2)选择仓库"商品库",单击【取数】按钮,系统自动从"库存管理"系统中采集到属于商品库各种存货的期初数据。如图 2-3-11 所示。

存货编码	存货名称	规格型号	计量单位	数量	单价	金额	计划单价	计划金额	存货科目编码	存货科目名称
0103	保健硅胶枕		个	1,728.00	300.00	518,400.00			1405	库存商品
0201	床上四件套		套	1,356.00	350.00	474,600.00			1405	库存商品
0301	轻薄空调被		套	2,267.00	450.00	1,020,150.00			1405	库存商品
0302	蚕丝被		套	546.00	2,888.00	1,576,848.00			1405	库存商品
0401	硅胶床垫		个	348.00	5,088.00	1,770,624.00			1405	库存商品
0101	养生荞麦枕		个	782.00	120.00	93,840.00			1405	库存商品
0102	时尚羽绒枕		个	1,245.00	200.00	249,000.00			1405	库存商品
合计				8,272.00		5,703,462.00				

图 2-3-11　存货期初余额

(3)在"期初余额"界面下,点击【记账】按钮,系统对所有仓库进行记账,系统提示"期初记账成功"此时原来【记账】按钮变为【恢复】按钮。单击【退出】按钮退出"期初余额"操作,如图 2-3-12 所示。

图 2-3-12　期初记账

☆ **提示**

1. 库存管理系统所有仓库的所有存货必须"审核"确认,这个操作步骤相当于期初记账。

2. 如果期初数据是运行"结转上年"功能得到的,为未记账状态,则需要执行记账功能后,才能进行日常业务的处理。

3. 如果已经进行业务核算,则不能恢复记账。

4. 存货核算系统在期初记账前,可以修改存货计价方式,期初记账后,不能修改计价方式。

技能训练

北京美华电子股份有限公司 2020 年 1 月初会计科目及期初余额(表 2-3-3)。

表 2-3-3 2020 年 1 月初会计科目及期初余额

科目编码	科目名称	方向	辅助核算	期初余额
1001	库存现金	借	日记账	5 800.00
1002	银行存款	借	日记账、银行账	595 088.00
100201	工行存款	借	日记账、银行账	595 088.00
1121	应收票据	借	客户往来	84 240.00
1122	应收账款	借	客户往来	168 480.00
1221	其他应收款	借	个人往来	17 472.00
1231	坏账准备	贷		1 000.00
1403	原材料	借		349 600.00
140301	塑料	借		349 600.00
		千克		13 984
1405	库存商品	借		335 000.00
140501	卧室台灯	借		225 000.00
		个		1 000
140502	落地台灯	借		110 000.00
		个		1 000
1411	周转材料	借		159 400.00
141101	润滑油	借		149 400.00
		吨		40
141102	包装箱	借		10 000.00
		个		1 000
1503	可供出售金融资产	借		256 696.67
1601	固定资产	借		1 746 000.00
1602	累计折旧	贷		222 586.67
1604	在建工程	借		334 000.00
1701	无形资产	借		76 600.00
2001	短期借款	贷		163 600.00
2202	应付账款	贷	供应商往来	181 350.00
2211	应付职工薪酬	贷		76 000.00

续表 2-3-3

科目编码	科目名称	方向	辅助核算	期初余额
2221	应交税费	贷		51 280.00
222102	未交增值税	贷		43 680.00
222106	应交所得税	贷		7 600.00
2231	应付利息	贷		16 000.00
2241	其他应付款	贷		6 000.00
2501	长期借款	贷		160 000.00
2502	应付债券	贷		600 000.00
4001	实收资本	贷		3 000 000.00
5001	生产成本	借		349 440.00
500101	基本生产成本	借		349 440.00
50010101	直接材料	借		203 840.00
5001010101	卧室台灯	借		101 920.00
5001010102	落地台灯	借		101 920.00
50010102	直接人工	借		93 184.00
5001010201	卧室台灯	借		46 592.00
5001010202	落地台灯	借		46 592.00
50010103	制造费用	借		52 416.00
5001010301	卧室台灯	借		26 208.00
5001010302	落地台灯	借		26 208.00

项目三　典型财务处理

知识目标

- 掌握凭证填制、审核、记账、查询、修改、删除的操作方法。
- 掌握应收应付业务的确认与核销的操作方法。
- 掌握固定资产增加与计提折旧的操作方法。

能力目标

- 能独立完成总账日常业务处理。
- 能独立完成应收应付业务处理。
- 能独立完成固定资产业务处理。

思政目标

- 培养爱岗敬业、不为金钱所诱惑、廉洁自律的品质。

任务 1　总账日常业务处理

任务描述

凭证处理

一、凭证处理

(1)2020 年 3 月 2 日,行政专员孙庆忠在财务中心借 200 元现金,购买办公用品(摘要:个人借款购买办公用品),借款单如图 3-1-1 所示。

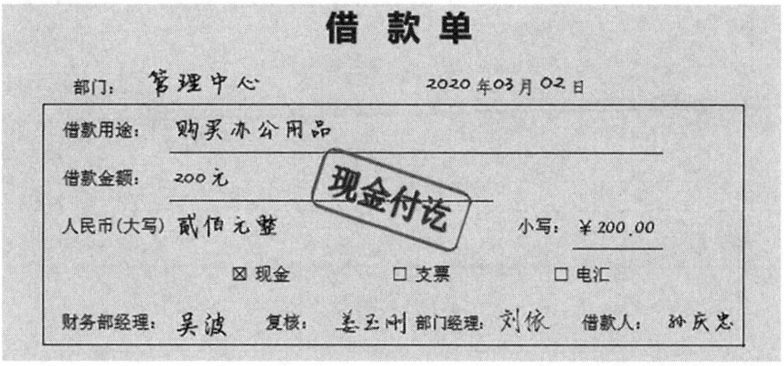

借 款 单

部门：管理中心　　　　2020年03月02日

借款用途：购买办公用品

借款金额：200元

人民币(大写)贰佰元整　　　小写：￥200.00

☒ 现金　　☐ 支票　　☐ 电汇

财务部经理：吴波　复核：姜玉刚　部门经理：刘依　借款人：孙庆忠

现金付讫

图 3-1-1　借款单

(2)2020 年 3 月 7 日,行政专员孙庆忠购买了 200 元的办公用品。(摘要:购买办公用品),专用发票如图 3-1-2 所示,销货清单如图 3-1-3 所示。

1100202130　　北京增值税专用发票　　№ 15227823　　1100202130　15227823

北京 发票联

机器编号:422818608000　　开票日期:2020年03月07日

购买方	名　　称:北京美庭商贸有限公司 纳税人识别号:91110300708461188Y 地 址、电 话:北京市海淀区回龙观路15号010—28285858 开户行及账号:中国工商银行北京海淀支行1100229999888899588				密码区	</*649<+/>*<3125428</24*+**+*<1 122</388*+*<28617<2014##<*#1848 #+*</3290*+#<9536</29068*<6385* <<53117*6853<7258##<*#6149>->**		
货物或应税劳务名称	规格型号	单位	数量	单价	金额	税率	税额	
*办公用品*办公用品	详见清单		1	176.99	176.99	13%	23.01	
合　计					¥176.99		¥23.01	
价税合计(大写)	⊗ 贰佰圆整				(小写)¥200.00			
销售方	名　　称:北京隆达股份有限公司 纳税人识别号:110109012530394000 地 址、电 话:北京市海淀区丰豪东路20号 010-62900219 开户行及账号:中国建设银行北京海淀支行 02230034985264				备注	北京隆达股份有限公司 110109012530394000 发票专用章		

收款人:　　复核:　　开票人:叶菲　　销售方:(章)

税总函〔2019〕144号中钞北京印制有限公司

第三联:发票联　购货方记账凭证

图 3-1-2　增值税专用发票

增值税应税货物或劳务销货清单

购货单位名称:　北京美庭商贸有限公司

销货单位名称:　北京隆达股份有限公司

所属增值税专用发票代码:　2100181130　　号码:　15227823　　第 1 页 共 1 页

序号	货物(劳务)名称	规格型号	单位	数量	单价	金额	税率	税额
1	水性笔		盒	5	8.81	44.05	13.00%	5.73
2	曲别针		盒	6	4.39	26.34	13.00%	3.42
3	口取纸		包	4	5.49	21.96	13.00%	2.85
4	热敏纸		卷	6	7.83	46.98	13.00%	6.11
5	钉书钉		盒	4	4.19	16.76	13.00%	2.18
6	燕尾夹		盒	5	4.18	20.90	13.00%	2.72
7								
8								
9								
10								
11								
小计						1[illegible]6.[illegible]		[illegible].01
总计						[illegible]76.99		23.01
备注								

销货单位(章):　　开票日期:　2020年3月7日　　国家税务总局印制

北京隆达股份有限公司 110109012530394000 发票专用章

图 3-1-3　销货清单

要求:(1)审核原始凭证;(2)填制与审核记账凭证;(3)凭证记账。

二、凭证维护

(1)记账凭证查询。

(2)记账凭证修改。

(3)记账凭证删除。

凭证维护

知识准备

一、审核原始凭证

审核原始凭证的真实性、合法性和合理性,包括凭证金额是否正确,且大小写金额必须一致;是否盖有发票专用章;签字手续是否齐全;是否有经办人签字等相关事项。检查原始凭证填写内容是否完整规范。

二、填制记账凭证

(1)单击【凭证】—【填制凭证】,显示单张凭证。

(2)单击【增加】按钮或按 F5 键,增加一张新凭证,光标定位在凭证类别上,输入或参照选择一个凭证类别。

(3)凭证编号。如果在【选项】中选择系统编号,则由系统按时间顺序自动编号。否则请手工编号,允许的最大凭证号为 32767。

(4)系统自动取当前业务日期为记账凭证填制的日期,可修改。

(5)输入凭证分录的摘要,按 F2 键或参照按钮输入常用摘要,但常用摘要的选入不清除原来输入的内容。

(6)输入末级科目或按 F2 键参照录入。

(7)如果为银行科目,且在结算方式设置中确定要进行票据管理,在【选项】中设置支票控制,那么这里会要求输入结算方式、票号及发生日期。

(8)如果科目设置了辅助核算属性,则在这里还要输入辅助信息,如部门、个人、项目、客户、供应商、数量等。录入的辅助信息将在凭证下方的备注中显示。

(9)录入该笔分录的借方或贷方本币发生额,金额不能为零,但可以是红字,红字金额以负数形式输入。如果方向不符,可按空格键调整金额方向。

(10)若想放弃当前未完成的分录输入,可按【删行】按钮或 Ctrl+D 组合键删除当前分录即可。

(11)当凭证全部录入完毕后,按【保存】或 F6 键保存这张凭证。

需要注意的是:如果在总账【选项】中设置了制单序时控制,则凭证的填制日期应大于等于系统的启用日期,但是不超过计算机的系统日期,也不能在上一张凭证的填制日期之前。

三、记账凭证的审核与取消审核

(1)系统要求审核人和制单人不能是同一个人,所以在审核凭证前一定要先检查一下,当前操作员是否就是制单人,如果是则需要重新注册更换操作员。

(2)凭证审核的操作权限应首先在系统管理的权限中进行赋权,其次还要注意在总账系统的选项中是否选中凭证审核控制到操作员的复选框,如果设置了该选项,则应继续设置审核的明细权限,即数据权限中设置了某用户有权审核另外某一用户所填制凭证的权限,该用户才真正拥有了审核凭证的权限。

(3)在审核凭证的功能中还可以对有错误的凭证进行标错处理(标错的凭证不能被审核,必须取消标错才能审核),还可以取消审核(操作方式同取消出纳签字方式)。已审核的凭证将不能修改、删除,只能在取消审核后才能在填制凭证的功能中进行修改、删除。

四、记账与恢复记账

(1)期初余额试算不平衡不允许记账。有不平衡的凭证不允许记账;未审核的凭证不允许记账;上月未结账本月不能记账。

(2)不输入记账范围,那么系统默认对所有凭证进行记账。

(3)作废的凭证不需要审核可以直接记账。

任务流程

一、凭证处理

(一)凭证填制

操作流程如下。

以“会计主管(制单人)”身份登录企业应用平台。

(1)单击【业务工作】—【财务会计】—【总账】—【凭证】,单击【填制凭证】,弹出“记账凭证”界面,如图 3-1-4 所示。

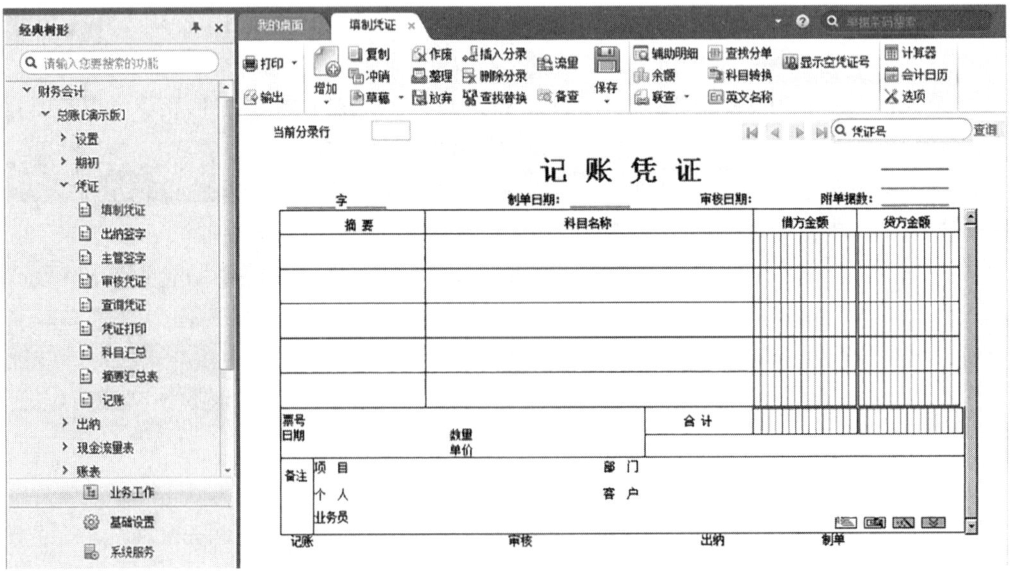

图 3-1-4　记账凭证填制界面

(2)单击【增加】。

(3)单击制单日期,选择“2020 年 3 月 2 日”,单击【确认】。

(4)单击第一行【摘要】,输入“个人借款购买办公用品”。

(5)单击第一行【科目名称】输入框右侧按钮,弹出“科目参照”界面。

(6)双击【资产】,单击【1221 其他应收款】,选择“122102 其他应收款 - 个人”科目,单击【确定】。

(7)单击【界面】,单击【部门】输入框右侧按钮打开“部门基本参照”界面,选择“管理中心”,单击【确定】。

(8)单击【个人】输入框右侧按钮,弹出“业务员基本参照”界面,选择“孙庆忠”,单击【确定】,如图 3-1-5 所示。

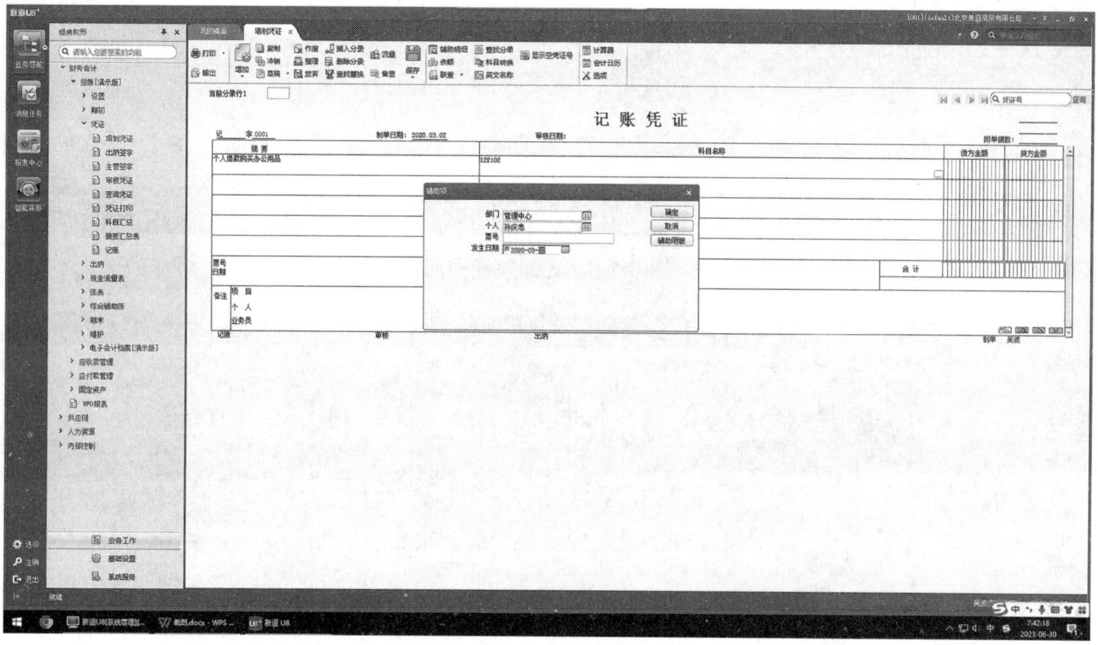

图 3-1-5　辅助项界面

(9)单击【确认】。

(10)单击第一行【借方金额】:录入 200。

(11)单击第二行【摘要】,输入内容与第一行摘要一致。

(12)单击第二行【科目名称】输入框右侧按钮。

(13)双击【资产】,选择“1001 库存现金”科目,单击【确定】。

(14)单击第二行【贷方金额】:录入 200。

(15)单击【保存】弹出【凭证】提示框,单击【确定】,如图 3-1-6 所示。

(二)凭证审核

操作流程如下。

以“审核员”身份登录企业应用平台。

(1)单击【业务工作】—【财务会计】—【总账】—【凭证】—【审核凭证】,进入凭证审核界面,如图 3-1-7 所示。

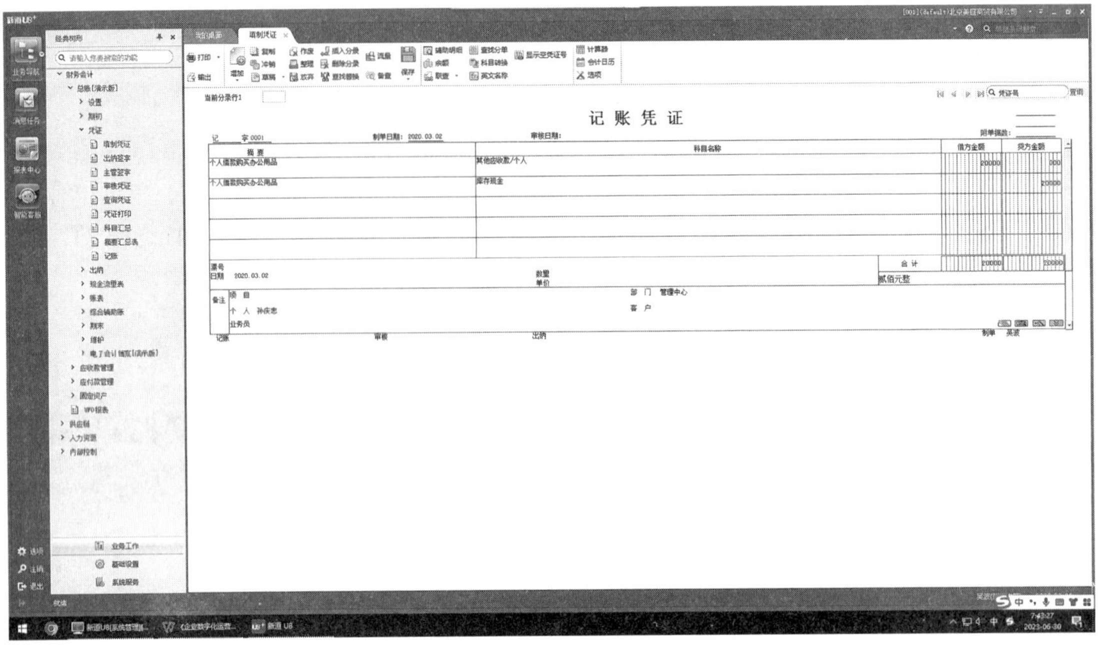

图 3-1-6　记账凭证界面

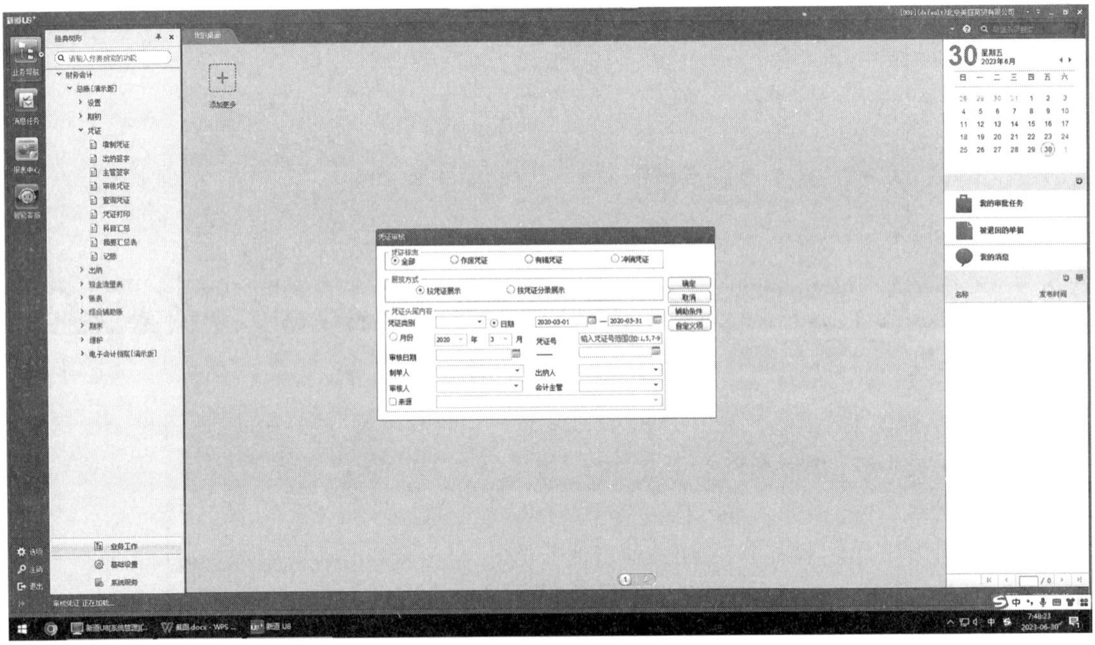

图 3-1-7　凭证审核界面

(2) 单击【确定】。

(3) 进入“凭证审核列表”界面，选择要审核的凭证，在制单日期前勾选，如图 3-1-8 所示。

(4) 单击【审核】。

(5) 单击【确定】。

(6) 单击【是】，完成凭证审核，如图 3-1-9 所示。

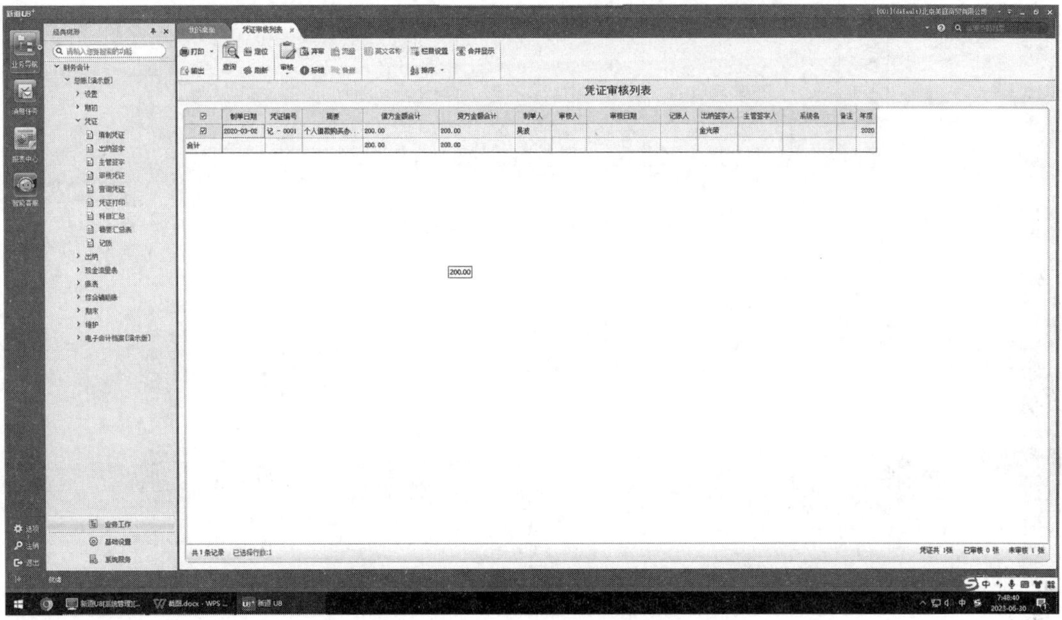

图 3-1-8　凭证审核列表界面

图 3-1-9　凭证审核完成界面

(三)出纳签字

操作流程如下。

以“出纳员”身份登录企业应用平台。

(1)单击【业务工作】—【财务会计】—【总账】—【凭证】—【出纳签字】,进入出纳签字界面,如图 3-1-10 所示。

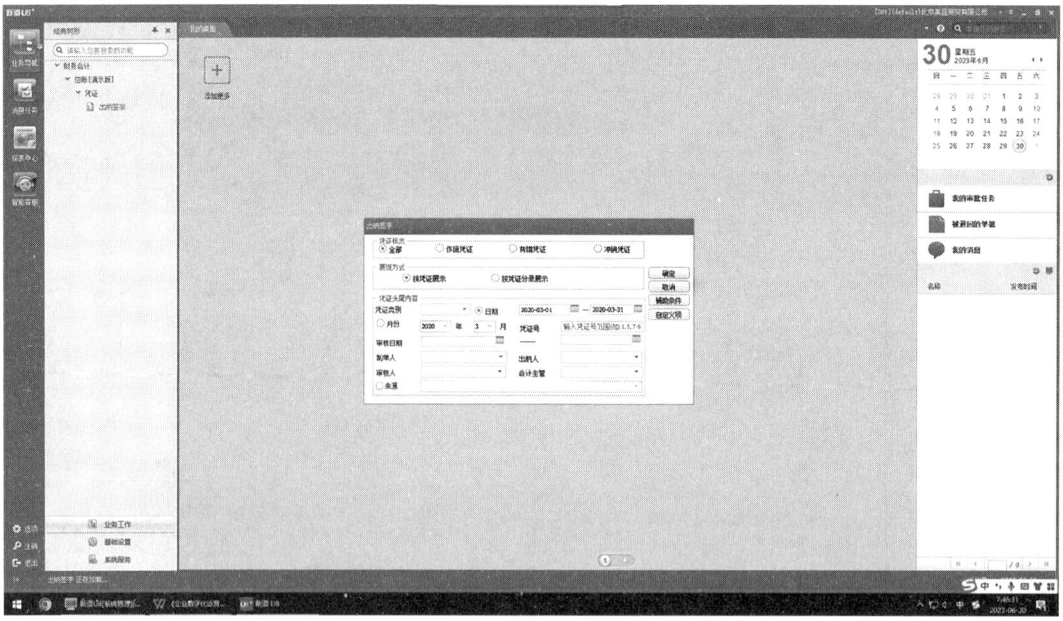

图 3-1-10　出纳签字界面

(2)单击【确定】。

(3)进入“出纳签字列表”界面,选择签字凭证,在制单日期前勾选,如图 3-1-11 所示。

图 3-1-11　出纳签字列表界面

(4)单击【签字】。

(5)单击【确定】。

(6)单击【是】,完成出纳签字,如图 3-1-12 所示。

图 3-1-12　出纳签字完成界面

(四)凭证记账

操作流程如下。

以“会计主管”身份登录企业应用平台。

(1)单击【业务工作】—【财务会计】—【总账】—【凭证】—【记账】,进入记账界面,如图 3-1-13 所示。

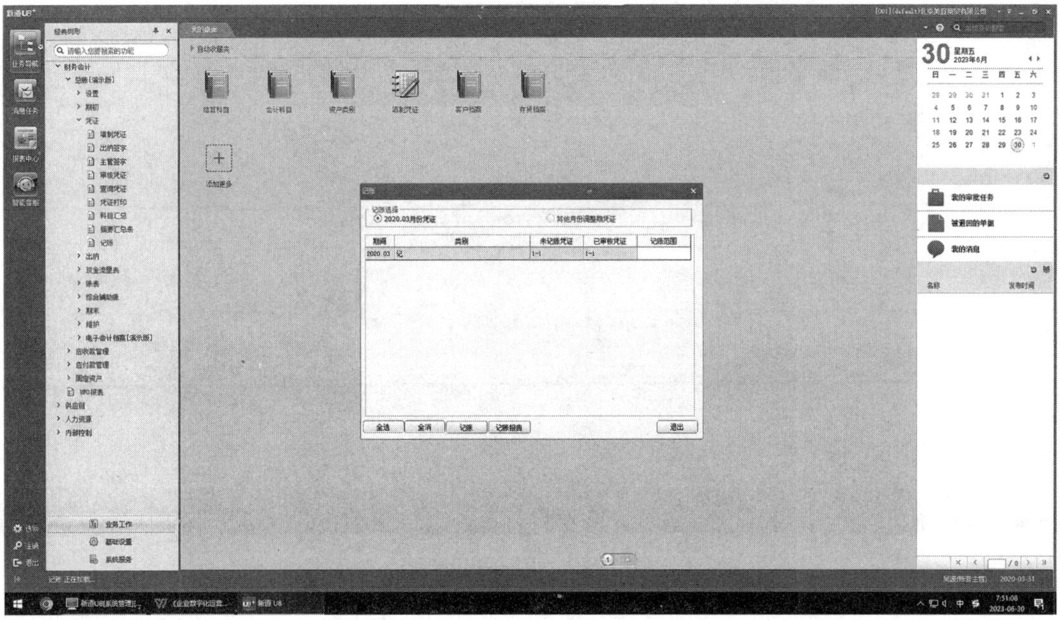

图 3-1-13　记账界面

(2)单击【记账】,弹出“期初试算平衡表”界面,如图 3-1-14 所示。

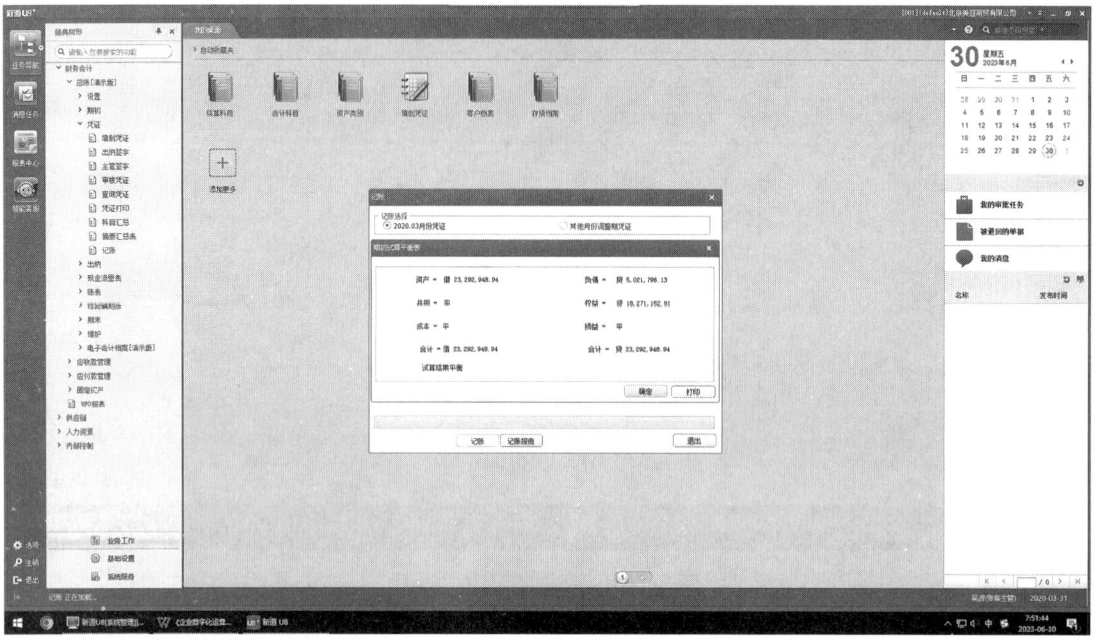

图 3-1-14　期初试算平衡表界面

(3)单击【确定】,如图 3-1-15 所示。

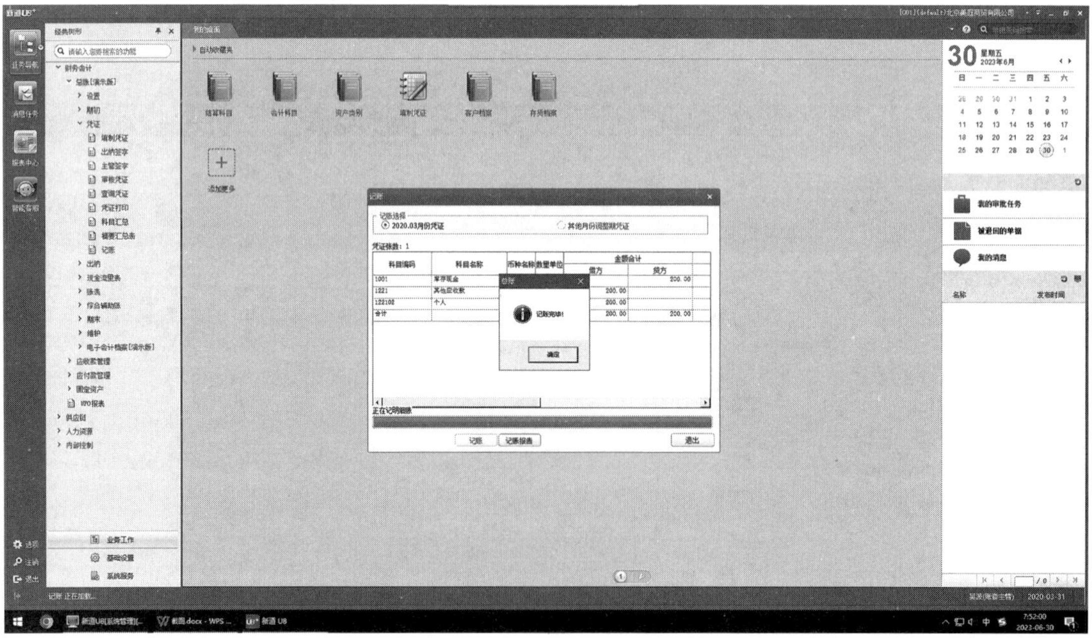

图 3-1-15　记账凭证界面

二、凭证维护

(一)1 号凭证(制单人签字)——查询、修改和删除

操作流程如下。

以“会计主管(制单人)”身份登录企业应用平台。

(1)单击【业务工作】—【财务会计】—【总账】—【凭证】—【查询凭证】

(2)单击【确定】,如图 3-1-16 所示。

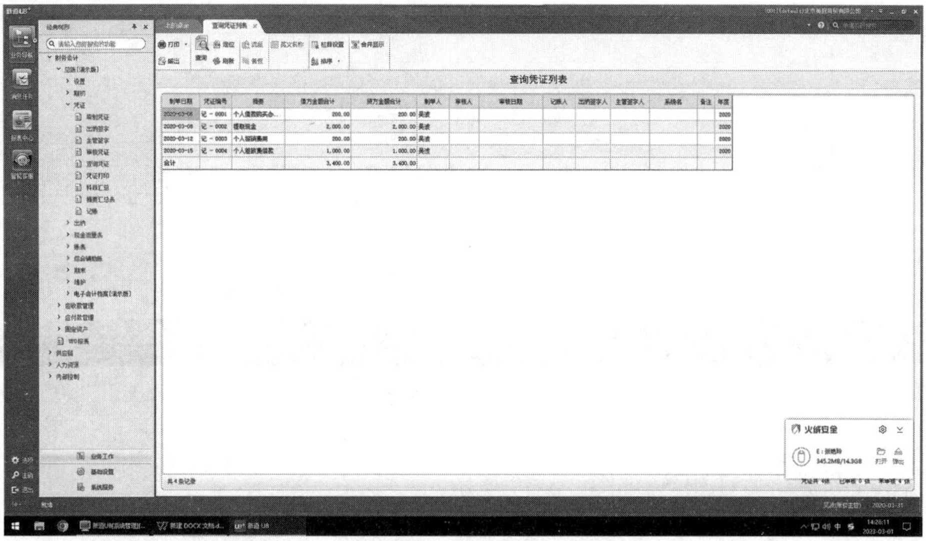

图 3-1-16　查询凭证界面

(3)双击【1 号凭证】,查询 1 号凭证,如图 3-1-17 所示。

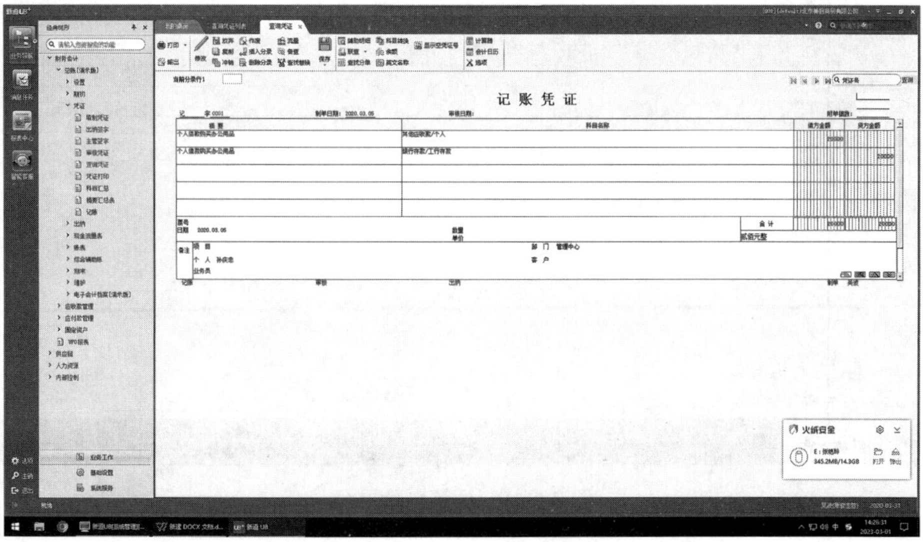

图 3-1-17　1 号凭证界面

(4)单击【修改】,完成修改内容,单击【保存】,如图 3-1-18 所示。

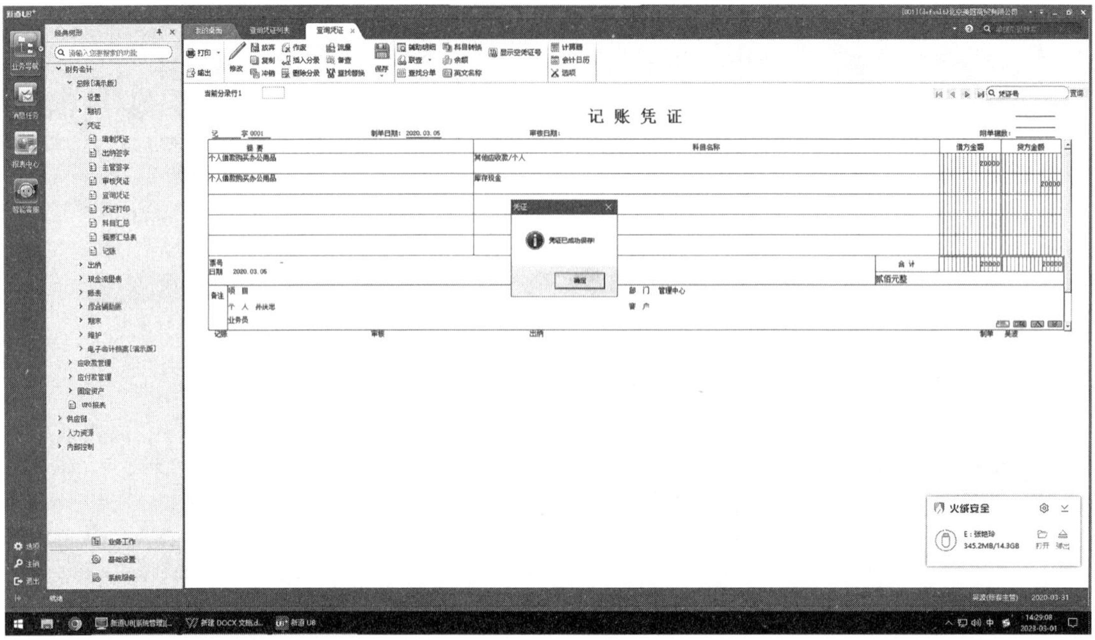

图 3-1-18　修改完成界面

(5)单击【作废】,凭证删除,如图 3-1-19 所示。

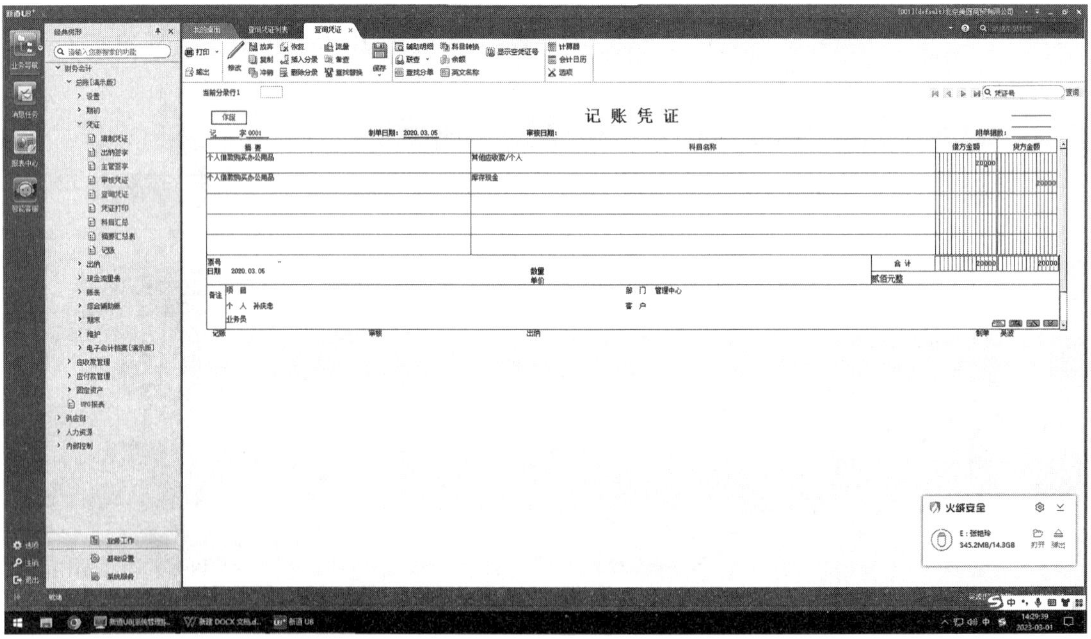

图 3-1-19　凭证删除界面

(6)单击【恢复】,删除凭证恢复,如图 3-1-20 所示。

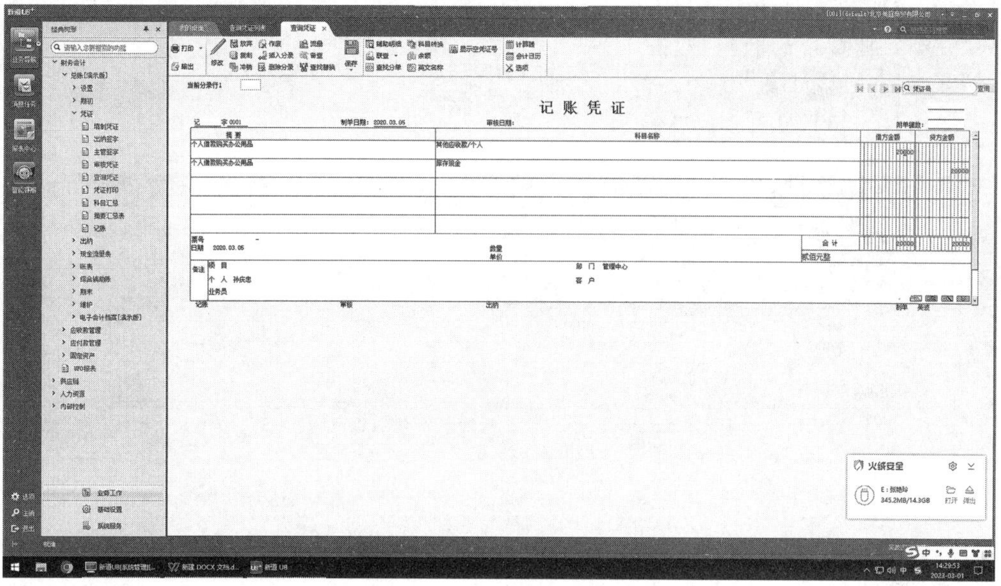

图 3-1-20　删除凭证恢复界面

(二)2 号凭证(制单人、审核签字)——查询、修改和删除

操作流程如下。

以“会计主管(制单人)”身份登录企业应用平台。

(1)单击【业务工作】—【财务会计】—【总账】—【凭证】—【查询凭证】,单击【确定】。

(2)双击【2 号凭证】,查询 2 号凭证,如图 3-1-21 所示。

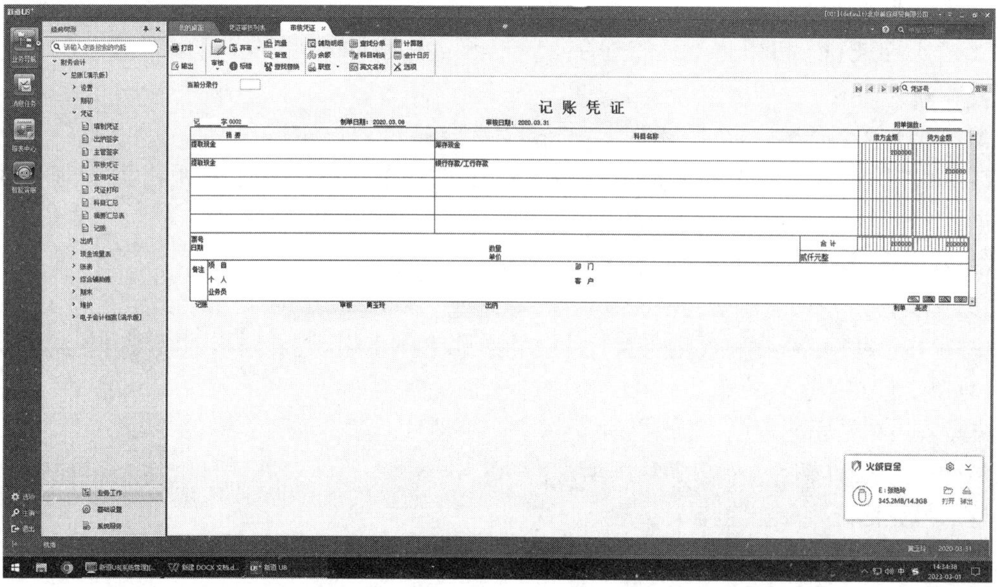

图 3-1-21　查询 2 号凭证界面

以"审核员"身份登录企业应用平台。

(3)单击【业务工作】—【财务会计】—【总账】—【凭证】—【审核凭证】。

(4)单击【确定】。

(5)双击【2号凭证】。

(6)单击【弃审】,如图3-1-22所示。

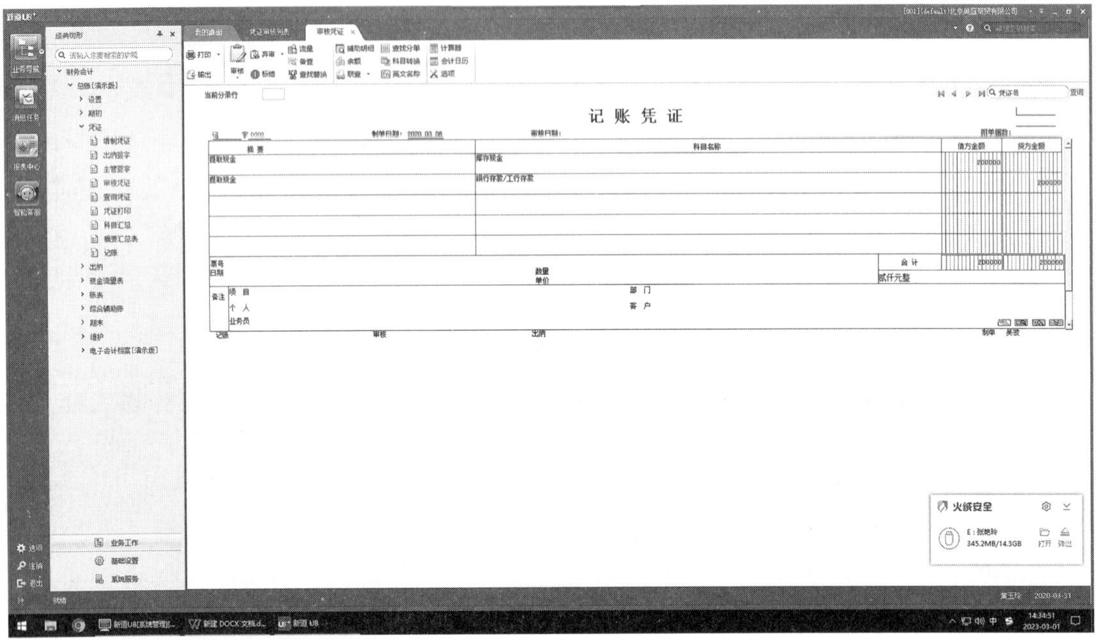

图3-1-22　凭证弃审界面

(7)2号凭证修改和删除与1号凭证一致。

(三)3号凭证(制单人、出纳签字)——查询、修改和删除

操作流程如下。

以"会计主管(制单人)"身份登录企业应用平台。

(1)单击【业务工作】—【财务会计】—【总账】—【凭证】—【查询凭证】,单击【确定】。

(2)双击【3号凭证】,查询3号凭证,如图3-1-23所示。

以"出纳员"身份登录企业应用平台。

(3)单击【业务工作】—【财务会计】—【总账】—【凭证】—【出纳签字】。

(4)单击【确定】。

(5)双击【3号凭证】。

(6)单击【取消签字】,如图3-1-24所示。

(7)3号凭证修改和删除与1号凭证一致。

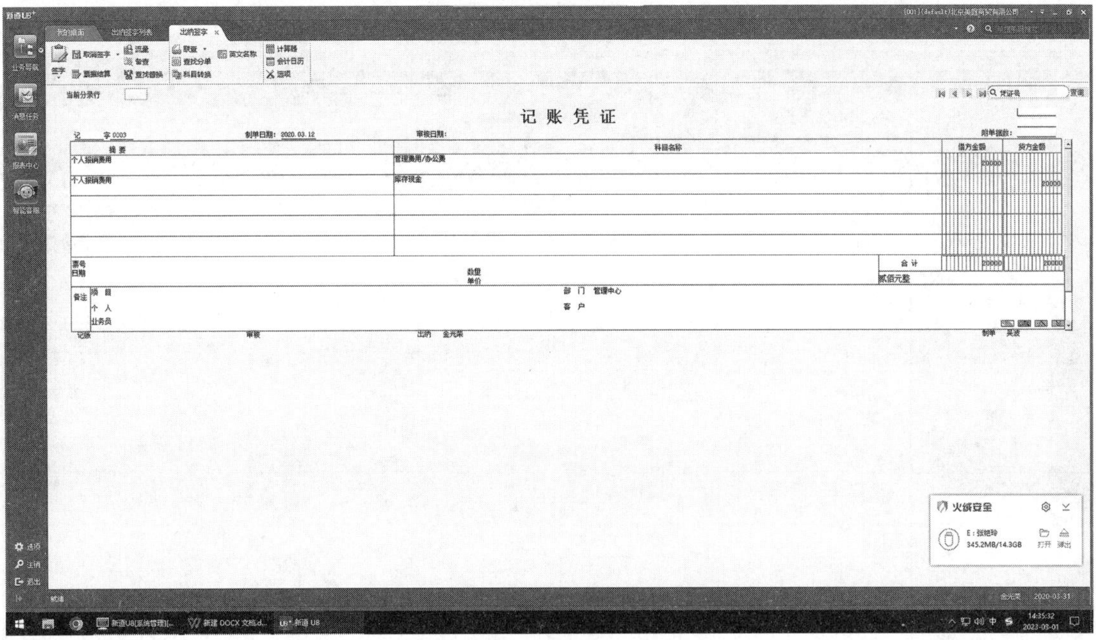

图 3-1-23　3 号凭证界面

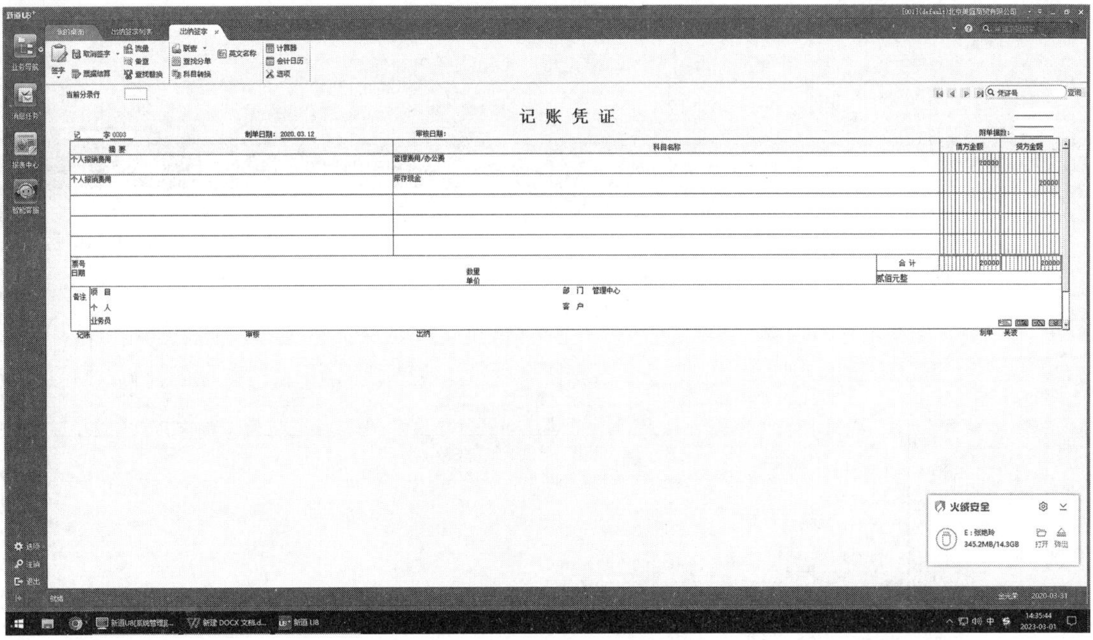

图 3-1-24　取消出纳签字界面

(四)4 号凭证(制单人、出纳、审核、记账签字)——查询、冲销

操作流程如下。

以“会计主管(制单人)”身份登录企业应用平台。

(1)单击【业务工作】—【财务会计】—【总账】—【凭证】—【查询凭证】,单击【确定】。

(2)双击【4号凭证】,查询4号凭证,如图3-1-25所示。

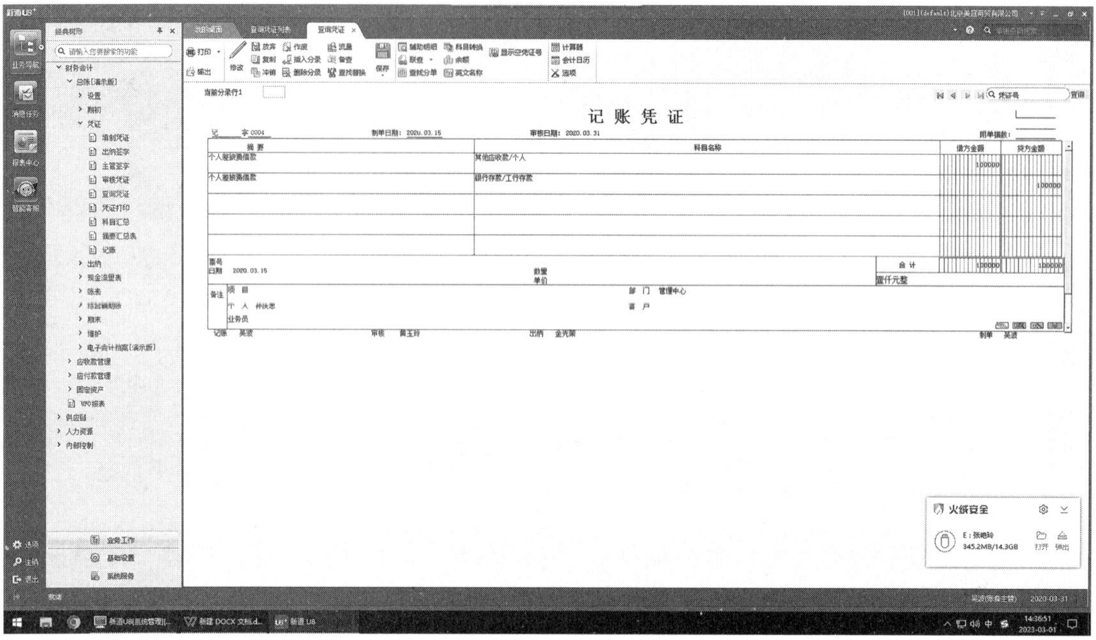

图 3-1-25　4 号凭证界面

(3)单击【冲销】,如图3-1-26所示。

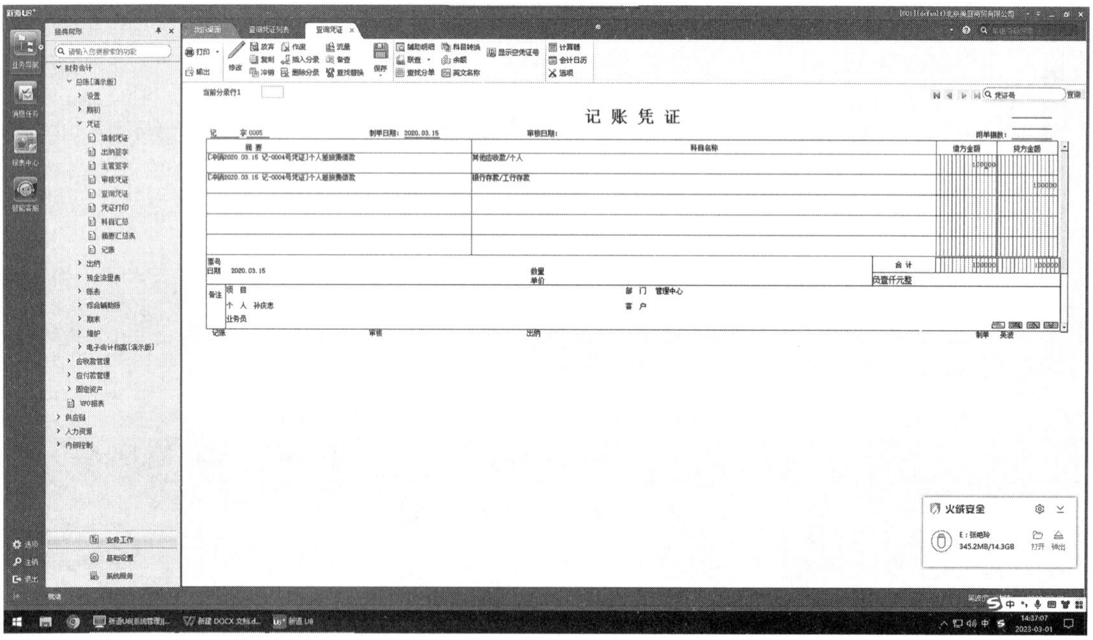

图 3-1-26　记账凭证冲销界面

(4)单击【保存】。

(5)单击【确定】。

技能训练

一、日常业务处理

1 月 1 日，销售人员张明玉需出差河北，预借差旅费，付现金 500 元，在总账系统里填制一张凭证。

1 月 1 日，根据工行北京市海淀区支行银行回单收到银行利息入账单，金额为 300 元，在总账系统里填制相应凭证。

1 月 1 日，从工行北京市海淀区支行以银行存款缴纳上月未交增值税 5 600 元、城建税 392 元、教育费附加 168 元及企业所得税 25 000 元，在总账系统里填制一张凭证。

1 月 1 日，从工行北京市海淀区支行取得短期借款 200 000 元用于流动资金周转，月利率为 6.3‰，到期日为 2020 年 5 月 31 日，在总账系统里填制一张凭证。

1 月 3 日，采购部王进进报销业务招待费 570 元，以现金支付，在总账系统里填制一张凭证。

1 月 5 日，销售人员张明玉河北出差回来，报销差旅费 300 元，交还财务多余预借现金 200 元，在总账系统里填制一张凭证。

1 月 15 日，通过银行现金支票代发形式，发放上月工资，按要求在总账系统里手工填制一张记账凭证。(支票号 286702)

二、期末业务处理

(1)将 1 月份发生的所有经济业务进行审核。

(2)对 1 月份发生的经济业务进行记账。

任务 2　典型应收应付业务处理

任务描述

一、采购发票审核制单

2020 年 3 月 5 日，对市场中心业务员崔磊采购深圳安美家居有限公司 1 000 套蚕丝被采购专用发票录入并审核，生成应付类凭证，专用发票如图 3-2-1 所示。

二、付款核销制单

2020 年 3 月 10 日，市场中心崔磊申请支付期初深圳安美家居有限公司货款 300 000 元。获批，财务中心付款并核销应付款项，生成付款凭证，银行付款回单如图 3-2-2 所示。

4400202150

广东增值税专用发票 № 11235488 4400202150 11235488

发票联

机器编号：169259089267

开票日期：2020年3月5日

购买方	名称：北京美庭商贸有限公司 纳税人识别号：91440300708461188Y 地址、电话：北京市海淀区回龙观路15号010—28285858 开户行及账号：中国工商银行北京海淀支行1100229999888899588			密码区	</*354<+/>*<973241</80*+**+*<93 23</409*+*<63143<3708##<*#1494# +*</14237*+#<1987</60504*<4068* <<74757*4786<6217##<*#1146>->**		
货物或应税劳务名称	规格型号	单位	数量	单价	金额	税率	税额
*丝制品*蚕丝被			1000	180	180000.00	13%	23400.00
合计					¥180,000.00		¥23,400.00
价税合计（大写）	⊗ 贰拾万叁仟肆佰元整				（小写）¥203,400.00		
销售方	名称：深圳安美家居有限公司 纳税人识别号：440778878363548213 地址、电话：广东省深圳市东风工业园西区128号0755-36377633 开户行及账号：工行深圳罗湖支行42342321001536804688			备注	深圳安美家居有限公司 440778878363548213 发票专用章		

收款人：略　　复核：略　　开票人：略　　购买方：（章）

税总函〔2019〕144号中钞光华印刷有限公司

第三联：发票联　购货方记账凭证

图 3-2-1　采购发票

ICBC 中国工商银行　　业务回单（付款）

入账日期：　2020-03-10　　回单编号：10283769420

付款人户名：　北京美庭商贸有限公司

付款人账号：　1100229999888899588

付款人开户行/发报行：　中国工商银行北京海淀支行

收款人户名：　深圳安美家居有限公司

收款人账号：　42342321001536804688

收款人开户行　工行深圳罗湖支行

币种：　人民币　　金额（小写）：¥300,000.00

金额（大写）：叁拾万元整

凭证种类：　　凭证号码

业务（产品）种类：　　摘　要：　支付货款

附言：

支付交易序号：13067895　　报文种类：00100 汇兑报文

委托日期：　2020年3月10日　　业务种类：转账

收款人地址：

付款人地址：

中国工商银行北京海淀支行 2020.03.10 核算用（04）

打印次数：　1　次　　机打回单注意重复　打印日期：2020-03-10　　打印柜员：22141

图 3-2-2　银行付款回单

三、销售发票审核制单

2020 年 3 月 3 日，市场中心业务员何红艳销售北京丰乐源贸易有限公司硅胶床垫 300 套，录入并审核销售专用发票，生成应收类凭证，专用发票如图 3-2-3 所示。

1100202150

北京增值税专用发票　№ 12655252　1100202150　12655252

此联不做报销、扣税凭证使用

机器编号：351130754688

开票日期：2020年3月3日

购买方	名称：北京丰乐源贸易有限公司 纳税人识别号：91110000700003739A 地址、电话：北京市丰台区方庄芳城园二区15号010-51909588 开户行及账号：工行方庄支行营业部91110000700003739A			密码区	</*873<+/>*<6841110</48*+**+*<7 994</333*+*<2148<8711##<*#5828# +*</26416*+#<3802</5008*<6702*< <22132*1154<7977##<*#1622>->**		
货物或应税劳务名称	规格型号	单位	数量	单价	金额	税率	税额
*橡胶制品*硅胶床垫		个	300	5800	1740000.00	13%	226200.00
合计					¥1,740,000.00		¥226,200.00
价税合计（大写）	⊗壹佰玖拾陆万陆仟贰佰元整				（小写）¥1,966,200.00		
销售方	名称：北京美庭商贸有限公司 纳税人识别号：91440300708461188Y 地址、电话：北京市海淀区回龙观路15号010—28285858 开户行及账号：中国工商银行北京海淀支行1100229999888899588			备注			

收款人：略　复核：略　开票人：略　购买方：（章）

税总函［2019］144号中钞光华印刷有限公司

第一联：记账联　销售方记账凭证

图 3-2-3　销售专用发票

四、收款核销制单

2020 年 3 月 4 日，收到市场中心业务员何红艳销售北京丰乐源贸易有限公司硅胶床垫货款 1 966 200 元，财务中心收款并核销应收款项，生成收款凭证，银行收款回单如图 3-2-4 所示。

ICBC 中国工商银行　业务回单（收款）

入账日期：	2020-03-04	回单编号：	1028357485
付款人户名：	北京丰乐源贸易有限公司		
付款人账号：	0200053809024207280		
付款人开户行/发报行：	工行方庄支行营业部		
收款人户名：	北京美庭商贸有限公司		
收款人账号：	1100229999888899588		
收款人开户行	中国工商银行北京海淀支行		
币种：	人民币	金额（小写）：	¥1,966,200.00
金额（大写）：	壹佰玖拾陆万陆仟贰佰元整		
凭证种类：		凭证号码	
业务（产品）种类：		摘要：	扣划贷款本金及利息
附言：			
支付交易序号：	13067895	报文种类：	00100 汇总报文
委托日期：	2020年3月4日	业务种类：	转
收款人地址：			
付款人地址：			

中国工商银行北京海淀支行　2020.03.04　核算用（04）　李谷

打印次数：1 次　机打回单注意重复　打印日期：2020-03-04　打印柜员：22141

图 3-2-4　银行收款回单

知识准备

一、应收账款管理系统日常功能

1. 有效的单据管理

单据管理:系统提供发票、其他应收单、收款单、退款单等单据的维护功能,以准确记录、跟踪企业实际发生的各项往来业务。

2. 有效的票据管理

系统提供应收票据的跟踪管理,以利于企业随时对应收票据的背书、贴现、转出、退票、收款等操作进行监控管理。

3. 灵活的结算功能

对于企业债权的结算,系统提供了包括到款结算、预收账款冲应收账款等 7 种结算方式,并提供按单据、存货数量和关联关系核销等多种核销处理方式,以满足企业的不同业务需要。

4. 灵活的凭证处理

系统提供了模板式和非模板式两类基本凭证处理方式,并可进一步选择不同的凭证模式、汇总方式,以适应企业的不同管理需求。

5. 支持坏账处理

系统提供了 4 种坏账准备计提的方式及坏账损失确认和坏账收回业务的相关账务处理。

6. 强大的报表功能

系统及时、准确地提供给客户往来账款余额资料,包括应收账款明细表、汇总表、往来对账、到期债权列表、月结单等,并提供各种分析报表,包括账龄分析表、周转分析、欠款分析、坏账分析、回款分析,帮助企业合理地进行资金调配,提高资金的利用效率。

二、应付账款管理系统日常功能

1. 有效的单据管理

系统提供发票、其他应付单、付款申请单、付款单、退款单等单据的维护功能,以准确记录、跟踪企业实际发生的各项往来业务。

2. 有效的票据管理

系统提供应付票据的跟踪管理,以利于企业随时对应付票据的付款、退票等操作进行监控管理。

3. 灵活的结算功能

对于企业债务的结算,系统提供了包括付款结算、预付账款冲应付账款等 7 种结算方式,并提供按单据、存货数量和关联关系核销等多种核销处理方式,以满足企业的不同业务需要。

4. 灵活的凭证处理

系统提供了模板式和非模板式两类基本的凭证处理方式,并可进一步选择不同的凭证模式、汇总方式,以适应企业的不同管理需求。

5. 强大的报表功能

系统及时、准确地提供给供应商往来账款余额资料,包括应付账款明细表、汇总表、往来对账、到期债务列表、月结单等，并提供各种分析报表，包括账龄分析表、付款分析、付款期预测，帮助企业合理地进行资金调配，提高资金的利用效率。

任务流程

采购发票审核制单

一、采购发票审核制单

操作流程如下。

(1)单击【业务工作】—【供应链】—【采购管理】—【采购发票】—【专用采购发票】。

(2)单击【增加】。

(3)单击【供应商】输入框右侧按钮，选择“深圳安美家居有限公司”，单击【确定】。

(4)单击【采购类型】输入框右侧按钮，选择“正常采购”，单击【确定】。

(5)单击【部门名称】输入框右侧按钮，选择“市场中心”，单击【确定】。

(6)单击【业务员】输入框右侧按钮，选择“崔磊”，单击【确定】。

(7)单击【存货编号】输入框右侧按钮，选择“蚕丝被”，单击【确定】。

(8)单击【数量】，录入 1 000。

(9)单击【原币单价】，录入 180。

(10)单击【保存】，单击【复核】，完成采购发票填制，如图 3-2-5 所示。

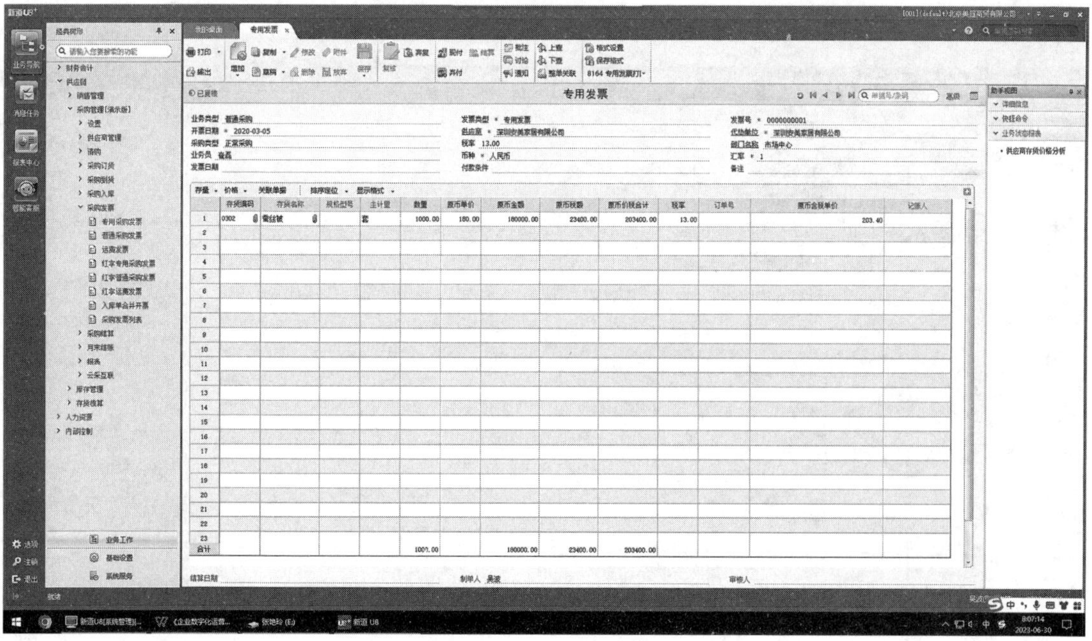

图 3-2-5　采购发票填制界面

(11)关闭“专用发票”，退出【供应链】。

(12)单击【业务工作】—【财务会计】—【应付款管理】—【应付处理】—【采购发票】—【采购发票审核】，进入采购发票列表界面，如图 3-2-6 所示。

图 3-2-6　采购发票列表界面

（13）点击【查询】，弹出查询条件—发票查询界面，录入查询条件，点击【确定】，显示查询结果，如图 3-2-7 所示。

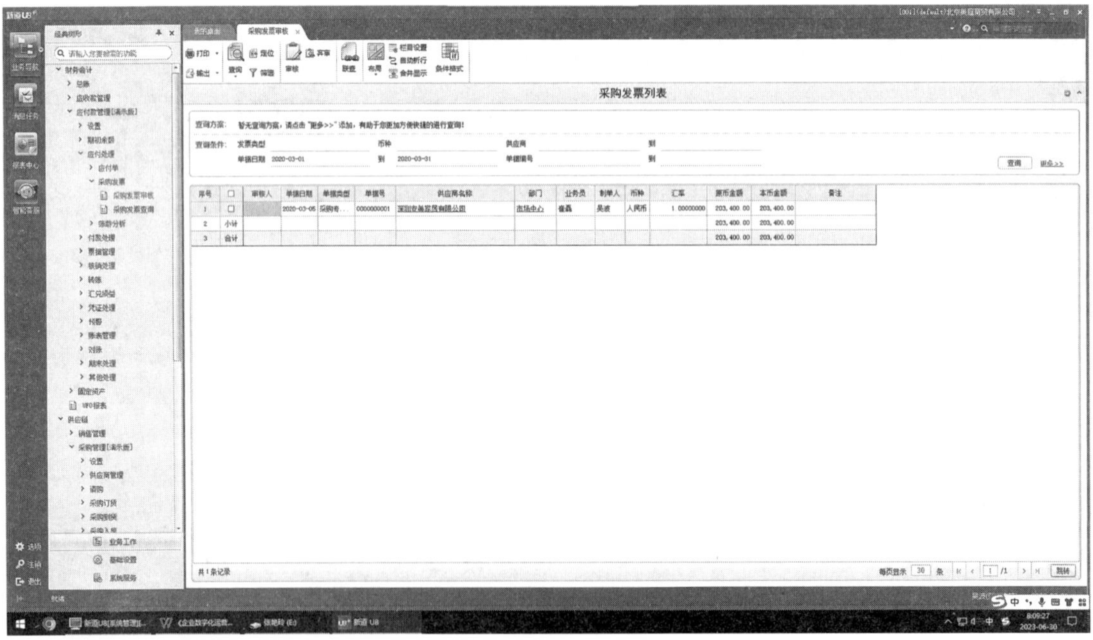

图 3-2-7　采购发票查询结果界面

（14）选择采购发票，单击发票【单据号】，查看采购发票详细信息，如图 3-2-8 所示。

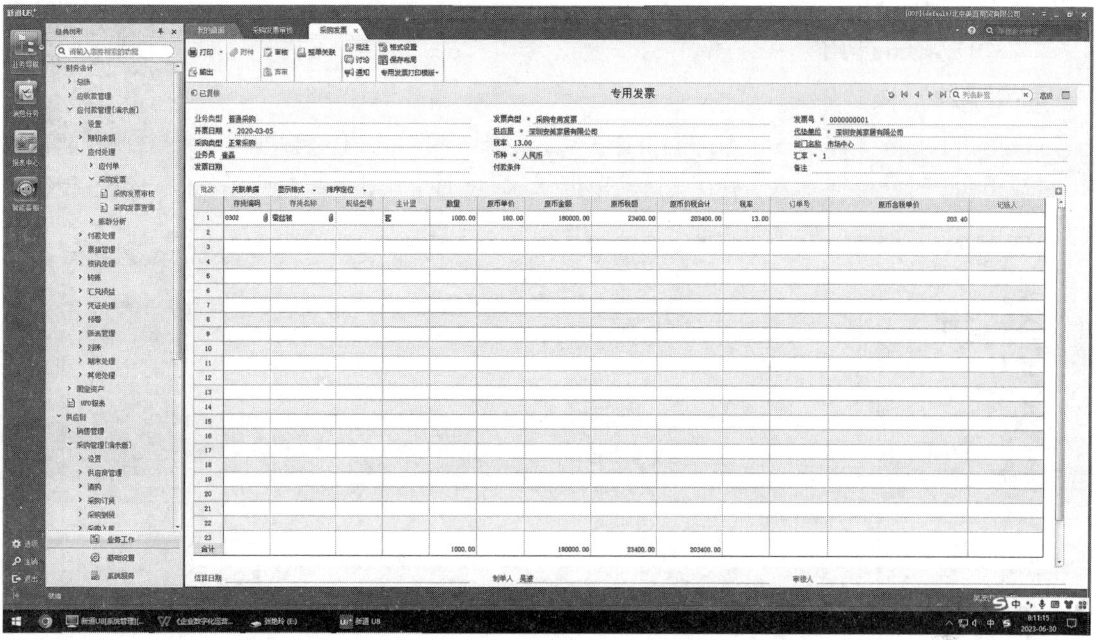

图 3-2-8　发票详细信息界面

(15) 单击【审核】,弹出“应付款管理”界面,询问是否立即制单,单击【是】。

(16) 单击第一行“科目名称”输入框右侧按钮,弹出“科目参照”界面,双击【资产】,单击【1402 在途物资】,单击【确定】。

(17) 单击【保存】,生成记账凭证,如图 3-2-9 所示。

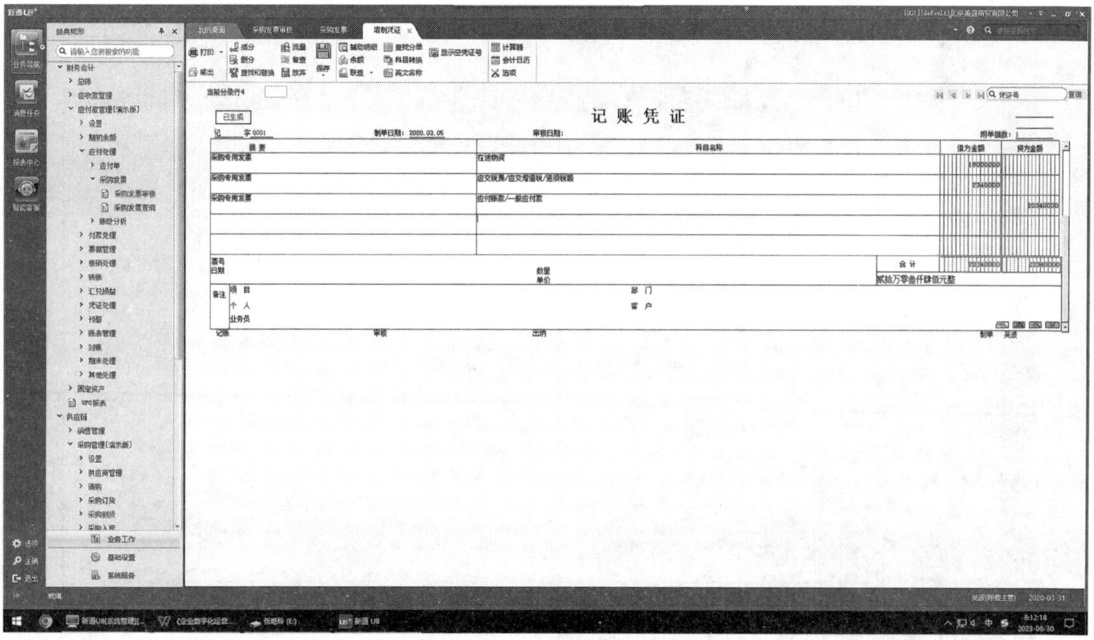

图 3-2-9　生成记账凭证界面

二、付款核销制单

操作流程如下。

(1)单击【业务工作】—【财务会计】—【应付款管理】—【付款处理】。

(2)单击【付款单据录入】,弹出“付款单据录入”界面,如图 3-2-10 所示。

付款核销制单

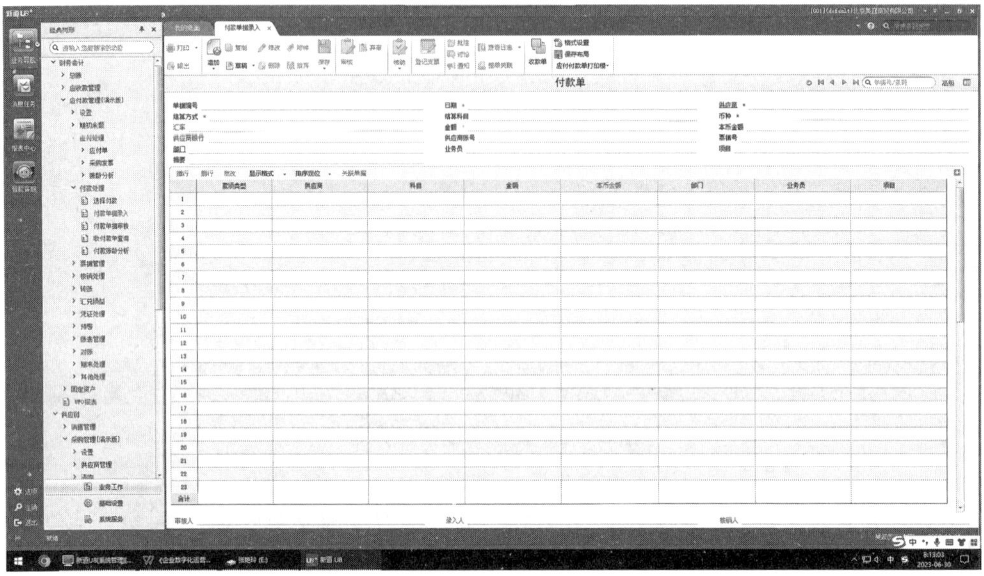

图 3-2-10 付款单据录入界面

(3)单击【增加】按钮。

(4)单击【供应商】输入框右侧按钮,弹出“供应商档案基本参照”界面,如图 3-2-11 所示。

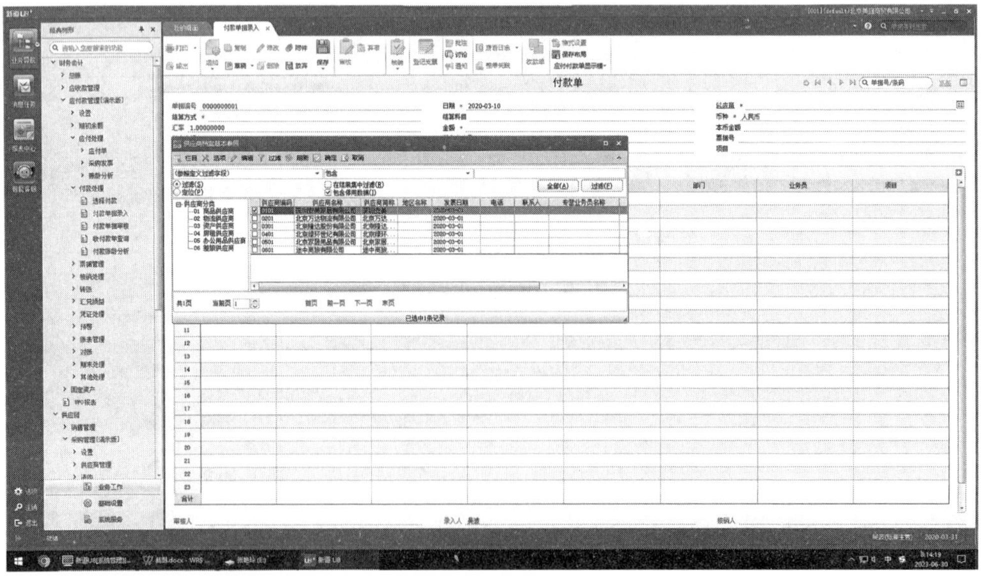

图 3-2-11 供应商档案界面

(5)选择“0101 深圳安美家居有限公司”,单击【确定】。

(6)单击【结算方式】输入框右侧按钮,选择“支票”,单击【确定】。

(7)录入表头“金额”:300 000。

(8)单击【部门名称】输入框右侧按钮,选择“市场中心”,单击【确定】。

(9)单击【业务员】输入框右侧按钮,选择“崔磊”,单击【确定】。

(10)单击【摘要】,录入“支付货款”。

(11)单击【款项类型】,选择“应付款”,自动生成表体内容。

(12)单击【保存】。

(13)单击【审核】,弹出“应付款管理”界面,询问是否立即制单,如图 3-2-12 所示。

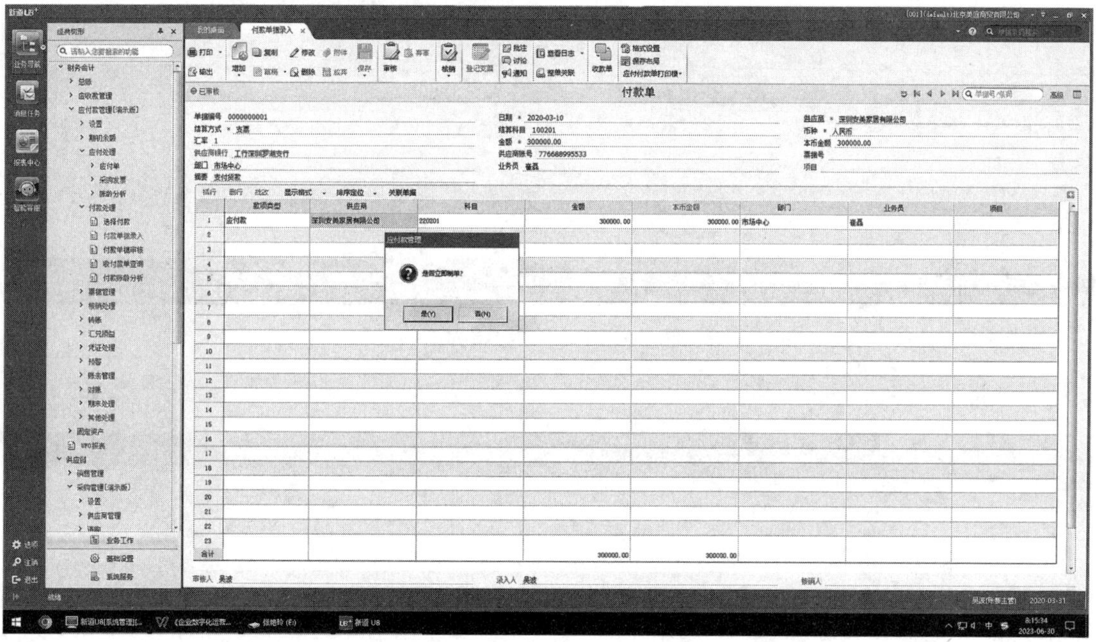

图 3-2-12　付款单制单界面

(14)单击【否】。

(15)单击【核销】,选择核销条件,单击【确认】。

(16)进入“手工核销”界面,双击【本次结算】输入框,录入“本次结算:300 000”,如图 3-2-13 所示。

(17)单击【确认】按钮。

(18)关闭“手工核销”,关闭“付款单据录入”。

(19)单击【凭证处理】—【生成凭证】,进入制单查询界面,如图 3-2-14 所示。

(20)选择收付款单和核销两个选项后,点击【确定】,弹出“应付列表”界面,如图 3-2-15 所示。

(21)选择记账凭证,点击【制单】,点击【保存】,生成记账凭证,如图 3-2-16 所示。

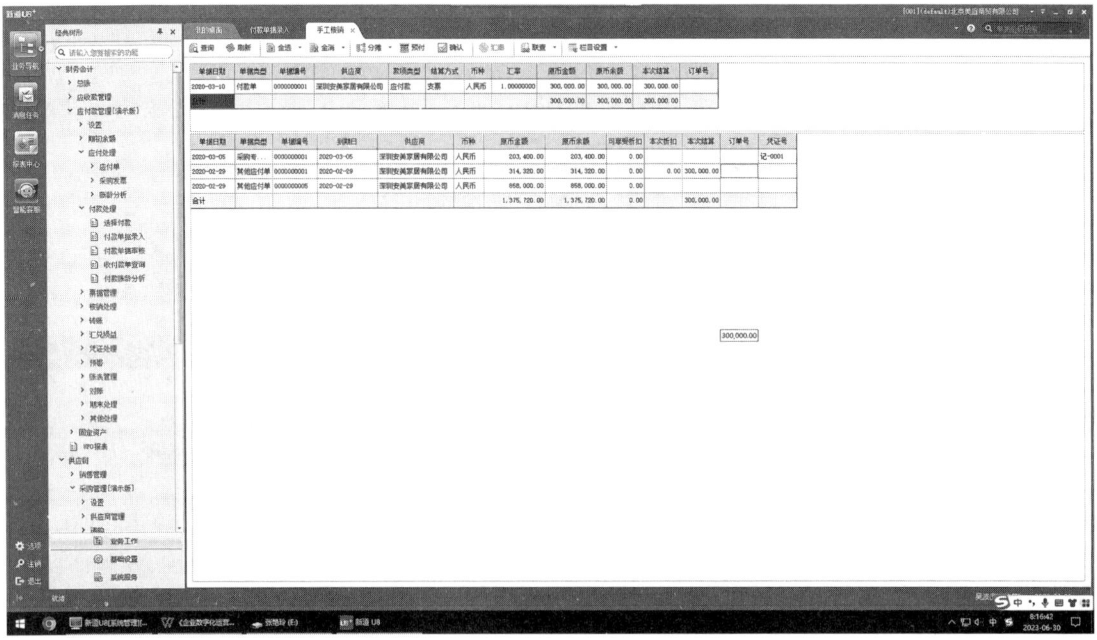

图 3-2-13　手工核销界面

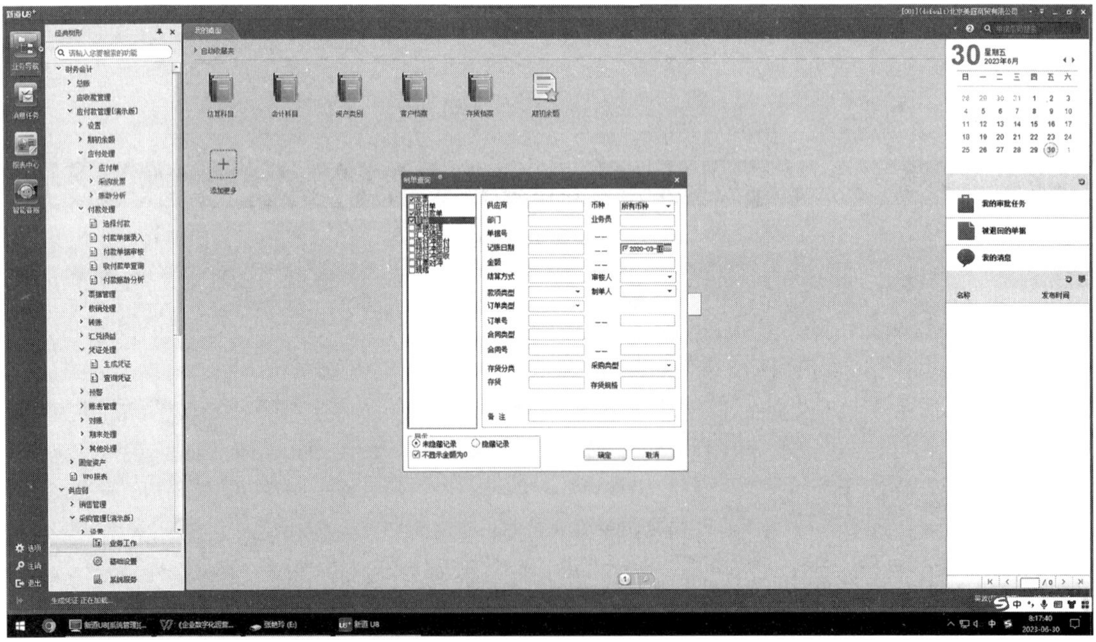

图 3-2-14　制单查询界面

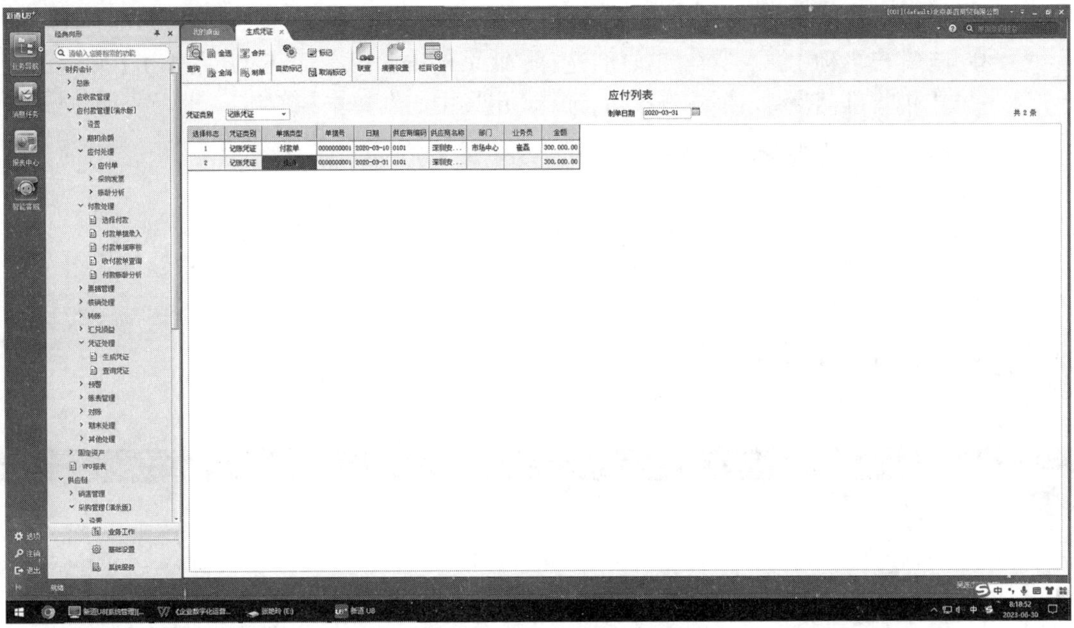

图 3-2-15　应付列表界面

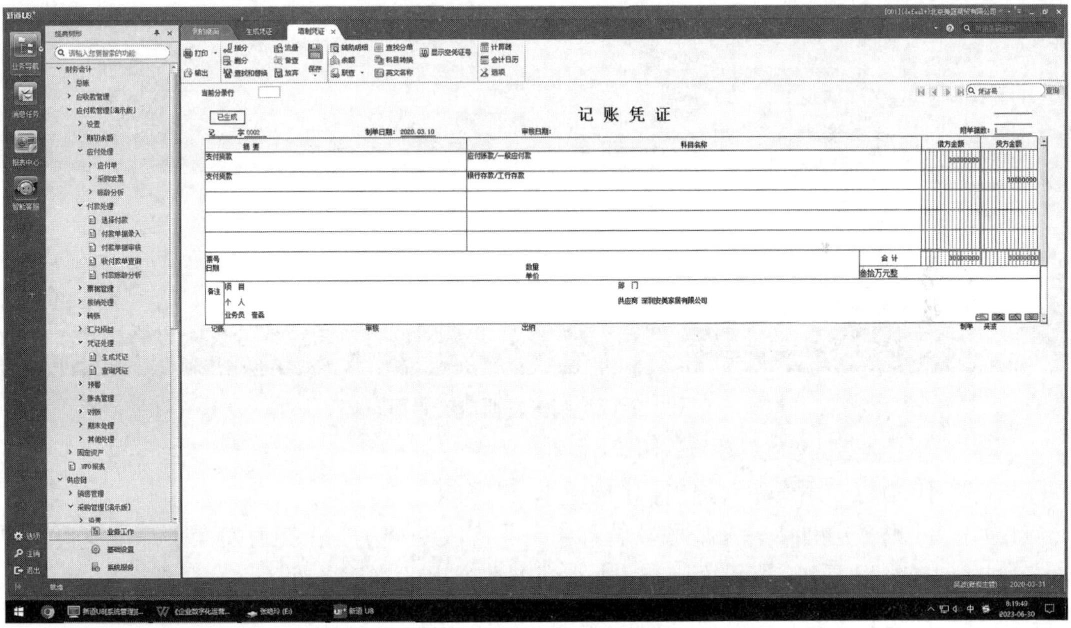

图 3-2-16　记账凭证界面

三、销售发票审核制单

销售发票审核制单

操作流程如下。

(1) 单击【业务工作】—【供应链】—【销售管理】—【销售开票】—【销售专用发票】。

(2)单击【增加】。

(3)单击【客户名称】输入框右侧按钮,选择“北京丰乐源贸易有限公司”,单击【确定】。

(4)单击【销售部门】输入框右侧按钮,选择“市场中心”,单击【确定】。

(5)单击【业务员】输入框右侧按钮,选择“何红艳”,单击【确定】。

(6)单击【税率】,输入“13”。

(7)单击【仓库名称】输入框右侧按钮,选择“商品库”,单击【确定】。

(8)单击【存货编码】输入框右侧按钮,选择“硅胶床垫”,单击【确定】。

(9)单击【数量】,录入300。

(10)单击【无税单价】,录入5 800。

(11)单击【保存】,单击【复核】,完成销售发票填制,如图3-2-17所示。

图3-2-17 销售发票填制界面

(12)关闭“销售专用发票”,退出【供应链】。

(13)单击【财务会计】—【应收款管理】—【应收处理】—【销售发票】—【销售发票审核】进入“销售发票列表”界面。点击【查询】,在弹出的查询条件——发票查询界面,录入查询条件后,点击【确定】,显示查询结果,如图3-2-18所示。

(14)选择销售发票,单击发票“单据号”,查看销售发票详细信息。

(15)单击【审核】,弹出“应收款管理”界面,询问是否立即制单,如图3-2-19所示。

(16)单击【是】,弹出“记账凭证”界面。

(17)单击第二行“科目名称”输入框右侧按钮,弹出“科目参照”界面,双击【损益】,单击【6001 主营业务收入】,单击【确定】。

(18)单击【保存】,生成记账凭证,如图3-2-20所示。

图 3-2-18　销售发票列表界面

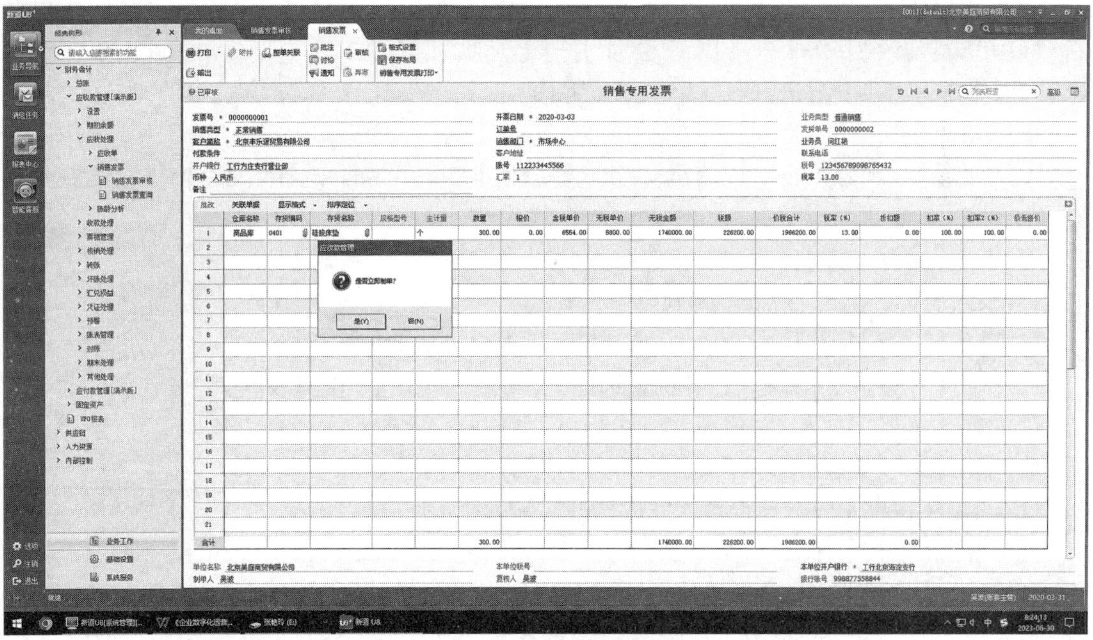

图 3-2-19　发票详细信息界面

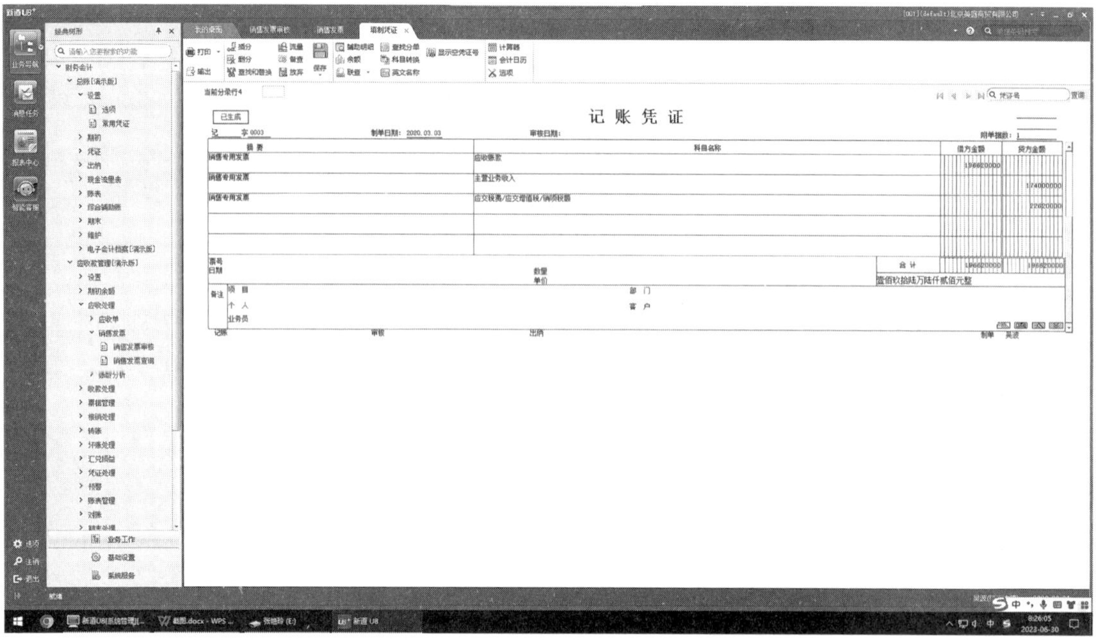

图 3-2-20　生成记账凭证界面

四、收款核销制单

收款核销制单

操作流程如下。

(1) 单击【业务工作】—【财务会计】—【应收款管理】—【收款处理】—【收款单据录入】进入收款单据录入界面。

(2) 单击【增加】。

(3) 单击【客户】输入框右侧按钮，弹出“客户基本档案”界面，选择“北京丰乐源贸易有限公司”，单击【确定】。

(4) 单击【结算方式】输入框右侧按钮，选择“支票”，单击【确定】。

(5) 录入表头“金额”：1 966 200.00。

(6) 单击【部门】输入框右侧按钮，选择“市场中心”，单击【确定】。

(7) 单击【业务员】输入框右侧按钮，选择“何红艳”，单击【确定】。

(8) 单击【摘要】，录入“销售商品”。

(9) 单击【款项类型】，选择“应收款”，自动生成表体内容。

(10) 单击【保存】，收款单据录入完成，如图 3-2-21 所示。

(11) 单击【审核】，弹出“应收款管理”界面，询问是否立即制单，单击【否】。

(12) 单击【核销】，选择核销条件，单击【确认】。

(13) 进入手工核销界面，双击【本次结算】输入框，录入“本次结算：1 966 200.00”，如图 3-2-22 所示。

(14) 单击【确认】按钮。

(15) 关闭“手工核销”，关闭“收款单据录入”。

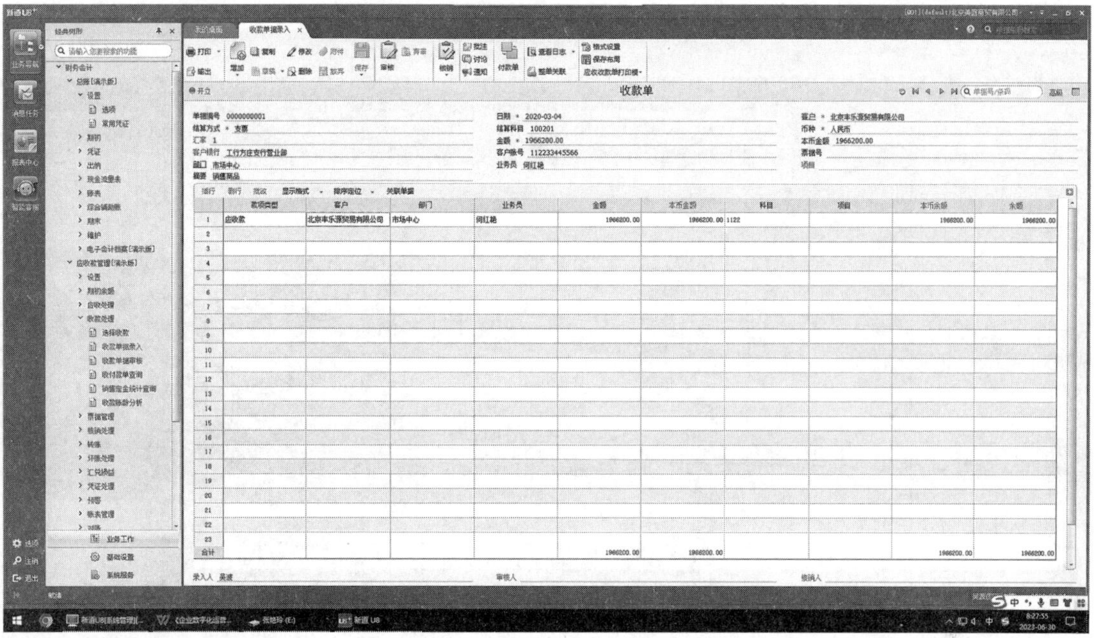

图 3-2-21　收款单界面

图 3-2-22　手工核销界面

(16) 单击【财务会计】—【应收款管理】—【凭证处理】—【生成凭证】，进入制单查询界面，如图 3-2-23 所示。

(17) 选择收付款单和核销两个选项后，点击【确定】，弹出应收列表界面，如图 3-2-24 所示。

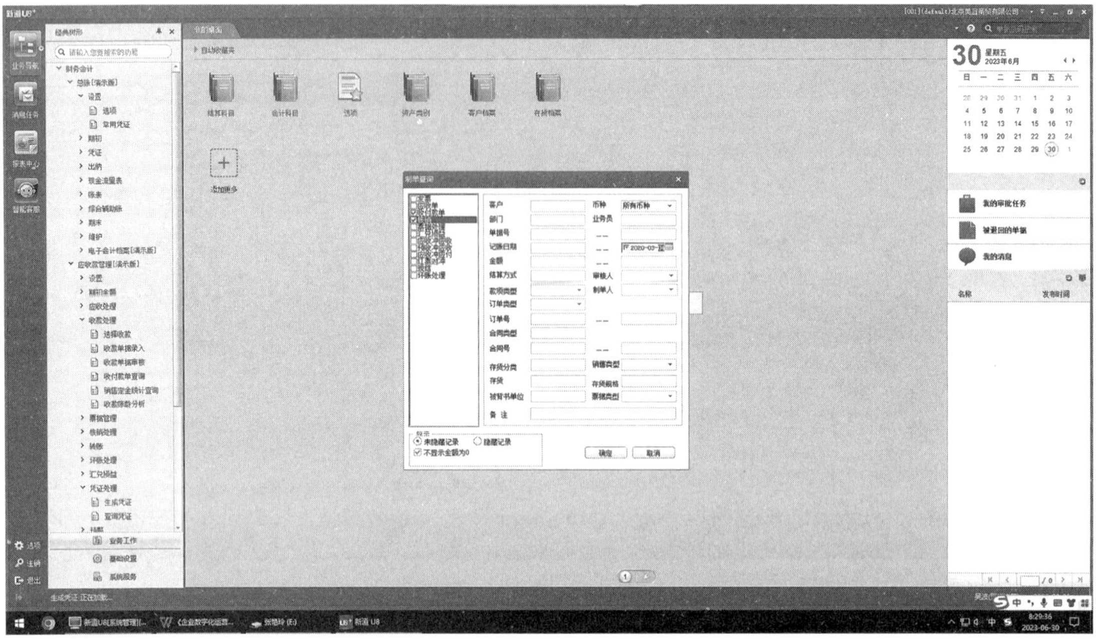

图 3-2-23　制单查询界面

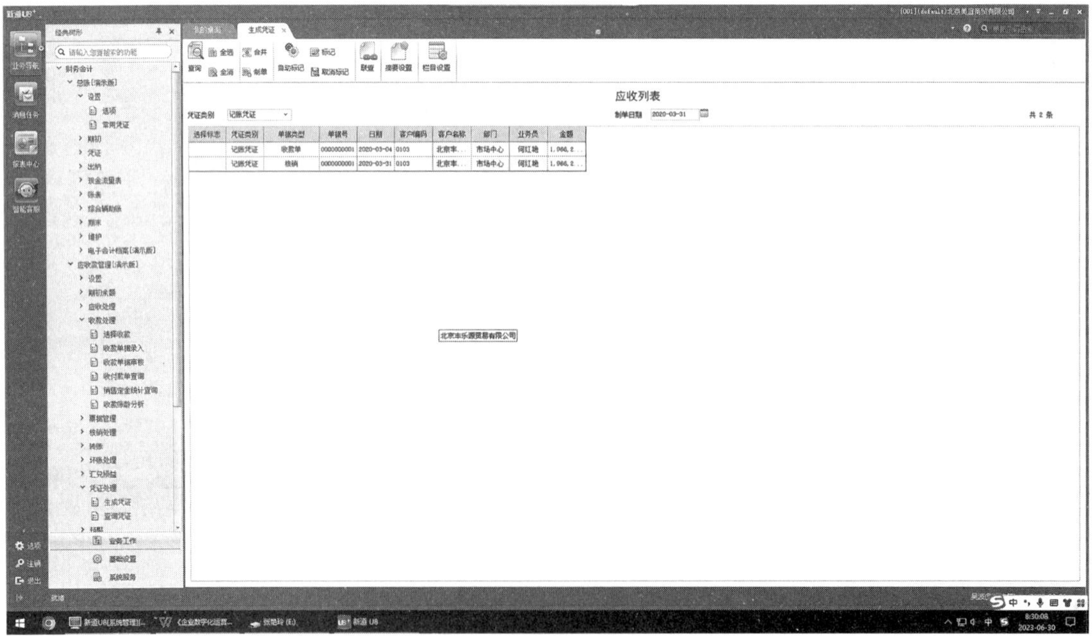

图 3-2-24　应收列表界面

(18)点击【全选】,点击【制单】,点击【保存】,生成记账凭证,如图 3-2-25 所示。

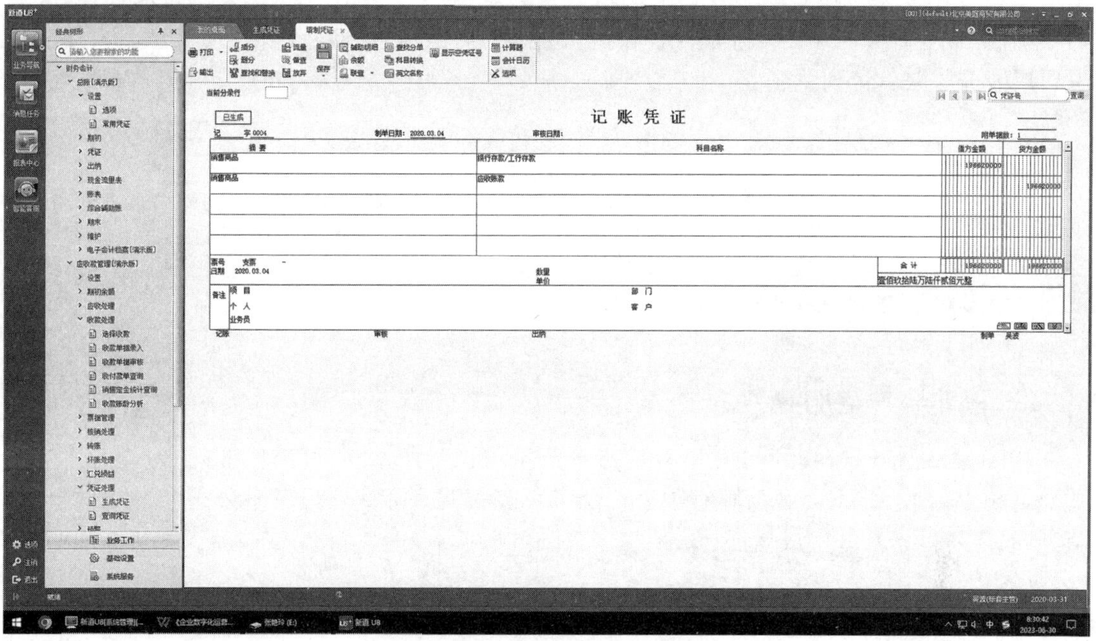

图 3-2-25　生成记账凭证界面

技能训练

一、采购业务的处理

1 月 3 日,向浙江天目公司提出采购请求,采购合金 200 千克,本币单价 22 元,增值税税率 13%。1 月 5 日,收到浙江天目公司发来的 1 月 3 日所订货物。取得增值税专用发票,材料验收入库,没有支付货款。进行采购结算(自动结算)和采购成本核算,根据业务处理,进入应付款管理系统,生成 1 张记账凭证,保存后传递到总账系统。

1 月 13 日,财务部开具转账支票一张(票号 003386),预付沈阳吉昌公司货款 6 000 元。财务人员在应付款管理中根据相应单据形成凭证传到总账系统。

二、销售业务的处理

1 月 15 日,本公司与辽宁勤力公司协商,对方同意订购中卧室台灯 1 000 个,无税单价 400 元,落地台灯 500 个,无税单价 200 元,订单预发货日期 2020 年 1 月 31 日。销售类型编码为:01;销售类型:批发销售。本公司确认后于 2020 年 1 月 18 日提前发货(成品仓)并出库,开出增值税专用发票一份(增值税专用发票,软件自动编号),商品已发出,货款尚未收到。经财务部门确认该笔应收款项,并在应收款管理中根据发票形成应收账款传到总账。

1 月 25 日,本公司与河北益达公司协商,对方同意订购中卧室台灯 800 件,无税单价 390 元,落地台灯 600 件,无税单价 200 元,订单预发货日期 2020 年 1 月 31 日。销售类型编码为：01；销售类型：批发销售。本公司确认后于2020年1月26日发货（成品仓）并出库，开出增值税专用发票一份（增值税专用发票，软件自动编号），商品已发出，货款尚未收到。1月27日财务部门确认1月25日销售给河北益达公司产品的应收款项，并在应收款管理中根据发票形成应收账款传到总账。

任务3　典型固定资产业务处理

任务描述

典型固定资产业务处理

一、固定资产增加业务

2020年3月6日，收到购买LED广告屏的增值税专用发票，经质检部门检验合格后验收，北京美庭商贸有限公司财务部支付北京隆达股份有限公司货款，录入资产卡片并生成凭证（图3-3-1至图3-3-3）。

2100181130　　北京增值税专用发票　　№ 35927888　2100181130

北京 发票联

35927888

机器编码：499910936567　　开票日期：2020年3月6日

购货单位		密码区	
名　　称：北京美庭商贸有限公司 纳税人识别号：91440300708461188Y 地 址、电 话：北京市海淀区回龙观路15号010—28285858 开户行及账号：中国工商银行北京海淀支行1100229999888899588			</*220<+/>*987+/**+*<</79931*+*<4 0690</2248*+*<5043*+*<1223</270* +*<6552</13584</8453*+*<1639</475 688*<2858*<<47690*9057<4215>->**

货物或应税劳务名称	规格型号	单位	数量	单价	金额	税率	税额
#集成电路#大型LED广告屏		台	1	180000	180000.00	13%	23400.00
合计					¥180,000.00		¥23,400.00
价税合计（大写）	人民币贰拾万叁仟肆佰元整				（小写）¥ 203400.00		

销货单位	备注
名　　称：北京隆达股份有限公司 纳税人识别号：110109012530394000 地 址、电 话：北京市海淀区丰豪东路20号 010-62900219 开户行及账号：中国建设银行北京海淀支行 02230034985264	

收款人：略　　复核：略　　开票人：略　　销售方：（章）

税总函〔2015〕340号北京印刷有限公司

第三联：发票联 购货方记账凭证

图3-3-1　增值税专用发票

固定资产验收交接单

固定资产类别：电子设备　　资产编号：001

固定资产项目名称	大型LED广告屏	规格及型号		销售单位	北京隆达股份有限公司	取得来源	直接购入
原值	180000.00	安装费	无	预计净残值率	2%		
购买日期	2020.3.6	验收日期	2020.3.6	开始使用日期	2020.3.6	预计使用年限（年）	3
年折旧额		年折旧率		月折旧额		月折旧率	
投入日期	2020.3.6	投入时已使用年限		尚能使用年限		投入时已提折旧额	
验收意见	符合规定质量标准，验收合格。						
移交部门	市场中心			接受单位负责人		移交人	
使用部门	市场中心			接管单位负责人		移交人	

图3-3-2　固定资产验收交接单

ICBC 中国工商银行　　业务回单（付款）

入账日期：2020.3.6　　回单编号：10283769420
付款人户名：北京美庭商贸有限公司
付款人账号：1100229999888899588
付款人开户行/发报行：中国工商银行股份有限公司北京分行
收款人户名：北京隆达股份有限公司
收款人账号：02230034985264
收款人开户行 中国工商银行北京分行
币种：人民币　　金额（小写）：¥203,400.00
金额（大写）：贰拾万零叁仟肆佰元整
凭证种类：　　凭 证 号 码：
业务（产品）种类：　　摘 要：扣划贷款本金及利息
附言：
支付交易序号：13067895　　报文种类：00100 汇兑报文
委托日期：2019/12/3　　业务种类：转账
收款人地址：
付款人地址：

中国工商银行股份有限公司北京分行
2020.3.6
核算用（04）

打印次数：1 次　　机打回单注意重复　打印日期：2020.3.6　　打印柜员：22141

图 3-3-3 银行付款回单

二、固定资产计提折旧

2020 年 3 月 31 日，计提本月固定资产折旧，分摊并生成记账凭证。

知识准备

一、固定资产管理系统概述

固定资产管理系统能够按照多种条件（部门、类别、存放地点、经济用途、变动方式、使用状态）随意组合查询固定资产信息，帮助企业进行资产统计分析及各种资产折旧费用和成本分析，并为企业进行固定资产投资、保养、修理等提供决策依据。

二、固定资产管理系统的功能

固定资产管理模块主要能够实现如下功能：

(1) 处理固定资产增加业务，包括：固定资产新增、接受投资、接受捐赠、融资租入、在建工程转入及其他增加方式，并自动完成相应的核算处理。

(2) 处理各种固定资产变动业务，包括：固定资产清理、资产评估、重要资产重估价、固定资产更新改造、固定资产其他变动，并自动完成相应的核算处理。

(3) 固定资产折旧计提与费用分摊，可按用户在固定资产卡片中设置的折旧方法和输入的折旧基础数据自动完成折旧费用的计提过程，自动生成折旧计提与费用分摊的记账凭证。

任务流程

一、固定资产增加业务

操作流程如下。

(1)单击【财务会计】—【固定资产】—【卡片】—【资产增加】,打开“固定资产类别档案”界面,如图 3-3-4 所示。

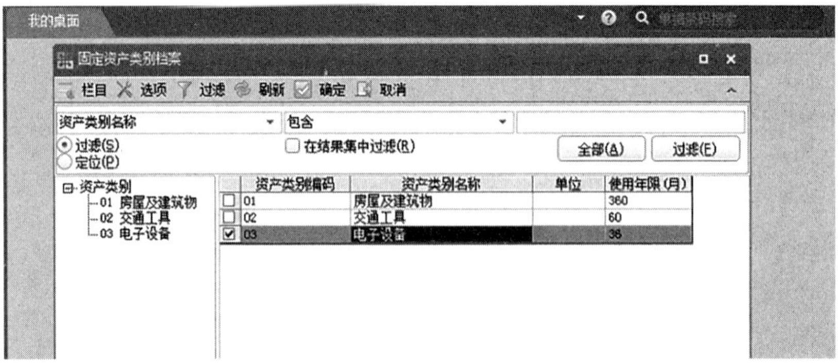

图 3-3-4　固定资产类别档案界面

(2)选择“03 电子设备”,单击【确定】,打开“固定资产卡片”界面,如图 3-3-5 所示。

图 3-3-5　固定资产卡片界面

(3)录入“固定资产编号”:001。

(4)录入“固定资产名称”:大型 LED 广告屏。

(5)单击【使用部门】,弹出“固定资产”提示框,单击【单部门使用】前的单选框,单击【确定】,进入“部门基本参照”界面,如图 3-3-6 所示。

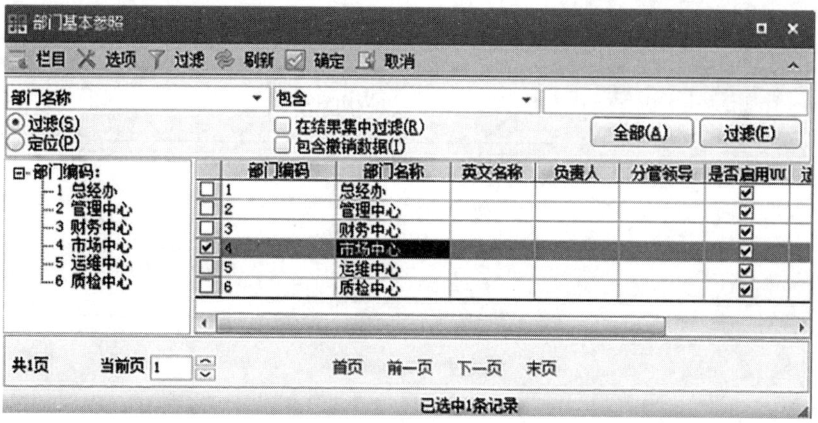

图 3-3-6　部门基本参照界面

(6)选择“4 市场中心”,双击【市场中心】。

(7)单击【增加方式】,弹出“固定资产增加方式”界面,如图 3-3-7 所示。

(8)选择“101 直接购入”,单击【确定】。

(9)单击【使用状况】,弹出“使用状况参照”界面,如图 3-3-8 所示。

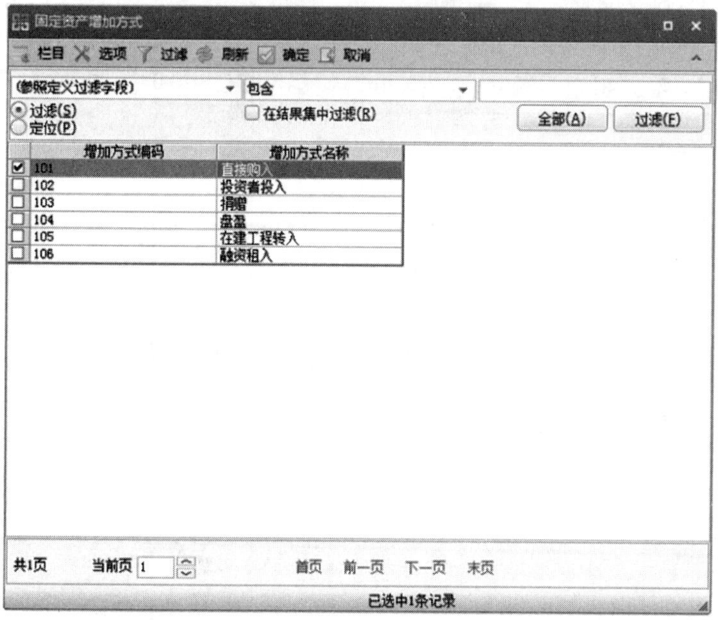

图 3-3-7　固定资产增加方式界面

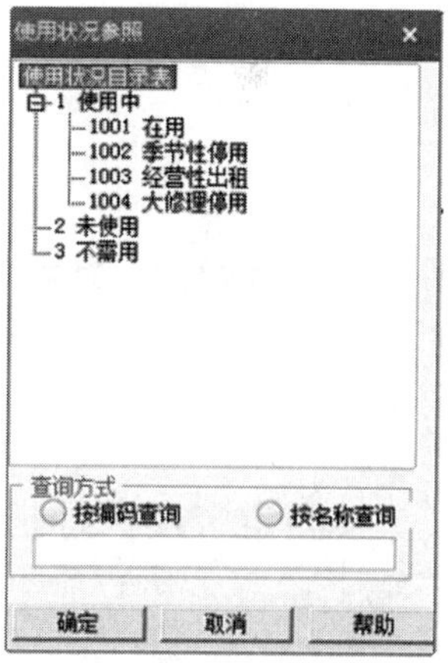

图 3-3-8　使用状况参照界面

(10)选择“1001 在用”,单击【确定】。

(11)录入“原值”:180 000;录入“增值税”:23 400;单击【保存】,弹出“固定资产”提示框,单击【确定】,如图 3-3-9 所示。

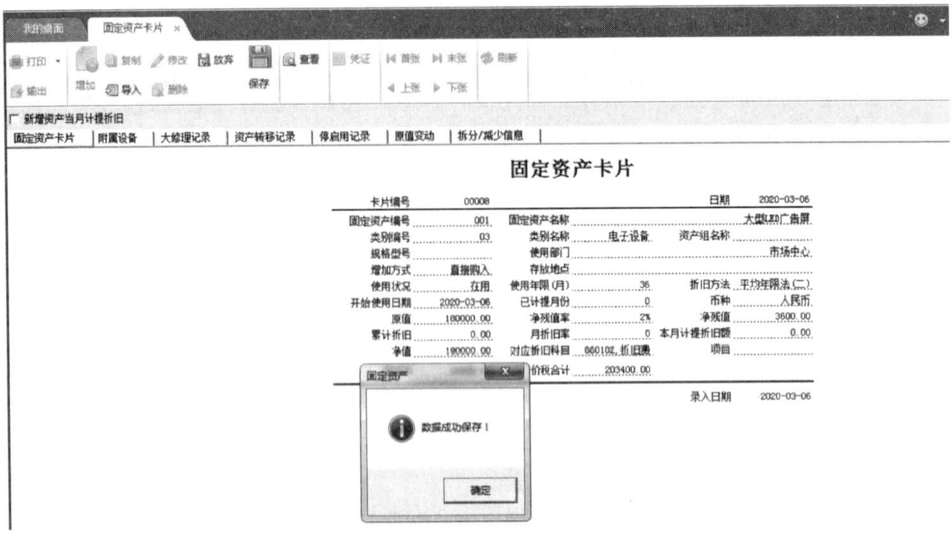

图 3-3-9　固定资产保存提示框界面

(12)选择凭证类别为“记账凭证”,单击【保存】,如图 3-3-10 所示。

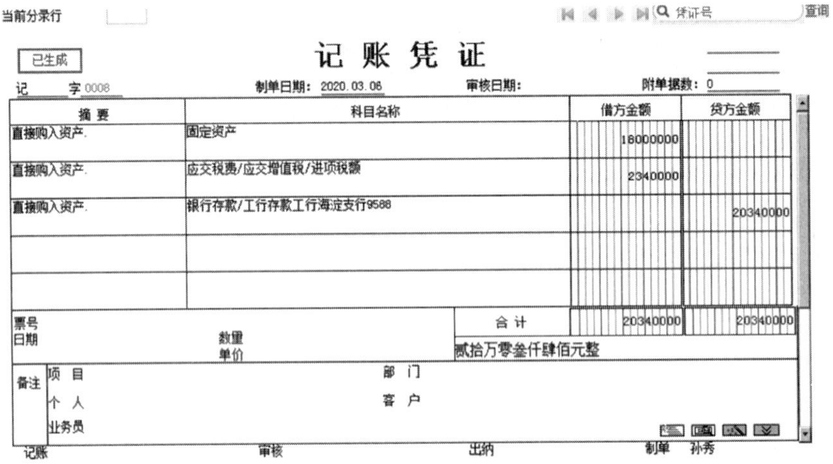

图 3-3-10　记账凭证界面

二、固定资产计提折旧

操作流程如下。

(1)单击【业务工作】—【财务会计】—【固定资产】—【折旧计提】,单击【计提本月折旧】,单击【是】。

(2)单击【是】,进入“折旧清单”界面,如图 3-3-11 所示。

(3)单击【退出】进入“折旧分配表”界面,如图 3-3-12 所示。

(4)单击【确定】。

(5)单击【凭证】,选择凭证类别为“记账凭证”,单击【保存】,如图 3-3-13 所示。

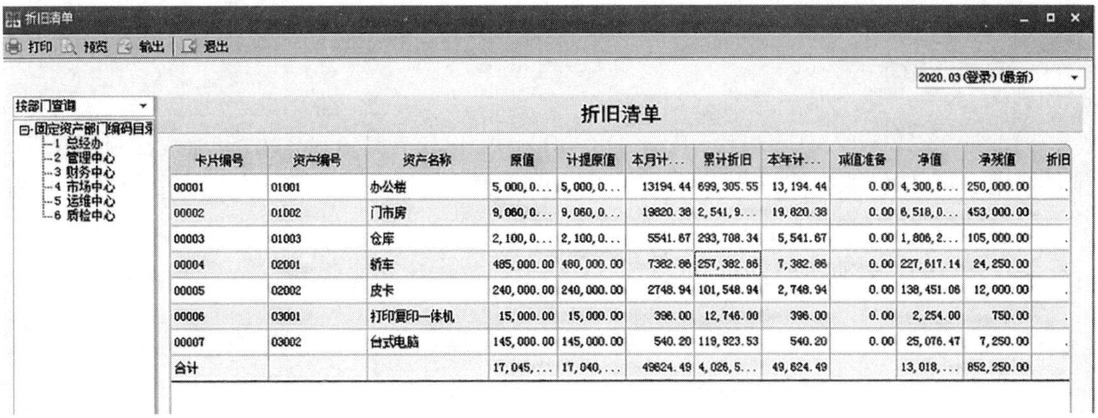

图 3-3-11　折旧清单界面

图 3-3-12　折旧分配表界面

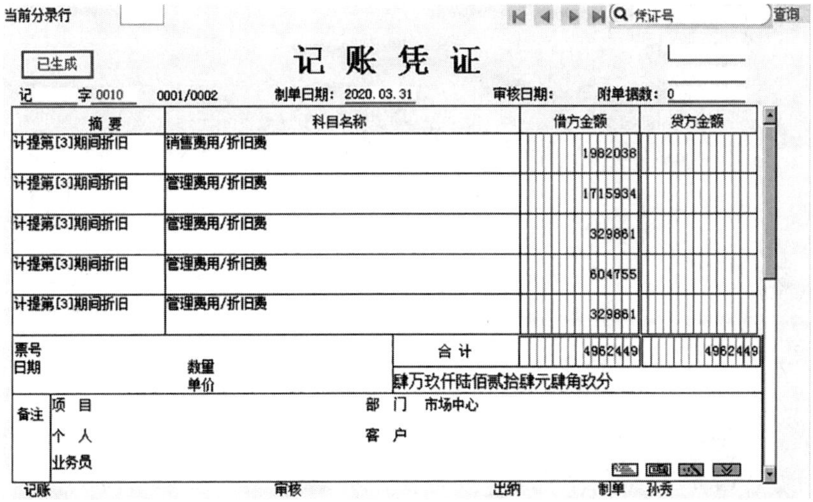

图 3-3-13　填制记账凭证界面

技能训练

1. 1 月 28 日，购入电脑一台，单位售价 4 000 元，价税合计 4 680 元，进项税额可以抵扣，预计使用 5 年，以转账支票方式支付，已交付采购部使用。由固定资产模块生成 1 张凭证传递到总账系统。

2. 1 月 31 日，计提本月固定资产折旧，分摊并生成记账凭证。

项目四 财务大数据应用

知识目标

- 掌握用友分析云基本操作技能。
- 掌握财务大数据分析的常见理论。

能力目标

- 掌握运用用友分析云进行财务大数据分析的方法。

思政目标

- 培养学生遵法、守法、学法、用法。

任务1 初识用友分析云及财务大数据分析

任务描述

初识用友分析云及财务大数据分析

一、了解用友分析云

掌握用友分析云的特点和产品价值。

二、了解财务大数据特点

学习并掌握新道云学习中心中 DBE 中财务大数据课程项目一的基本内容。

知识准备

一、初识用友分析云

用友分析云基于最新的大数据、云计算等技术,为企业提供灵活、实时、高效的数据分析服务。在瞬息万变的商业社会,帮助客户透过海量数据快速全面系统的了解业务决策的正确性,充分利用数据价值驱动企业的发展。该产品有四大价值:

1. 端到端分析解决方案

用友分析云是新一代的敏捷数据分析解决方案,支持公有云、私有云和混合部署多种模式。能够与业务系统结合,让用户能够进一步利用数据价值提升效益和效率。在一个平台上,用户能够获得分析所需的所有功能,包含从数据上传、数据清洗、数据分析、数据挖掘等,满足多样化的数据使用场景。

2. 面向业务人员的分析工具

用友分析云是一个业务用户能够自助进行数据分析的平台,图形化、拖拽式的数据处理过程,业务用户能够快速自主地进行数据分析。让业务用户通过简单培训即可参与数据分析的过程,专注于发现数据中的业务价值。

3. 大数据平台

用友分析云基于 Hadoop 平台进行深度的应用开发,让用户能够实时处理和查询企业内外部所有的数据,包含结构化和非结构化数据。强大的平台能力让用户能够同时体验数据可视化、数据挖掘、实时分析、语义分析等场景,同时支持随着用户需求的更改不断升级更新。

4. 实时响应业务变化

面对变幻莫测的商业环境,用友分析云可以实时响应业务数据的变化。用友分析云能够从多个系统,例如机器数据、社交媒体数据、经营数据中抽取原始数据,根据预定义的业务逻辑进行数据分析。当业务变化时,实时通知相关业务人员尽快做出应对。

二、初识财务大数据分析

财务分析主要是以企业财务报表为主要依据,对企业财务状况、经营业绩和财务状况变动的合理性和有效性进行客观分析确认,评估企业的收益和风险,并预测企业未来财务趋势和发展前景,据以为管理层提供有用的财务信息的经济活动。大数据对所有数据的归集进行分析处理。大数据的五大特点:大量、高速、多样、低价值密度、真实性。(大数据带来了新思维、新技术以及新资源。随着大数据时代的到来,任何行业都与大数据之间产生了紧密的联系,行业核心的业务也主要以大数据的形式来体现,尤其是在财务工作领域,有效利用好大数据可以将财务人员从繁重的数据统计中解脱出来,从而更好地实现财务相关工作的处理和服务。通过大数据分析将传统的数据库中零碎的财务信息综合的呈现在财务人员面前,可以更好地精确落实人员财务数据,企业经营分析,从而更好地促进财务工作的高效进行。

财务数据越来越程序海量化和多样化,大数据能够从海量的数据中整合细节信息,通过大样本数据把数据中的内容聚合到一起,结合现有的深度学习等智能化处理模型,就可以将海量的数据予以分类和识别,能够把识别到的效果呈现在操作人员面前,从而更加完善地实现了碎片信息的结合。保证了信息中所蕴含内容的全面性和关联性,并且数据还呈现前后的联系性,通过海量数据的前后联系,可以查找数据在演变过程中的具体变化规律,从而更好地捕捉相关的细节信息。

财务大数据分析具有以下 3 个特点。

1. 通过海量数据管理软件进行大数据的管理

通过采用大数据库可以将海量的数据进行统一的集中管理,把管理的数据信息库作为后期进行数据处理的原始资料。

2. 通过深度神经网络实现离散大数据的特征精确识别

通过建立深度神经网络,可以将碎片化的大数据呈现的信息进行数据分析和标签化,将核心的一些数据信息标签进行匹配和分析,实现将碎片化信息中的内容有效地捕捉,从而提供信息的利用率,进而促进企业管理的有效性。

3. 利用提取的大数据特征进行前后信息的有效关联

将前期处理的大量数据信息,融合企业当前运行状态,结合企业经营目标,可以有效地梳理企业前后在运行过程中可能存在或即将存在的问题,从而根据数据的关联性找到解决方案,促进企业的健康发展。

以财务的发票管理为例,传统发票的报销存储后仅仅是纸质材料和系统里面的部分数据信息,发票信息之间没有直接的联系,造成对发票内容和现金走向,采购清单等内容都是孤立的信息,必须通过单独的查询才能够实现,而通过大数据的分析,可以及时发现发票信息中蕴含的现金走向,设备的采购细节和采购时间特点,企业运行信息的波动等,从而更加有效地帮助企业管理人员进行决策。

针对相关的财务管理部门,如果想针对某种特点的财务管理清单进行定点分析,可以通过大数据的分析和识别出来算法,如深度神经网络等算法,有效地捕捉这些数据信息,从而更好的在海量数据中提取出想要的关联内容,甚至前后时间段的内容都可以尽快捕获,从而可以实现风险的有效防控。

任务流程

一、登录新道云网站

在浏览器地址中输入网址:https://cloud.seentao.com/,进入如图 4-1-1 所示界面。

图 4-1-1　登录新道云网站

二、注册并登录新道云账号

1. 注册新道云账号

在新道云网站界面中,点击【注册】,进行图 4-1-2 所示的界面,根据提示注册新道云账号。

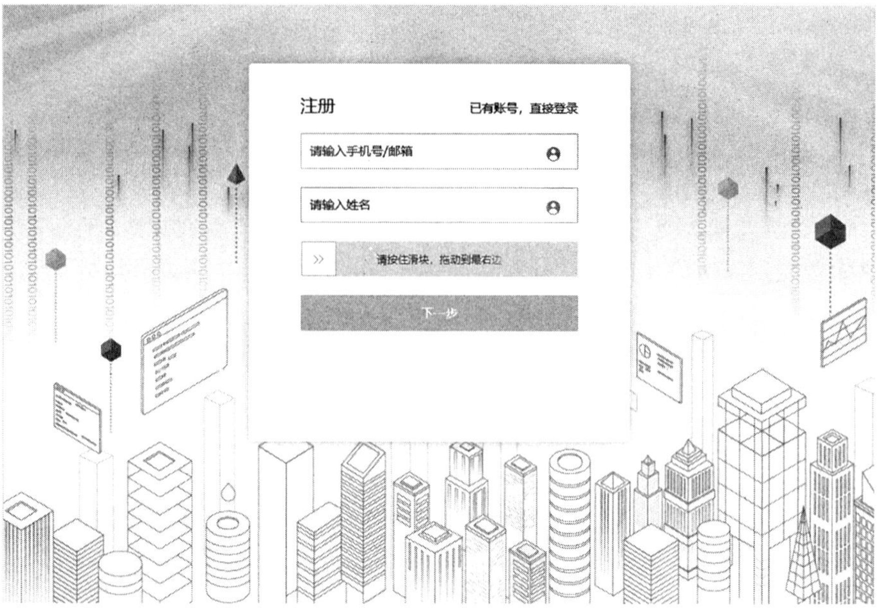

图 4-1-2　注册新道云用户

2. 登录新道云账号

在新道云网站界面中,点击【登录】,进行图 4-1-3 所示的界面,根据提示登录新道云学习中心。

图 4-1-3　注册新道云用户

3. 输入授权邀请码，登录财务大数据课程（图 4-1-4）。

图 4-1-4　登录财务大数据课程

技能训练

用手机号注册新道云账号，并登录到新道云财务大数据课程中，浏览项目一的内容。

任务 2　用友分析云基本操作

任务描述

用友分析云基本操作

一、准备数据文件

在 WPS 或 Excel 表格中建立数据文件

二、认识用友分析

1. 在用友分析云中上传数据文件
2. 运用用友分析云简单处理数据

知识准备

一、数据文件要求

在用友分析云中，为了方便数据整理与数据分析，采用纵式过录表格式录入数据，即表格中每一列录入一个对应的变量，每一行（第一行除外，第一行为变量名称）录入一个单位的具体变量值，如图 4-2-1 所示。

图 4-2-2 中所示表格不是纵式过录表，为常见的复合分组汇总表，若需要上传至用友分析云中，则需要转为纵式过录表，如图 4-2-3 所示。

序号	abc 城市	abc 省自治区
1	安庆	安徽
2	蚌埠	安徽
3	亳州	安徽
4	巢湖	安徽
5	池州	安徽
6	滁州	安徽
7	阜阳	安徽
8	合肥	安徽

图 4-2-1 纵录纵式过录表示例

	A	B	C	D	E
1	规模 产业	大型	中型	小型	合计
2	工业	12	26	40	78
3	农业	7	20	55	82
4	服务业	3	13	62	78
5	合　计	22	59	157	238

图 4-2-2 数据示例

序号	产业	规模	数量
1	工业	大型	12
2	农业	大型	7
3	服务业	大型	3
4	工业	中型	26
5	农业	中型	20
6	服务业	中型	13
7	工业	小型	40
8	农业	小型	55
9	服务业	小型	62

图 4-2-3 纵式过录表示例

二、数据文件集成

从广义上来说，在企业中，由于开发时间或开发部门的不同，往往有多个异构的、运行在不同软硬件平台上的信息系统同时运行，这些系统的数据源彼此独立、相互封闭，使数据难以在系统之间交流、共享和融合，从而形成了“信息孤岛”。随着信息化应用的不断深入，企业内部、企业与外部信息交互的需求日益强烈，急切需要对已有的信息进行整合，联通“信息孤岛”，共享信息，这些信息数据整合的一系列方案被称为数据集成。

狭义的数据集成，也就是指将多份数据进行合并成数据集的过程和方法。数据集成最常见的两种方法是：数据关联与数据合并，前者代表两份数据表做左右联接，后者代表两份数据表做上下连接。

1. 数据关联

数据关联是指用于将不同数据内容的表格根据条件来连接。数据关联必须要有关联条件，一般是指左表的主键或其他唯一约束字段(即没有重复值)与右表的主键或其他唯一约束字段相等(相同)。数据关联的 4 种方式是以左表为基础，根据两表的关联条件将两表连接起来。结果会将左表所有的数据条目列出，而右表只列出与左表关联条件满足的部分(图 4-2-4)。

(1)左连接。左连接全称为左外连接，是外连接的一种。左连接是以右表为基础，根据两表的关联条件将两表连接起来。结果会将右表所有的数据条目列出，而左表只列出与右表关联条件满足的部分。

(2)右连接。右连接全称为右外连接，是外连接的一种。右连接只显示满足关联条件的左右两表的数据记录，不符合条件的数据不使用。

(3)内连接。内连接满足关联条件的左右表数据相连。不满足条件的各表数据均保留，无对应数据的表内容为空。

(4) 全连接。全连接满足关联条件的左右表数据相连。不满足条件的各表数据均保留，无对应数据的表内容为空。

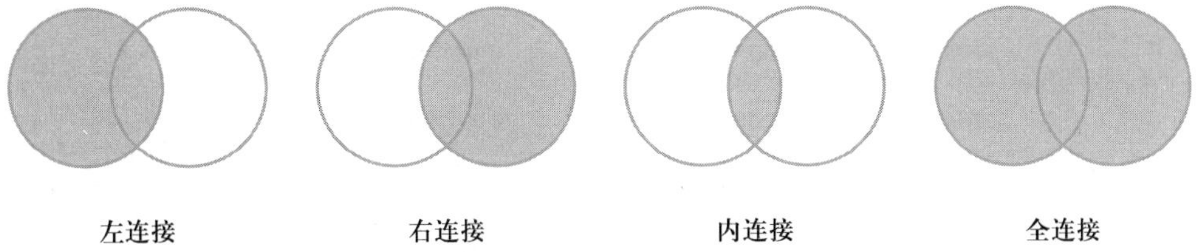

图 4-2-4　数据关联

2. 数据合并

数据合并，也称为数据追加，是指对多份数据字段基本完全相同的数据进行上下连接。需要注意的是，数据合并中如果有唯一性数值的列，那么合并后的数据该列字段将不具有数值唯一性，也就是数据可能存在重复，但不会自动更新不一致的数据。数据合并如同数据关联，数据合并也需要指定连接条件，不同的是数据关联一般指定一个字段作为连接条件就可以，而数据合并涉及多列字段合并，需要指定一张表的每列字段对应另一张表的哪些字段，也就是需要将多个字段作为连接条件(图 4-2-5)。

图 4-2-5　数据合并

任务流程

一、建立数据文件

1. 输入数据

在 WPS 表格或 Excel 中输入如图 4-2-6 所示数据。

序号	abc 公司名称	报表日期	123 营业收入	123 主营业务收入
1	AJHXJL矿业	2019-09-30 00:00:00	215715106.74	215224540.7
2	AJHXJL矿业	2019-08-31 00:00:00	214469008.41	214469008.41
3	AJHXJL矿业	2019-07-31 00:00:00	248184732.43	248184732.43
4	AJHXJL矿业	2019-06-30 00:00:00	225168795.82	225168795.82
5	AJHXJL矿业	2019-05-31 00:00:00	192680672.61	189793880.14
6	AJHXJL矿业	2019-04-30 00:00:00	166844464.89	166844464.89
7	AJHXJL矿业	2019-03-31 00:00:00	168133038.57	166149781.75
8	AJHXJL矿业	2019-02-28 00:00:00	142939398.9	142938881.66

图 4-2-6　AJHXJL 矿业公司数据

2. 保存数据文件

用友分析云支持 Excel 和 csv 文件。所以，前缀名可以任意命名，而后缀名则表示了文件的格式类型，后缀名最好为“xls”，假设数据文件命名为“AJHXJL 矿业公司数据 .xls”。

二、上传数据文件

(1) 使用账号登录新道云，并进入新道云 DBE 财务大数据课程。

(2) 点击【工作应用】下方的【分析云】(图 4-2-7)。

(3) 点击【首页】下方的【数据准备】，进入【数据准备】对话框(图 4-2-8)。

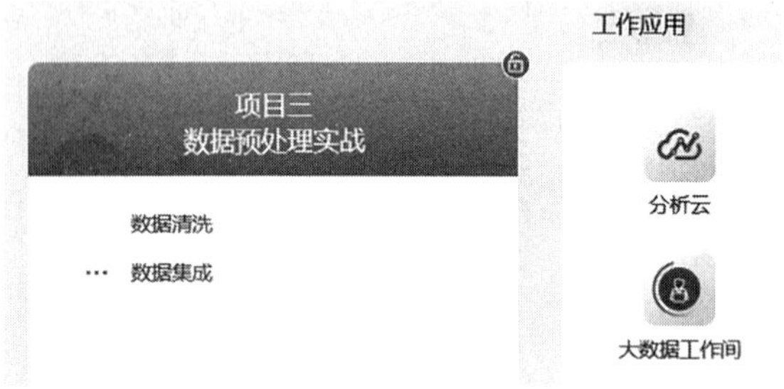

图 4-2-7　分析云

图 4-2-8　数据准备

(4)根据【数据准备】对话框的提示,选择数据所在工作表,并点击【下一步】,选择相应文件夹,然后单击【确定】,上传数据文件(图 4-2-9,图 4-2-10)。

图 4-2-9　上传数据文件

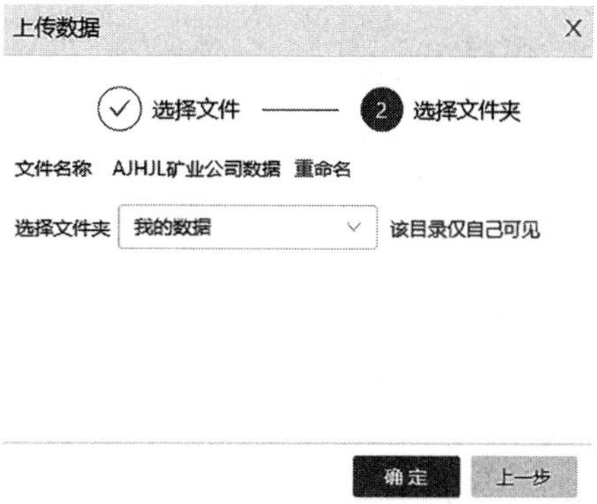

图 4-2-10　选择文件夹

技能训练

(1)参照图 4-2-11,建立"AJHXJL 矿业公司货币资金 .xls"文件,并上传用友分析云。

序号	abc 公司名称	报表日期	123 货币资金
1	AJHXJL矿业	2019-09-30 00:00:00	110053407.98
2	AJHXJL矿业	2019-08-31 00:00:00	103083005.37
3	AJHXJL矿业	2019-07-31 00:00:00	73507861.43
4	AJHXJL矿业	2019-06-30 00:00:00	81972100.22
5	AJHXJL矿业	2019-05-31 00:00:00	71903009.19
6	AJHXJL矿业	2019-04-30 00:00:00	130165711.82
7	AJHXJL矿业	2019-03-31 00:00:00	54267938.56
8	AJHXJL矿业	2019-02-28 00:00:00	67713896.09

图 4-2-11　AJHXJL 矿业公司货币资金

(2)以"报表日期"为关联条件字,建立连接。

任务3 偿债能力分析

任务描述

偿债能力分析

一、指标计算

在用友分析云计算偿债能力分析指标：资产负债率、流动比率、速动比率、现金比率、利息支付倍数。

二、指标运用

运用偿债指标分析方法，对企业偿债能力进行比较和分析。

知识准备

一、偿债能力的概念

偿债能力是指企业用其资产偿还长期债务与短期债务的能力。是企业能否健康生存和发展的关键。企业偿债能力是反映企业财务状况和经营能力的重要标志。偿债能力是企业偿还到期债务的承受能力或保证程度，包括偿还短期债务和长期债务的能力。

企业偿债能力，静态讲，就是用企业资产清偿企业债务的能力；动态讲，就是用企业资产和经营过程创造的收益偿还债务的能力。企业有无现金支付能力和偿债能力是企业能否健康发展的关键。企业偿债能力分析是企业财务分析的重要组成部分。

二、偿债能力的常用指标与分析方法

偿债能力分析反映公司偿债能力的指标，主要有资产负债率、流动比率、速动比率、现金比率和利息支付倍数等。

1. 资产负债率

资产负债率又称负债经营比率、举债经营比率，它是用以衡量企业利用债权人提供资金进行经营活动的能力，以及反映债权人发放贷款安全程度的指标，通过将企业的负债总额与资产总额相比较得出，反映在企业全部资产中源于负债的比率。

$$资产负债率 = 负债总额 \div 资产总额 \times 100\%$$

资产负债率指标反映债权人所提供的资本占全部资本的比例，表示公司总资产中有多少是通过负债筹集的，该指标是评价公司负债水平的综合指标。同时也是一项衡量企业利用债权人资金进行经营活动能力的指标，反映债权人发放贷款的安全程度，也衡量企业在清算时保护债权人利益的程度。

2. 流动比率

流动比率，表示每1元流动负债有多少流动资产作为偿还的保证。它反映公司流动资产

对流动负债的保障程度。

$$流动比率 = 流动资产合计 \div 流动负债合计 \times 100\%$$

一般情况下，该指标越大，表明公司短期偿债能力越强。通常，该指标在 200% 左右较好。1998 年，沪深两市该指标平均值为 200.20%。在运用该指标分析公司短期偿债能力时，还应结合存货的规模大小、周转速度、变现能力和变现价值等指标进行综合分析。

3. 速动比率

速动比率表示每 1 元流动负债有多少速动资产作为偿还的保证，进一步反映流动负债的保障程度。

$$速动比率 = (流动资产合计 - 存货净额) \div 流动负债合计 \times 100\%$$

一般情况下，该指标越大，表明公司短期偿债能力越强，通常该指标在 100% 左右较好。在运用该指标分析公司短期偿债能力时，应结合应收账款的规模、周转速度和其他应收款的规模，以及它们的变现能力进行综合分析。如果某公司速动比率虽然很高，但应收账款周转速度慢，且它的其他应收账款的规模大，变现能力差，那么该公司较为真实的短期偿债能力要比该指标反映的差。

由于预付账款、待摊费用、其他流动资产等指标的变现能力差或无法变现，所以，如果这些指标规模过大，那么在运用流动比率和速动比率分析公司短期偿债能力时，还应扣除这些项目的影响。

4. 现金比率

现金比率，表示每 1 元流动负债有多少现金及现金等价物作为偿还的保证，反映公司可用现金及变现方式清偿流动负债的能力。

$$现金比率 = (货币资金 + 交易性金融资产) \div 流动负债合计 \times 100\%$$

该指标能真实地反映公司实际的短期偿债能力，该指标值越大，反映公司的短期偿债能力越强。

5. 利息保障倍数

利息支付倍数，表示息税前收益对利息费用的倍数，反映公司负债经营的财务风险程度。

$$利息保障倍数 = (利润息税前) \div 应付利息$$

一般情况下，该指标值越大，表明公司偿付借款利息的能力越强，负债经营的财务风险就越小。

企业的经营者及投资者，有必要分析企业的偿债能力，那么怎么来判断一个企业的偿债能力是好还是坏，单凭分析反映企业偿债能力的指标是不够的，也是不科学的，必须与获利能力、现金流量指标相结合，这样来分析，才能反映企业实际的偿债能力。

通常认为反映公司偿债能力的指标主要有：流动比率、速动比率、资产负债率、现金负债率等。通过计算企业的流动比率和速动比率可以了解企业偿还短期债务的能力；通过计算资产负债率，可以了解企业偿还长期债务的能力。一般认为公司的流动比率大于 1，速动比率大于 2，资产负债率低于 50%（在我国低于 60%）是合理的，说明该公司偿债能力较强。但笔者认为，单纯分析公司的偿债能力指标是不能反映公司真实的偿债能力的，而应该与公司的获利能力结合起来分析。

任务流程

一、指标计算

1. 建立【故事板】

进入【用友分析云】后，依次点击【分析设计】—【新建】—【新建故事板】，进入如下对话框，如图 4-3-1 所示。

图 4-3-1　新建故事板

在【故事板名称】右侧对话框中输入“偿债能力分析”，然后依次点击【全部目录】—【我的故事板】—【确定】，进入“偿债能力分析”故事板。如图 4-3-2，图 4-3-3 所示。

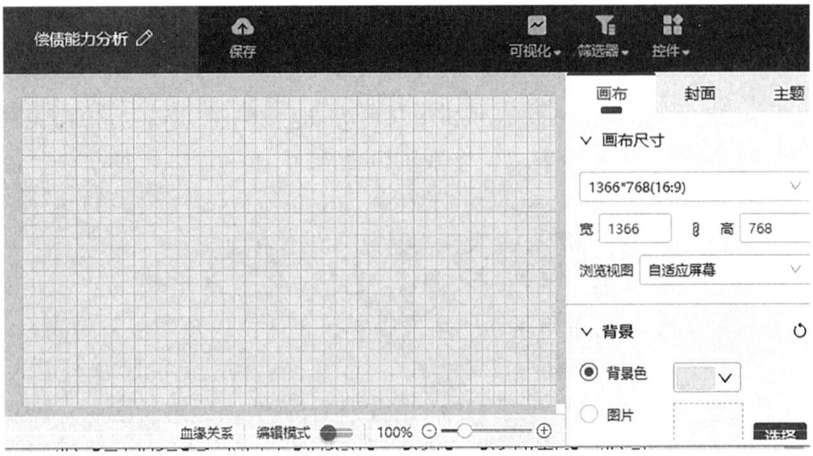

图 4-3-2　偿债能力分析

2. 选择数据集

在【偿债能力分析】故事板中，依次选择【可视化】—【新建】—【数据集】—【财报分析】—【资产负债表_资产负债表-AJHXJL】数据集—【确定】，如图 4-3-3 所示。

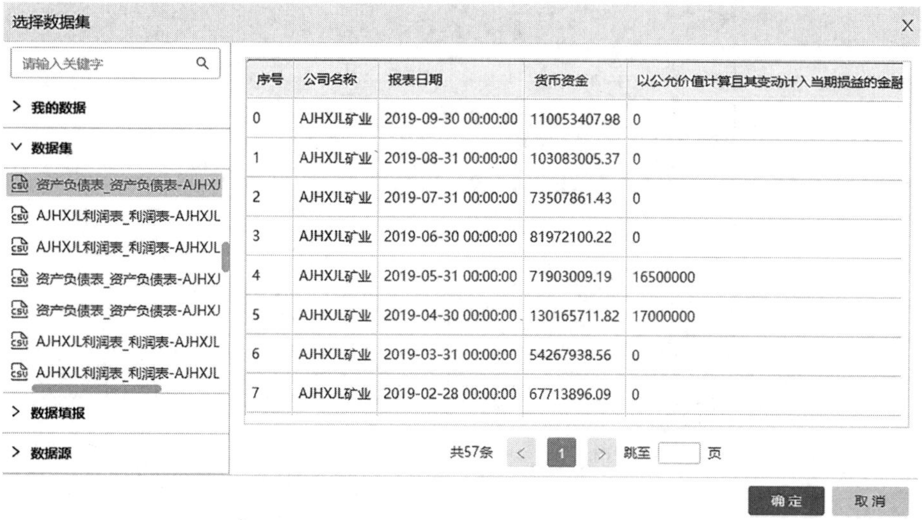

图 4-3-3　选择数据集

二、增加字段

(1) 在【资产负债表_资产负债表-AJHXJL】数据集中，如图 4-3-4 所示，选择【指标】右侧的【+】，然后点击【计算字段】，进入【编辑字段】，如图 4-3-5 所示。

图 4-3-4　计算字段

(2) 计算资产负债率。在【名称】右侧文本框中输入“资产负债率”。【字段类型】设置为“数字”。在【表达式】下方文本框中编辑资产负债率表达式。

将输入设置为英文状态，在【函数】下方列表中，用鼠标左键双击选择函数【sum】。

将光标置于【sum】括号中，在【可选择字段】下方列表选择【负债合计】，以同样方法编辑资产总计，最后如图 4-3-5 所示，点击【确定】。

图 4-3-5　编辑字段

(3)设置可视化名称。

①点击【指标】左侧的按键【>】，展开指标列表，拖动滚动条至最下方，用鼠标左键将【资产负债率】移至【维度】下方【指标】右侧，松开鼠标，选择指标卡【123】按键。如图 4-3-6 所示。

图 4-3-6　设置可视化名称

②将【新建可视化】改为【资产负债率】。

③依次点击【保存】—【退出】。

④参照资产负债率，可计算其他偿债能力分析指标。

在【偿债能力分析】故事板中，依次点击【可视化】—【新建】，可以增加其他偿债能力指标(图 4-3-7)。

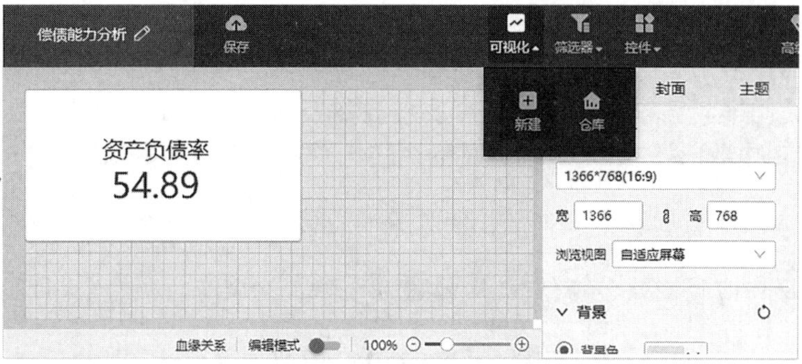

图 4-3-7　设置可视化名称

技能训练

1. 计算资产负债率、流动比率、速动比率、现金比率和利息支付倍数等。
2. AJHXJL 矿业公司偿债能力进行简要分析。

任务 4　营运能力分析

任务描述

营运能力分析

一、指标计算

在用友分析云计算营运能力分析指标：应收账款周转率、存货周转率、流动资产周转率、总资产周转率。

二、指标运用

运用营运指标分析方法，对企业偿债能力进行比较和分析。

知识准备

一、营运能力的概念

营运能力，是指企业的经营运行能力或企业运用各项资产以赚取利润的能力，企业的营运能力揭示了企业资金运营周转的情况，即：企业营运能力指标越好，说明企业资产周转越快，流动性越高，企业的偿债能力越强，资产获取利润的速度越快。

二、营运能力的常用指标及分析方法

企业营运能力的财务分析比率有：应收账款周转率、存货周转率、流动资金周转率等。

1. 应收账款周转率

应收账款周转率是反映应收账款周转速度的指标，它是一定时期内赊销收入净额与应收账款平均余额的比率。应收账款周转率有两种表示方法。一种是应收账款在一定时期内（通常为一年）的周转次数，另一种是应收账款的周转天数即所谓应收账款账龄。

$$\text{应收账款周转率} = \text{当期销售收入} \div \text{平均应收账款余额} \times 100\%$$

$$\text{平均应收账款余额（期初应收账款余额} + \text{期末应收账款余额）} \div 2$$

$$\text{应收账款周转天数} = 360 \div \text{应收账款周转率}$$

一般情况下，应收账款周转率越高越好，应收账款周转率高，表明收账迅速，账龄较短；资产流动性强，短期偿债能力强；可以减少坏账损失等。

在一定时期内应收账款周转的次数越多，表明应收账款回收速度越快，企业管理工作的效率越高。这不仅有利于企业及时收回贷款，减少或避免发生坏账损失的可能性而且有利于提高企业资产的流动性，提高企业短期债务的偿还能力。

2. 存货周转率

存货周转率是一定时期内企业销货成本与存货平均余额间的比率。它是反映企业销售能力和流动资产流动性的一个指标，也是衡量企业生产经营各个环节中存货运营效率的一个综合性指标。

$$\text{存货周转率} = \text{销售成本} \div \text{平均存货} \times 100\%$$

$$\text{平均存货} = \text{（年初存货} + \text{年末存货）} \div 2$$

$$\text{存货周转天数} = 360 \div \text{存货周转率}$$

在一般情况下，存货周转率越高越好。在存货平均水平一定的条件下，依然是存货周转率越高越好。存货周转率越高，表明企业的销货成本数额增多，产品销售的数量增长，企业的销售能力加强。反之，则销售能力不强。企业要扩大产品销售数量，增强销售能力，就必须在原材料购进，生产过程中的投入，产品的销售，现金的收回等方面做到协调和衔接。因此，存货周转率不仅可以反映企业的销售能力，而且能用以衡量企业生产经营中各有关方面运用和管理存货的工作水平。

存货周转率还可以衡量存货的储存是否适当，是否能保证生产不间断地进行和产品有秩序的销售。存货既不能储存过少，造成生产中断或销售紧张；又不能储存过多形成呆滞、积压。存货周转率也反映存贷结构合理与质量合格的状况。因为只有结构合理，才能保证生产和销售任务正常、顺利地进行。只有质量合格，才能有效地流动，从而达到存货周转率提高的目的。存货是流动资产中最重要的组成部分，往往达到流动资产总额的一半以上。因此，存货的质量和流动性对企业的流动比率具有举足轻重的影响并进而影响企业的短期偿债能力。存货周转率的这些重要作用，使其成为综合评价企业营运能力的一项重要的财务比率。

3. 流动资产周转率

流动资产周转率是反映企业流动资产周转速度的指标。它是流动资产的平均占用额与流动资产在一定时期所完成的周转额之间的比率。

流动资产周转率 = 销售收入 ÷ 流动资产平均余额 ×100%

流动资产平均余额 =(期初流动资产 + 期末流动资产)÷ 2

在一定时期内,流动资产周转次数越多,表明以相同的流动资产完成的周转额越多,流动资产利用的效果越好。流动资产周转率用周转天数表示时,周转一次所需要的天数越少,表明流动资产在经历生产和销售各阶段时占用的时间越短,周转越快。生产经营任何一个环节上的工作得到改善,都会反映到周转天数的缩短上来。按天数表示的流动资产周转率能更直接地反映生产经营状况的改善。便于比较不同时期的流动资产周转率,应用较为普遍。

4. 总资产周转率

总资产周转率 = 销售收入 ÷ 平均总资产总额 ×100%

总资产周转天数 =365 ÷ 总资产周转率

公式中:

营业收入净额是减去销售折扣及折让等后的净额。

平均资产总额是指企业资产总额年初数与年末数的平均值,其计算公式为:

平均资产总额 =(资产总额年初数 + 资产总额年末数)÷ 2

总资产周转率是考察企业资产运营效率的一项重要指标,体现了企业经营期间全部资产从投入产出的流转速度,反映了企业全部资产的管理质量和利用效率。通过该指标的对比分析,可以反映企业本年度以及以前年度总资产的运营效率和变化,发现企业与同类企业在资产利用上的差距,促进企业挖掘潜力、积极创收、提高产品市场占有率、提高资产利用效率、一般情况下,该数值越高,表明企业总资产周转速度越快。销售能力越强,资产利用效率越高。

任务流程

一、指标计算

1. 建立【故事板】

进入【用友分析云】后,依次点击【分析设计】—【新建】—【新建故事板】,进入对话框如图 4-4-1 所示。

在【故事板名称】右侧对话框中输入 "营运能力分析",然后依次点击【全部目录】—【我的故事板】—【确定】,进入 "营运能力分析" 故事板。如图 4-4-2 所示。

2. 选择数据集

在【偿债能力分析】故事板中,依次选择【可视化】—【新建】—【数据集】—【财报分析】—【AJHXJL 与金岭矿业数据集】数据集—【确定】,如图 4-4-3 所示。

图 4-4-1　新建故事板

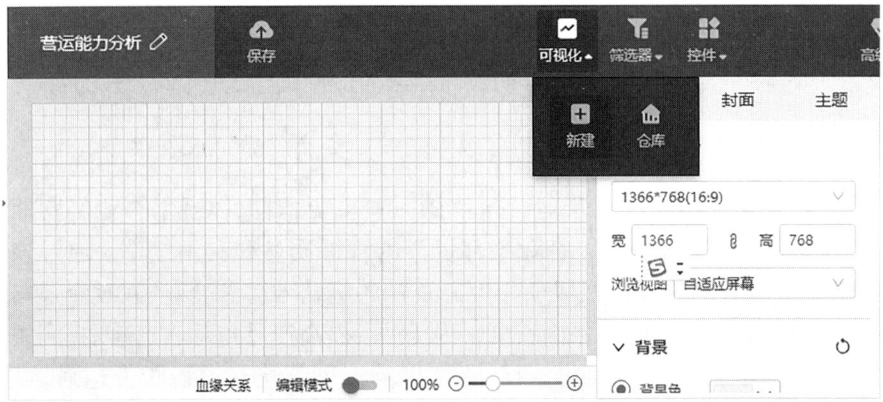

图 4-4-2　“营运能力分析”故事板

图 4-4-3　选择数据集

二、增加字段

1. 在【AJHXJL 与金岭矿业数据集】数据集中，如图 4-4-4 所示，选择【指标】右侧的【+】，然后点击【计算字段】，进入编辑字段，如图 4-4-5 所示。

图 4-4-4　计算字段

2. 计算应收账款周转率

在【名称】右侧文本框中输入“应收账款周转率”。【字段类型】设置为“数字”。在【表达式】下方文本框中编辑资产负债表表达式。

将输入设置为英文状态，在【函数】下方列表中，用鼠标左键双击选择函数【sum】。将光标置于【sum】括号中，在【可选择字段】下方列表选择【营业收入】，以同样方法编辑应收账款，最后如图 4-4-5 所示，点击【确定】。

图 4-4-5　编辑应收账款周转率表达式

3. 设置可视化名称

（1）点击【指标】左侧的按键【>】，展开指标列表，拖动滚动条至最下方，用鼠标左键将【应收账周转率】移至【维度】下方【指标】右侧，松开鼠标，如图 4-4-6 所示。用鼠标左键将【公司名称】移至【维度】右方【指标】右侧，松开鼠标，选择表格按钮。

图 4-4-6　设置可视化名称

（2）将【新建可视化】改为【应收账款周转率】。

（3）依次点击【保存】—【退出】。

（4）参照应收账款周转率，可计算其他营运能力分析指标。

在【营运能力】故事板中，依次点击【可视化】—【新建】，可以增加其他营运能力指标（图 4-4-7）。

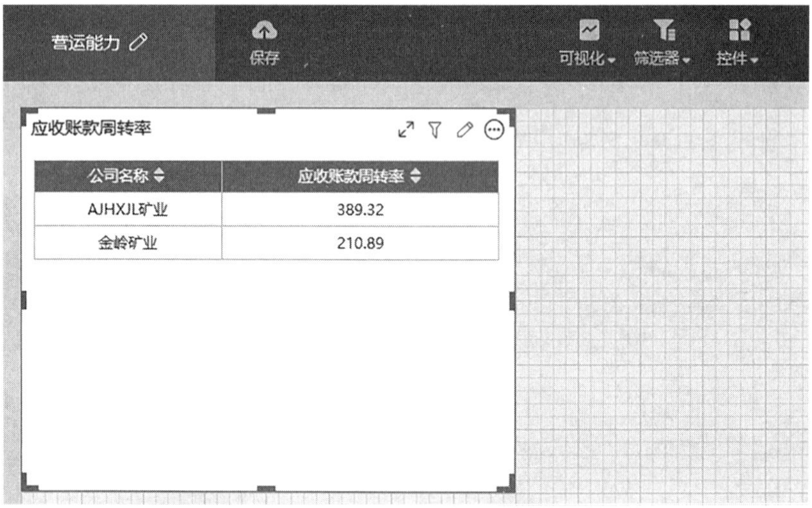

图 4-4-7　不同公司应收账款周转率

技能训练

1. 在用友分析云中存货周转率、流动资产周转率、总资产周转率。
2. 根据运算结果,对 AJHXJL 矿业和金岭矿业进行简要分析。

任务5 获利能力分析

任务描述

获利能力分析

一、指标计算

在用友分析云计算获利能力分析指标:营业利润率、成本费用利润率、总资产报酬率、净资产收益率和资本收益率。

二、指标运用

运用获利能力指标分析方法,对企业获利能力进行比较和分析。

知识准备

一、获利能力的概念

获利能力,也称盈利能力,是指企业获取利润的能力,表现为企业的资金或资本增值能力,通常表现为一定时期内企业收益数额的多少及其水平的高低。

二、获利能力的常用指标与分析方法

获利能力指标主要包括营业利润率、成本费用利润率、总资产报酬率、净资产收益率和资本收益率五项,获利能力指标数值越大,表明企业获利能力越强。

1. 营业利润率

营业利润率,是企业一定时期营业利润与营业收入的比率。其计算公式为:

$$营业利润率 = 营业利润 \div 营业收入 \times 100\%$$

营业利润率越高,表明企业市场竞争力越强,发展潜力越大,盈利能力越强。在实务中,也经常使用销售毛利率、销售净利率等指标来分析企业经营业务的获利水平。其计算公式分别如下:

$$销售毛利率 = (销售收入 - 销售成本) \div 销售收入 \times 100\%$$

$$销售净利率 = 净利润 \div 销售收入 \times 100\%$$

2. 成本费用利润率

成本费用利润率,是企业一定时期利润总额与成本费用总额的比率。其计算公式为:

成本费用利润率 = 利润总额 ÷ 成本费用总额 ×100%

其中:

成本费用总额 = 营业成本 + 营业税金及附加 + 销售费用 + 管理费用 + 财务费用

成本费用利润率越高,表明企业为取得利润而付出的代价越小,成本费用控制得越好,盈利能力越强。

3. 总资产报酬率

总资产报酬率,是企业一定时期内获得的报酬总额与平均资产总额的比率,反映了企业资产的综合利用效果。其计算公式为:

总资产报酬率 = 息税前利润总额 ÷ 平均资产总额 ×100%

其中:

息税前利润总额 = 利润总额 + 利息支出

一般情况下,总资产报酬率越高,表明企业的资产利用效益越好,整个企业盈利能力越强。

4. 净资产收益率

净资产收益率,是企业一定时期净利润与平均净资产的比率,反映了企业自有资金的投资收益水平。其计算公式为:

净资产收益率 = 净利润 ÷ 平均资产 ×100%

其中:

平均净资产 =(所有者权益年初数 + 所有者权益年末数)÷ 2

一般认为,净资产收益率越高,企业自有资本获取收益的能力越强,运营效益越好,对企业投资人、债权人利益的保证程度越高。

5. 资本收益率

资本收益率,是企业一定时期净利润与平均资本(即资本性投入及其资本溢价)的比率,反映企业实际获得投资额的回报水平。其计算公式如下:

资本收益率 = 净利润 ÷ 平均资本 ×100%

其中:

平均资本 =(实收资本年初数 + 资本公积 + 实收资本年末数 + 资本公积年末数)÷ 2

任务流程

一、指标计算

1. 建立【故事板】

进入【用友分析云】后,依次点击【分析设计】—【新建】—【新建故事板】,进入如下对话框，如图 4-5-1 所示。

【故事板名称】右侧对话框中输入“获利能力分析”，然后依次点击【全部目录】—【我的故事板】—【确定】，进入“获利能力分析”故事板。如图 4-5-1 所示。

图 4-5-1　新建获利能力故事板

2. 选择数据集

在【偿债能力分析】故事板中，依次选择【可视化】—【新建】—【数据集】—【财报分析】—【AJHXJL 与金岭矿业数据集】数据集—【确定】，如图 4-5-2，图 4-5-3 所示。

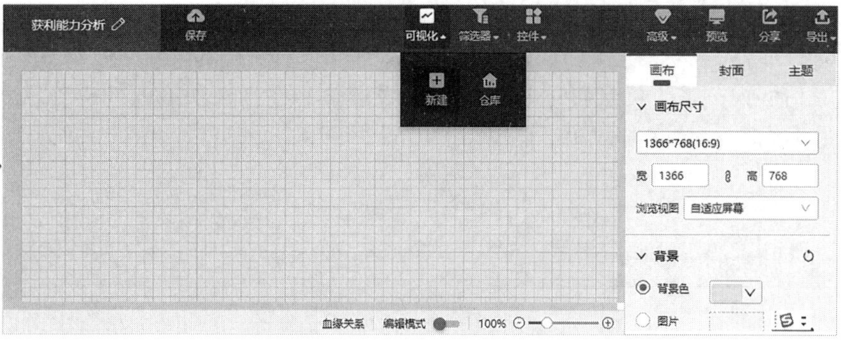

图 4-5-2　获利能力指标计算

序号	公司名称	报表日期	货币资金	交易性金融资产	衍生金融资产	应收票据
0	金岭矿业	2018-12-31 00:00:00	365558200	0	0	4955024
1	金岭矿业	2018-12-31 00:00:00	365558200	0	0	4955024
2	金岭矿业	2018-12-31 00:00:00	365558200	0	0	4955024
3	金岭矿业	2017-12-31 00:00:00	115962600	0	0	5827112
4	金岭矿业	2017-12-31 00:00:00	115962600	0	0	5827112
5	金岭矿业	2017-12-31 00:00:00	115962600	0	0	5827112
6	金岭矿业	2016-12-31 00:00:00	69179600	0	0	3506676
7	金岭矿业	2016-12-31 00:00:00	69179600	0	0	3506676

图 4-5-3　选择数据集

二、增加字段

(1)在【AJHXJL与金岭矿业数据集】数据集中,选择【指标】右侧的【+】,然后点击【计算字段】,进入【编辑字段】,如图4-5-4所示。

图 4-5-4　计算字段

(2)计算获利能力指标。在【名称】右侧文本框中输入"营业利润率"。【字段类型】设置为"数字"。在【表达式】下方文本框中编辑营业利润率表达式。

将输入设置为英文状态,在【函数】下方列表中,用鼠标左键双击选择函数【sum】。将光标置于【sum】括号中,在【可选择字段】下方列表选择【营业收入】,以同样方法编辑应收账款,最后如图4-5-5所示,点击【确定】。

图 4-5-5　营业利润率表达式

(3)设置可视化名称。

①点击【指标】左侧的按键【>】,展开指标列表,拖动滚动条至最下方,用鼠标左键将【营业利润率】移至【维度】下方【指标】右侧,松开鼠标,如图 4-5-6 所示。用鼠标左键将【公司名称】移至【维度】右方【指标】右侧,松开鼠标,选择条形图按钮。

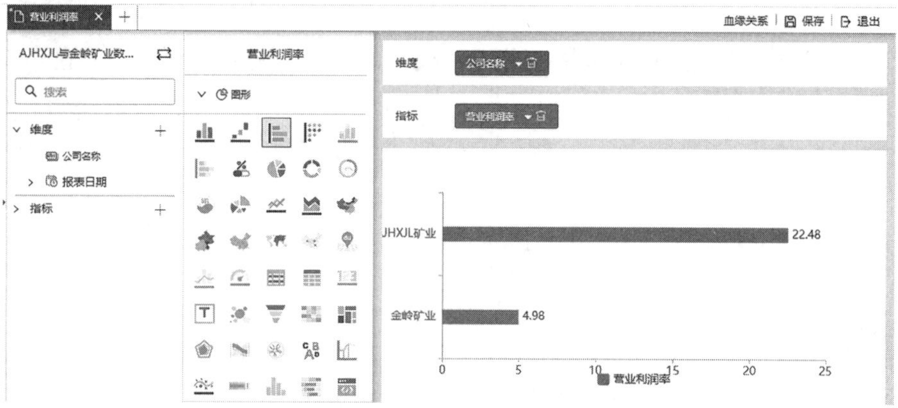

图 4-5-6　设置可视化名称

②将【新建可视化】改为【营业利润率】。

③依次点击【保存】—【退出】。

④参照营业利润率,可计算其他获利能力分析指标。

在【获利能力分析】故事板中,依次点击【可视化】—【新建】,可以增加其他获利能力分析指标(图 4-5-7)。

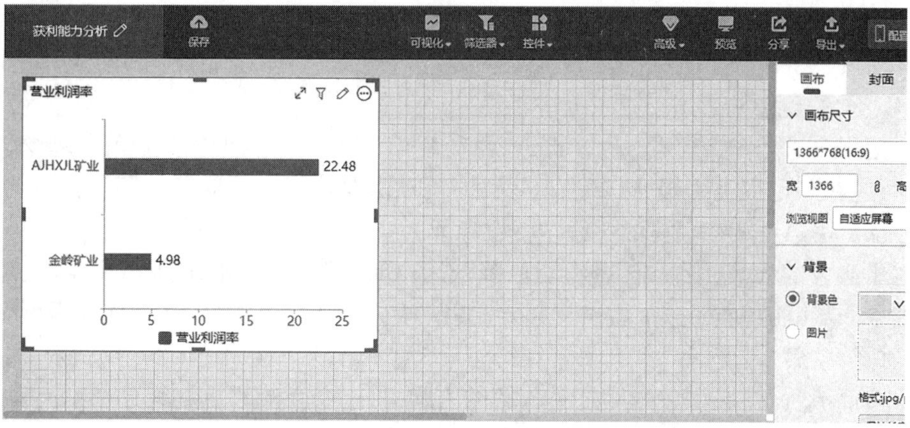

图 4-5-7　不同公司营业利润率

技能训练

1. 在用友分析云中计算成本费用利润率、总资产报酬率、净资产收益率和资本收益率。
2. 根据运算结果,对 AJHXJL 矿业和金岭矿业进行简要分析。

任务6　企业经营综合分析

任务描述

企业经营综合分析

一、运用用友分析云计算转化率指标，采用可视化方式展现

学会用友分析云中的图形按钮，了解不同类型图形。

二、撰写分析报告

学会从内部因素和外部因素两个角度对企业经营进行综合分析。

知识准备

互联网时代的电子商务、互联网销售已经是一个重要的经营方向，为了满足企业电子商务的发展需要，本节主要介绍电子商务重要的转化率分析，以此为基础介绍企业经营综合分析。

在互联网电子商务中，获客成本越来越高，转化率越来越低。对于企业而言，提升产品转化率无疑是提升业务规模和收入规模较为容易的途径。电子商务中以产品为例，从转化率的影响因素来综合分析提升转化率的方法。

要提升转化率，首先要了解哪些因素会影响转化率，从而根据这些影响因素，促进正面影响，削弱负面影响。总体上来说，转化率的影响因素有两类，内部因素和外部因素。

一、内部因素

内部因素是指跟产品设计、运营策略、业务模型直接相关的，会影响用户转化率的因素。

1. 简少流程环节

如果把用户的操作路径看成一个漏斗，路径越长，最后漏下来的用户数就会越少。优化产品路径，可能在一定程度上提升转化率。例如，用户需要填写一项信息，但字段多、步骤长，那么很大一部分用户可能在填写的过程中就放弃了。

节省不必要的环节，去掉非必需流程，降低用户的门槛；简化环节，如减少点击、减少界面跳转。如果一步就能轻松完成，就没有必要让用户多一次点击和跳转，从而让流程更简单。

2. 任务分解

如果产品流程过长，可以采用任务分解的方式，将一个大流程拆解为几个小流程，每一步只需完成少量操作，降低用户操作很复杂事项的心理压力。

3. 简便操作

人人都愿意节省时间，简单便捷的操作会让用户更容易购买。提升操作便捷度有几种方法：信息自动带入，减少输入，降低用户填写的难度，可以大幅度提升用户的转化率；用更简单的操作方式替代，比如手动输入改为拍照识别。

4. 保证信息的完整性和准确性

用户在交易的过程中，会有最关心的信息。提供用户关心的关键信息，并保证信息的准确

性，打消用户顾虑，可以促进其尽快下单。比如用户在租车的时候，会关心这辆车的品牌、外观什么样、哪一年的型号，如果缺失了某些关键信息，那么用户会对产品产生疑虑，最后可能就不下单了。

找到用户在每一个流程关心的核心信息，并提供准确的信息，打消用户购买的疑问，进而提升转化率。

5. 运营策略

补贴和活动可以让用户享受实打实的优惠，对于提升转化率的效果是显而易见的。对于一款新产品，前期可能需要运营上的补贴让利，来吸引用户完成首次消费，完成一次完整的产品体验。

大部分公司并没有强大的财力来维持长期的补贴。从长期来看，还是要靠优质的用户体验和服务来留住用户。

6. 供给端策略

对于交易类产品，用户在这个平台上购买的是实物或服务，那通常会涉及供给端。供给端品类的丰富度、充足度、质量和价格，会直接影响用户能否在平台上选到合适的产品或服务，进而对交易转化率产生明显的影响。如果是丰富度不够，那就需要扩充供给数量，给用户更多的选择。如果是库存不够，那么可以扩充紧俏商品 / 服务的数量，或者提供库存不足的解决方案，火车票的抢票功能就是一个很好的例子。如果是供给质量不够好，那么需要找到质量更优的供应商，满足高端用户的需求。如果是价格不够吸引用户，那么需要找到价格更低的供给，让价格敏感用户能找到适合自身的产品或服务。如果是供给端的政策影响了转化率，那么可以针对这个政策看供给端是否可调整政策。如果没有，尝试给用户提供解决方案来优化这个问题。

二、外部因素

外部因素是指跟本公司的产品涉及和策略无关的、平台无法把握的因素，通常会涉及用户质量、季节时间、竞争对手等。外部因素往往是我们无法干预的，但是了解外部因素有助于我们分析转化率出现波动的原因。

1. 用户质量

用户质量与用户来源、用户构成、用户职业、用户本身的需求意愿有关。不同渠道决定了用户的意愿和质量。例如功能入口渠道的用户转化率高于运营位渠道，因为运营位带来的用户需求往往更加不精准。提升转化率高的用户占比，也能提升转化率，但这个往往是比较难干预的。即使干预了，也可能会降低业务本身的流量，反而产生不利影响。

老用户的购买意愿，通常是比新用户高的。新用户中，非首次访问的用户往往又比首次访问的转化率高。因此，老用户的比例提升，或者新用户中非首次访问的用户比例提升，也会使用户的整体转化率提升。在业务初期，开疆拓土阶段，新用户一般占据较高比例。随后，原来的新用户转变为老用户，老用户的比例逐步上升，这时候即使新用户和老用户的转化率不变的情况下，整体的用户转化率也会提升。

不同的职业有不同的收入，收入的高低影响用户对于价格的敏感度，从而影响购买力。用户中低收入的人群占比变高，也可能会导致转化率出现下降。

2. 竞争对手

竞争对手的品牌心智，会影响新入局产品的转化率。如果在该领域有已形成强大的品牌心智的竞争对手，其他产品会更难转化用户，先入局者有一定的行业壁垒。比如，说到外卖，大家首先会想到美团、饿了么；说到打车，首先会想到滴滴。那么，如果这两个行业有新的产品出现，势必与现有市场上的寡头竞争，面临强大的竞争。

当竞争对手有优惠补贴，对用户的吸引力变强，可能会把原本属于自身平台的用户吸引过去，从而影响了转化率。在部门预算范围内，可以在这段时间也给用户适当提供一些优惠。

提升产品转化率的方法多种多样，随着时代变迁，用户的需求和场景也在发生变化，作为企业经营者，要通过各种途径了解用户需求，以用户视角来看待问题，才能设计出让用户满意的产品，从而提升业务规模和收入。

任务流程

一、数据准备

(1)在 WPS 表格或 Excel 录入如图 4-6-1 所示的数据，命名为“企业经营综合分析 .xls”，保存在 Sheet1 工作表。

	A	B	C	D	E	F
1	城市	访问人数人	放入购物车的人数人	提交订单人数人	成交人数人	年销售额元
2	上海	3249	897	889	786	8573326
3	广州	3425	1138	1128	848	10448306
4	天津	3200	1520	547	322	5114672
5	成都	3289	723	556	289	4657819
6	济南	657	382	374	292	1403749
7	北京	3425	1574	1530	712	9568848
8	郑州	686	215	176	77	736219
9	武汉	2944	1124	847	263	3156295
10	南京	813	314	300	120	1523625

图 4-6-1　2022 年北京美庭商贸有限公司在各城市的客户规模与销售业绩

(2)登录到用友分析云后，依次用鼠标左键点击【数据准备】—【数据准备】—【上传数据】，进入如图 4-6-2 所示界面中。

图 4-6-2　上传数据界面

(3)新建故事板。依次用鼠标点击【分析设计】—【新建】—【新建故事板】,故事板名称为“企业经营综合分析”,然后选择【我的故事板】(图 4-6-3)。

(4)编辑故事板。在图 4-6-3 中,用鼠标单击【我的故事板】,单击选择【企业经营综合分析】故事板,进入如图 4-6-4 所示编辑故事板界面。

图 4-6-3　故事板名称和位置

图 4-6-4　选择编辑故事板

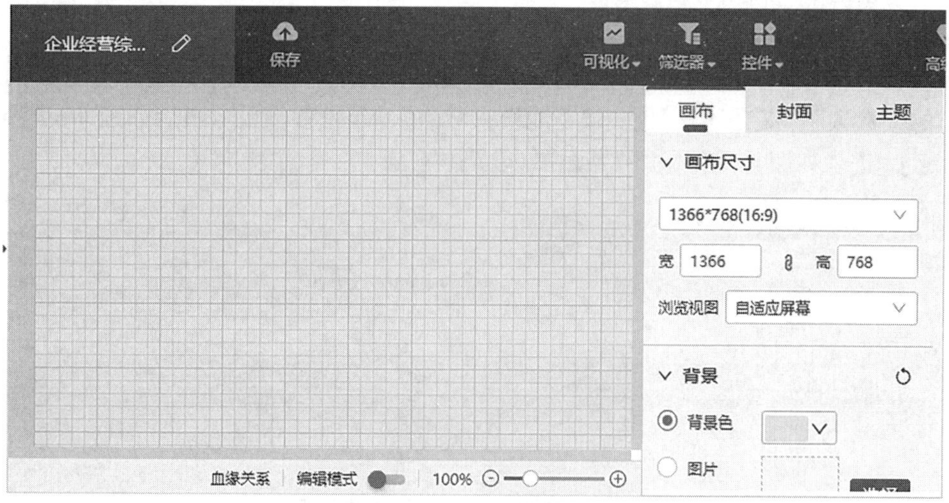

图 4-6-5　编辑故事板

二、数据转化

1. 选择数据

在如图 4-6-5 所示界面中,用鼠标左键依次选择【可视化】—【新建】—【我的数据】—【Sheet1_企业经营综合分析】—【确定】。进入如图 4-6-6 所示界面中。

图 4-6-6　新建可视化

2. 数据类型转化

用户以 xls 形式文件上传至用友分析云时,指标数值均以字符形式保存,无法进行计算和分析,需要转化为数字才能进行计算和分析。

在如图 4-6-6 所示界面中,用鼠标依次选择【指标】左侧的【+】—【计算字段】,进入如图 4-6-7 所示的界面中。

在【名称】右侧文本框中输入“访问人数”。【字段类型】设置为“数字”。在【表达式】下方文本框中编辑营业利润率表达式。

将输入设置为英文状态,在【函数】下方列表中,用鼠标左键双击选择函数【sum】。将光标置于【sum】括号中,在【可选择字段】下方列表选择【访问人数人】,以同样方法编辑“放入购物车的人数人”“提交订单人数人”“成交人数人”“年销售额元”,最后如图 4-6-7 所示,点击【确定】。进入如图 4-6-8 所示的界面中。

图 4-6-7　添加字段

图 4-6-8　编辑可视化

三、数据分析

1. 词云

将【新建可视化】更改为“词云”。【维度】处放置“城市”，【指标】处放置“年销售额”。用鼠标左键依次点击【保存】—【退出】，效果如图 4-6-9 所示，字号越大，对应城市销售额就越大。

图 4-6-9　词云可视化

2. 图形

用鼠标左键选择【词云】可视化，用鼠标左键依次选择【 ⋯ 】—【复制】，出现【词云 - 副本】，如图 4-6-10 所示。

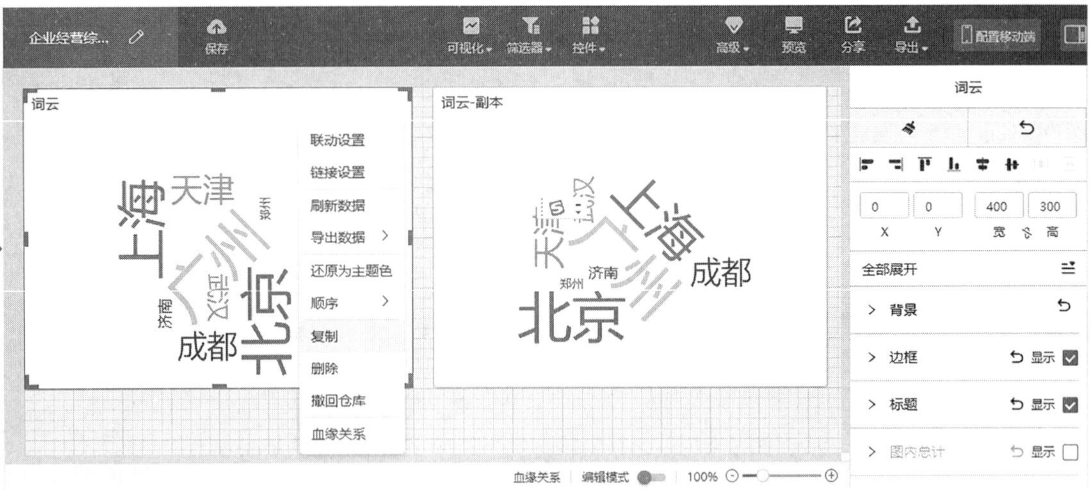

图 4-6-10　复制可视化

用鼠标左键选择【词云 - 副本】,用鼠标左键选择【✎】—玫瑰图按钮【 】,将【词云 - 副本】更改为【玫瑰图】。用鼠标左键选择【保存】—【退出】,其他图形可以参照玫瑰图制作。用鼠标左键拖拽【玫瑰图】缩放按钮放大,如图 4-6-11 所示。

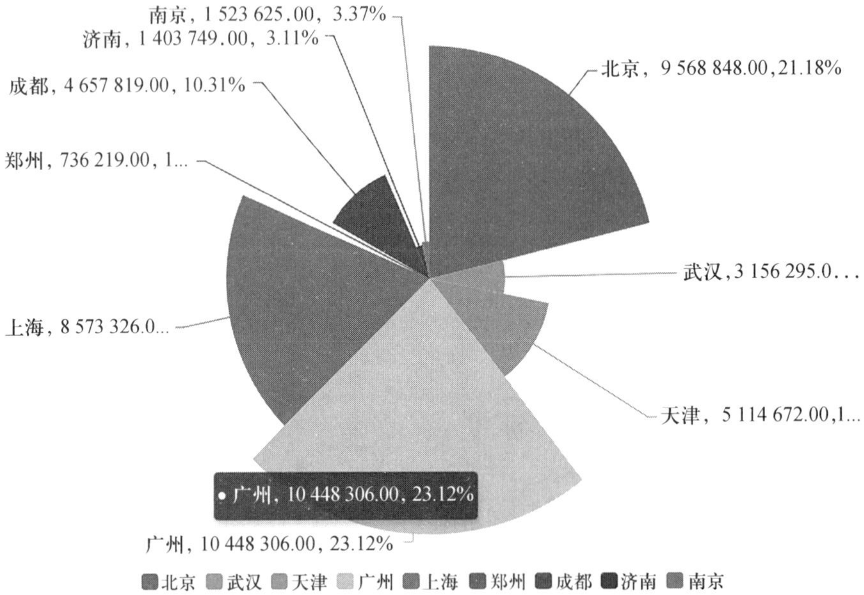

图 4-6-11　玫瑰图可视化

3. 双轴图

点击故事板的【保存】,复制玫瑰图,编辑【玫瑰图 副本】,进入如图 4-6-12 界面,增加新字段【成交转化率】,成交转化率 = 成交人数 ÷ 提交订单人数 ×100%,将【维度】处放置【城市】,【指标】处放置【年销售额】和【成交转化率】,选择双轴图按钮【 】,【玫瑰图 副本】更改为双轴图。用鼠标左键选择【保存】—【退出】,得图 4-6-13。

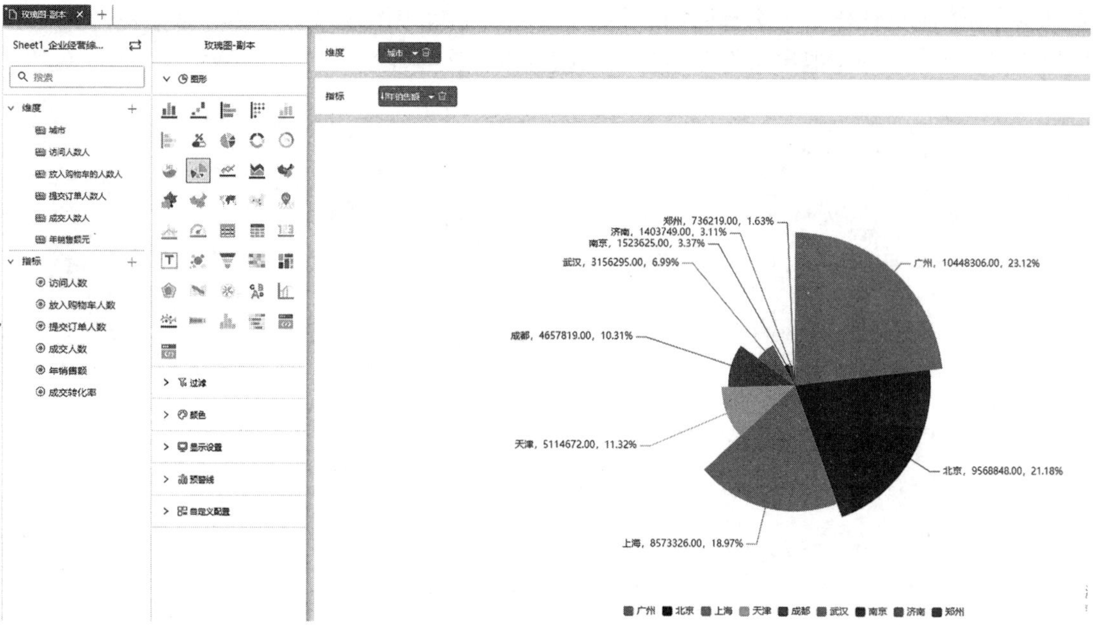

图 4-6-12 【玫瑰图 副本】

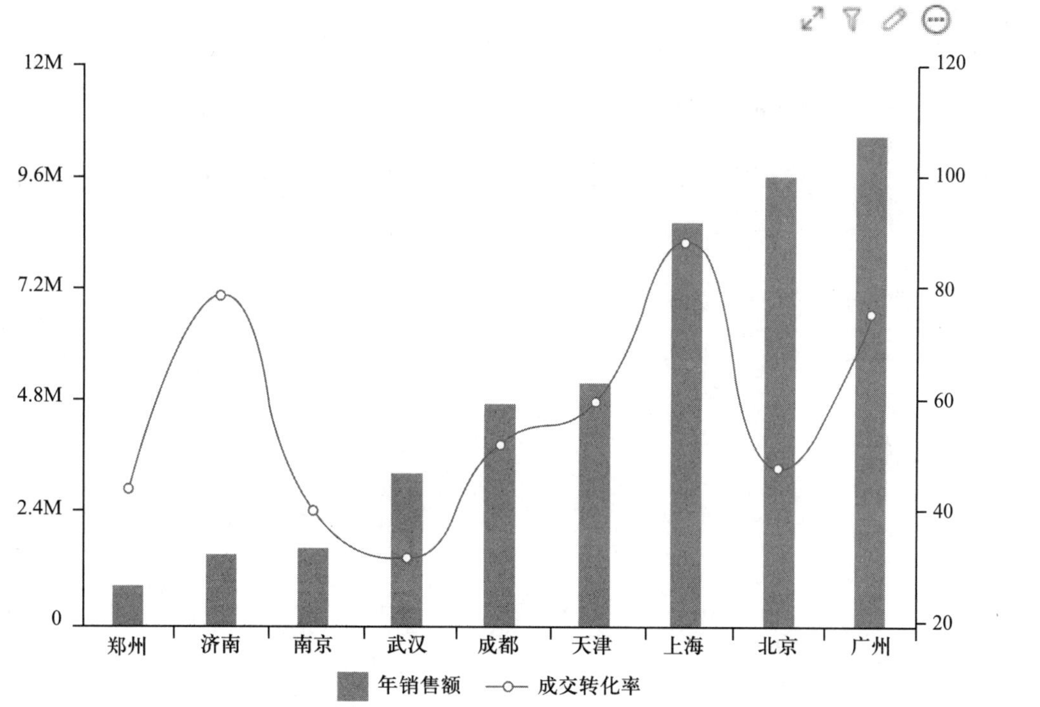

图 4-6-13　双轴图

4. 回归分析 - 散点图

点击故事板的【保存】,复制玫瑰图,编辑【玫瑰图 副本】,增加新字段【成交转化率】,成交转化率 = 成交人数 ÷ 提交订单人数 ×100%,将【维度】处放置【城市】,【指标】处放置【年销售额】和【成交转化率】,选择回归分析按钮【 】,【玫瑰图 副本】更改为散点图。用鼠标左键选择【保存】—【退出】,得图 4-6-14 回归分析 - 散点图。

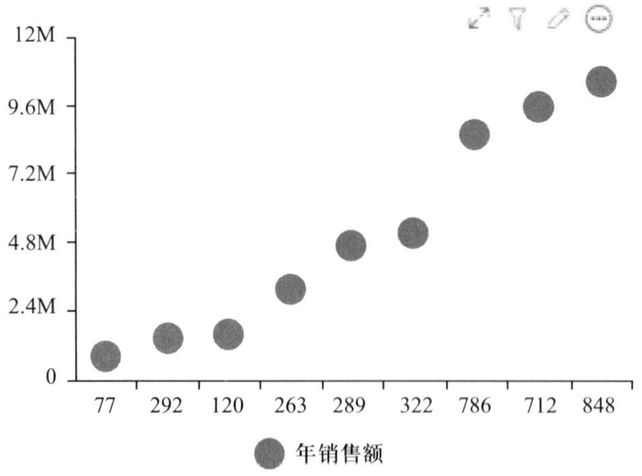

图 4-6-14 回归分析 - 散点图

技能训练

1. 根据下面公式,在用友分析云计算转化率。

放入购物车转化率 = 成交人数 ÷ 提交订单人数 ×100%

提交订单转化率 = 提交订单人数 ÷ 放入购物人数 ×100%

成交转化率 = 成交人数 ÷ 提交订单人数 ×100%

2. 在用友分析云中,采用适当的可视化进行分析。

项目五　数字人力

知识目标

- ◆ 掌握设置工资项目及计算公式的方法。
- ◆ 掌握工资计算的方法。
- ◆ 掌握工资费用分摊的方法。

能力目标

- ◆ 能识别不同工资类别。

思政目标

- ◆ 培养学生执业谨慎、不弄虚作假的意识,提升职业道德和操守。

工资项目及计算公式设置

任务1　工资项目及计算公式设置

任务描述

2020 年 3 月 1 日,根据表 5-1-1 为北京美庭商贸有限公司设置工资项目及计算公式。

表 5-1-1　工资项目及计算公式

<table>
<tr><td>工资项目设置</td><td><table><tr><td>工资项目</td><td>类型</td><td>长度</td><td>小数</td><td>增减项</td></tr><tr><td>奖金</td><td>数字</td><td>8</td><td>2</td><td>增项</td></tr></table></td></tr>
<tr><td>计算公式设置</td><td>按照公司人事的相关制度,工资项目“事假扣款”的计算公式为:事假扣款 = 基本工资 ÷ 21.75 × 事假天数。</td></tr>
</table>

知识准备

一、工资类别

不同企业管理模式不同,工资核算也存在不同的模式。用友薪资管理系统提供单类别工资核算和多类别工资核算两种应用方案。工资类别是按工资项目的不同而设置的工资数据管理类别,一个工资账套下可设置多个工资类别。

二、工资账套

工资账套是用来进行工资管理的系统，一个核算账套下只能建立一个工资账套。

三、人员类别

人员类别是按工资分配政策或核算中计入因会计科目的不同而对人员进行的分类，人员类别与工资费用的分配、分摊有关。设置人员类别便于进行工资的分类汇总计算。

四、工资项目及计算公式

工资项目设置是定义工资核算所涉及的项目名称、类型、数据宽度和相关属性等内容，是企业每一个人员工资构成的项目。而工资计算公式设置是确定工资项目之间的运算关系，也是实现工资计算自动化的主要方式。

任务流程

一、工资项目设置

操作流程如下。

(1) 单击【开始】—【程序】—【用友 U8V15.0】—【企业应用平台】操作员:01;密码:空;操作日期:2020 年 3 月 1 日。

(2)【业务工作】—【人力资源】—【薪资管理】—【设置】。

(3) 单击【工资项目设置】,弹出【工资项目设置界面】。

(4) 单击【增加】按钮。

(5) 录入新增行工资项目名称:奖金。

(6) 单击【确定】。如图 5-1-1 所示。

图 5-1-1　工资项目设置

二、计算公式设置

操作流程如下。

(1)单击【开始】—【程序】—【用友 U8V15.0】—【企业应用平台】操作员:01;密码:空;操作日期:2020 年 3 月 1 日。

(2)单击【业务工作】—【人力资源】—【薪资管理】—【设置】。

(3)双击【工资项目设置】,弹出【工资项目设置】界面。

(4)单击【公式设置】。

(5)单击【增加】按钮。

(6)单击第一行输入框右侧下拉列表,选择“事假扣款”。

(7)单击右侧公式输入框。

(8)单击【工资项目】中的“基本工资”。

(9)单击公式输入框录入“/21.75× 事假天数”。

(10)单击【工资项目】中【事假天数】。如图 5-1-2 所示。

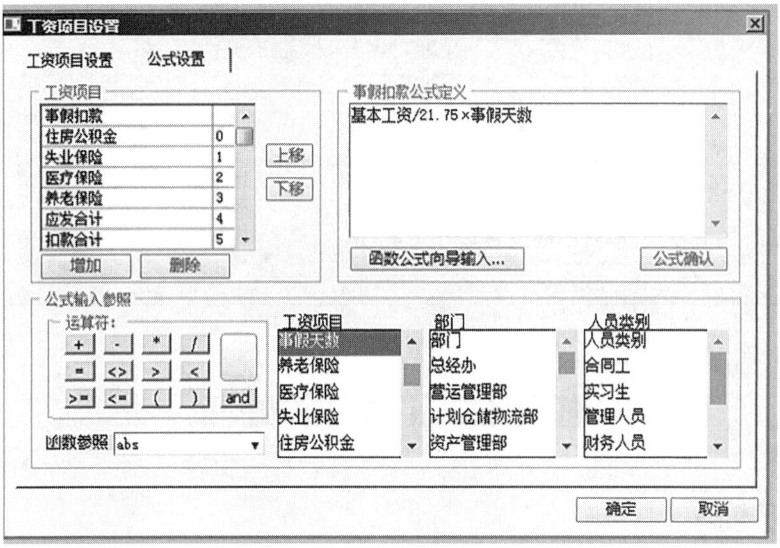

图 5-1-2　计算公式设置

(11)单击【公式确认】按钮。

(12)单击【确定】按钮。

☆ **提示**

1. 设置工资项目就是定义工资项目的名称、类型、宽度。

2. 薪资管理系统提供了一些固定的项目。

3. 公式的设置可以利用系统提供的函数、工资项目、部门、人员类别参照进行,若定义的公式不符合逻辑,系统会给出“非法的公式定义”提示。

技能训练

一、工资类别

单个工资类别；从工资中代扣个人所得税。

注：其他参数采用默认。

二、工资项目

项目名称	类型	长度	小数位数	增减项
基本工资	数值型	8	2	增项
岗位工资	数值型	8	2	增项
奖金	数值型	8	2	增项
副食补助	数值型	8	2	增项
医疗保险	数字	8	2	减项
养老保险	数字	8	2	减项
失业保险	数字	8	2	减项
住房公积金	数字	8	2	减项
事假天数	数值型	8	0	其他
事假扣款	数值型	8	2	减项
代扣税	数值型	10	2	减项
计税工资	数字	8	2	其他

任务2　工资计算处理

工资计算处理

任务描述

2020年3月31日，根据表5-2-1为北京美庭商贸有限公司进行工资计算处理。

表5-2-1　工资计算

<table>
<tr><td rowspan="7">工资数据录入</td><td colspan="4">工资及考勤记录</td></tr>
<tr><td>姓名</td><td>基本工资</td><td>奖金</td><td>事假天数</td></tr>
<tr><td>马依</td><td>8 000.00</td><td></td><td>2</td></tr>
<tr><td>刘芳</td><td>7 000.00</td><td></td><td></td></tr>
<tr><td>常秋</td><td>8 000.00</td><td></td><td>3</td></tr>
<tr><td>倪恩岩</td><td>10 000.00</td><td></td><td></td></tr>
<tr><td>王尊辉</td><td>10 000.00</td><td></td><td></td></tr>
<tr><td>工资计算及汇总</td><td colspan="4">计算并汇总工资变动表</td></tr>
</table>

知识准备

首次使用薪资管理系统，其次将所有人员工资的基本数据录入系统。工资数据通常有两类：一类是每月基本固定不变的数据，比如根据学历、专业技术职务、职称等定下来的基本工资，这类数据通常不会每月都变动，初始录入后无须变化；另一类是每月根据实际情况来调整，可以通过计算公式进行设置，也可以手工录入，比如请假天数、社保相关费用的计算等。

一、工资分类别管理

薪资管理系统是按工资类别进行工资的核算及发放管理的，这样处理的作用如下：按类别进行处理，满足企业按不同标准分工处理和集权管理，资料相对独立于其他系统，依据不同权限进行不同类别操作，保证财务信息的安全性。企业可分类分不同时期对工资进行处理（如正式职工、合同工，退休职工分不同类别处理，计算标准可不同）。可对临时立项的工资项目进行计算。为了满足企业分工的需要，可分类别进行工资数据的录入、计算、发放及分类别结账，总账会计授权所有类别就可以查看所有数据进行总控，达到集权与分权管理的目的。可将一个职工归入多类处理，满足企业多种工资核算（如某职工既属于基本工资类，又属于销售提成类）。支持明细部门与非明细部门人员的工资计算。

工资项目设置如图 5-2-1 所示。

二、工资分次发放

对于实行周薪制的或者其他需要在一个月内进行多次发放工资的公司，通过此功能，可有效进行薪资的灵活管理。

三、银行代发

现在大部分公司一般都不再发放工资现金，而是通过银行进行工资发放，利用此功能，只需按银行要求输出指定格式的文件，送交银行，即可完成工资的及时发放。

四、个人所得税申报

按照税法规定，员工的所得税均由公司代扣代缴。通过所得税设置，可以轻松地完成员工个人所得税的申报、代扣代缴及汇算清缴义务。

任务流程

一、工资数据录入

操作流程如下。

(1) 单击【业务工作】—【人力资源】—【薪资管理】—【业务处理】。

(2) 单击【工资变动】，弹出【工资变动】界面。

(3) 双击【马依】【基本工资】输入框，输入“8 000”（8 000 或者 8 000.00 均正确），双击【马依】

【事假天数】输入框，输入“2”（2 或者 2.00 均正确），双击【刘芳】【基本工资】输入框，输入“7 000”（7 000 或者 7 000.00 均正确），双击【常秋】【基本工资】输入框，输入“8 000”（8 000 或者 8 000.00 均正确），双击【常秋】【事假天数】输入框，输入“3”（3 或者 3.00 均正确），双击【倪恩岩】【基本工资】输入框，输入“10 000”（10 000 或者 10 000.00 均正确），双击【王尊辉】【基本工资】输入框，输入“10 000”（10 000 或者 10 000.00 均正确）。如图 5-2-1 所示。

工资变动

过滤器 所有项目 定位器

选择	工号	人员编号	姓名	部门	人员类别	基本工资	岗位工资	应发合计	事假天数	事假扣款	养老保险	医疗保险	失业保险	住房公积金	扣款合计	实发合计
		11	柳原	往来管理部	财务人员	10,000.00	1,000.00	11,000.00			800.00	203.00	20.00	1,200.00	2,336.31	8,663.69
		12	丰红	往来管理部	财务人员	7,000.00	1,000.00	8,000.00			560.00	143.00	14.00	840.00	1,600.29	6,399.71
		13	刘芳	往来管理部	财务人员	7,000.00	1,000.00	1,000.00				3.00			3.00	997.00
		14	赵珊	资产管理部	财务人员	8,000.00	1,000.00	9,000.00			640.00	163.00	16.00	960.00	1,845.63	7,154.37
		15	杨秀	资产管理部	财务人员	7,000.00	1,000.00	8,000.00			560.00	143.00	14.00	840.00	1,600.29	6,399.71
		16	姜涛	产品策划部	市场人员	20,000.00	1,000.00	21,000.00			1,600.00	403.00	40.00	2,400.00	4,789.71	16,210.29
		17	崔磊	产品策划部	市场人员	6,000.00	1,000.00	7,000.00			480.00	123.00	12.00	720.00	1,354.95	5,645.05
		18	何芳艳	产品策划部	市场人员	10,000.00	1,000.00	11,000.00			800.00	203.00	20.00	1,200.00	2,336.31	8,663.69
		19	李光	产品策划部	市场人员	10,000.00	1,000.00	11,000.00			800.00	203.00	20.00	1,200.00	2,336.31	8,663.69
		20	宋丽芳	终端管理部	市场人员	10,000.00	1,000.00	11,000.00			800.00	203.00	20.00	1,200.00	2,336.31	8,663.69
		21	常秋	终端管理部	市场人员	8,000.00	1,000.00	1,000.00	3.00			3.00			3.00	997.00
		22	高雅玲	终端管理部	市场人员	6,000.00	1,000.00	7,000.00			480.00	123.00	12.00	720.00	1,354.95	5,645.05
		23	艾华	终端管理部	市场人员	6,000.00	1,000.00	7,000.00			480.00	123.00	12.00	720.00	1,354.95	5,645.05
		24	汪凤燕	资源管理部	市场人员	8,000.00	1,000.00	9,000.00			640.00	163.00	16.00	960.00	1,845.63	7,154.37
		25	曹静	资源管理部	市场人员	6,000.00	1,000.00	7,000.00			480.00	123.00	12.00	720.00	[illegible]	[illegible]
		26	贺红斌	家电部	销售人员	10,000.00	1,000.00	11,000.00			800.00	203.00	20.00	1,200.00	2,336.31	8,663.69
		27	辛利	家电部	销售人员	8,000.00	1,000.00	9,000.00			640.00	163.00	16.00	960.00	1,845.63	7,154.37
		28	张泉	家电部	销售人员	7,000.00	1,000.00	8,000.00			560.00	143.00	14.00	840.00	1,600.29	6,399.71
		29	陈德龙	家电部	销售人员	7,000.00	1,000.00	8,000.00			560.00	143.00	14.00	840.00	1,600.29	6,399.71
		30	栗广兴	家电部	销售人员	6,000.00	1,000.00	7,000.00			480.00	123.00	12.00	720.00	1,354.95	5,645.05
		31	陈德龙	家电部	销售人员	6,000.00	1,000.00	7,000.00			480.00	123.00	12.00	720.00	1,354.95	5,645.05
		32	倪恩岩	超市部	销售人员	10,000.00	1,000.00	11,000.00			800.00	203.00	20.00	1,200.00	2,336.31	8,663.69
		33	黄东玉	超市部	销售人员	7,000.00	1,000.00	8,000.00			560.00	143.00	14.00	840.00	1,600.29	6,399.71
		34	黄超	超市部	销售人员	7,000.00	1,000.00	8,000.00			560.00	143.00	14.00	840.00	1,600.29	6,399.71
		35	蒋超	超市部	销售人员	5,000.00	1,000.00	6,000.00			400.00	103.00	10.00	600.00	1,113.00	4,887.00
		36	黄诚	超市部	销售人员	5,000.00	1,000.00	6,000.00			400.00	103.00	10.00	600.00	1,113.00	4,887.00
		37	霍英立	超市部	销售人员	5,000.00	1,000.00	6,000.00			400.00	103.00	10.00	600.00	1,113.00	4,887.00
		38	唐伟	超市部	销售人员	5,000.00	1,000.00	6,000.00			400.00	103.00	10.00	600.00	1,113.00	4,887.00
		39	王尊辉	传统渠道部	销售人员	10,000.00	1,000.00	1,000.00				3.00			3.00	997.00
		40	王光富	传统渠道部	销售人员	8,000.00	1,000.00	9,000.00			640.00	163.00	16.00	960.00	1,845.63	7,154.37
		41	朱子高	传统渠道部	销售人员	8,000.00	1,000.00	9,000.00			640.00	163.00	16.00	960.00	1,845.63	7,154.37
		42	陈公伟	传统渠道部	销售人员	8,000.00	1,000.00	9,000.00			640.00	163.00	16.00	960.00	1,845.63	7,154.37
		43	胡春榭	传统渠道部	销售人员	8,000.00	1,000.00	9,000.00			640.00	163.00	16.00	960.00	1,845.63	7,154.37
		44	冯静	传统渠道部	销售人员	5,000.00	1,000.00	6,000.00			400.00	103.00	10.00	600.00	1,113.00	4,887.00

图 5-2-1　工资变动

二、工资计算及汇总

操作流程如下。

（1）单击【业务工作】—【人力资源】—【薪资管理】—【业务处理】。

（2）单击【工资变动】，弹出【工资变动】界面。

（3）单击【计算】。

（4）单击【汇总】。如图 5-2-2 所示。

技能训练

一、人员工资数据录入

姓名	基本工资	岗位工资	奖金	医疗保险	养老保险	失业保险	住房公积金	事假天数
李越	4 200.00	500.00	800.00	50	85	20	200	
王璇	3 000.00	400.00	800.00	40	70	20	180	
张震	2 200.00	200.00	800.00	30	60	20	150	

续表

姓名	基本工资	岗位工资	奖金	医疗保险	养老保险	失业保险	住房公积金	事假天数
周立波	1 800.00	400.00	800.00	25	50	20	130	
王宇	2 000.00	300.00	800.00	30	60	20	150	
杨再新	1 600.00	400.00	800.00	25	50	20	130	2
孙贵武	3 200.00	500.00	2 000.00	40	70	20	180	1
刘朋	3 000.00	400.00	2 000.00	40	70	20	180	1
欧阳春	2 800.00	400.00	2 000.00	30	60	20	150	1
赵巍	3 000.00	500.00	800.00	40	70	20	180	1
张明玉	1 700.00	300.00	800.00	25	50	20	130	
吴宇	2 200.00	400.00	800.00	30	60	20	150	3

注:其他未列出工资项目为自动计算出来,无需输入。

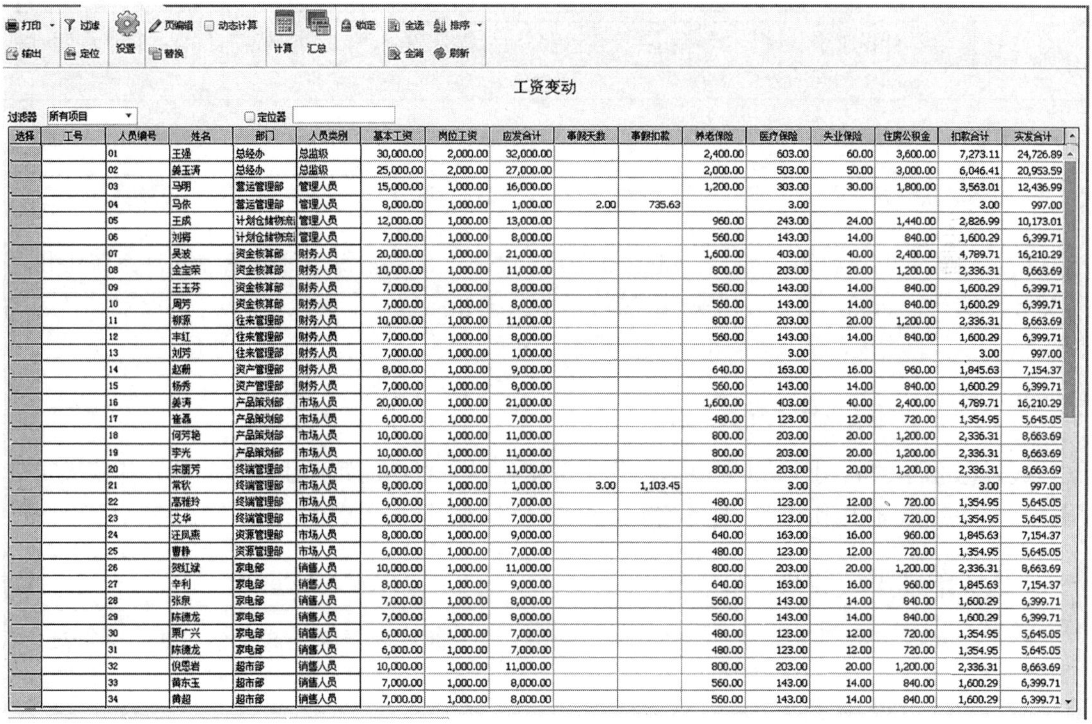

选择	工号	人员编号	姓名	部门	人员类别	基本工资	岗位工资	应发合计	事假天数	事假扣款	养老保险	医疗保险	失业保险	住房公积金	扣款合计	实发合计
		01	王强	总经办	总监级	30,000.00	2,000.00	32,000.00			2,400.00	603.00	60.00	3,600.00	7,273.11	24,726.89
		02	姜玉涛	总经办	总监级	25,000.00	2,000.00	27,000.00			2,000.00	503.00	50.00	3,000.00	6,046.41	20,953.59
		03	马明	营运管理部	管理人员	15,000.00	1,000.00	16,000.00			1,200.00	303.00	30.00	1,800.00	3,563.01	12,436.99
		04	马依	营运管理部	管理人员	8,000.00	1,000.00	1,000.00	2.00	735.63		3.00			3.00	997.00
		05	王成	计划仓储物流	管理人员	12,000.00	1,000.00	13,000.00			960.00	243.00	24.00	1,440.00	2,826.99	10,173.01
		06	刘辉	计划仓储物流	管理人员	7,000.00	1,000.00	8,000.00			560.00	143.00	14.00	840.00	1,600.29	6,399.71
		07	吴波	资金核算部	财务人员	20,000.00	1,000.00	21,000.00			1,600.00	403.00	40.00	2,400.00	4,789.71	16,210.29
		08	金宝荣	资金核算部	财务人员	10,000.00	1,000.00	11,000.00			800.00	203.00	20.00	1,200.00	2,336.31	8,663.69
		09	王玉芬	资金核算部	财务人员	7,000.00	1,000.00	8,000.00			560.00	143.00	14.00	840.00	1,600.29	6,399.71
		10	周芳	资金核算部	财务人员	7,000.00	1,000.00	8,000.00			560.00	143.00	14.00	840.00	1,600.29	6,399.71
		11	郁源	往来管理部	财务人员	10,000.00	1,000.00	11,000.00			800.00	203.00	20.00	1,200.00	2,336.31	8,663.69
		12	丰红	往来管理部	财务人员	7,000.00	1,000.00	8,000.00			560.00	143.00	14.00	840.00	1,600.29	6,399.71
		13	刘芳	往来管理部	财务人员	7,000.00	1,000.00	1,000.00				3.00			3.00	997.00
		14	赵鹏	资产管理部	财务人员	8,000.00	1,000.00	9,000.00			640.00	163.00	16.00	960.00	1,845.63	7,154.37
		15	杨秀	资产管理部	财务人员	7,000.00	1,000.00	8,000.00			560.00	143.00	14.00	840.00	1,600.29	6,399.71
		16	姜涛	产品策划部	市场人员	20,000.00	1,000.00	21,000.00			1,600.00	403.00	40.00	2,400.00	4,789.71	16,210.29
		17	崔磊	产品策划部	市场人员	6,000.00	1,000.00	7,000.00			480.00	123.00	12.00	720.00	1,354.95	5,645.05
		18	何芳艳	产品策划部	市场人员	10,000.00	1,000.00	11,000.00			800.00	203.00	20.00	1,200.00	2,336.31	8,663.69
		19	李光	产品策划部	市场人员	10,000.00	1,000.00	11,000.00			800.00	203.00	20.00	1,200.00	2,336.31	8,663.69
		20	宋丽芳	终端管理部	市场人员	10,000.00	1,000.00	11,000.00			800.00	203.00	20.00	1,200.00	2,336.31	8,663.69
		21	常钦	终端管理部	市场人员	8,000.00	1,000.00	1,000.00	3.00	1,103.45		3.00			3.00	997.00
		22	高雅玲	终端管理部	市场人员	6,000.00	1,000.00	7,000.00			480.00	123.00	12.00	720.00	1,354.95	5,645.05
		23	艾华	终端管理部	市场人员	6,000.00	1,000.00	7,000.00			480.00	123.00	12.00	720.00	1,354.95	5,645.05
		24	汪凤燕	资源管理部	市场人员	8,000.00	1,000.00	9,000.00			640.00	163.00	16.00	960.00	1,845.63	7,154.37
		25	曹静	资源管理部	市场人员	6,000.00	1,000.00	7,000.00			480.00	123.00	12.00	720.00	1,354.95	5,645.05
		26	贺红斌	家电部	销售人员	10,000.00	1,000.00	11,000.00			800.00	203.00	20.00	1,200.00	2,336.31	8,663.69
		27	辛利	家电部	销售人员	8,000.00	1,000.00	9,000.00			640.00	163.00	16.00	960.00	1,845.63	7,154.37
		28	张泉	家电部	销售人员	7,000.00	1,000.00	8,000.00			560.00	143.00	14.00	840.00	1,600.29	6,399.71
		29	陈德龙	家电部	销售人员	7,000.00	1,000.00	8,000.00			560.00	143.00	14.00	840.00	1,600.29	6,399.71
		30	栗广兴	家电部	销售人员	6,000.00	1,000.00	7,000.00			480.00	123.00	12.00	720.00	1,354.95	5,645.05
		31	陈德龙	家电部	销售人员	6,000.00	1,000.00	7,000.00			480.00	123.00	12.00	720.00	1,354.95	5,645.05
		32	倪思岩	超市部	销售人员	10,000.00	1,000.00	11,000.00			800.00	203.00	20.00	1,200.00	2,336.31	8,663.69
		33	黄东玉	超市部	销售人员	7,000.00	1,000.00	8,000.00			560.00	143.00	14.00	840.00	1,600.29	6,399.71
		34	黄超	超市部	销售人员	7,000.00	1,000.00	8,000.00			560.00	143.00	14.00	840.00	1,600.29	6,399.71

图 5-2-2　工资计算及汇总

二、计算个人所得税

在“系统菜单→业务处理→扣缴所得税”菜单中,将第一个对话框内的对应工资项目修改为“扣税基础”。在“个人所得税扣缴申报表”界面中的税率菜单下的基数修改为 5 000。计算个人所得税,然后到“工资变动”中重新计算工资项目。

任务3　工资费用分摊

任务描述

2020年3月31日，根据表5-3-1为北京美庭商贸有限公司进行工资费用分摊。

工资费用分摊

表5-3-1　工资费用分摊

	部门名称	人员类别	工资项目	借方科目	贷方科目
工资分摊设置	总经办	管理人员	应发合计	660201	221101
	管理中心	管理人员	应发合计	660201	221101
	财务中心	财务人员	应发合计	660201	221101
	市场中心	销售人员	应发合计	660201	221101
	运维中心	管理人员	应发合计	660201	221101
工资分摊制单	计提工资、计提公司承担社保、计提公司承担公积金（明细到工资项目，合并科目相同、辅助项相同的分录）。				

知识准备

涉及薪资的财务核算主要是计提工资费用、计提社保和公积金等业务。软件系统提供了工资分摊的处理功能。通过工资分摊设置，指示系统如何进行工资数据的分配，设置好转账的模板，然后通过调用工资分摊制单功能实现系统对数据的自动计算和凭证处理。

一、工资费用自动分配及上报

通过与总账的联用，可以方便地进行工资费用的分配，从而及时掌握企业的各项人工费用，如产品的人工费用比重等，对行政事业单位还可实现费用单据的上报。

二、多币别工资管理

跨国公司内多币别薪资发放在所难免，多币别的工资管理能满足这类企业的实际需要。

三、工资管理报表

根据薪资管理系统可以提供多种报表，以满足企业管理的需要，为企业决策提供充足的依据。

任务流程

一、工资分摊设置

操作流程如下。

(1) 薪资管理—设置—分摊类型设置,点击【增加】,输入相关信息后点击【下一步】,如图 5-3-1 所示。

(2) 输入相关信息,点击【完成】,如图 5-3-2 所示。

(3) 点击【返回】,如图 5-3-3 所示。

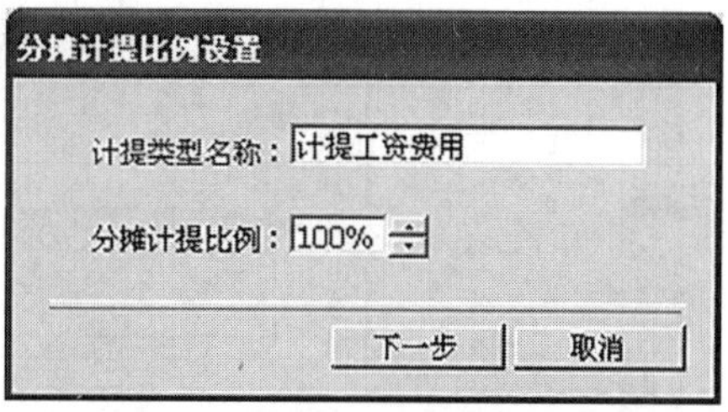

图 5-3-1　分摊计提比例设置

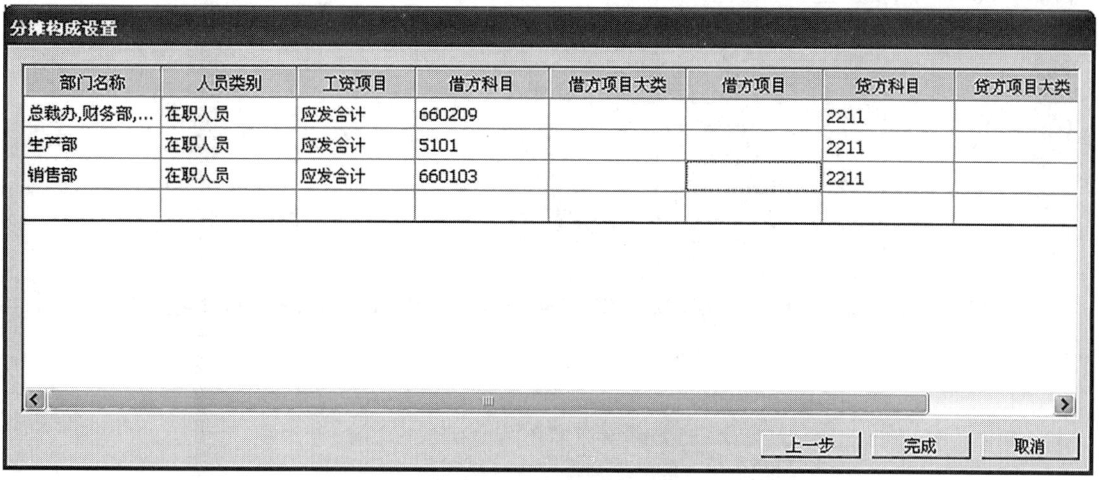

图 5-3-2　分摊构成设置

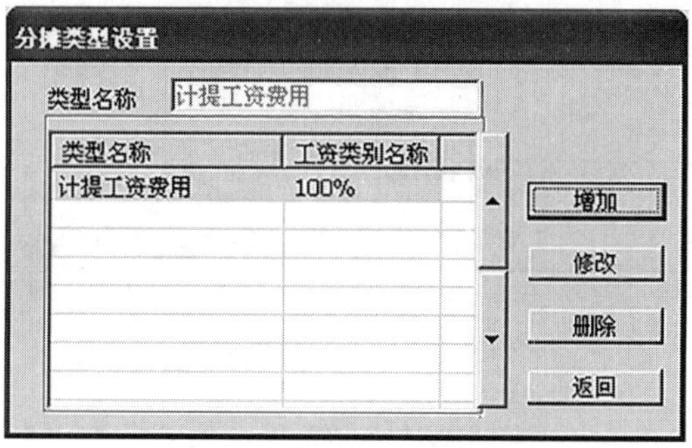

图 5-3-3　分摊类型设置

二、工资分摊制单

操作流程如下。

(1) 单击【业务工作】—【人力资源】—【薪资管理】—【业务处理】,双击【工资变动】,进入“工资变动”界面,单击【计算】【汇总】按钮。如图 5-3-4 所示。

(2) 关闭“工资变动”界面,双击【工资分摊】,弹出“工资分摊”界面,单击勾选【计提本月工资】【公司承担社会保险】【代扣个人所得税】等,单击勾选右侧部门,直至所有部门全部勾选后,才可进行下一步,单击勾选【明细到工资项】。如图 5-3-5 所示。

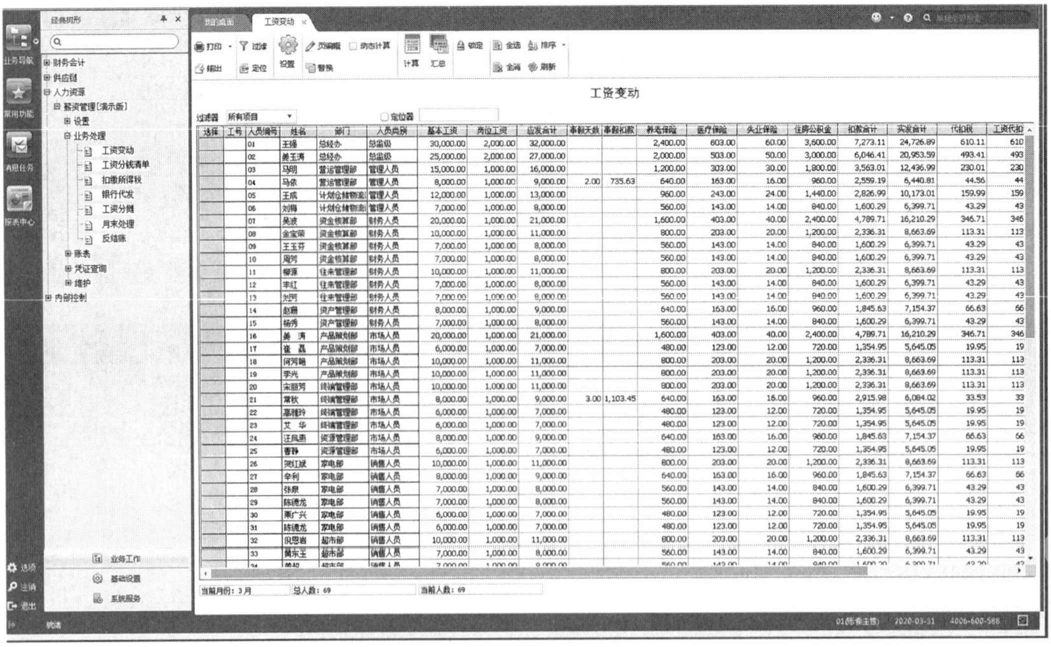

图 5-3-4　工资计算及汇总

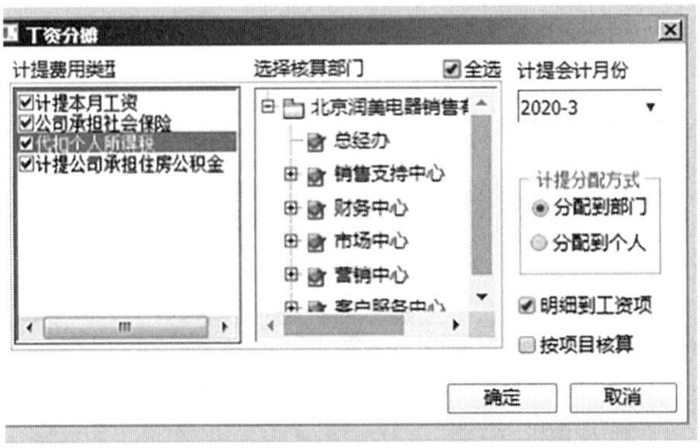

图 5-3-5　工资分摊设置

(3) 单击【确定】按钮，进入“工资分摊”界面，单击勾选【合并科目相同、辅助项相同的分录】，单击【类型】选择框，单击下拉框中【公司承担社会保险】，单击勾选【合并科目相同、辅助项相同的分录】，单击【类型】选择框，单击下拉框中【代扣个人所得税】，单击勾选【合并科目相同、辅助项相同的分录】，单击【类型】选择框，单击下拉框中【计提公司承担住房公积金】，单击勾选【合并科目相同、辅助项相同的分录】。如图 5-3-6 所示。

(4) 单击【批制】按钮，弹出【填制凭证】按钮，单击【字】前输入框，单击输入框右侧按钮，弹出“总账”界面，选择“记 记账凭证”，单击【保存】按钮，单击【下一页】按钮，单击【字】前输入框，单击输入框右侧按钮，弹出“总账”界面，选择“记 记账凭证”，单击【保存】按钮，单击【下一页】按钮，单击【字】前输入框，单击输入框右侧按钮，弹出“总账”界面，选择“记 记账凭证”，单击【保存】按钮，单击【下一页】按钮，单击【字】前输入框，单击输入框右侧按钮，弹出【总账】界面，选择“记 记账凭证”，单击【保存】按钮。如图 5-3-7 所示。

计提公司承担住房公积金一览表

☑ 合并科目相同、辅助项相同的分录

类型 计提公司承担住房公积金

部门名称	人员类别	应发合计				
		计提基数	计提比例	计提金额	借方科目	贷方科目
总经办	管理人员	28600.00	12.00%	3432.00	660201	221104
营运管理部		14400.00	12.00%	1728.00	660201	221104
计划仓储物流部		14400.00	12.00%	1728.00	660201	221104
资金核算部	财务人员	27200.00	12.00%	3264.00	660201	221104
往来管理部		20800.00	12.00%	2496.00	660201	221104
资产管理部		14400.00	12.00%	1728.00	660201	221104
产品策划部	市场人员	27200.00	12.00%	3264.00	660201	221104
终端管理部		27200.00	12.00%	3264.00	660201	221104
资源管理部		14400.00	12.00%	1728.00	660201	221104
家电部	销售人员	55500.00	12.00%	6660.00	660101	221104
超市部		56000.00	12.00%	6720.00	660101	221104
传统渠道部		60000.00	12.00%	7200.00	660101	221104
电商渠道部		43500.00	12.00%	5220.00	660101	221104
工程项目部		14400.00	12.00%	1728.00	660101	221104
网点管理部	服务人员	14400.00	12.00%	1728.00	660201	221104
配件管理部		8000.00	12.00%	960.00	660201	221104
残次品管理部		14400.00	12.00%	1728.00	660201	221104
维修部		84800.00	12.00%	10176.00	660201	221104

图 5-3-6　工资分摊制单设置

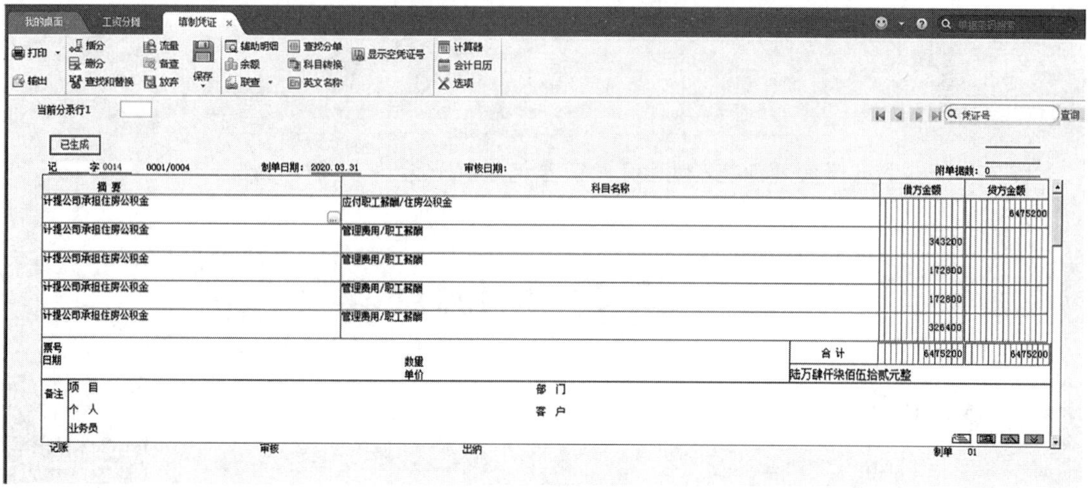

图 5-3-7　工资分摊制单

技能训练

1. 查询银行代发。
2. 打印工资报表。
3. 进行工资分摊并生成凭证。

1 月 31 日，进行工资分摊。一车间工人工资是生产落地台灯发生的，二车间工人工资是生产卧室台灯发生的。

项目六　人力大数据应用

知识目标

- 掌握人力资源数据收集与预处理方法。
- 掌握人力资源大数据分析可视化与数据挖掘工具。
- 掌握人才盘点的数据类型、人员结构、绩效、人员流动、关键岗位及人才梯队、业务分析等盘点指标和可视化分析及数据挖掘分析技能，提出改善建议方法。

能力目标

- 能利用 Python 工具、数据清洗工具和分析云工具进行数据爬取、数据清洗及可视化分析。
- 能够利用人才需求画像、职位信息爬取、数据预处理、文本分析、词云及主题分析（LDA）等技能，提出决策建议。
- 能够完成敬业度问卷设计，通过降维分析确定敬业度因子，利用多重线性回归模型进行挖掘分析敬业度影响因素，提出提升敬业度的策略与方法。

思政目标

- 培养责任心和良好的职业道德，具有保密意识等职业素养。

任务1　人才盘点

任务描述

人才盘点

一、数据预处理 / 数据清洗

将平台中公司 2022 年人员绩效考核结果按照以下要求进行数据清洗。

二、数据可视化分析（基本信息）

对员工人数、部门、性别、学历、职级、年龄、司龄、工龄、绩效考核结果、离职情况等数据进行可视化基本分析。

三、数据挖掘—公司绩效

对公司绩效考核结果进行聚类分析。

知识准备

一、人才盘点梳理

人才盘点共分为4个部分①业务理解。②数据收集及处理。③数据可视化分析。④数据挖掘分析。

人才盘点指评估组织内部人才的数量和质量，并促进组织拥有足够数量和高质量人才的一组业务流程。

人才盘点要素包含人员数量、劳动生产率、流动率、绩效、人才梯队接替计划和人员结构，其中人员结构包含：年龄、性别、学历、工龄、司龄、职级。

影响人才盘点成功的因素：①清晰的业务策略、商业模式、竞争策略。②开放的组织文化，对人才盘点认知，变革勇气，时机选择等。③高层投入与承诺。④ CEO或老板高管的直接参与或重视。⑤人力资源的整合。⑥人才盘点与人力资源各模块的整合。⑦人力资源与业务的整合。⑧人力资源自身能力的整合。

二、聚类分析过程

第一步：数据准备；第二步：特征提取与选择；第三步：相似性度量；第四步：聚类算法；第五步：聚类结果；第六步：聚类有效性检验；第七步：聚类结果解读。

人才盘点数据包括：人员结构（年龄、性别、学历、职级、司龄、工龄）、绩效考核结果、离职数据、业务数据。

特征提取包括：绩效考核结果与人员结构数据的关联、绩效考核结果与离职数据的相关业务数据与人员结构、离职数据、绩效考核结果数据的关联。

聚类分析：结果检验、模型调优、分析结论。

任务流程

一、数据清洗

操作流程如下。

（1）点击【选择数据源】，选择已内置的数据表“2022年员工绩效考核结果信息表.xlsx”，点击【保存】按钮（图6-1-1）。

（2）点击【查看数据源】，查看数据特征界面；如图6-1-2和图6-1-3所示。

（3）点击清洗工具界面上的【配置全局清洗规则】，字符清理选择“非法字符清理”“空格清理”“-（仅有）替换为0”“空格（仅有）替换为0”点击【保存】。如图6-1-4所示。

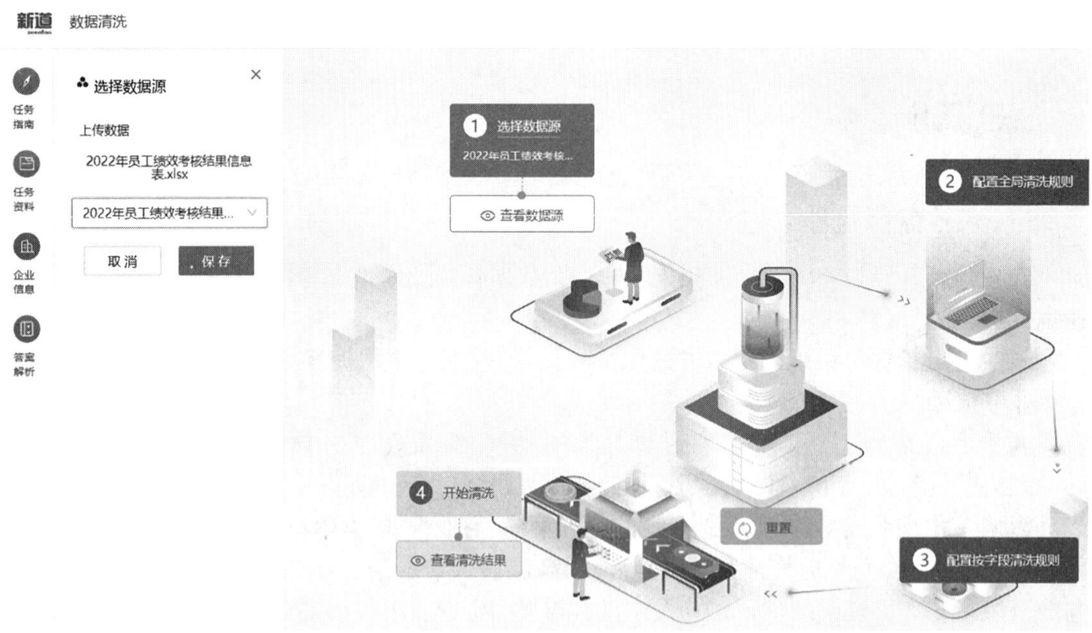

图 6-1-1　选择数据源界面

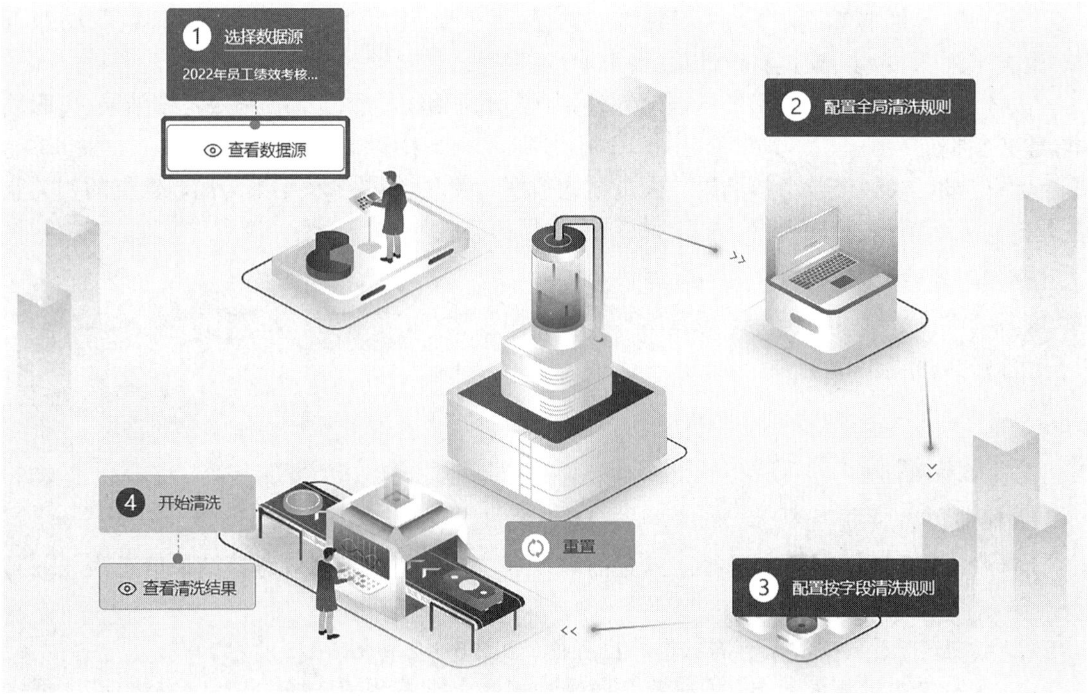

图 6-1-2　数据清洗界面

结果预览　　下载　返回　　加载行数：100　确定

序号	人员编号	一级部门	二级部门	三级部门	姓名	性别	职级	职级大类	年龄	司龄	工龄	2022绩效考核结果
1	TZ00382	职能中心	总裁办	总裁办	郭博敬	男	7B	7	54.589	21.3836	31.789	B
2	TZ00560	职能中心	总裁办	总裁办	吴和悦	男	7A	7	46.8986	17.4904	20.9986	B
3	TZ00924	职能中心	总裁办	总裁办	钟泰	男	6B	6	48.0521	13.8986	25.2521	B
4	TZ01474	职能中心	总裁办	总裁办	黄飞驰	男	7A	7	44.9918	10.4548	19.0918	B+
5	TZ01547	职能中心	总裁办	总裁办	钱言	男	7A	7	45.2767	18.7767	18.7767	A
6	TZ01602	职能中心	总裁办	总裁办	陈梦蕾	女	6B	6	41.263	0.763	18.463	A
7	TZ01838	职能中心	总裁办	总裁办	钱南晴	女	6B	6	40.4219	14.9219	14.5219	B
8	TZ02194	职能中心	总裁办	总裁办	陈宏峻	男	6A	6	41.8082	10.3548	15.9082	B+
9	TZ01903	职能中心	总裁办	总裁办	郑彭薄	男	6A	6	43.8521	0.6425	18.3521	B+
10	TZ02467	职能中心	市场部	市场部	赵鸿才	男	5A	5	38.7836	9.9041	15.9836	B
11	TZ03638	职能中心	市场部	市场部	陈湛	男	2A	2	32.8192	5.8726	6.9192	B+
12	TZ03639	职能中心	市场部	市场部	周梓燕	女	3B	3	35.4027	7.9822	12.6027	A
13	TZ03640	职能中心	市场部	市场部	李昕	男	2B	2	33.1123	5.6507	10.3123	B
14	TZ03635	职能中心	市场部	市场部	李幼安	女	1A	1	21.0438	0.2836	2.2438	-
15	TZ03643	职能中心	市场部	市场部	夏雪环	女	1B	1	26.7836	4.0425	4.0425	A

图 6-1-3　查看数据特征界面

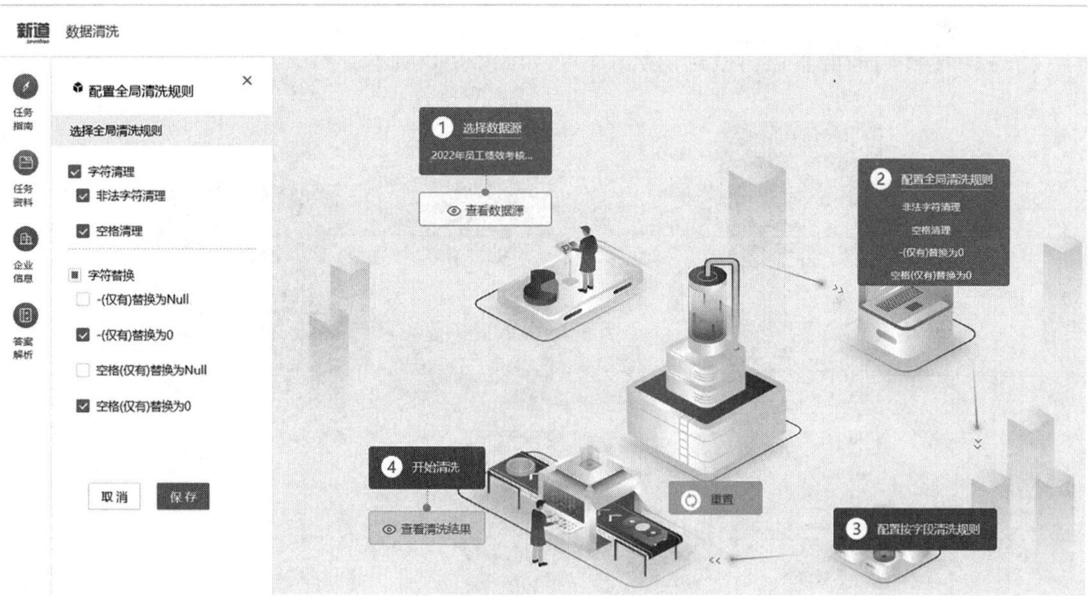

图 6-1-4　配置全局清洗规则界面

(4)点击清洗工具界面上的【配置按字段清洗规则】,将绩效考核结果 A、B+、B、C 替换成数值 5、4、3、2。如图 6-1-5 所示。

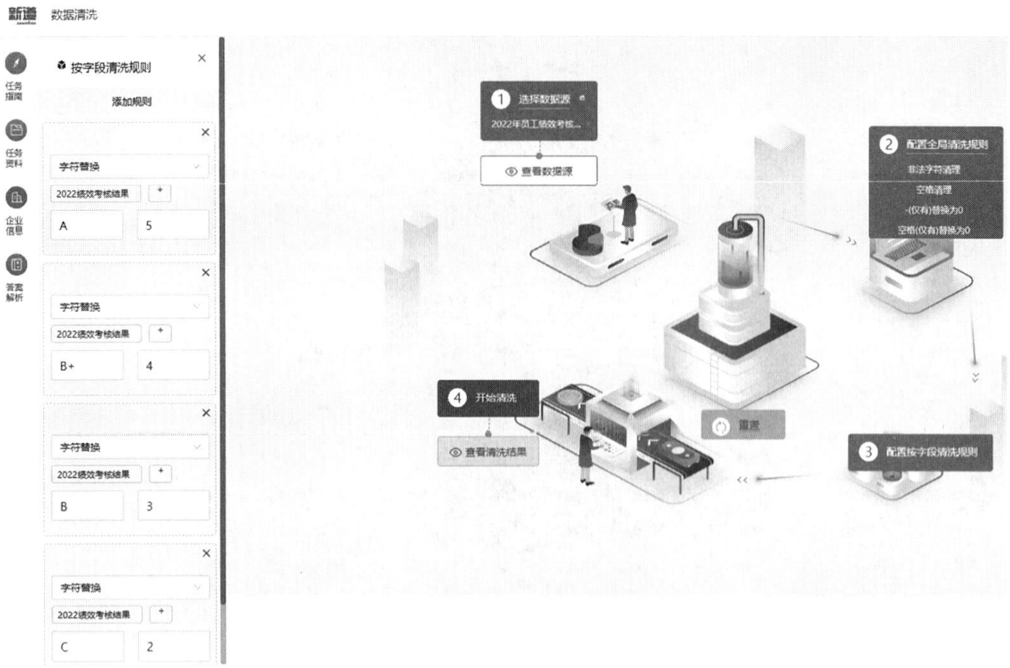

图 6-1-5　配置按字段清洗规则界面

(5)点击【开始清洗】,进行数据清洗工作。如图 6-1-6 所示。

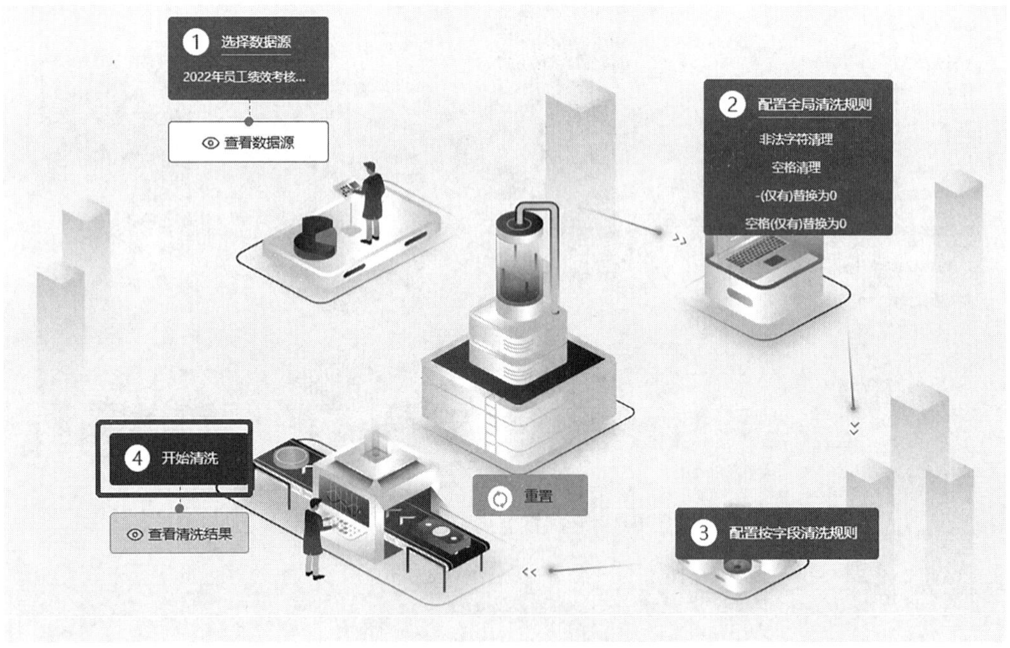

图 6-1-6　开始清洗对话框

(6)清洗完成,点击查看并下载清洗结果。如图 6-1-7,图 6-1-8 所示。

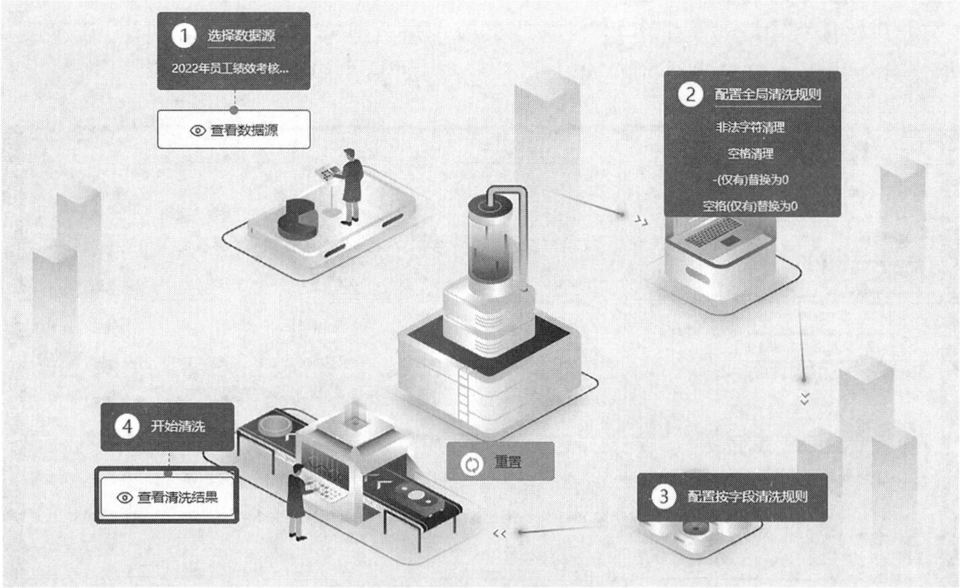

图 6-1-7　查看清洗结果

结果预览　下载　返回　加载行数: 100　确定

序号	人员编号	一级部门	二级部门	三级部门	姓名	性别	职级	职级大类	年龄	司龄	工龄	2022绩效考核结果
1	TZ00382	职能中心	总裁办	总裁办	郭博敬	男	7B	7	54.589	21.3836	31.789	3
2	TZ00560	职能中心	总裁办	总裁办	吴和悦	男	7A	7	46.8986	17.4904	20.9986	3
3	TZ00924	职能中心	总裁办	总裁办	钟泰	男	6B	6	48.0521	13.8986	25.2521	3
4	TZ01474	职能中心	总裁办	总裁办	黄飞驰	男	7A	7	44.9918	10.4548	19.0918	4
5	TZ01547	职能中心	总裁办	总裁办	钱言	男	7A	7	45.2767	18.7767	18.7767	5
6	TZ01602	职能中心	总裁办	总裁办	陈梦蕾	女	6B	6	41.263	0.763	18.463	5
7	TZ01838	职能中心	总裁办	总裁办	钱南晴	女	6B	6	40.4219	14.9219	14.5219	3
8	TZ02194	职能中心	总裁办	总裁办	陈宏峻	男	6A	6	41.8082	10.3548	15.9082	4
9	TZ01903	职能中心	总裁办	总裁办	郑彭薄	男	6A	6	43.8521	0.6425	18.3521	4
10	TZ02467	职能中心	市场部	市场部	赵鸿才	男	5A	5	38.7836	9.9041	15.9836	3
11	TZ03638	职能中心	市场部	市场部	陈湛	男	2A	2	32.8192	5.8726	6.9192	4
12	TZ03639	职能中心	市场部	市场部	周梓燕	女	3B	3	35.4027	7.9822	12.6027	5
13	TZ03640	职能中心	市场部	市场部	李昕	男	2B	2	33.1123	5.6507	10.3123	3
14	TZ03635	职能中心	市场部	市场部	李幼安	女	1A	1	21.0438	0.2836	2.2438	0
15	TZ03643	职能中心	市场部	市场部	夏雪环	女	1B	1	26.7836	4.0425	4.0425	5
16	TZ03637	职能中心	市场部	市场部	黄嘉颖	女	3B	3	34.0082	0.6505	11.2082	4
17	TZ03644	职能中心	市场部	市场部	夏星华	男	3B	3	35.7205	9.8205	9.8205	4
18	TZ03645	职能中心	市场部	市场部	夏承基	男	2B	2	29.8	7	7	2
19	TZ03646	职能中心	市场部	市场部	金学名	男	3B	3	33.3	8.7	10.5	3

图 6-1-8　下载清洗结果

二、数据可视化分析(基本信息)

操作流程如下。

对 2022 年人员基本信息进行可视化分析。

操作手册以人数、性别分布为例进行可视化分析。

1. 对[人数]进行可视化分析

点击【开始任务】【分析设计】【我的故事板】,进入画布界面点击可视化,新建选择数据集:数据集—人员基本信息表—2022 年人员信息表,如图 6-1-9 所示。

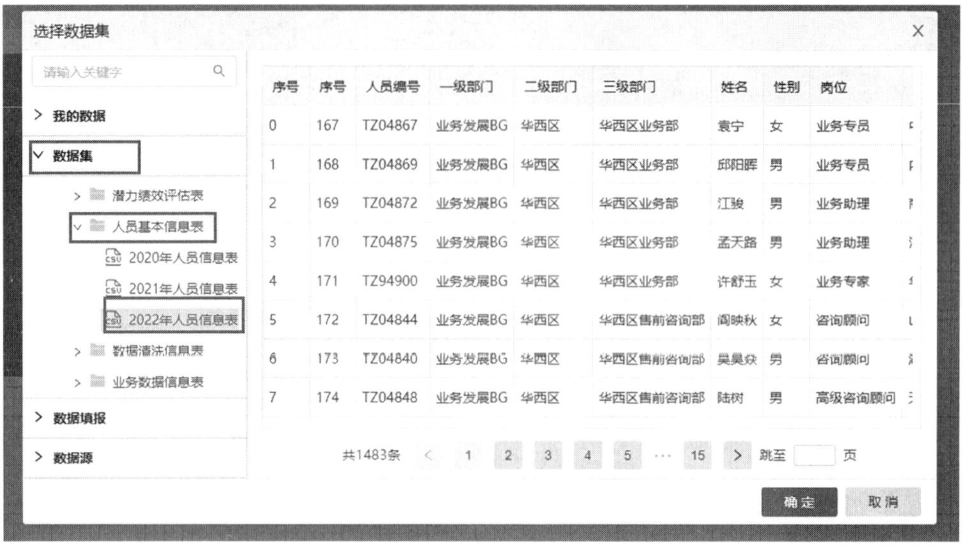

图 6-1-9　选择人员信息表界面

阅读 2022 年人员信息表,观察字段、数据特征。

进入数据可视化界面,将维度字段姓名拖拽至指标栏。

选择图形:指标卡,如图 6-1-10 所示。

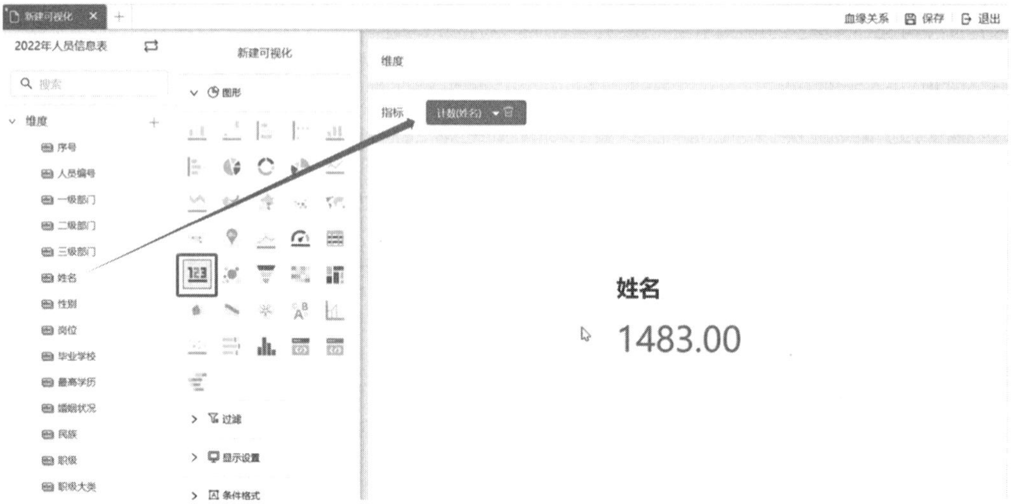

图 6-1-10　增加维度界面

维度字段拖拽至指标栏,汇总方式只有计数。

点击指标栏计数姓名下拉三角，点击【设置显示名】，如图 6-1-11 所示。

图 6-1-11　设置显示名

修改名称：总人数，如图 6-1-12 所示。

图 6-1-12　设置别名

点击【显示设置】【批量设置数据格式】，小数位调整为 0，如图 6-1-13 所示。

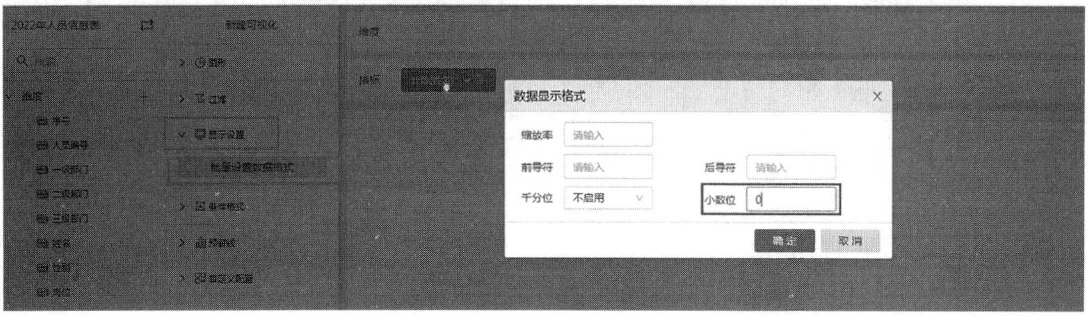

图 6-1-13　设置小数位

分析可视化图形：2022 年公司总人数为 1 483 人。

备注：同学们以此类推，可以分析不同部门、不同年份的人数变化。

2. 对［性别分布］进行可视化分析

同一步骤人数分析一致，选择 2022 年人员信息表。

在可视化界面，将维度字段一级部门、性别拖拽至维度栏；将指标字段年龄、司龄拖拽至指标栏，如图 6-1-14 所示。

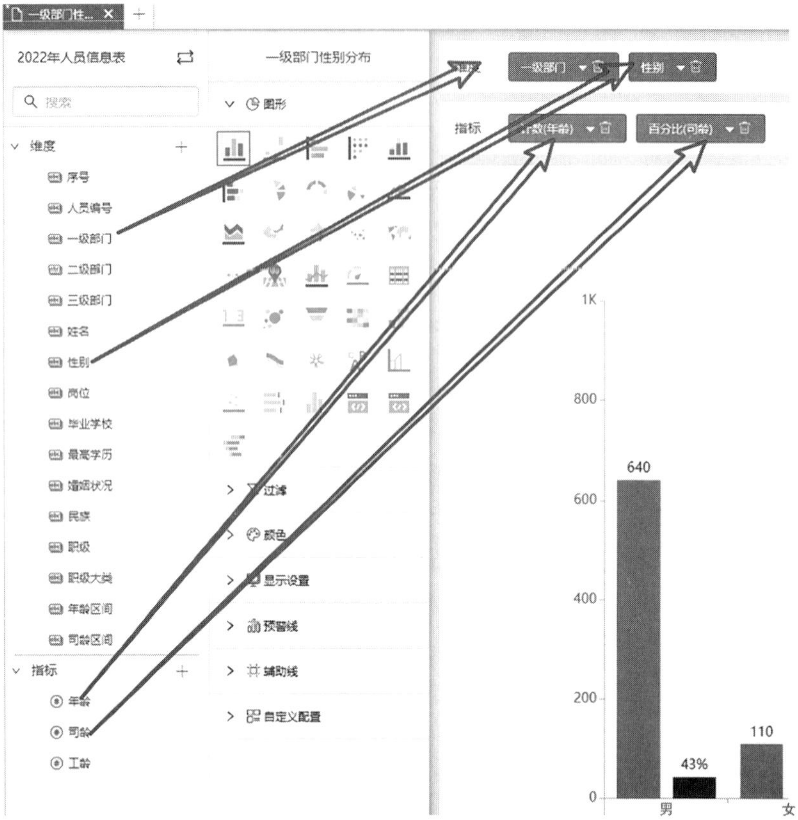

图 6-1-14　设置维度和指标

选择图形：柱形图，指标栏年龄的汇总方式选计数，指标栏司龄的高级计算选择百分比（整表）如图 6-1-15 和图 6-1-16 所示。

指标栏年龄，设置别名为数量；指标栏司龄，设置别名为百分比如图 6-1-17 和图 6-1-18 所示。

修改可视化图形名称为一级部门性别分布。

点击【保存】，如图 6-1-19 所示。

分析性别分布可视化图形。

技术研发背景的男性最多，业务发展背景的女性最多。

备注：①以一级部门性别分布为例，同学们可以分析不同年度性别数量变化、不同年度各部门性别比例，或者是根据需要分析更低级别部门的性别情况，等等。

②针对基本信息，还需要分析平均年龄、平均司龄、平均工龄、年龄区间、司龄区间等多个维度指标。

图 6-1-15　设置汇总方式

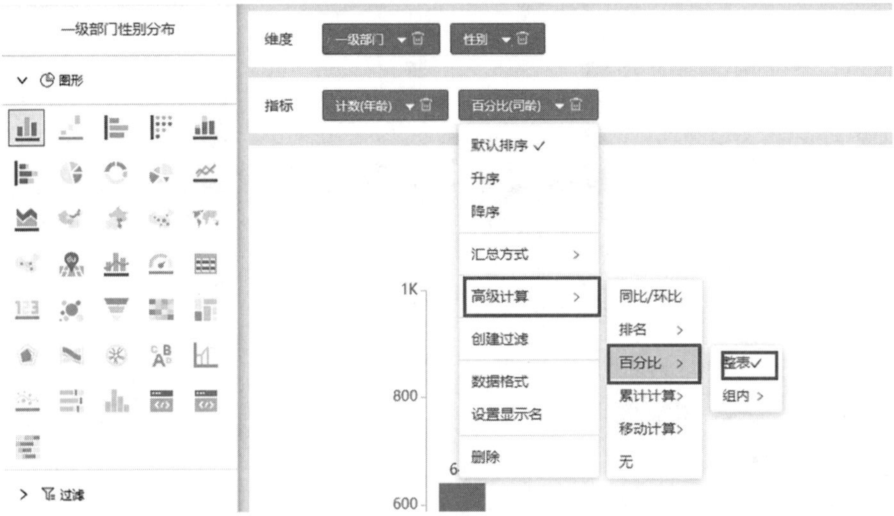

图 6-1-16　设置百分比

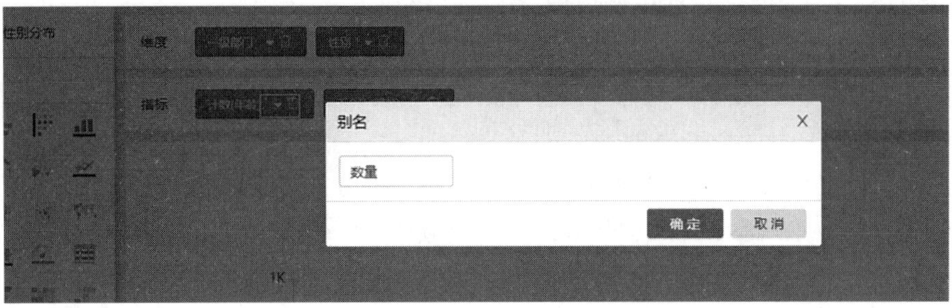

图 6-1-17　设置别名为数量

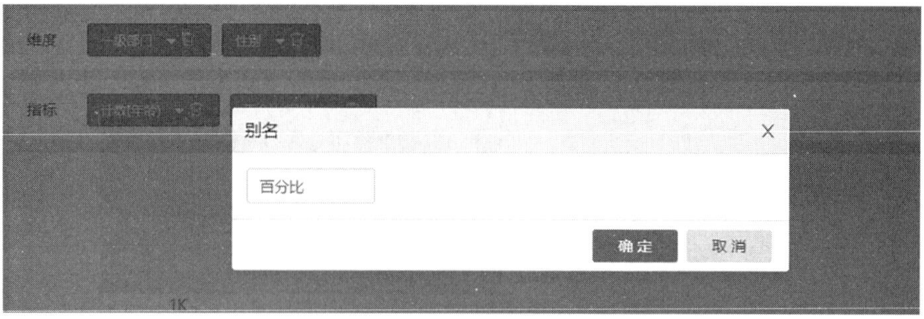

图 6-1-18 设置别名为百分比

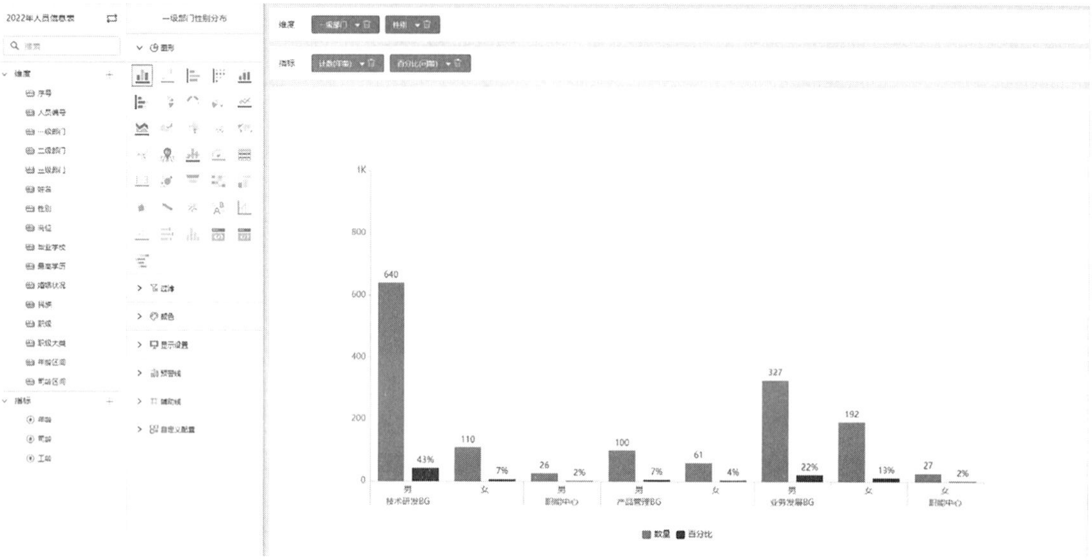

图 6-1-19 结果显示

三、数据挖掘—公司绩效

操作流程如下。

对公司绩效考核结果进行聚类分析。

1. 选择数据源

点击【开始任务】,进入数据挖掘界面,如图 6-1-20 所示。

点击【选择数据源】。

点击【上传数据】或点击下拉菜单,选择 2022 年员工绩效考核数据清洗结果表 .xlsx。

点击【保存】。

点击查看数据源,如图 6-1-21 所示,观察数据字段有哪些特征。

2. 根据对案例业务问题的分析,应用聚类算法建立模型,优化模型

点击【配置模型】,如图 6-1-22 所示。

点击【聚类分析·K-means】。

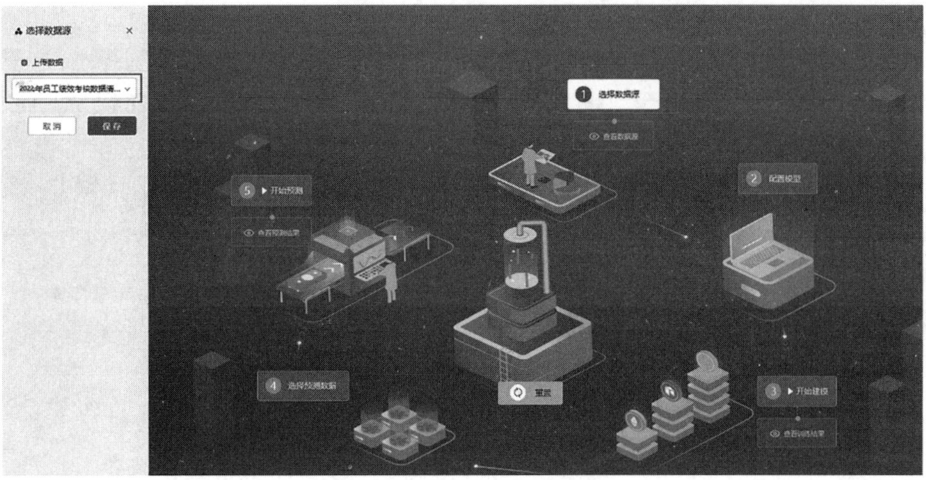

图 6-1-20　进入数据挖掘界面

序号	人员编号	一级部门	二级部门	三级部门	姓名	性别	职级	职级大类	年龄	司龄	工龄	2022绩效考核结果
1	TZ00382	职能中心	总裁办	总裁办	郭博歌	男	7B	7	54.5890	21.3836	31.7890	3
2	TZ00560	职能中心	总裁办	总裁办	吴和悦	男	7A	7	46.8986	17.4904	20.9986	3
3	TZ00924	职能中心	总裁办	总裁办	钟泰	男	6B	6	48.0521	13.8986	25.2521	3
4	TZ01474	职能中心	总裁办	总裁办	黄飞驰	男	7A	7	44.9918	10.4548	19.0918	4
5	TZ01547	职能中心	总裁办	总裁办	钱音	男	7A	7	45.2767	18.7767	18.7767	5
6	TZ01602	职能中心	总裁办	总裁办	陈梦蕾	女	6B	6	41.2630	0.7630	18.4630	5
7	TZ01838	职能中心	总裁办	总裁办	钱梅晴	女	6B	6	40.4219	14.9219	14.5219	3
8	TZ02194	职能中心	总裁办	总裁办	陈宏峻	男	6A	6	41.8082	10.3548	15.9082	4
9	TZ01903	职能中心	总裁办	总裁办	郑彭海	男	6A	6	43.8521	0.6425	18.3521	4
10	TZ02467	职能中心	市场部	市场部	赵鸿才	男	5A	5	38.7836	9.9041	15.9836	3
11	TZ03638	职能中心	市场部	市场部	陈港	男	2A	2	32.8192	5.8726	6.9192	4
12	TZ03639	职能中心	市场部	市场部	吴梓涵	女	3B	3	35.4027	7.9822	12.6027	5
13	TZ03640	职能中心	市场部	市场部	李昕	男	2B	2	33.1123	5.6507	10.3123	3
14	TZ03635	职能中心	市场部	市场部	李幼安	女	1A	1	21.0438	0.2836	2.2438	0
15	TZ03643	职能中心	市场部	市场部	夏宿环	女	1B	1	26.7836	4.0425	4.0425	5
16	TZ03637	职能中心	市场部	市场部	黄嘉颖	女	3B	3	34.0082	0.6505	11.2082	4
17	TZ03644	职能中心	市场部	市场部	夏晨华	男	3B	3	35.7205	9.8205	9.8205	4

图 6-1-21　查看数据源

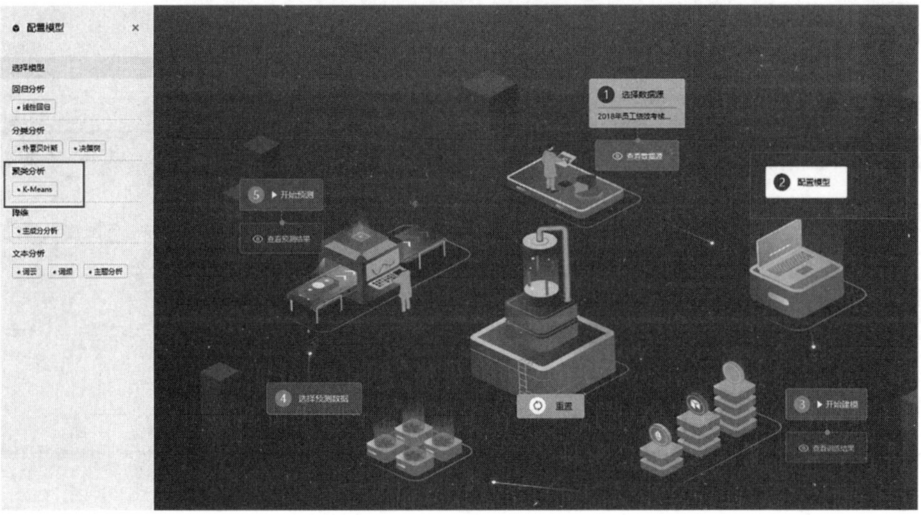

图 6-1-22　配置模型界面

3. 针对聚类算法(k-means)

选取适宜的变量、合适的参数进行聚类分析，要求聚类变量均为数值型变量，这里以变量年龄、司龄、工龄、绩效为例，建立变量年龄、司龄、工龄、绩效的 K-means 算法模型，判断模型是否合适。

点击聚类变量的 + 号，将左侧字段中[年龄][司龄][工龄]和[2022 绩效考核结果]勾选入已选数据，如图 6-1-23 所示。备注：变量必须为数值型变量。

点击【确定】。

聚类个数范围 1—8，如图 6-1-24 所示。

图 6-1-23 选择字段

图 6-1-24 选择聚类个数范围

点击【计算】，如图 6-1-25 所示，按照肘部法则，判断最佳聚类个数计算结果在横坐标 3 的位置，变化趋势最大，判断最佳聚类个数为 3。

输入最佳聚类个数 3，点击【保存】，如图 6-1-26 所示。

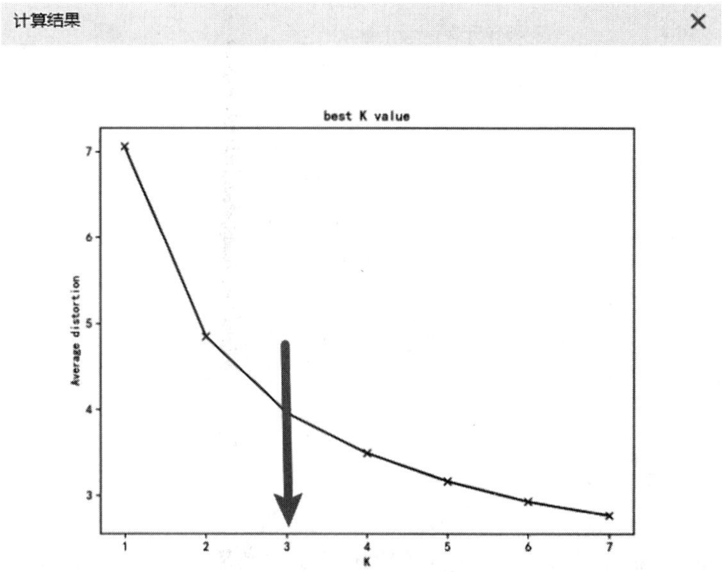

图 6-1-25　计算结果

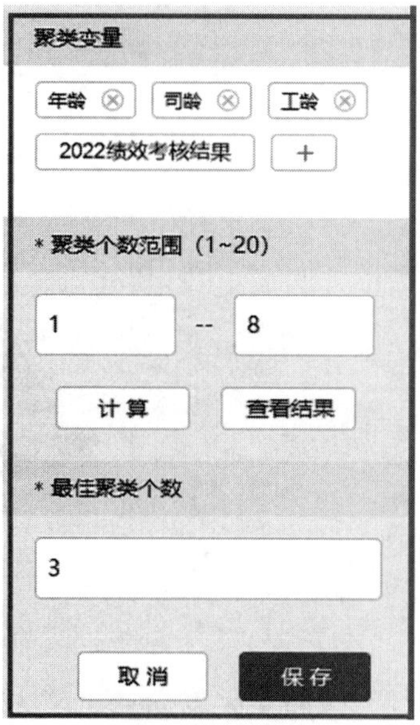

图 6-1-26　设置参数

4. 建立模型、判断聚类结果、优化模型

点击开始建模。

建模成功后，点击查看训练结果。

分析聚类结果，如图 6-1-27 和图 6-1-28 所示。

	聚类1		691
	聚类2		507
	聚类3		285

	年龄	司龄	工龄	2022绩效考核结果	分类
0	54.589	21.3836	31.789	3	2
1	46.8986	17.4904	20.9986	3	2
2	48.0521	13.8986	25.2521	3	2
3	44.9918	10.4548	19.0918	4	2
4	45.2767	18.7767	18.7767	5	2
5	41.263	0.763	18.463	5	2
6	40.4219	14.9219	14.5219	3	2
7	41.8082	10.3548	15.9082	4	2
8	43.8521	0.6425	18.3521	4	2
9	38.7836	9.9041	15.9836	3	2

图 6-1-27　聚类结果 1

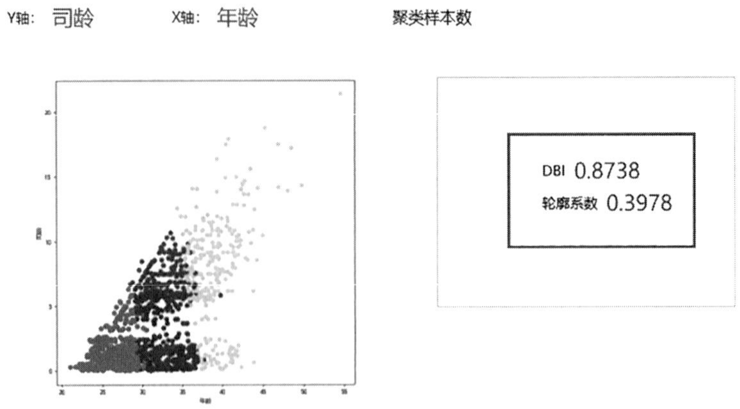

图 6-1-28　聚类结果 2

按照聚类 K-means 算法的判断标准，DBI 系数数值越低聚类效果越具有代表性，轮廓系数越高（接近 1）聚类效果越好，越能代表共同性。

年龄、司龄、工龄、绩效的模型，DBI 为 0.8738 轮廓系数为 0.3978，此时可以依据判断标准，调整参数优化模型。

确定模型后，将聚类结果导出。

将 Excel 表进行调整，将年龄、司龄、工龄、绩效考核的数字格式调整为数值，如图 6-1-29 所示。

备注：同学们还可以聚类分析职级绩效等参数。

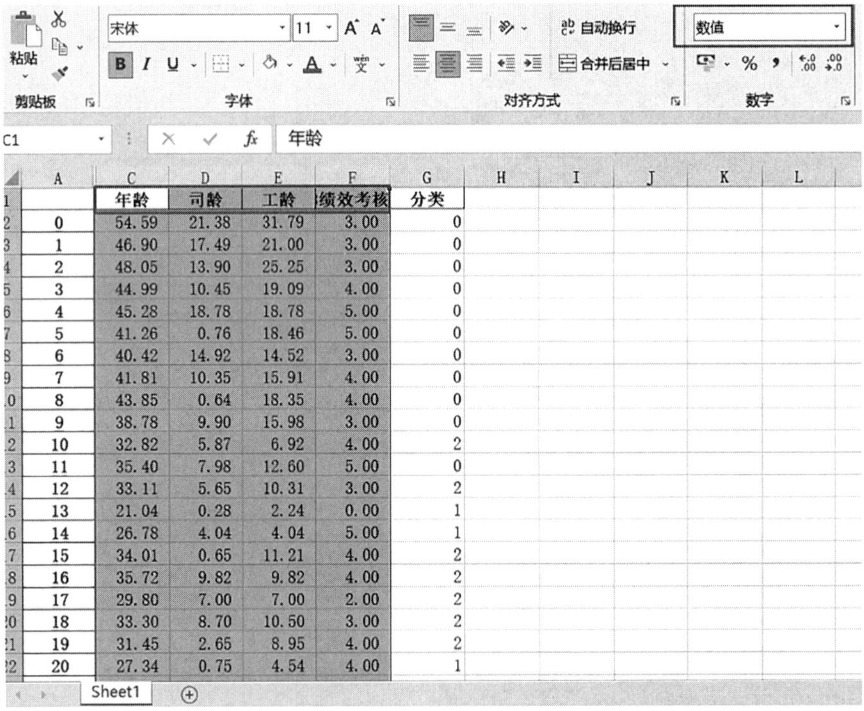

A	年龄	司龄	工龄	绩效考核	分类
0	54.59	21.38	31.79	3.00	0
1	46.90	17.49	21.00	3.00	0
2	48.05	13.90	25.25	3.00	0
3	44.99	10.45	19.09	4.00	0
4	45.28	18.78	18.78	5.00	0
5	41.26	0.76	18.46	5.00	0
6	40.42	14.92	14.52	3.00	0
7	41.81	10.35	15.91	4.00	0
8	43.85	0.64	18.35	4.00	0
9	38.78	9.90	15.98	3.00	0
10	32.82	5.87	6.92	4.00	2
11	35.40	7.98	12.60	5.00	0
12	33.11	5.65	10.31	3.00	2
13	21.04	0.28	2.24	0.00	1
14	26.78	4.04	4.04	5.00	1
15	34.01	0.65	11.21	4.00	2
16	35.72	9.82	9.82	4.00	2
17	29.80	7.00	7.00	2.00	2
18	33.30	8.70	10.50	3.00	2
19	31.45	2.65	8.95	4.00	2
20	27.34	0.75	4.54	4.00	1

图 6-1-29　Excel 数据表

技能训练

1. 依据案例背景，完成对学历、职级的可视化基本分析。
2. 完成不同变量的聚类分析或者不同算法模型、不同变量的分析。

任务2 人才需求画像

任务描述

人才需求画像

一、数据收集—数据爬取

应用 Python 语言程序爬取外部招聘网站新道人才网信息。

二、数据预处理—数据清洗

利用数据清洗工具对大数据相关职位数据进行清洗。

三、数据分析与挖掘—数据挖掘工具练习

练习数据挖掘工具的使用及建模、调整参数及结果解读。

知识准备

线性回归模型参数设置

截距:指回归模型是否有截距项，缺省为 True; 如果设为 False，则在回归模型中不包括截距项。

标准化:指变量的正则化（标准化），采用变量减去均值后，除以 L2 范数。L2 范数是指向量各元素的平方和然后开方（the regressors X will be normalized before regression by）。缺省值为（subtracting the mean and dividing by the 12-norm）False。当截距项选项设为 False 时，此选项无效。

覆盖:指自变量是否复制，缺省为 True，如果设为 False，则自变量会被覆盖。

测试集变量比例:指回归模型机器学习中所用的测试集的比例，缺省值为 25%，这也意味着训练集比例是 75%。

任务流程

一、数据收集—数据爬取

操作流程如下。

(1)双击左侧栏人才需求画像—人才需求画像代码.py,如图 6-2-1 所示。

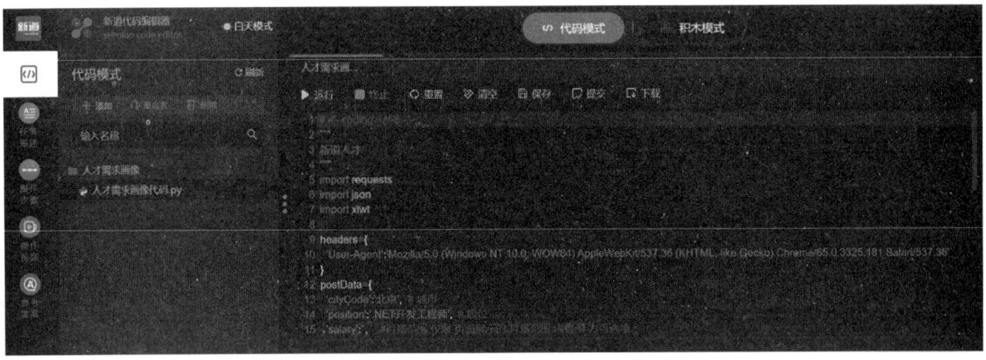

图 6-2-1 选择系统预置代码

(2)代码模式中,找到城市、职位、月薪范围、工作年限、学历、起始页、查询总条数的代码行,如图 6-2-2 所示。

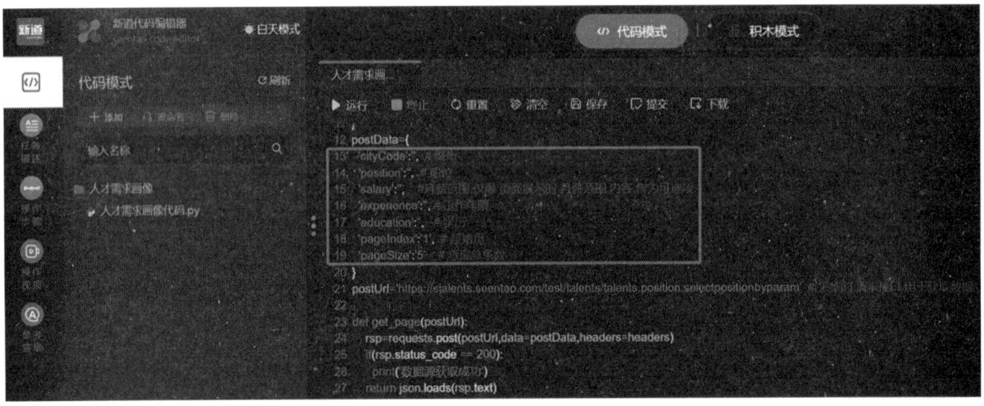

图 6-2-2 查看代码

(3)在相应代码行的单引号里输入具体内容,如图 6-2-3 所示。

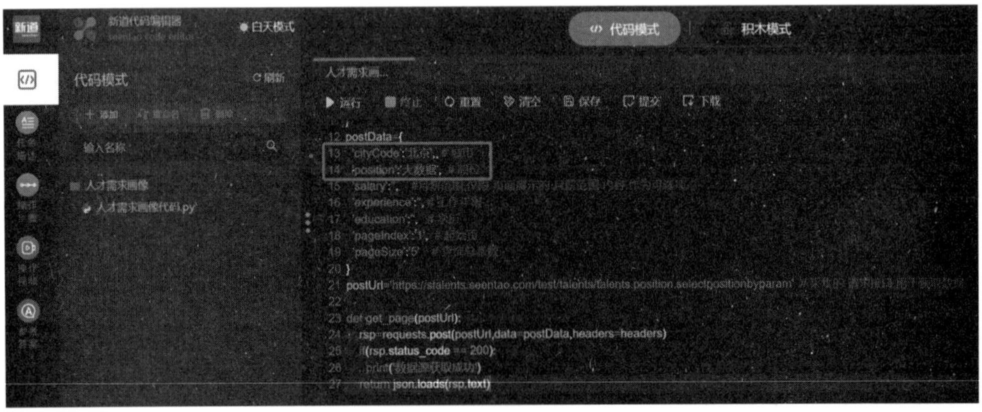

图 6-2-3 输入指标内容

(4) 点击运行，如图 6-2-4 所示。

图 6-2-4　代码运行界面

(5) 运行结束后，在左侧栏下载爬取到的数据，如图 6-2-5 所示。

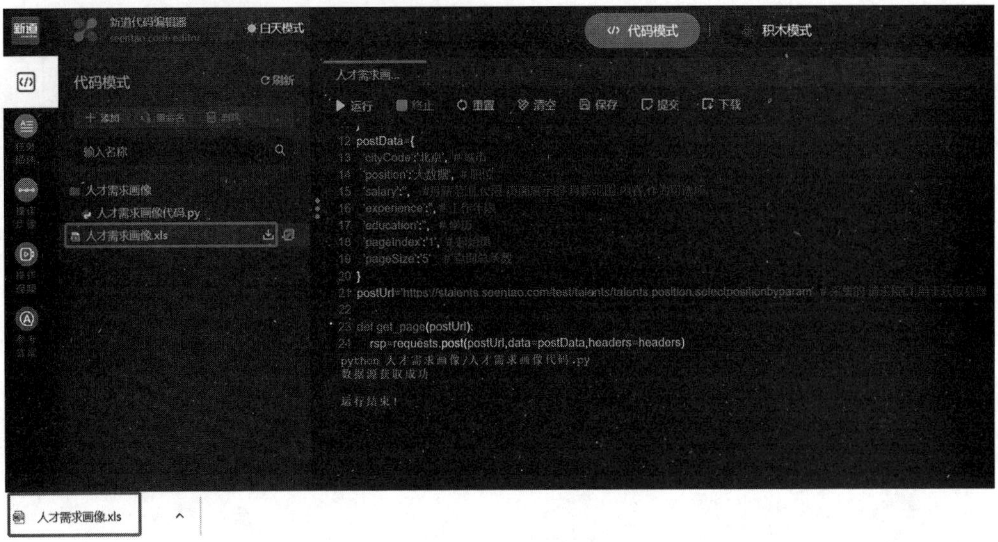

图 6-2-5　下载爬取数据

二、数据预处理—数据清洗

操作流程如下。

(1) 点击【选择数据源】，选择已内置的数据表“大数据开发分析招聘信息 .xlsx”，点击【保存】按钮；如图 6-2-6 所示。

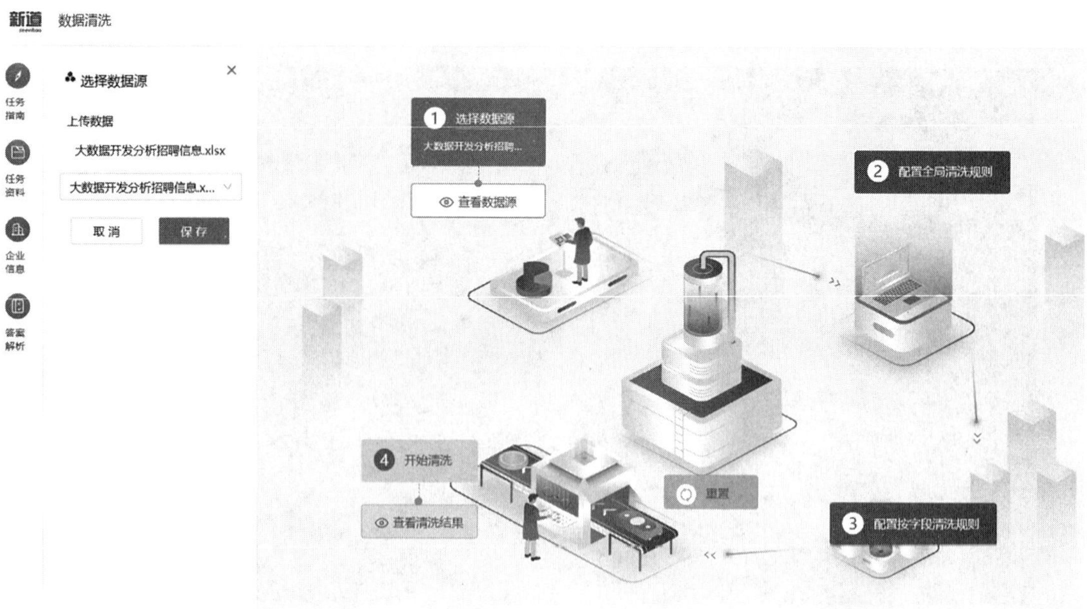

图 6-2-6 选择数据源

(2)点击【查看数据源】,查看数据特征;如图 6-2-7 和图 6-2-8 所示。

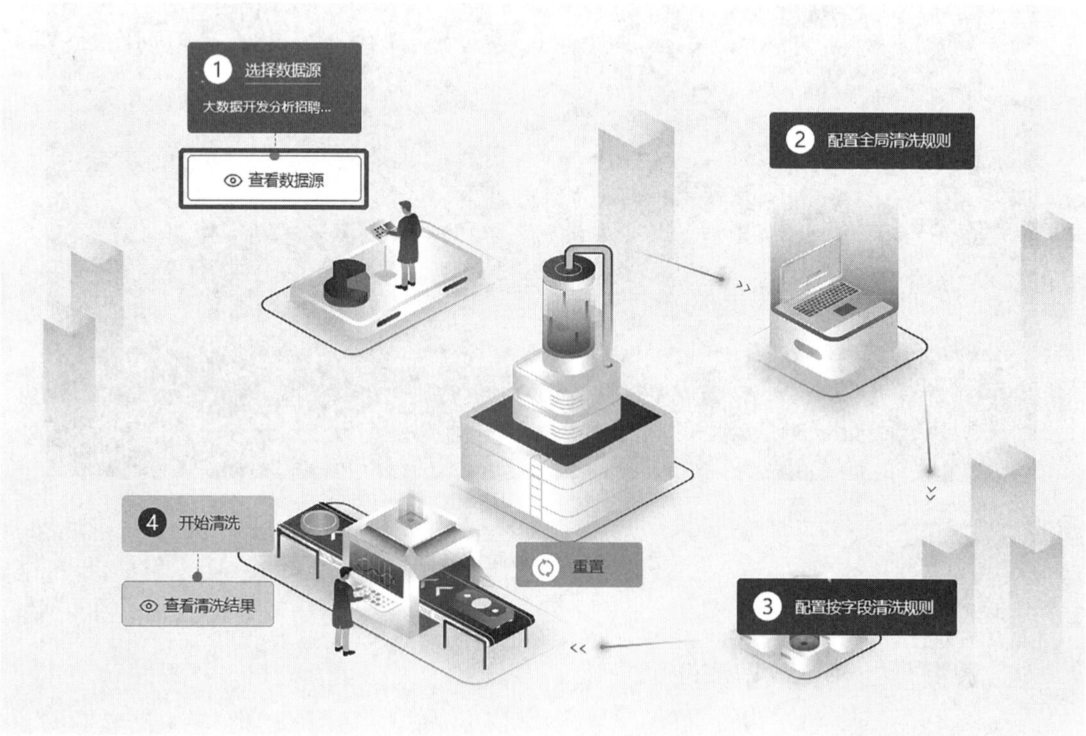

图 6-2-7 查看数据源按钮

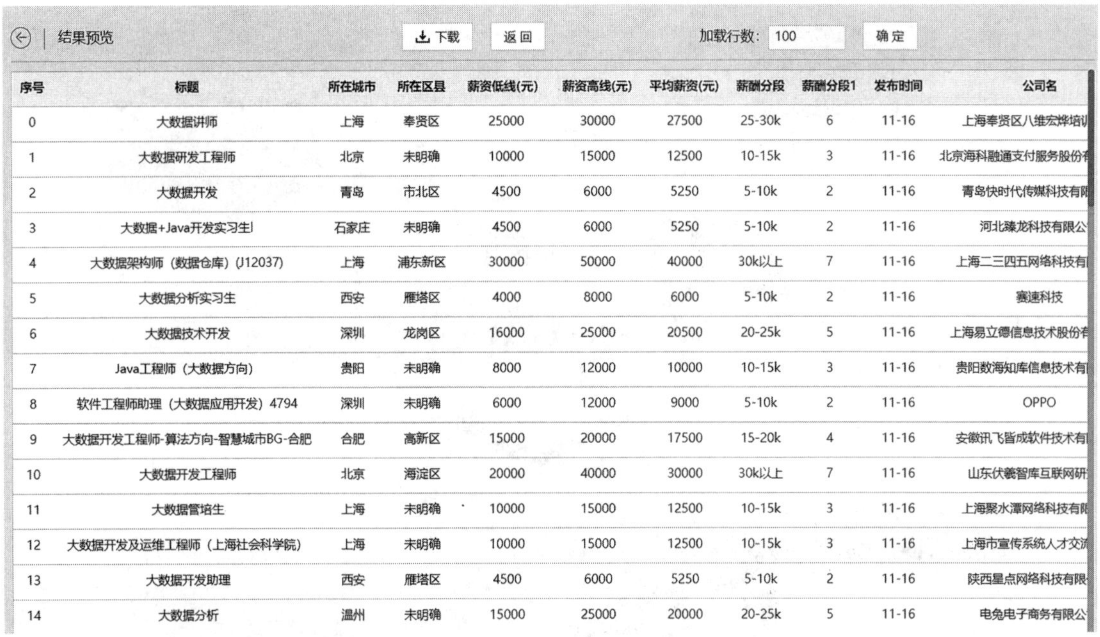

结果预览　下载　返回　加载行数：100　确定

序号	标题	所在城市	所在区县	薪资低线(元)	薪资高线(元)	平均薪资(元)	薪酬分段	薪酬分段1	发布时间	公司名
0	大数据讲师	上海	奉贤区	25000	30000	27500	25-30k	6	11-16	上海奉贤区八维宏烨培训
1	大数据研发工程师	北京	未明确	10000	15000	12500	10-15k	3	11-16	北京海科融通支付服务股份有
2	大数据开发	青岛	市北区	4500	6000	5250	5-10k	2	11-16	青岛快时代传媒科技有限
3	大数据+Java开发实习生l	石家庄	未明确	4500	6000	5250	5-10k	2	11-16	河北臻龙科技有限公
4	大数据架构师（数据仓库）(J12037)	上海	浦东新区	30000	50000	40000	30k以上	7	11-16	上海二三四五网络科技有
5	大数据分析实习生	西安	雁塔区	4000	8000	6000	5-10k	2	11-16	赛速科技
6	大数据技术开发	深圳	龙岗区	16000	25000	20500	20-25k	5	11-16	上海易立德信息技术股份有
7	Java工程师（大数据方向）	贵阳	未明确	8000	12000	10000	10-15k	3	11-16	贵阳数海知库信息技术有
8	软件工程师助理（大数据应用开发）4794	深圳	未明确	6000	12000	9000	5-10k	2	11-16	OPPO
9	大数据开发工程师-算法方向-智慧城市BG-合肥	合肥	高新区	15000	20000	17500	15-20k	4	11-16	安徽讯飞皆成软件技术有
10	大数据开发工程师	北京	海淀区	20000	40000	30000	30k以上	7	11-16	山东伏羲智库互联网研
11	大数据管培生	上海	未明确	10000	15000	12500	10-15k	3	11-16	上海聚水潭网络科技有限
12	大数据开发及运维工程师（上海社会科学院）	上海	未明确	10000	15000	12500	10-15k	3	11-16	上海市宣传系统人才交流
13	大数据开发助理	西安	雁塔区	4500	6000	5250	5-10k	2	11-16	陕西星点网络科技有限
14	大数据分析	温州	未明确	15000	25000	20000	20-25k	5	11-16	电兔电子商务有限公

图 6-2-8　查看数据特征

(3) 点击清洗工具界面上的【配置全局清洗规则】，在左侧出现的菜单中点击字符清理中的【非法字符清理】和【空格清理】，点击【保存】；如图 6-2-9 所示。

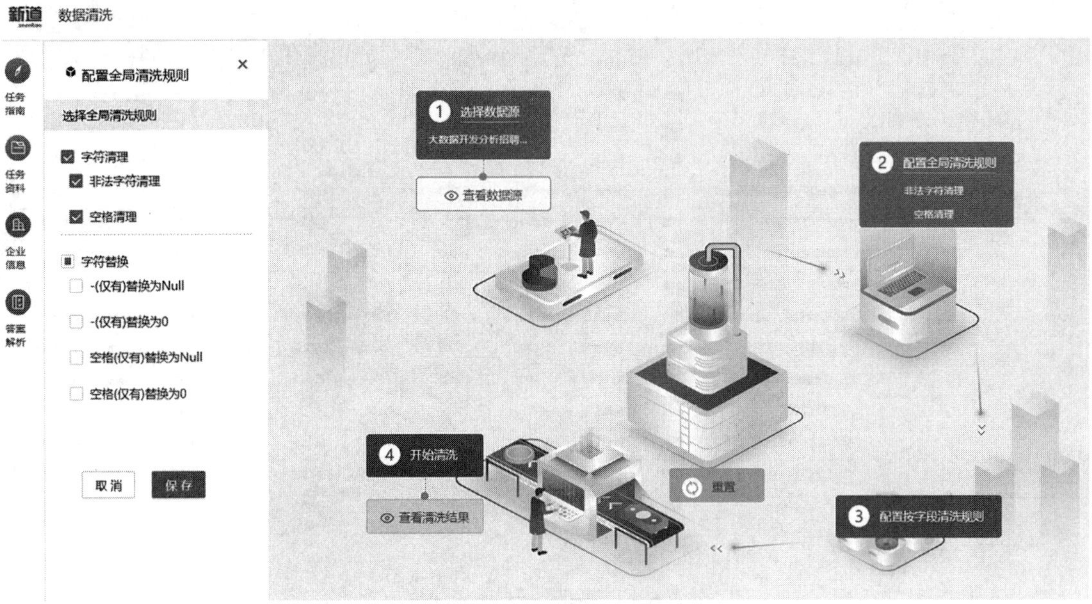

图 6-2-9　配置全局清洗规则

(4) 点击【开始清洗】，进行数据清洗工作；如图 6-2-10 所示。

(5) 清洗完成，点击查看并下载清洗结果。如图 6-2-11 所示。

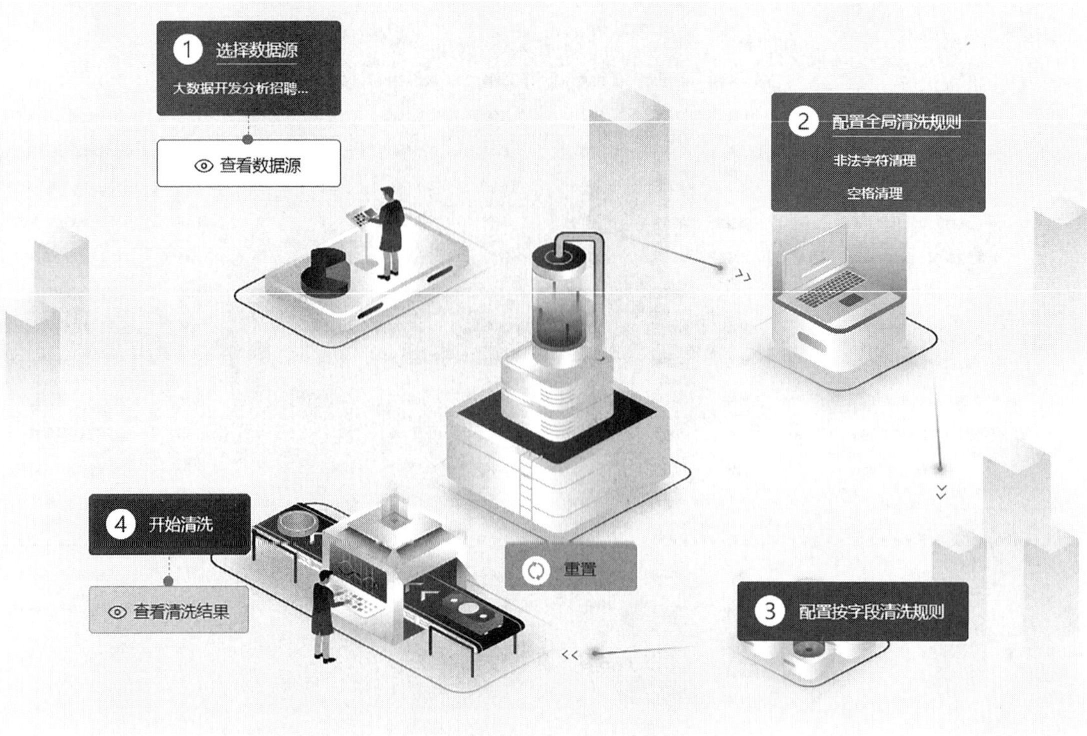

图 6-2-10　开始清洗按钮

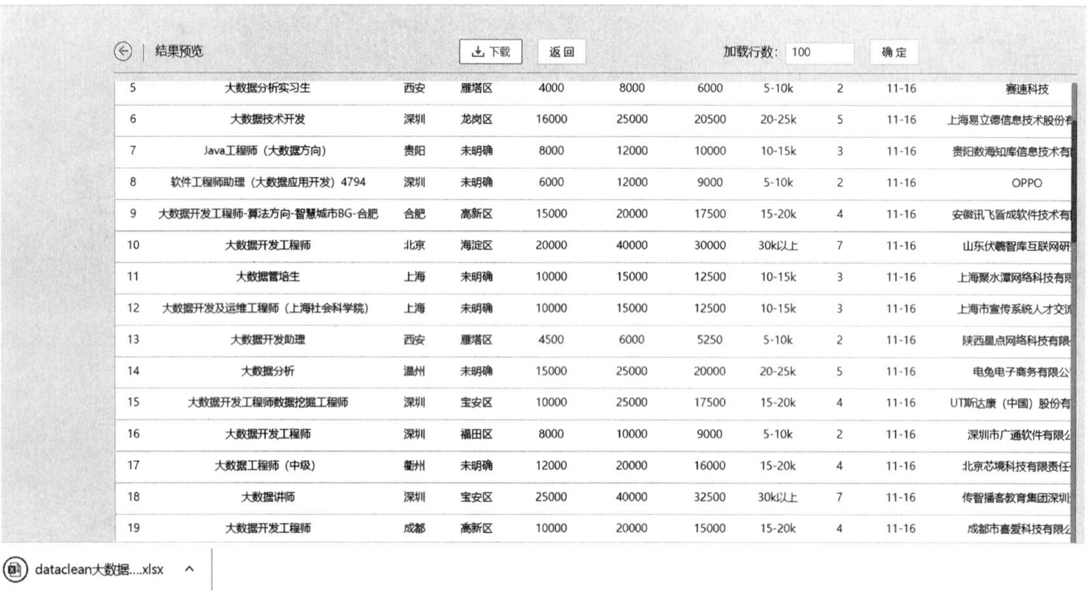

5	大数据分析实习生	西安	雁塔区	4000	8000	6000	5-10k	2	11-16	赛速科技
6	大数据技术开发	深圳	龙岗区	16000	25000	20500	20-25k	5	11-16	上海易立德信息技术股份有
7	Java工程师（大数据方向）	贵阳	未明确	8000	12000	10000	10-15k	3	11-16	贵阳数海知库信息技术有
8	软件工程师助理（大数据应用开发）4794	深圳	未明确	6000	12000	9000	5-10k	2	11-16	OPPO
9	大数据开发工程师-算法方向-智慧城市BG-合肥	合肥	高新区	15000	20000	17500	15-20k	4	11-16	安徽讯飞皆成软件技术有
10	大数据开发工程师	北京	海淀区	20000	40000	30000	30k以上	7	11-16	山东伏羲智库互联网研
11	大数据管培生	上海	未明确	10000	15000	12500	10-15k	3	11-16	上海聚水潭网络科技有限
12	大数据开发及运维工程师（上海社会科学院）	上海	未明确	10000	15000	12500	10-15k	3	11-16	上海市宣传系统人才交流
13	大数据开发助理	西安	雁塔区	4500	6000	5250	5-10k	2	11-16	陕西星点网络科技有限
14	大数据分析	温州	未明确	15000	25000	20000	20-25k	5	11-16	电兔电子商务有限公
15	大数据开发工程师数据挖掘工程师	深圳	宝安区	10000	25000	17500	15-20k	4	11-16	UT斯达康（中国）股份有
16	大数据开发工程师	深圳	福田区	8000	10000	9000	5-10k	2	11-16	深圳市广通软件有限公
17	大数据工程师（中级）	衢州	未明确	12000	20000	16000	15-20k	4	11-16	北京芯境科技有限责任
18	大数据讲师	深圳	宝安区	25000	40000	32500	30k以上	7	11-16	传智播客教育集团深圳
19	大数据开发工程师	成都	高新区	10000	20000	15000	15-20k	4	11-16	成都市喜爱科技有限公

图 6-2-11　查看并下载清洗结果

三、数据分析与挖掘—数据挖掘工具练习

操作流程如下。

(1)点击【选择数据源】,选择“数据挖掘操作示例数据.xlsx”文件,点击【保存】;如图6-2-12所示。

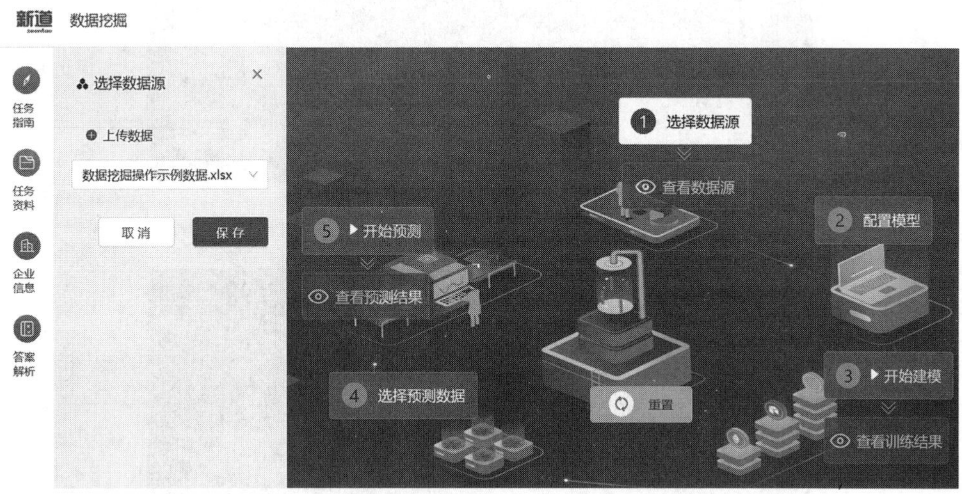

图 6-2-12　选择示例数据文件

(2)在主界面选择“配置模型”,选择“线性回归”模型,依次选择自变量为“年龄、工龄、基本工资”,因变量为“年薪”,点击【保存】;如图6-2-13所示。

图 6-2-13　设置配置模型

(3)点击【训练模型】,开始模型的训练,如图6-2-14和图6-2-15所示。

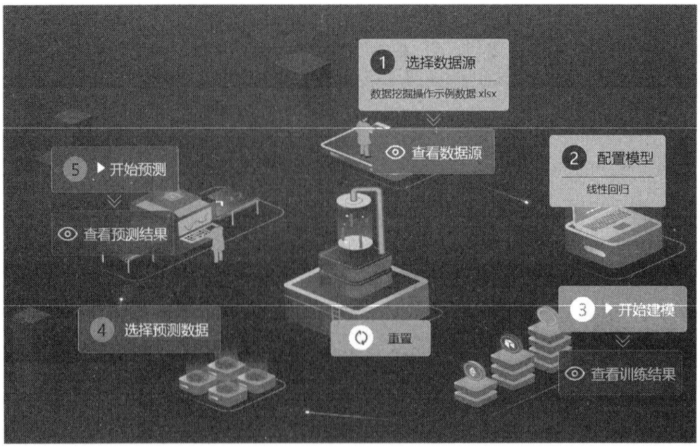

图 6-2-14　开始建模

图 6-2-15　系统依据配置模型自动进行建模

(4)模型训练结束,点击【查看】训练结果,如图 6-2-16 至图 6-2-18 所示。

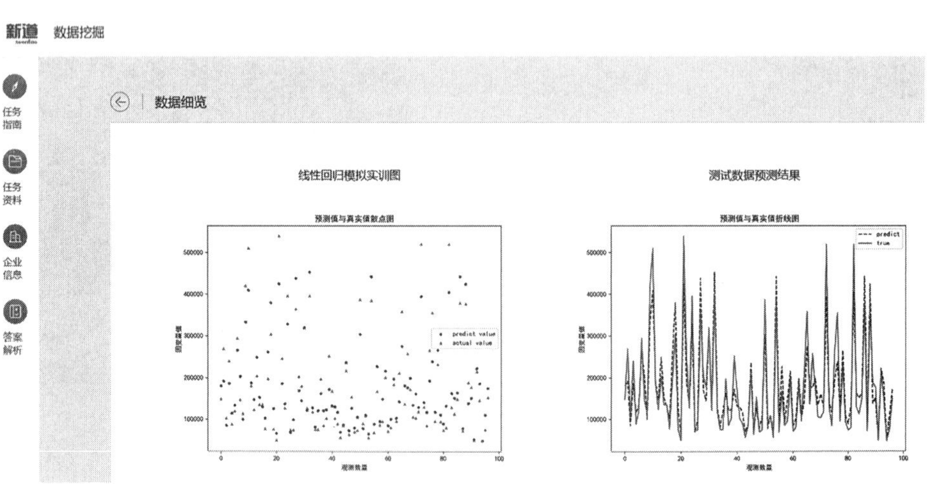

图 6-2-16　训练结果 1

线性回归系数结果

年龄	0.1994
工龄	-0.0450
基本工资	0.8276

图 6-2-17　训练结果 2

测试集预测结果与真实值对比结果（预览）　　导出

	年龄	工龄	基本工资	真实值	预测值
0	30.3	6.89	11392	148100	179825.0177
1	35.1	12.76	11238	269700	191909.8368
2	29.5	5.86	4279	102700	84956.4419
3	38.3	15.59	10004	240100	186117.7247
4	28.5	5.25	6792	88300	114228.9690
5	36.1	21.35	6959	119300	133221.9933
6	34.2	12.59	17162	294200	265607.3591
7	39.4	14.87	10950	146000	203321.9564
8	32.5	9.34	4704	112900	99444.7134
9	39	14.26	21000	420000	333026.8482

数据默认10条，若想查看全部数据，请点击表格右上角导出按钮

截距：0.0000　　自变量个数：3　　因变量个数：1

评估模型

均方误差（MSE）：2197629135.8098　　决定系数（R2）：0.8484

图 6-2-18　训练结果 3

(5)返回主界面，点击【选择预测数据】，选择预置的“预测数据.xlsx”，点击【保存】，如图6-2-19所示。

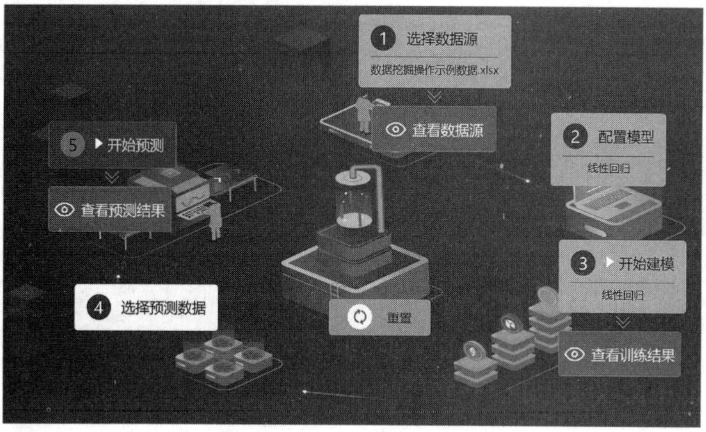

图 6-2-19　选择预测数据

(6)点击主界面【开始预测】，等待预测过程结束，如图6-2-20和图6-2-21所示。

(7)点击【查看预测结果】，点击【下载】可导出数据，如图6-2-22所示。

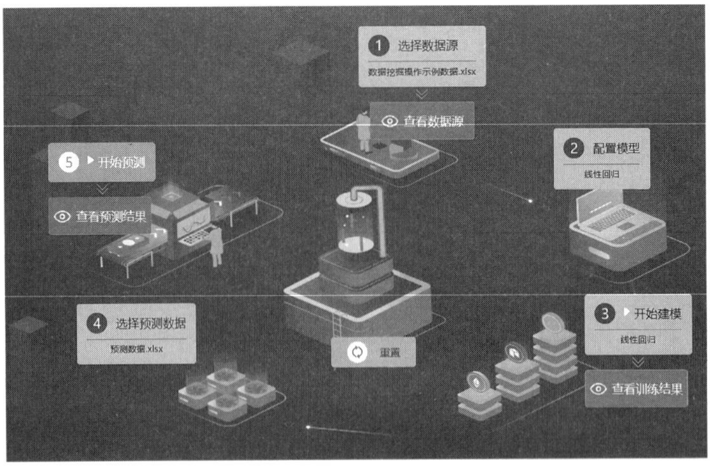

图 6-2-20 点击【开始预测】按钮

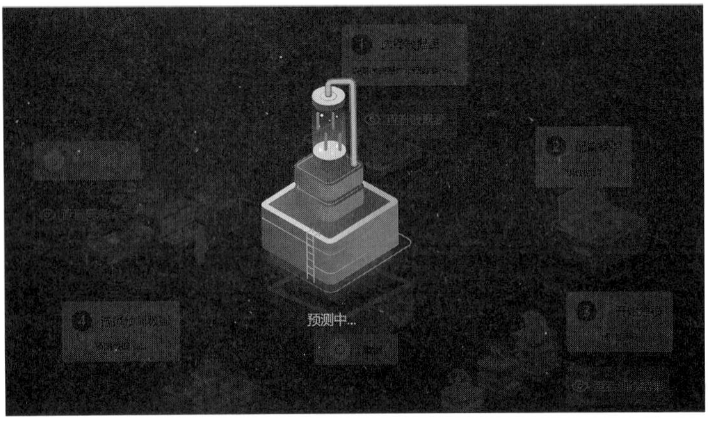

图 6-2-21 系统自动进行预测处理

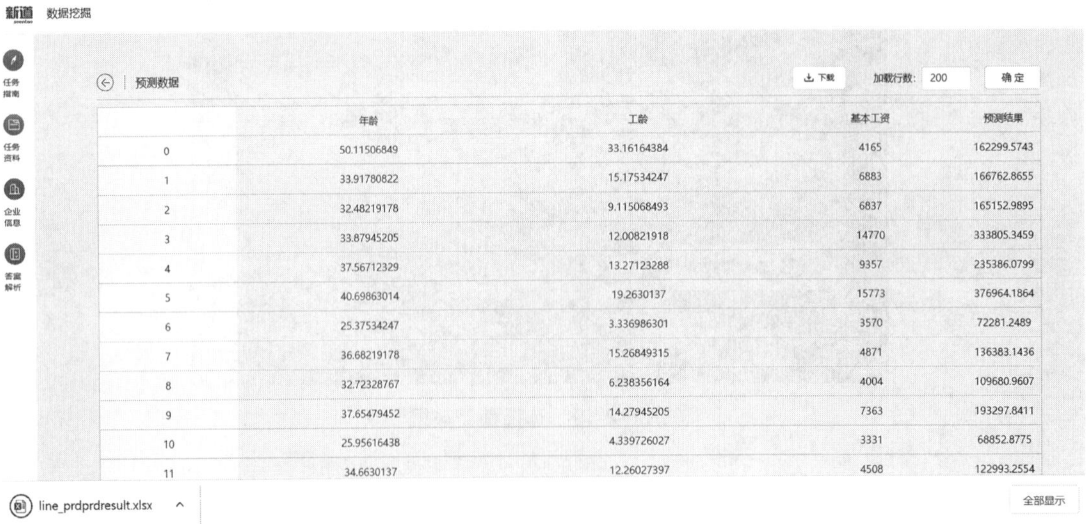

	年龄	工龄	基本工资	预测结果
0	50.11506849	33.16164384	4165	162299.5743
1	33.91780822	15.17534247	6883	166762.8655
2	32.48219178	9.115068493	6837	165152.9895
3	33.87945205	12.00821918	14770	333805.3459
4	37.56712329	13.27123288	9357	235386.0799
5	40.69863014	19.2630137	15773	376964.1864
6	25.37534247	3.336986301	3570	72281.2489
7	36.68219178	15.26849315	4871	136383.1436
8	32.72328767	6.238356164	4004	109680.9607
9	37.65479452	14.27945205	7363	193297.8411
10	25.95616438	4.339726027	3331	68852.8775
11	34.6630137	12.26027397	4508	122993.2554

图 6-2-22 查看、下载预测结果

技能训练

对大数据职位需求企业进行可视化分析和数据挖掘分析。

任务 3　敬业度分析

任务描述

敬业度分析

一、制作数据收集—敬业度调研问卷

利用分析云“填报设计”功能进行敬业度问卷调研制作。

二、掌握数据降维方法，对敬业度数据进行降维分析

利用数据挖掘中降维模型进行敬业度影响因素的降维分析。

三、练习数据挖掘工具的使用及建模、调整参数及结果解读

选择预置数据源对数据挖掘模型进行操作练习。

知识准备

一、因子分析概述

因子分析概述是一种多变量化简技术。目的是分解原始变量，从中归纳出潜在的“类别”，相关性较强的指标归为一类不同类间变量的相关性较低。每一类变量代表了一个“共同因子”，即一种内在结构，因子分析就是要寻找该结构。

二、因子分析目的

探索结构：在变量之间存在高度相关性的时候我们希望用较少的因子来概括信息。

简化数据：把原始变量转化为因子得分后，使用因子得分进行其他分析，比如聚类分析、回归分析等。

综合评价：通过每个因子得分计算出综合得分，对分析对象进行综合评价。

任务流程

一、数据收集—制作敬业度调研问卷

操作流程如下。

(1)点击【开始任务】,进入分析云。

(2)在左侧选择“数据填报”,点击【+创建表单】,填写“表单名称”,选择表单类型“自由表单”,选择“公开”,并确定,如图 6-3-1 所示。

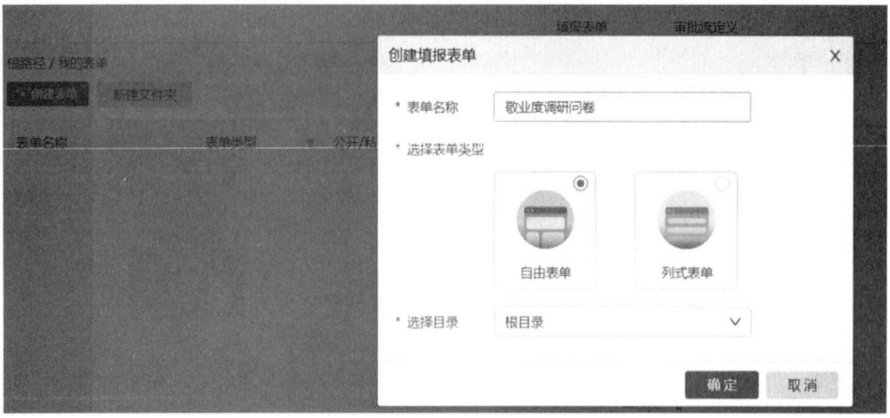

图 6-3-1　设置表单名称、选择表单类型

(3)进入“表单样式”,在“表单标题”内容中输入标题,如图 6-3-2 所示。。

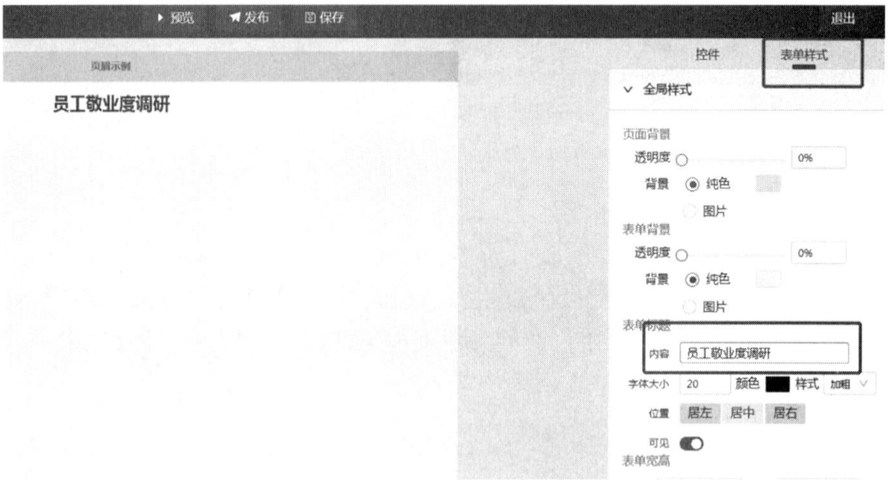

图 6-3-2　设置表单标题

(4)进入“控件”,根据问卷题目类型从“控件仓库”中选择合适的控件,并在“控件属性”中完善该表单格式。

①描述框设置。从“控件仓库”中选择“描述控件”;选择“控件属性”,在“描述设置”里录入该调研问卷的描述性内容如图 6-3-3 所示。

②单选题设置。从“控件仓库”中选择“单选下拉”;在“标题设置”的“标题”栏中输入该调研问题序号以及问题,在“选项设置”中输入各个选择项,“校验设置”中选择“该项必填”如图 6-3-4 所示。

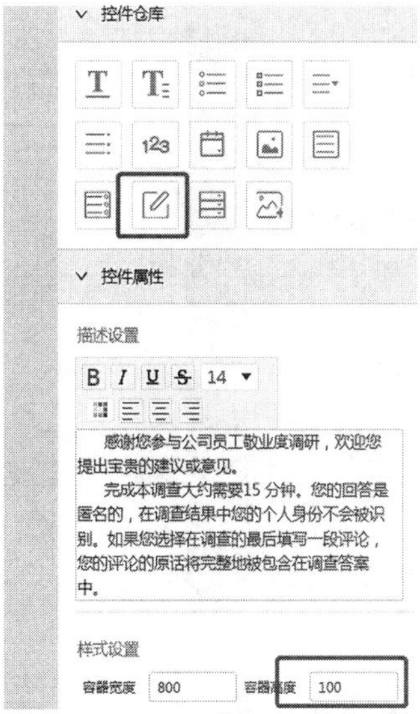

图 6-3-3　设置容器高度

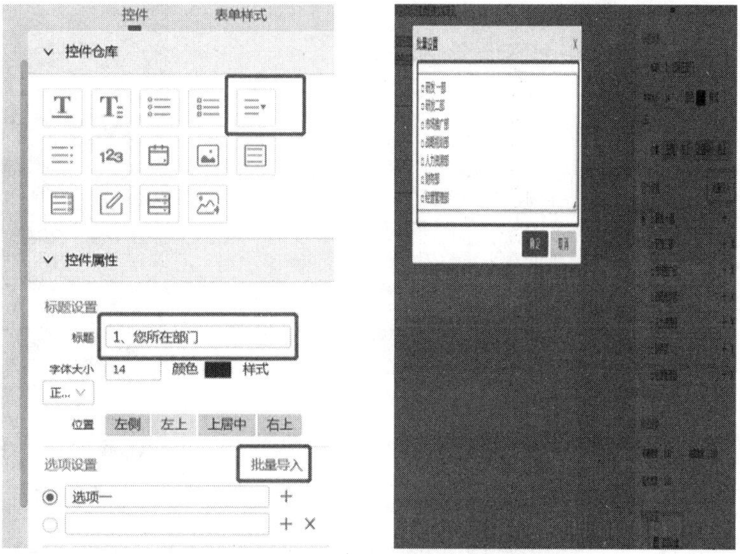

图 6-3-4　设置标题、批量导入选项

③矩形框单选题批量设置。从“控件仓库”中选择“矩形选择”；在“标题设置”的“标题”栏中输入“二、调研问卷”，提示输入“下列问题中选择您认为合适的选项”，如图 6-3-5 所示。

图 6-3-5　选项设置

④在“行标题设置”中批量导入各个调研问题（将 Word 中调研问题批量粘贴即可），如图 6-3-6 所示，在“列标题设置”中输入各个选择项（图 6-3-7），“校验设置”中选择“该项必填”。

⑤将容器高度设置为 1 200，表单样式 - 全局样式高度设置为 1 900，页眉 & 页脚设置为“不可见”，如图 6-3-8 所示。

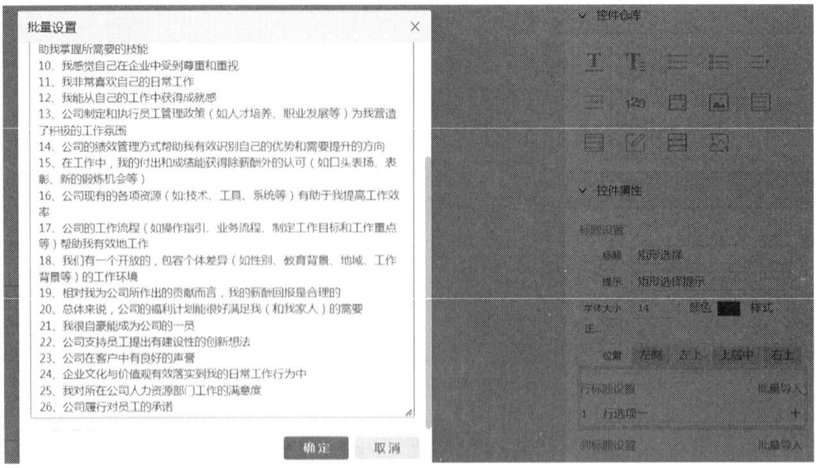
批量设置
助我掌握所需要的技能
10、我感觉自己在企业中受到尊重和重视
11、我非常喜欢自己的日常工作
12、我能从自己的工作中获得成就感
13、公司制定和执行员工管理政策（如人才培养、职业发展等）为我营造了积极的工作氛围
14、公司的绩效管理方式帮助我有效识别自己的优势和需要提升的方向
15、在工作中，我的付出和成绩能获得除薪酬外的认可（如口头表扬、表彰、新的锻炼机会等）
16、公司现有的各项资源（如:技术、工具、系统等）有助于我提高工作效率
17、公司的工作流程（如操作指引、业务流程、制定工作目标和工作重点等）帮助我有效地工作
18、我们有一个开放的，包容个体差异（如性别、教育背景、地域、工作背景等）的工作环境
19、相对我为公司所作出的贡献而言，我的薪酬回报是合理的
20、总体来说，公司的福利计划能很好满足我（和我家人）的需要
21、我很自豪能成为公司的一员
22、公司支持员工提出有建设性的创新想法
23、公司在客户中有良好的声誉
24、企业文化与价值观有效落实到我的日常工作行为中
25、我对所在公司人力资源部门工作的满意度
26、公司履行对员工的承诺
确定
取消
控件仓库
控件属性
行标题设置
批量导入
列标题设置

图 6-3-6　批量导入各个调研问题

批量设置
完全同意
同意
基本同意
略有异议
不同意
完全不同意
确定
取消
26、公司履行对员工的承诺
列标题设置
批量导入
1　列选项一
默认值设置
1、如果有机会，我将向公...
2、我不会轻易离开公司
3、公司能够激励我每天尽...

图 6-3-7　列标题设置

样式设置
容器宽度
800
容器高度
1200
组件宽度
780
可见
表单宽高
宽度
800
高度
1900
页眉&页脚
页眉文字
内容
页眉示例
字体大小
12
颜色
样式
加粗
位置
居左
居中
居右
可见
页眉背景
页眉高度
35
透明度
0%
背景
纯色
图片
页脚文字
内容
页脚示例
字体大小
12
颜色
样式
加粗
位置
居左
居中
居右
可见

图 6-3-8　设置表单参数

⑥填报完毕所有调研问题后，先“预览”，完善后点击【保存】，并“发布”，如图 6-3-9 所示。

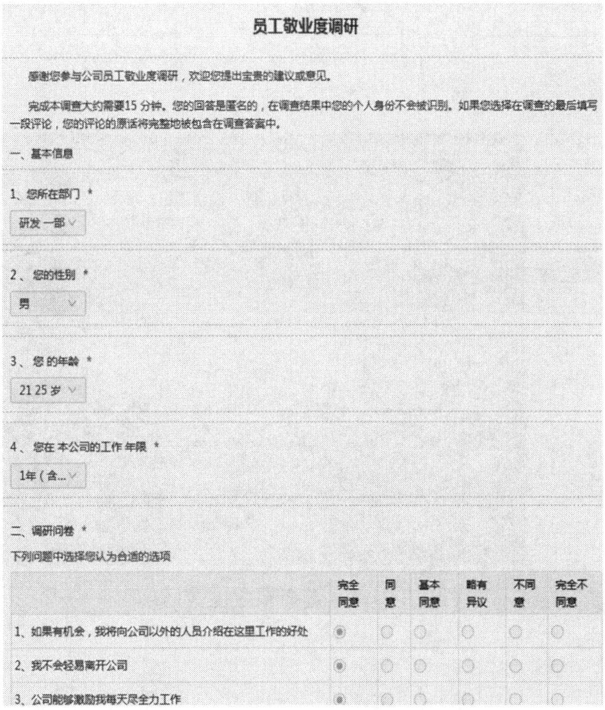

图 6-3-9　预览、保存、发布制作好的问卷

二、掌握数据降维方法，对敬业度数据进行降维分析

操作流程如下。

(1) 点击【开始任务】，进入“数据挖掘工具”界面，如图 6-3-10 所示。

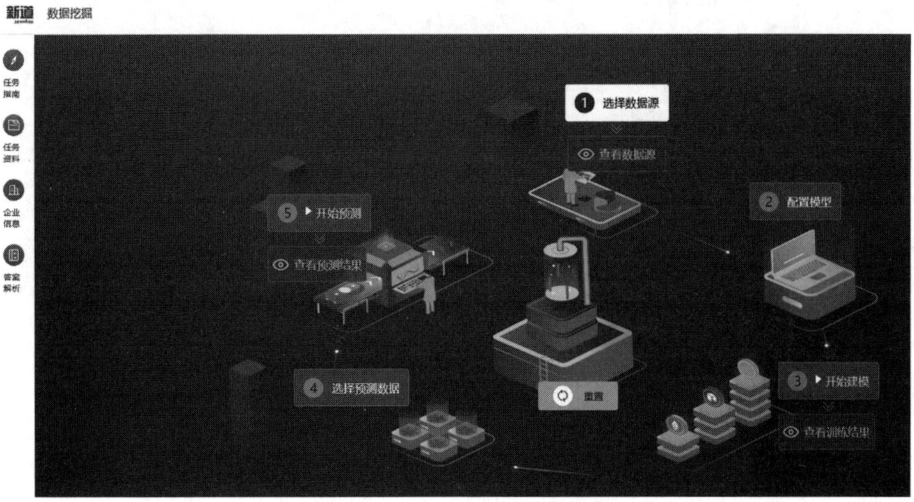

图 6-3-10　数据挖掘工具界面

(2)数据源选择“敬业度数据”(图 6-3-11),配置模型选择“降维”,选择“需降维变量”,选择“varimax 正交旋转”因子旋转方法,逐步尝试不同的“因子个数”(从 1 到 N),点击【保存】,并开始建模,如图 6-3-12 至图 6-3-14 所示。

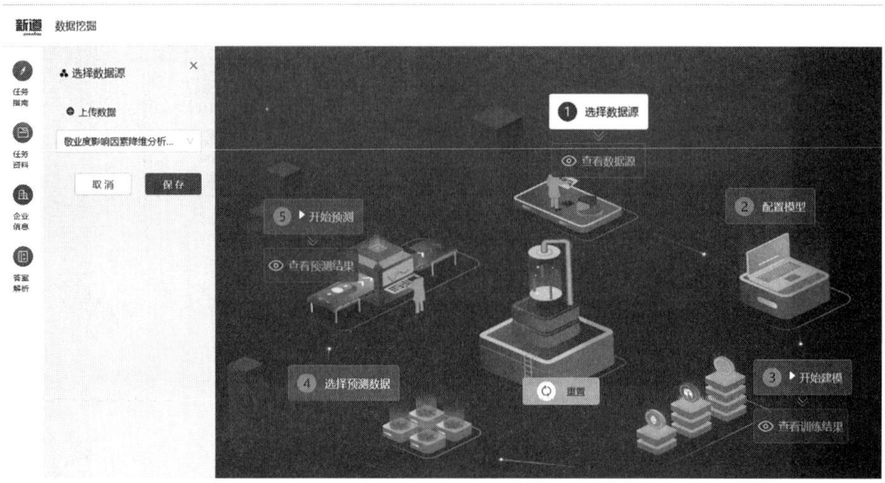

图 6-3-11 选择敬业度数据

图 6-3-12 设置配置模型

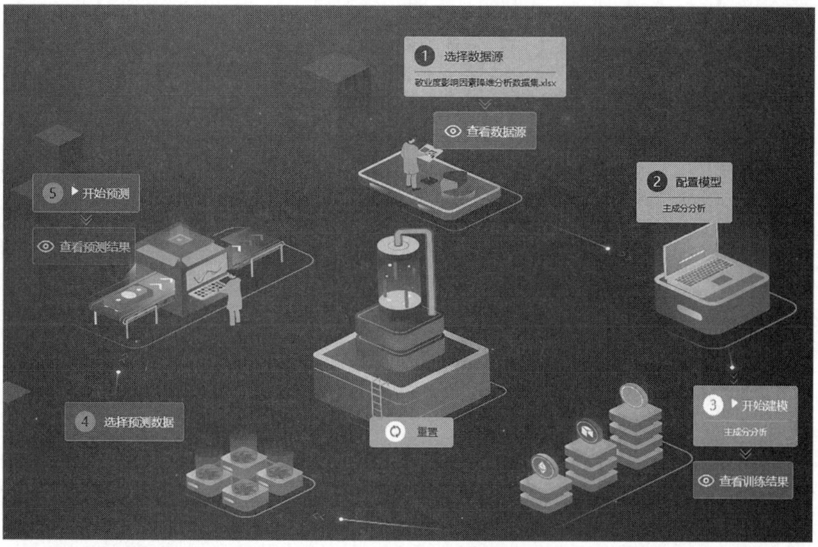

图 6-3-13　开始建模

图 6-3-14　系统根据配置模型自动进行建模

(3)首先检查 KMO 检验结果，以及切比雪夫关联卡方的显著性。

(4)若 KMO 检验结果与切比雪夫关联卡方的显著性不符合适用条件，请重新选择“因子个数”;若符合以上条件，请继续下步操作。

(5)查看每次计算的“因子个数 N”的“解释的总方差”中最高“Cumulative Var”值，当因子 N 减去因子 N-1 个的“Cumulative Var”值边际增量最高时，N 就是最合适因子个数。

(6)导出“最终结果”的 Excel 表格。查看训练结果见图 6-3-15 所示。

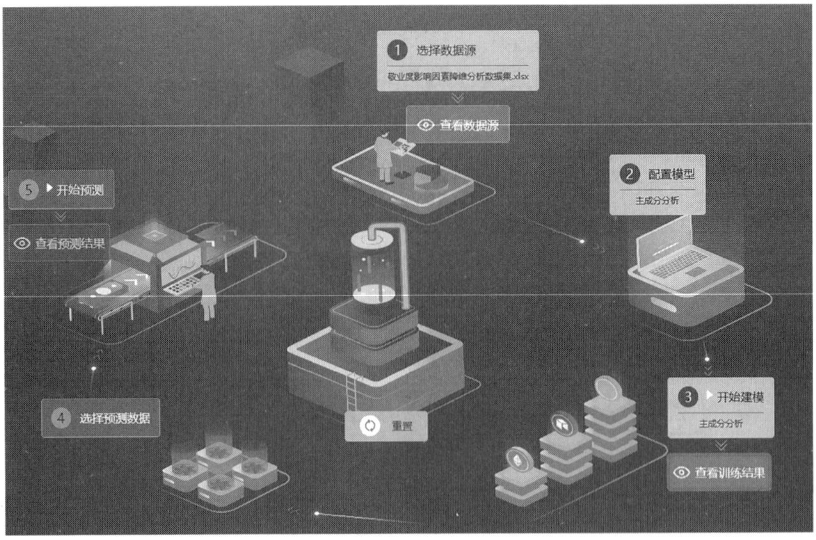

图 6-3-15　查看训练结果

三、练习数据挖掘工具的使用及建模、调整参数及结果解读

操作流程如下。

(1)点击【选择数据源】,选择“数据挖掘操作示例数据.xlsx”文件,点击【保存】,如图 6-3-16 所示。

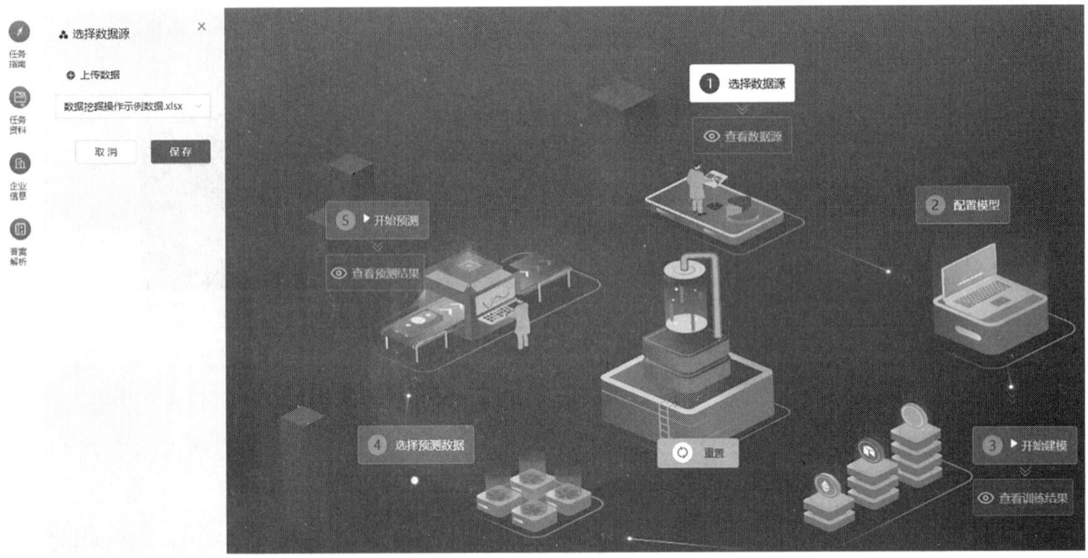

图 6-3-16　选择数据源

(2)在主界面选择“配置模型”,选择“线性回归”模型,依次选择自变量为“年龄、工龄、基本工资”,因变量为“年薪”,点击【保存】,如图 6-3-17 所示。

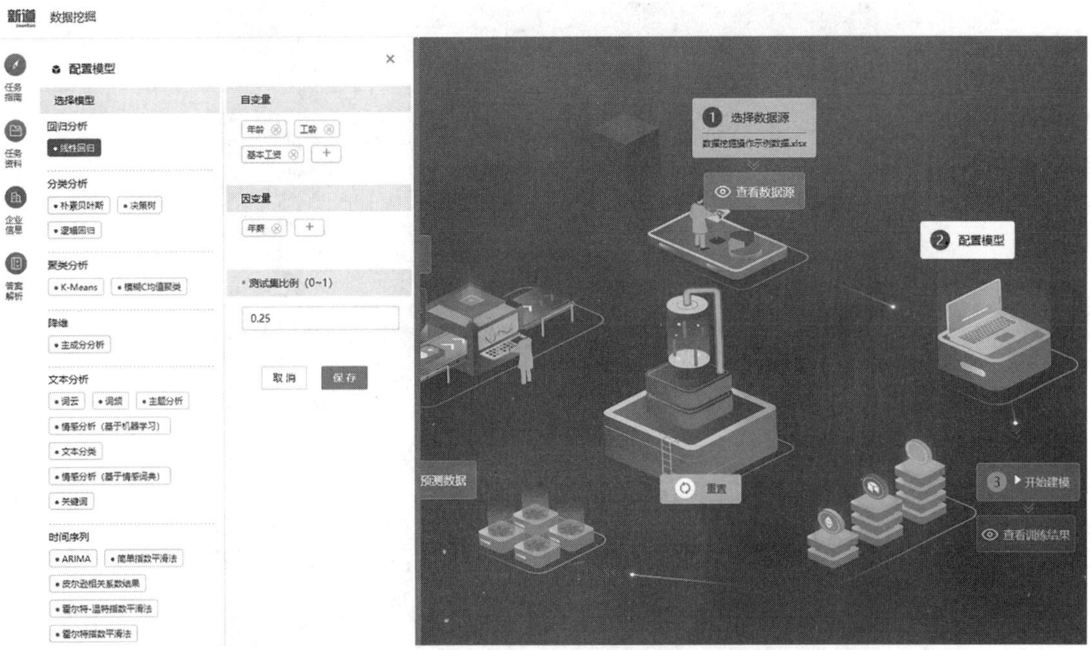

图 6-3-17　配置模型

(3) 点击【训练模型】,开始模型的训练,如图 6-3-18 和图 6-3-19 所示。

(4) 模型训练结束,点击查看【训练结果】,如图 6-3-20 所示。

(5) 返回主界面,点击【选择预测数据源】,选择预置的" 预测数据 .xlsx",点击【保存】,如图 6-3-21 所示。

(6) 点击主界面【开始预测】,等待预测过程结束,如图 6-3-22 和图 6-3-23 所示。

(7) 点击【查看预测结果】,点击【下载】可导出数据,如图 6-3-24 和图 6-3-25 所示。

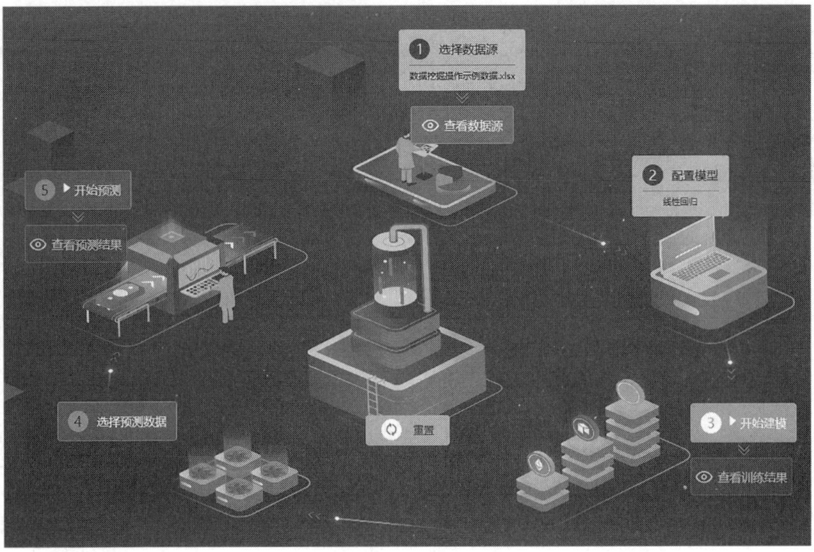

图 6-3-18　开始建模

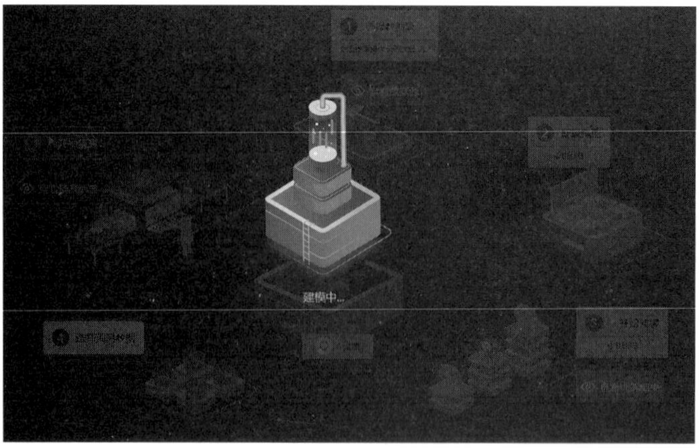

图 6-3-19　系统自动进行建模

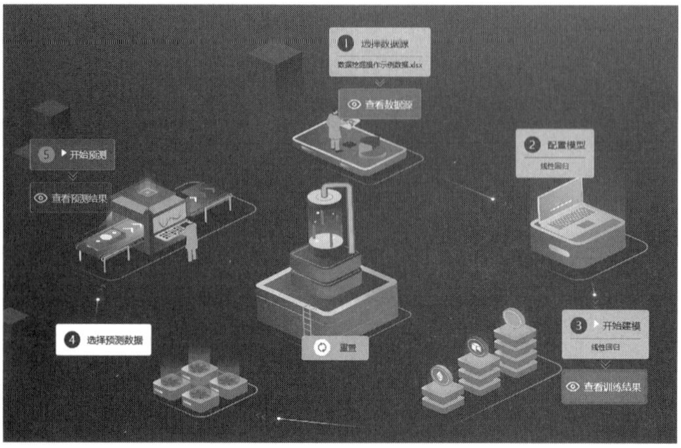

图 6-3-20　查看训练结果

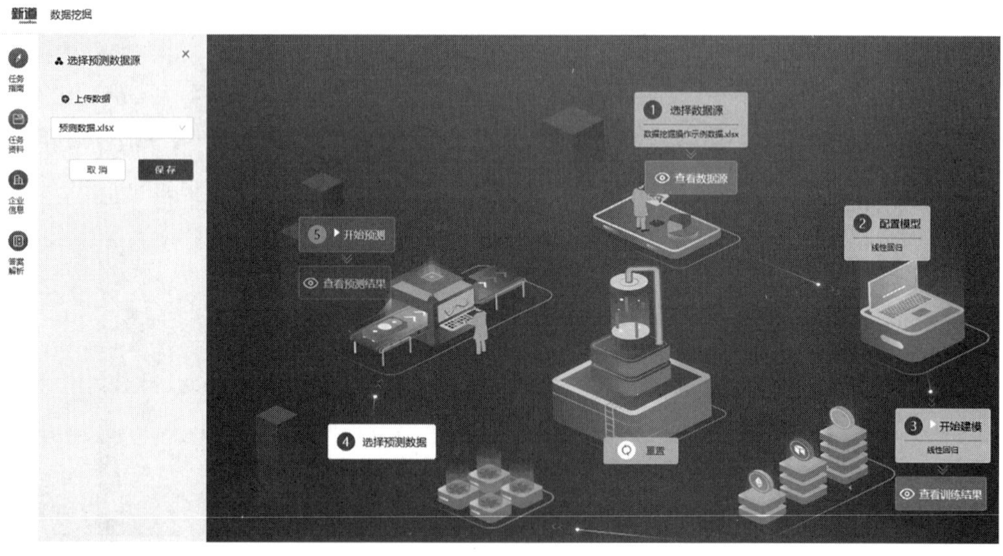

图 6-3-21　选择预测数据

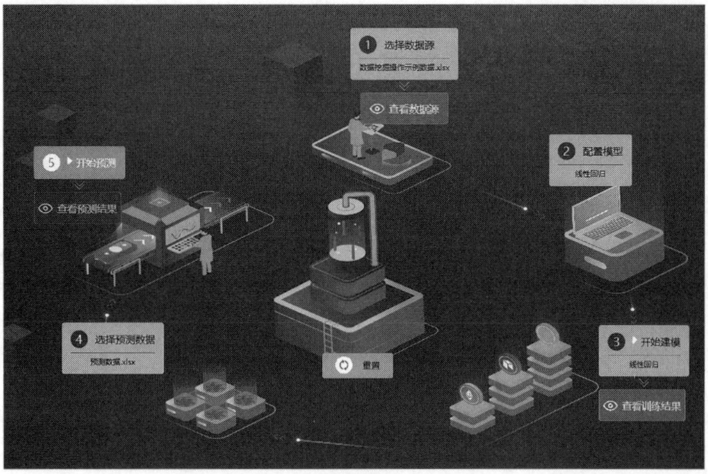

图 6-3-22　点击开始预测

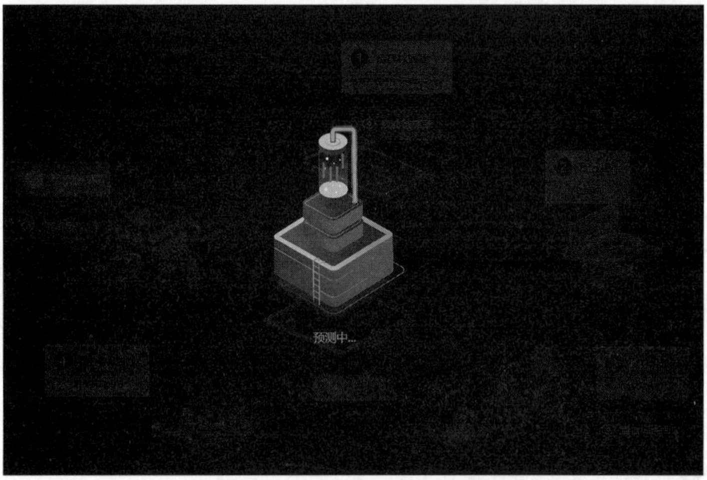

图 6-3-23　系统自动进行预测

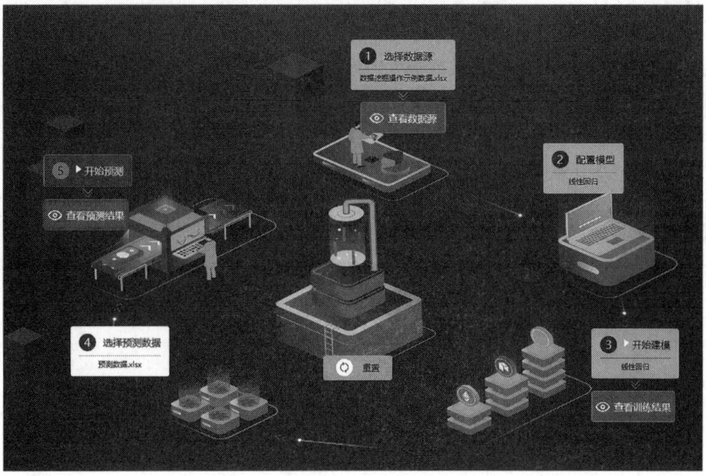

图 6-3-24　查看预测结果

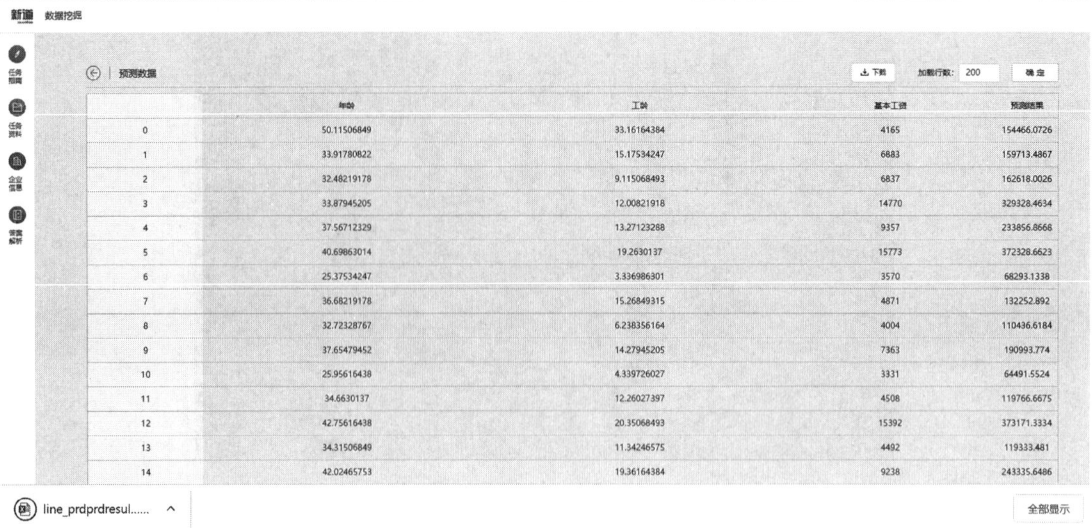

	年龄	工龄	基本工资	预测结果
0	50.11506849	33.16164384	4165	154466.0726
1	33.91780822	15.17534247	6883	159713.4867
2	32.48219178	9.115068493	6837	162618.0026
3	33.87945205	12.00821918	14770	329328.4634
4	37.56712329	13.27123288	9357	233856.8668
5	40.69863014	19.2630137	15773	372328.6623
6	25.37534247	3.336986301	3570	68293.1338
7	36.68219178	15.26849315	4871	132252.892
8	32.72328767	6.238356164	4004	110436.6184
9	37.65479452	14.27945205	7363	190993.774
10	25.95616438	4.339726027	3331	64491.5524
11	34.6630137	12.26027397	4508	119766.6675
12	42.75616438	20.35068493	15392	373171.3334
13	34.31506849	11.34246575	4492	119333.481
14	42.02465753	19.36164384	9238	243335.6486

图 6-3-25　查看、下载预测结果

技能训练

对敬业度影响因素进行回归分析。

任务 4　薪酬评估

任务描述

一、数据收集 /Python 薪酬数据爬取

阅读《市场薪酬数据爬取》，掌握市场薪酬数据爬取的方法，利用 Python 代码编辑器爬取一个岗位的市场薪酬数据。

薪酬评估

二、数据预处理 / 薪酬满意度调查数据预处理

学习《薪酬满意度数据预处理要点》，将数据进行替换、填补处理。

三、数据分析与挖掘 / 薪酬满意度分析

结合案例数据进行薪酬满意度分析。

知识准备

一、缺失值处理

如数据量较大，可将缺失值删除。

如一条记录只是部分数值缺省，可以用平均值进行填补。

二、数据转化

如原有选择均为 5 分量表，则观察是否具备分值一致性，如 1 分均表示负性评价，5 分表示正性评价。如不是，则将 5-4-3-2-1 替换为 1-2-3-4-5。

三、多选题结果转化

可将多选题的每个选项转化为一项，并赋予相应的分值。

四、关注极端数据

极端数据可能是误填或不认真作答，可手工标注：如对结果影响较大，建议删除。

任务流程

一、数据收集 /Python 薪酬数据爬取

操作流程如下。

爬取新道人才网的数据。

(1) 双击左侧栏薪酬评估——薪酬评估代码 .py（图 6-4-1）。

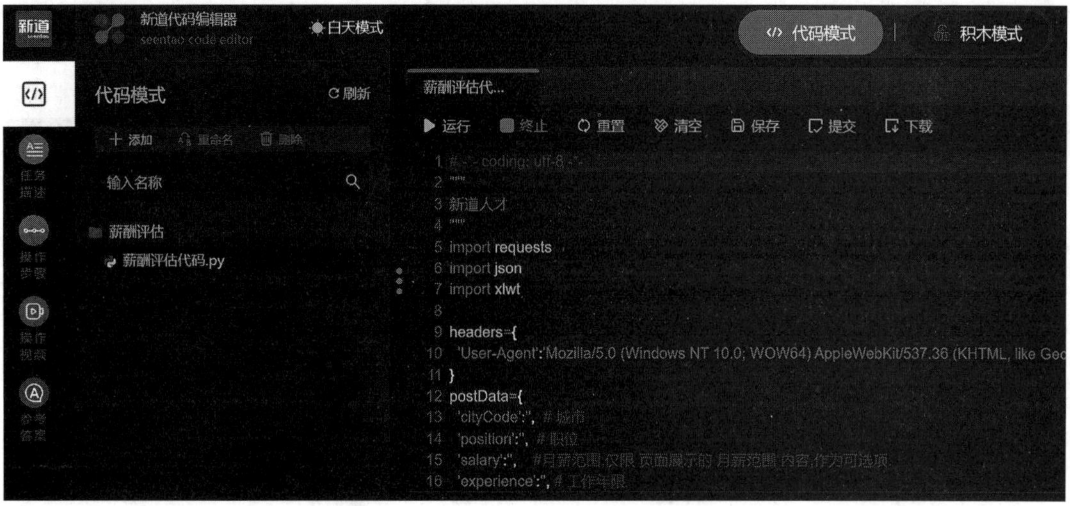

图 6-4-1　选择薪酬评价代码 .py 文件

(2)代码模式中,找到城市、职位、月薪范围、工作年限、学历、起始页、查询总条数的代码行(图 6-4-2)。

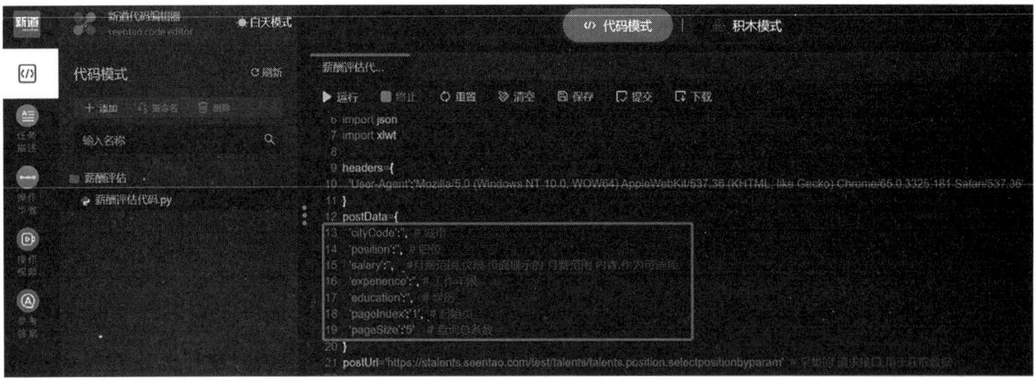

图 6-4-2　查看预置代码

(3)在相应代码行的单引号里输入具体内容(图 6-4-3)。

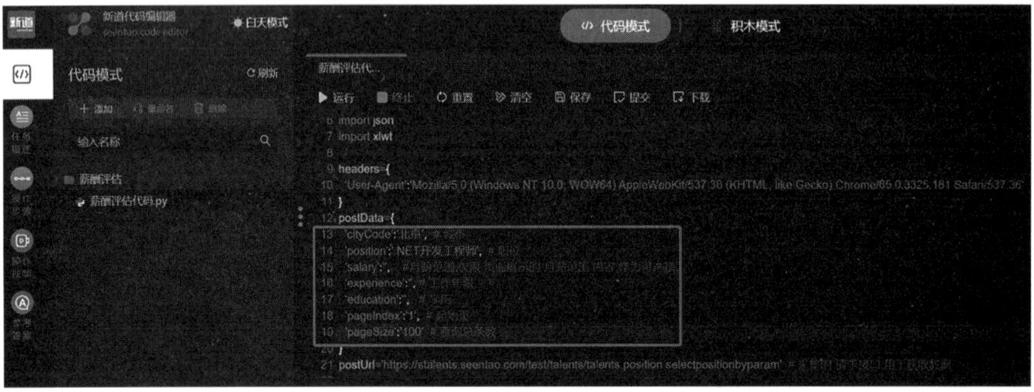

图 6-4-3　进行代码编辑

(4)点击【运行】(图 6-4-4)。

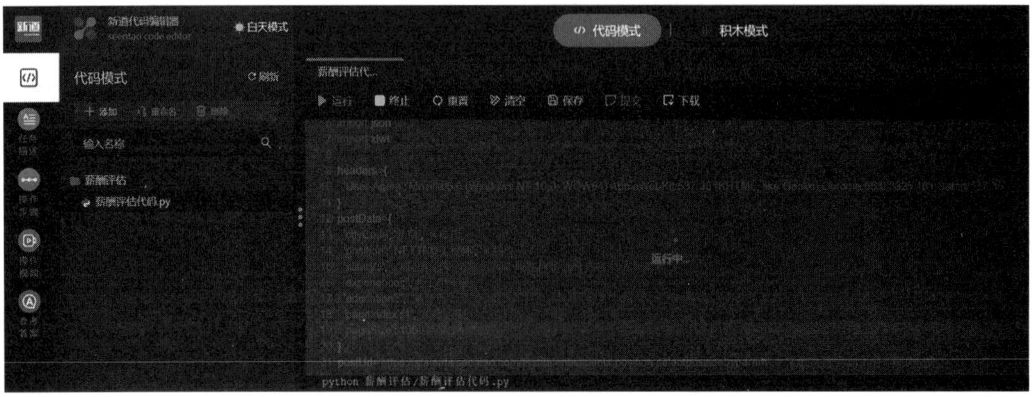

图 6-4-4　运行代码

(5)运行结束后,在左侧栏下载爬取到的数据(图 6-4-5)。

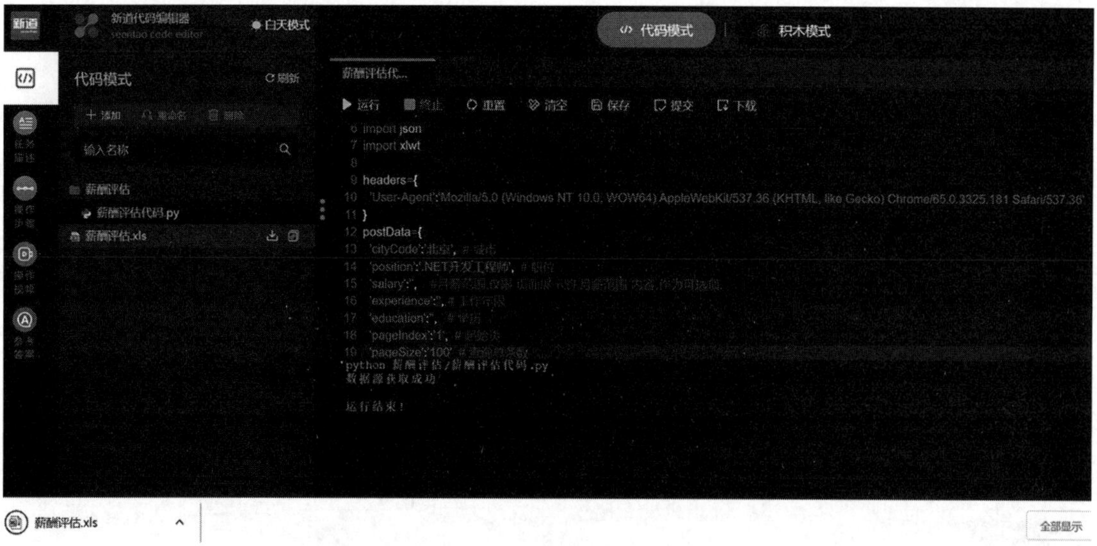

图 6-4-5　运行结束、下载结果

二、数据预处理 / 薪酬满意度调查数据预处理

操作流程如下。

(1)点击【选择数据源】,选择已内置的数据表“薪酬满意度调查数据表.xlsx”,点击【保存】按钮(图 6-4-6)。

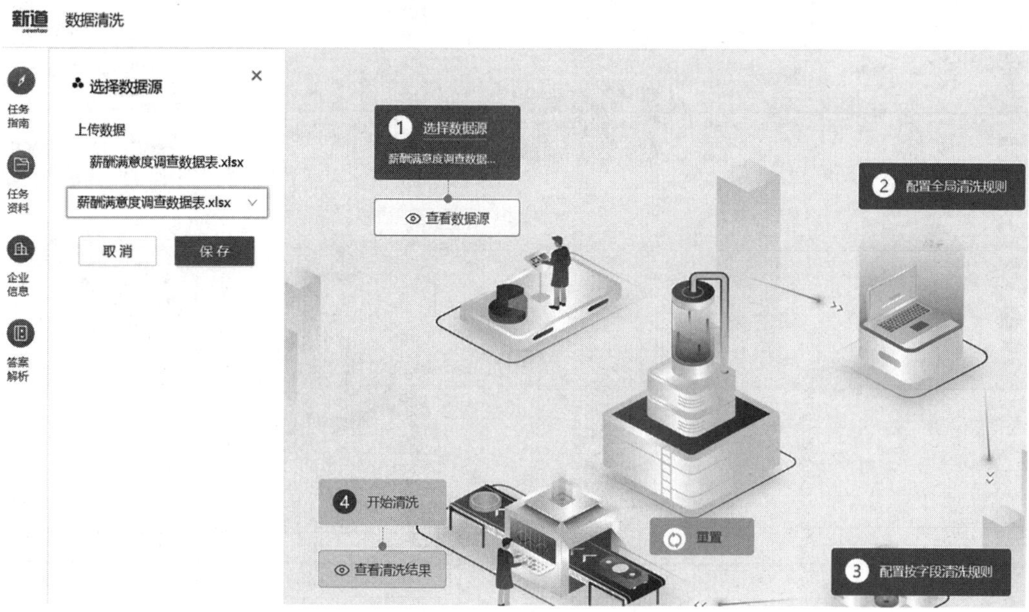

图 6-4-6　选择数据源

(2)点击【查看数据源】,查看数据特征,找到有缺失值的字段(图 6-4-7)。

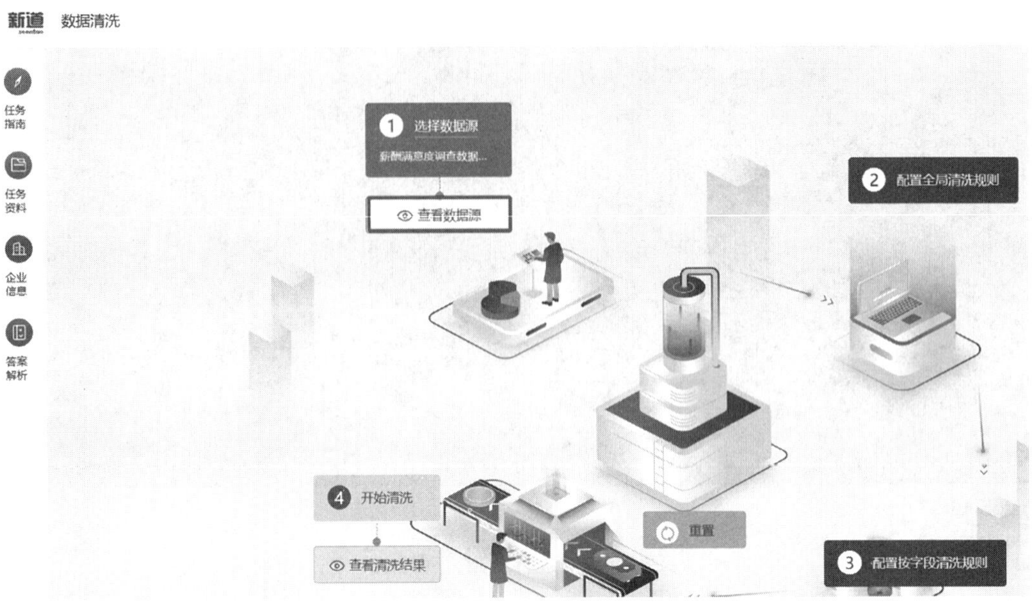

图 6-4-7 查看数据源

(3)点击清洗工具界面上的【配置按字段清洗规则】,在左侧出现的菜单中点击添加规则中的【缺失值填补】点击加号,选择需要填补缺失值的字段,选择填补方法为中位数填补,点击【保存】(图 6-4-8)。

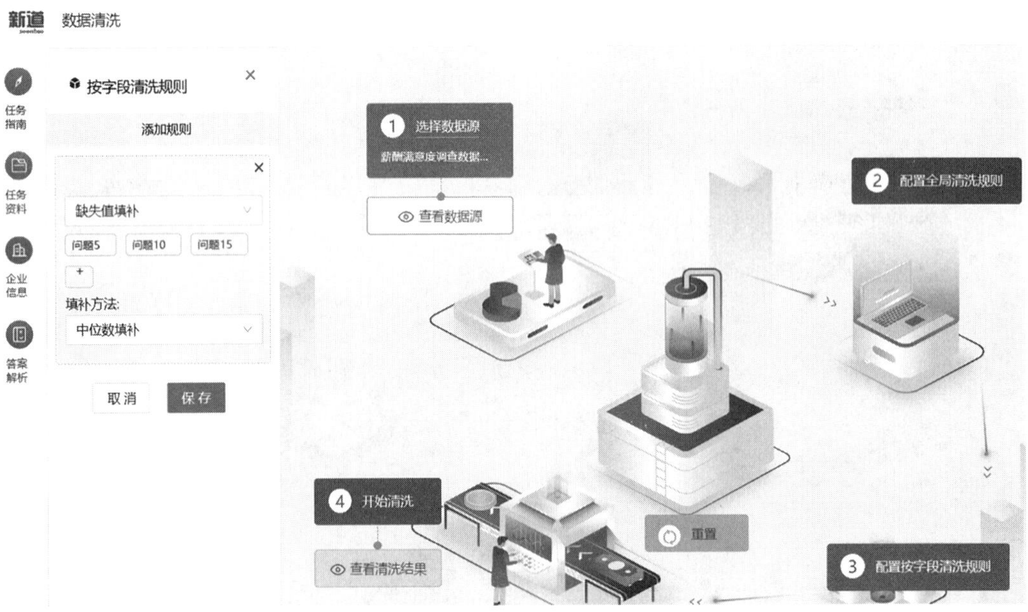

图 6-4-8 配置按字段清洗规则

(4)点击【开始清洗】,进行数据清洗工作(图 6-4-9,图 6-4-10)。

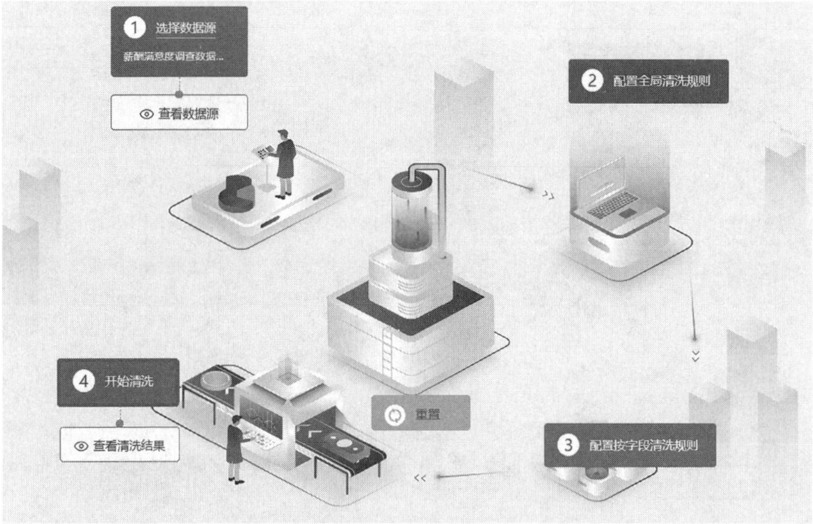

图 6-4-9　点击【开始清洗】按钮

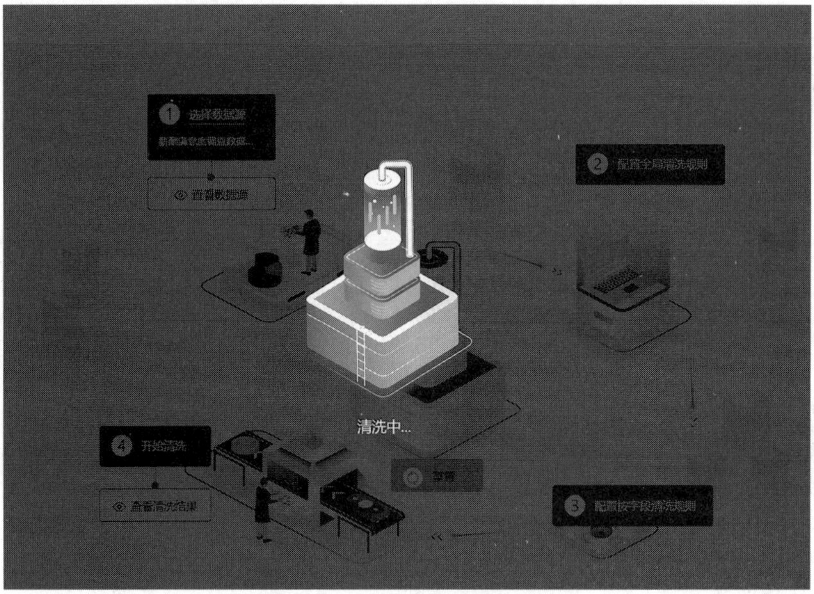

图 6-4-10　系统自动进行清洗

(5)清洗完成,点击【查看清洗结果】,并下载清洗结果(图 6-4-11,图 6-4-12)。

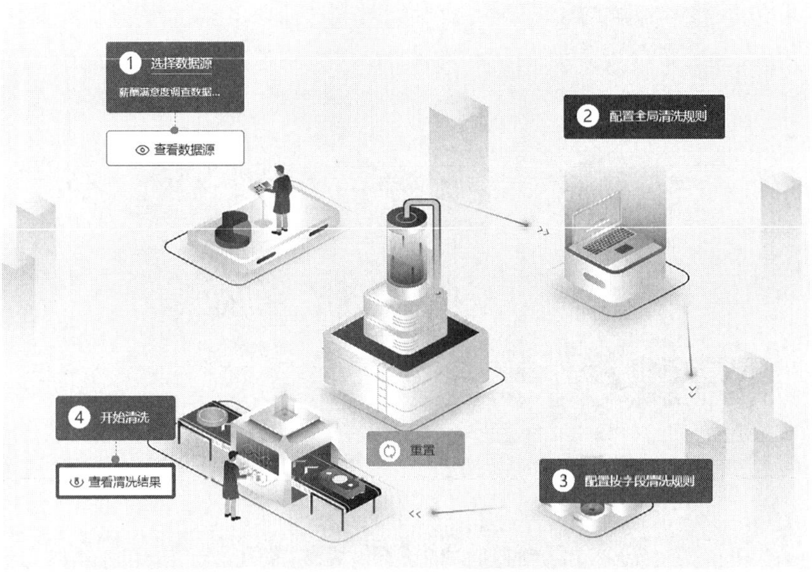

图 6-4-11 查看清洗结果

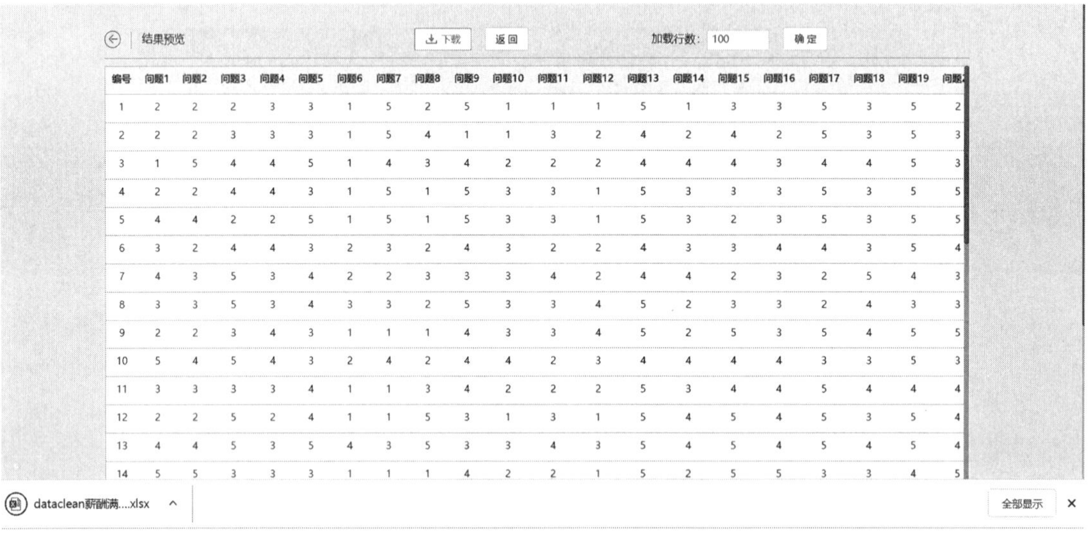

编号	问题1	问题2	问题3	问题4	问题5	问题6	问题7	问题8	问题9	问题10	问题11	问题12	问题13	问题14	问题15	问题16	问题17	问题18	问题19	问题2
1	2	2	2	3	3	1	5	2	5	1	1	1	5	1	3	3	5	3	5	2
2	2	2	3	3	3	1	5	4	1	1	3	2	4	2	4	2	5	3	5	3
3	1	5	4	4	5	1	4	3	4	2	2	2	4	4	4	3	4	4	5	3
4	2	2	4	4	3	1	5	1	5	3	3	1	5	3	3	3	5	3	5	5
5	4	4	2	2	5	1	5	1	5	3	3	1	5	3	2	3	5	3	5	5
6	3	2	4	4	3	2	3	2	4	3	2	2	4	3	3	4	4	3	5	4
7	4	3	5	3	4	2	2	3	3	3	4	2	4	4	2	3	2	5	4	3
8	3	3	5	3	4	3	3	2	5	3	3	4	5	2	3	3	2	4	3	3
9	2	2	3	4	3	1	1	1	4	3	3	4	5	2	5	3	5	4	5	5
10	5	4	5	4	3	2	4	2	4	4	2	3	4	4	4	4	3	3	5	3
11	3	3	3	3	4	1	1	3	4	2	2	2	5	3	4	4	5	4	4	4
12	2	2	5	2	4	1	1	5	3	1	3	1	5	4	5	4	5	3	5	4
13	4	4	5	3	5	4	3	5	3	3	4	3	5	4	5	4	5	4	5	4
14	5	5	3	3	3	1	1	1	4	2	2	1	5	2	5	5	3	3	4	5

图 6-4-12 查看、下载数据

三、数据分析与挖掘 / 薪酬满意度分析

操作流程如下。

(1)分析薪酬满意度平均分。

点击【开始任务】、点击【分析设计】,点击【我的故事板】,进入画布界面。

点击【可视化】,【新建】。选择数据集:数据集—薪酬评估—薪酬满意度调查汇总,如图 6-4-13 所示。

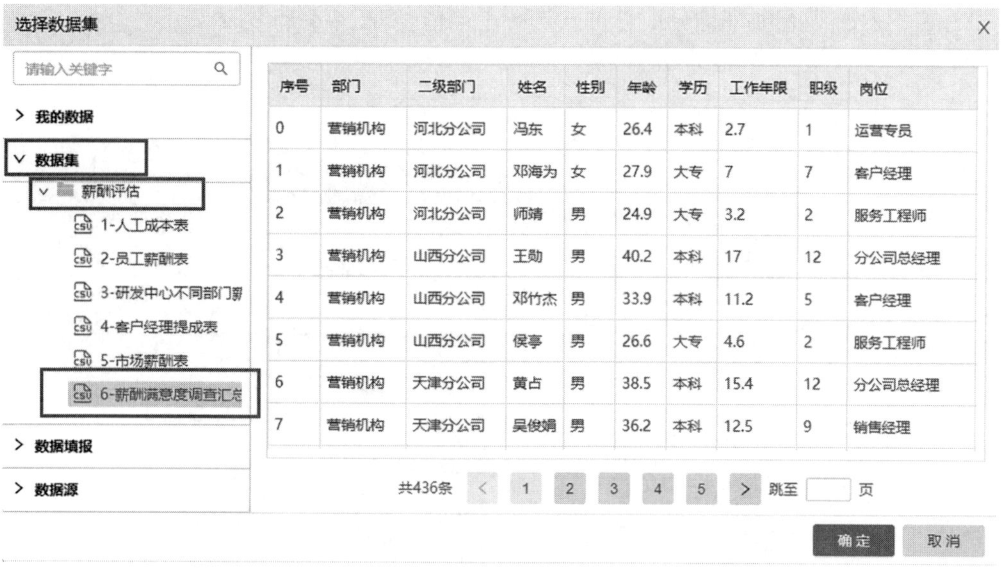

图 6-4-13　选择数据集

阅读薪酬满意度调查汇总，观察字段、数据特征，进入数据可视化界面，将指标字段薪酬满意度平均分拖拽至指标栏。

选择图形：指标卡，如图 6-4-14 所示。

图 6-4-14　设置指标、选择图形

指标栏的薪酬满意度平均分汇总方式选择平均值，如图 6-4-15 所示。

图 6-4-15　设置汇总方式

修改可视化图形名称，保存。

分析可视化图形。

薪酬满意度平均分为 3.28，如图 6-4-16 所示。

图 6-4-16　显示薪酬满意度平均分

(2) 分析不同部门薪酬满意度。

在流程(1)的基础上将维度字段"部门"拖拽至维度栏。

选择图形：柱形图，如图 6-4-17 所示。

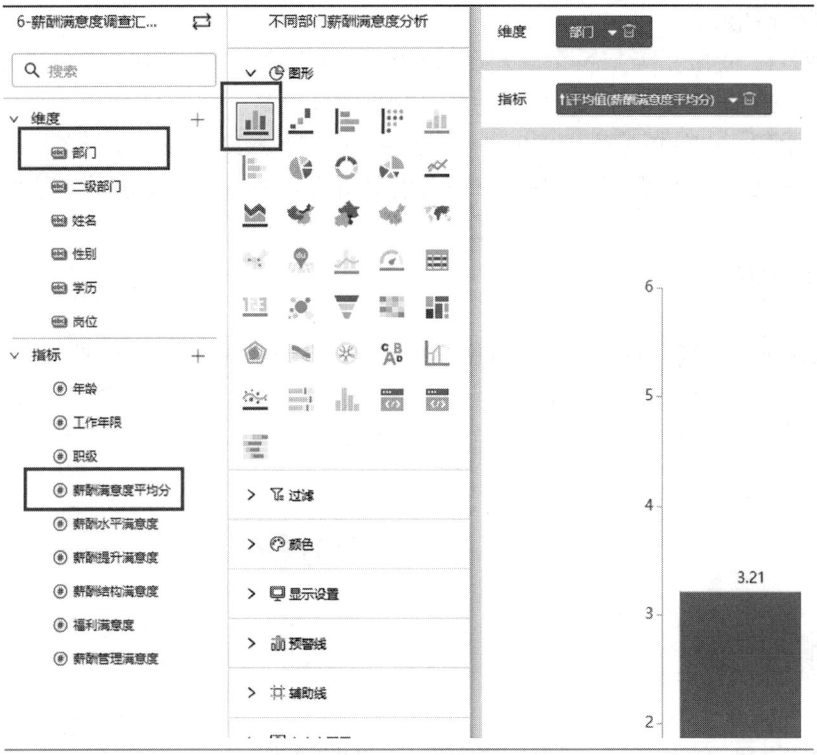

图 6-4-17　选择图形

指标栏的薪酬满意度平均分汇总方式选择平均值，按照薪酬满意度平均分进行升序排序。修改可视化图形名称，并保存，如图 6-4-18 所示。

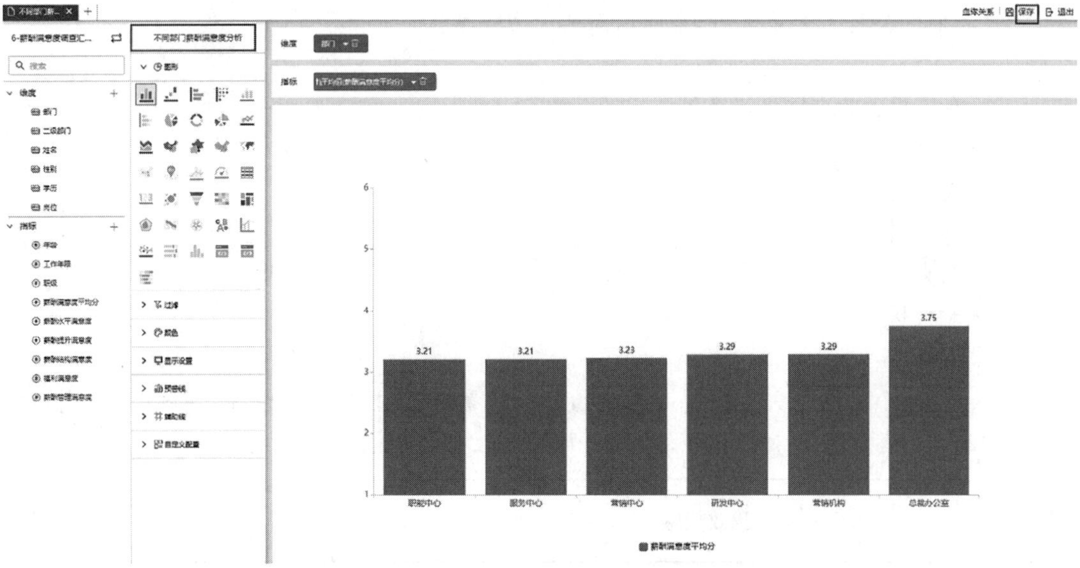

图 6-4-18　修改可视化图形名称

分析可视化图形。

结合流程(1)的指标卡结论,可以发现职能中心、服务中心、营销中心三个部门薪酬满意度低于公司薪酬满意度平均分;总裁办公室的薪酬满意度最高。

备注:同学们可以分析薪酬满意度5项的分析,薪酬满意度5项的排行各部门薪酬满意度分项的分析;研发中心各部门各岗位薪酬满意度分析研发中心各岗位薪酬满意度。

技能训练

1. 根据薪酬满意度调查数据预处理所学内容完成市场薪酬数据预处理。

备注:将爬取的薪酬数据由文本转化为数值,并列示薪酬的最小值、最大值、平均值(单位:元)。

2. 按薪酬偏离度进行聚类分析,将结果进行可视化。

任务5 绩效分析

任务描述

绩效分析

一、数据收集/分析云—制作城市经理调查问卷

利用分析云对城市经理自我效能感调查问卷进行制作,调查问卷格式如下:

城市经理自我效能感调查问卷

非常欢迎您参加城市经理的自我评价活动,请根据您的真实情况或真实感受进行填写,您的意见对我们的分析十分重要,非常感谢您的大力支持!

1. 所在大区:(单选题 * 必答)

○ 华北大区

○ 东南大区

○ 华南大区

○ 中部大区

○ 东北大区

2. 以下10个句子是关于您平时对自己的一般看法,请根据实际情况(实际感受)选择右面合适的选项。答案没有对错之分,对每一个句子无须多考虑。

题号	自我效能感	完全不符合	有点符合	多数符合	完全符合
1	如果我尽力去做的话,我总是能够解决问题的	○	○	○	○
2	即使别人反对我,我仍有办法取得我所要的	○	○	○	○

续表

题号	自我效能感	完全不符合	有点符合	多数符合	完全符合
3	对我来说,坚持理想和达成目标是轻而易举的	○	○	○	○
4	我自信能有效地应付任何突如其来的事情	○	○	○	○
5	以我的才智,我定能应付意料之外的情况	○	○	○	○
6	如果我付出必要的努力,我一定能解决大多数的难题	○	○	○	○
7	我能冷静地面对困难,因为我信赖自己处理问题的能力	○	○	○	○
8	面对一个难题时,我通常能找到几个解决方法	○	○	○	○
9	有麻烦的时候,我通常能想到一些应付的方法	○	○	○	○
10	无论什么事在我身上发生,我都能应付自如	○	○	○	○

问卷到此结束,再次感谢您的积极参与!

二、数据预处理 / 数据集成

对绩效数据集进行关联。

三、数据分析与挖掘 / 城市经理销售团队绩效分析

可视化分析 - 城市经理团队特征和领导者特征分析。

知识准备

绩效(Performance)也称为业绩、效绩、成效等,反映的是人们从事某一种活动所产生的成绩和成果(图 6-5-1)。

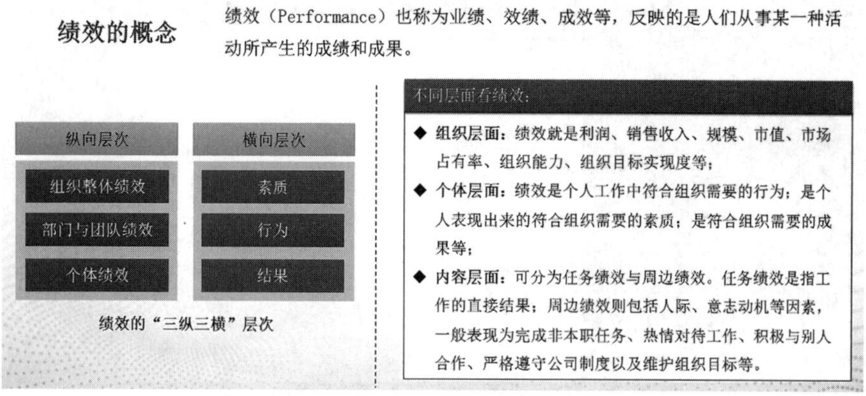
绩效的概念
绩效（Performance）也称为业绩、效绩、成效等，反映的是人们从事某一种活动所产生的成绩和成果。
纵向层次
横向层次
组织整体绩效
部门与团队绩效
个体绩效
素质
行为
结果
绩效的“三纵三横”层次
不同层面看绩效：
◆ 组织层面：绩效就是利润、销售收入、规模、市值、市场占有率、组织能力、组织目标实现度等；
◆ 个体层面：绩效是个人工作中符合组织需要的行为；是个人表现出来的符合组织需要的素质；是符合组织需要的成果等；
◆ 内容层面：可分为任务绩效与周边绩效。任务绩效是指工作的直接结果；周边绩效则包括人际、意志动机等因素，一般表现为完成非本职任务、热情对待工作、积极与别人合作、严格遵守公司制度以及维护组织目标等。

图 6-5-1　绩效的概念

任务流程

一、数据收集/分析云—制作城市经理调查问卷

操作流程如下。

利用分析云对城市经理自我效能感调查问卷进行制作。

(1)点击【开始任务】,进入分析云(图 6-5-2)。

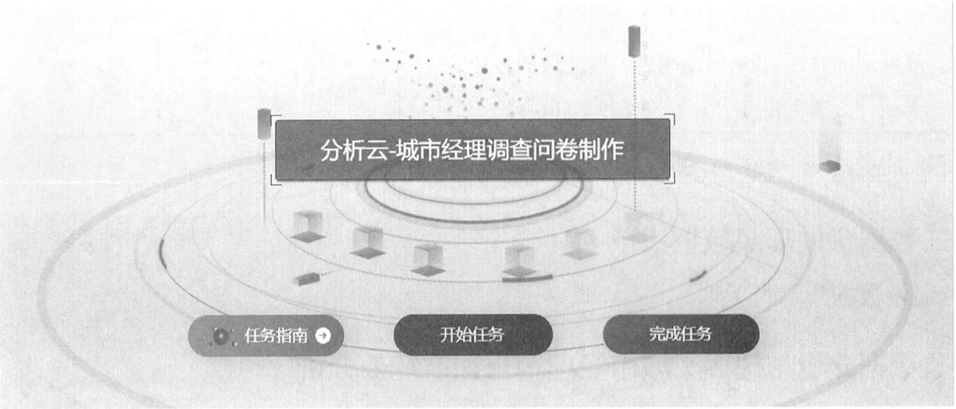

图 6-5-2　点击【开始任务】

(2)在左侧选择【数据填报】,点击【+创建表单】,填写"表单名称",选择表单类型"自由表单"并点击【确定】(图 6-5-3)。

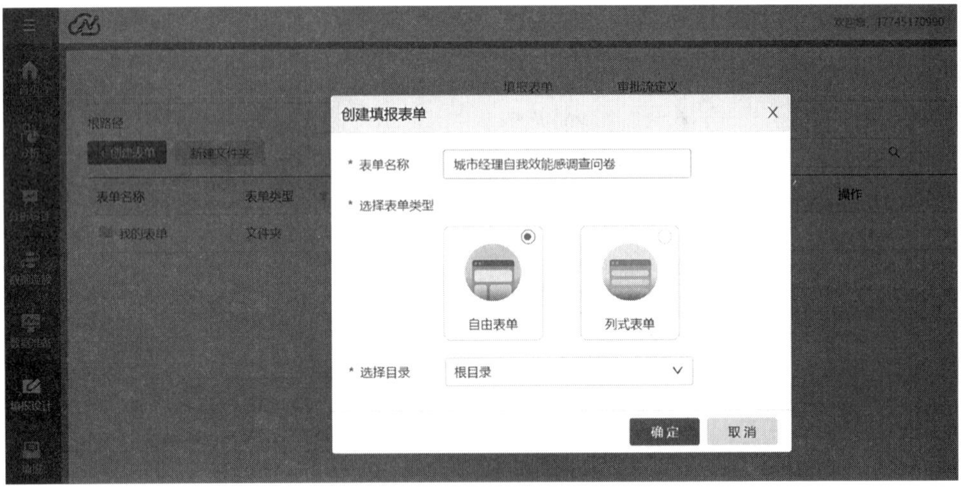

图 6-5-3　设置表单名称、选择表单类型

(3)进入“表单样式”,在“表单标题”内容中输入标题(图 6-5-4)。

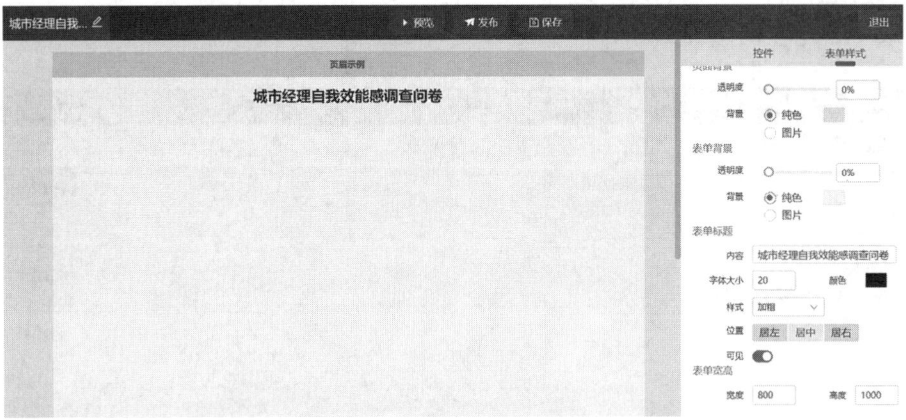

图 6-5-4　设置表单标题

(4)进入“控件”,根据问卷题目类型从“控件仓库”中选择合适的控件,并在“控件属性”中完善该表单格式。

①描述框设置。从“控件仓库”中选择“描述控件”(图 6-5-5);选择“控件属性”,在“描述设置”里录入该调研问卷的描述性内容(图 6-5-6)。

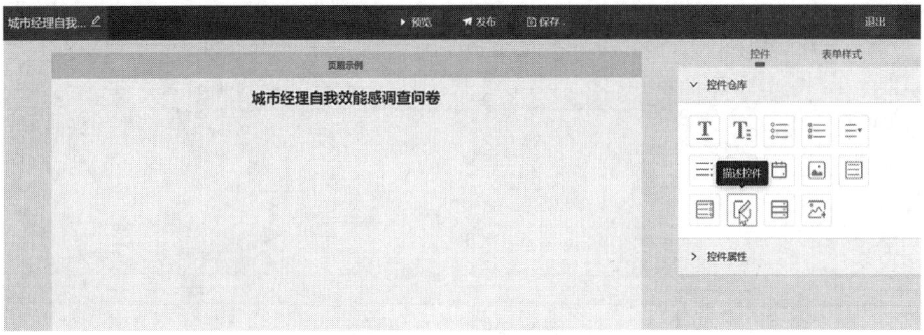

图 6-5-5　选择“描述控件”

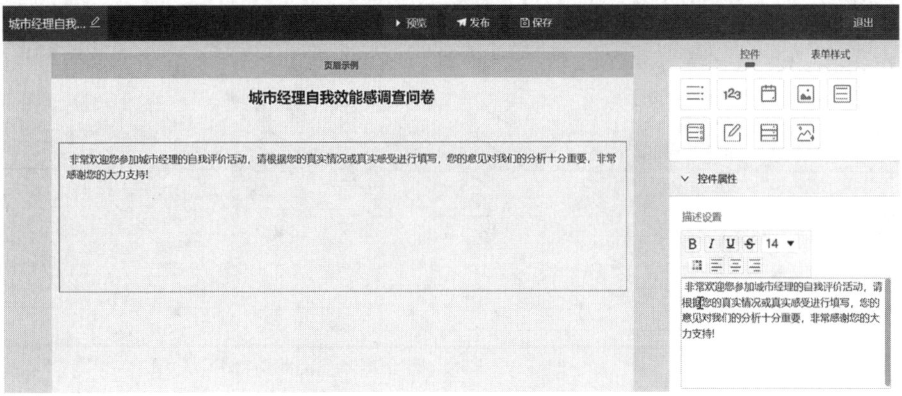

图 6-5-6　录入调研问卷的描述性内容

②单选题设置。从“控件仓库”中选择“单选下拉”(图 6-5-7);在“标题设置”的“标题”栏中输入该调研问题序号以及问题,在“选项设置”中输入各个选择项,“校验设置”中选择“该项必填”(图 6-5-8,图 6-5-9)。

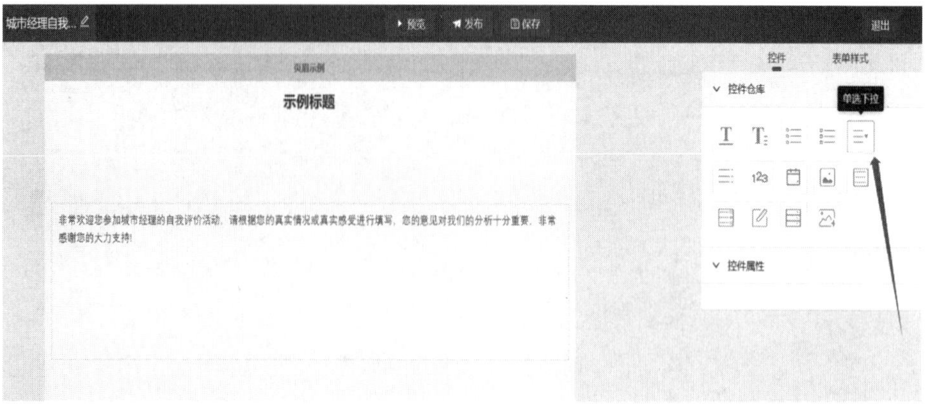

图 6-5-7　选择“单选下拉”

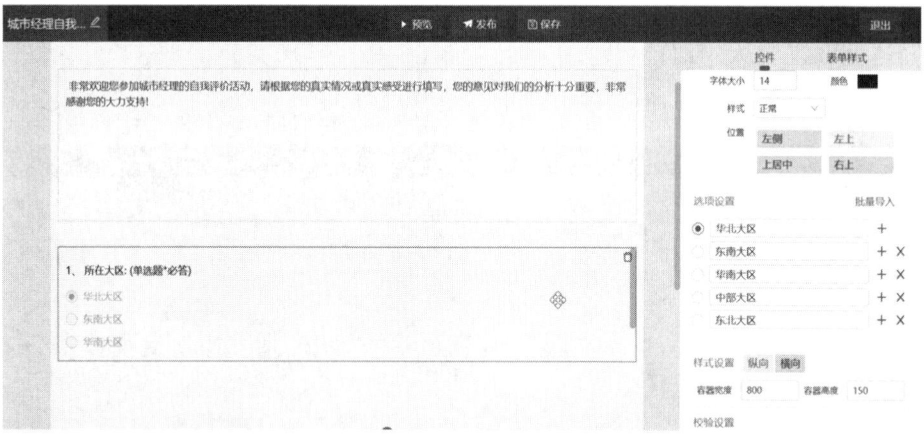

图 6-5-8　选项设置

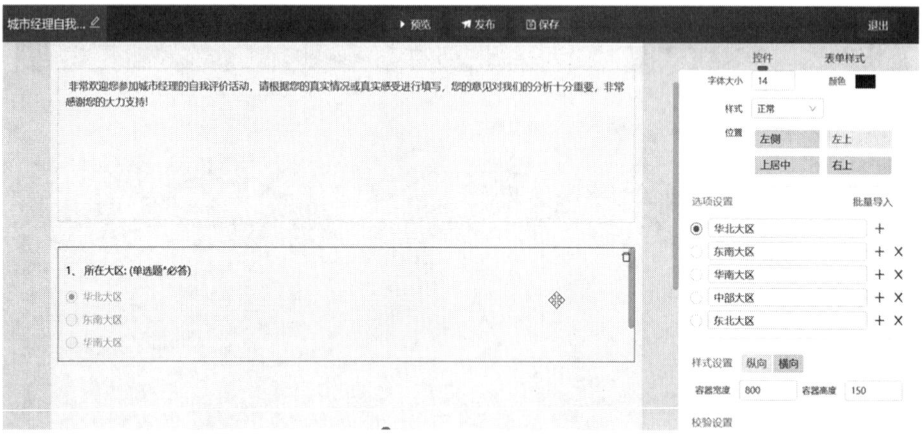

图 6-5-9　设置调整

③矩形框单选题批量设置。从“控件仓库”中选择“矩形选择”(图 6-5-10);在“标题设置”的“标题”栏中输入“二、调研问卷”,在“行标题设置”中批量导入各个调研问题(将 Word 中调研问题批量粘贴即可),在“列标题设置”中输入各个选择项,“校验设置”中选择“该项必填”(图 6-5-11,图 6-5-12)。

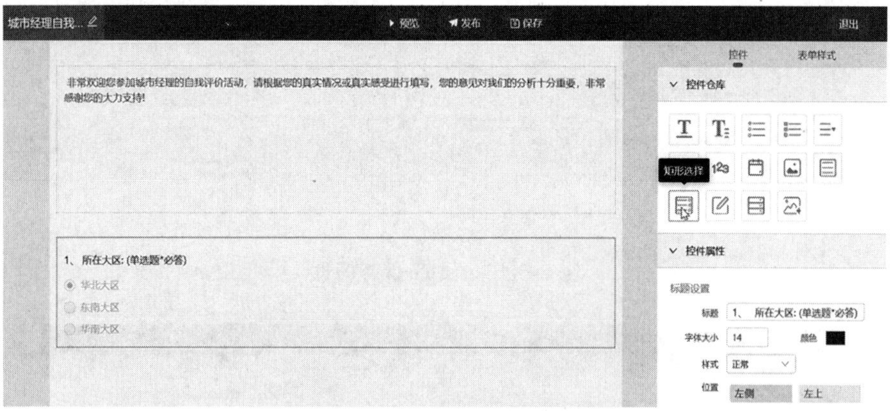

图 6-5-10　点击“矩形选择”

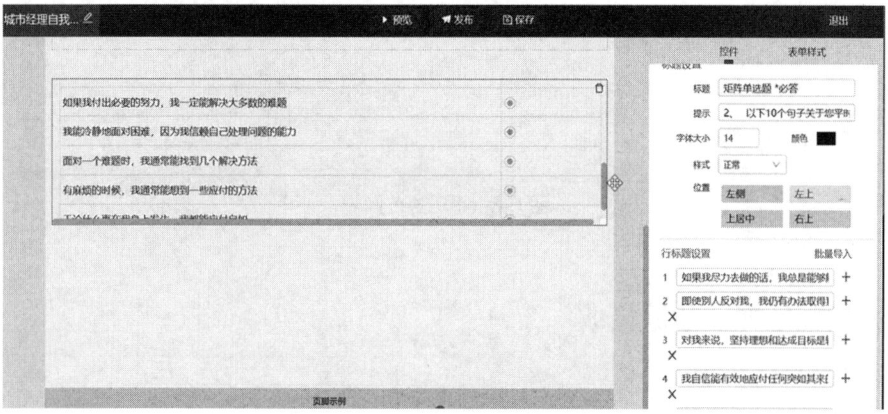

图 6-5-11　行标题设置

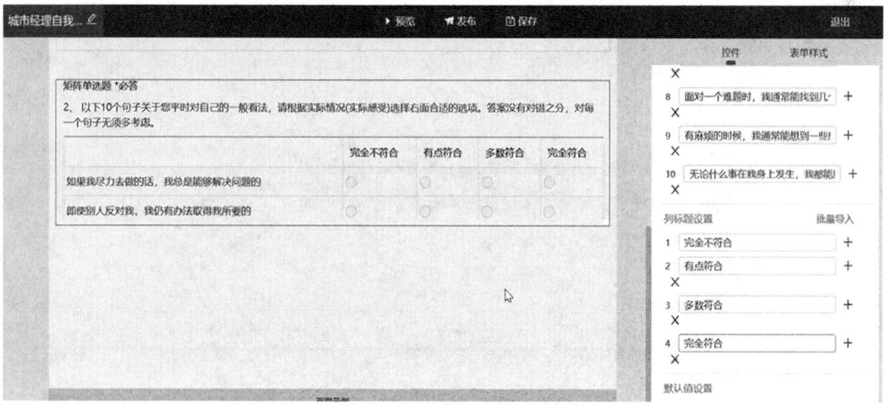

图 6-5-12　列标题设置

(5)设置完毕所有调研问题后,先“预览”,完善后点击【保存】,并“发布”(图 6-5-13,图 6-5-14)。

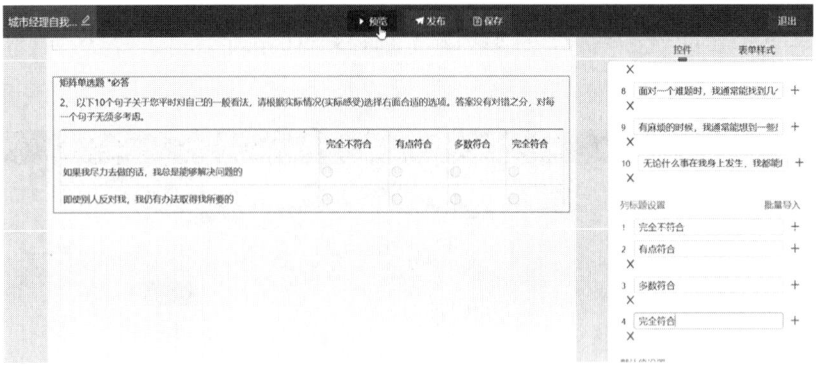

图 6-5-13　预览、保存问卷

图 6-5-14　发布问卷

二、数据预处理 / 数据集成

操作流程如下。

对绩效数据集进行关联。

(1)点击【开始任务】,进入分析云(图 6-5-15)。

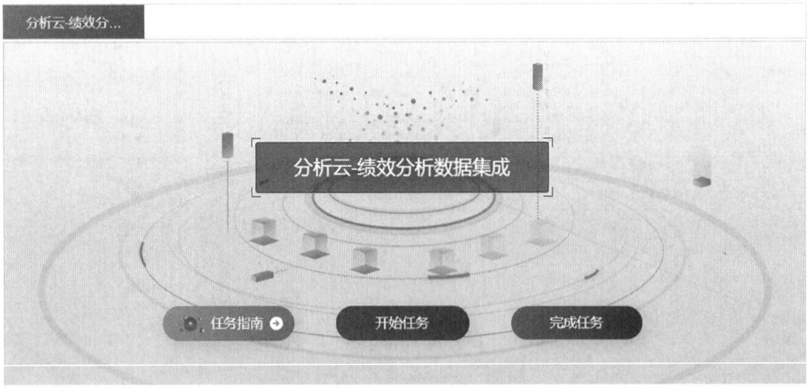

图 6-5-15　点击【开始任务】

(2)打开“数据准备”,在“我的数据”下新建一个关联数据集,存储在“我的数据”里(图 6-5-16)。

图 6-5-16　创建数据集

(3)以数据集“1- 城市经理基本信息数据集的姓名”字段与数据集 2~7 的其余 6 个数据集进行左连接进行关联(图 6-5-17)。

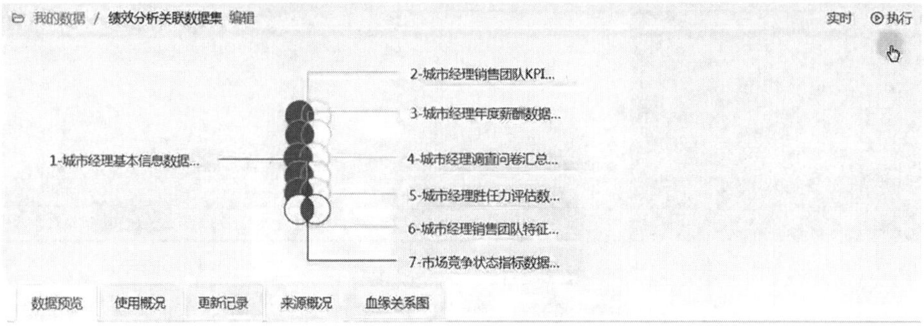

图 6-5-17　进行数据关联

(4)点击【执行】形成关联数据集,查看并保存。

三、数据分析与挖掘 / 城市经理销售团队绩效分析

操作流程如下。

可视化分析 - 城市经理团队特征分析

(1)点击【开始任务】,进入分析云(图 6-5-18)。

(2)新建故事板 - 可视化组件(图 6-5-19,图 6-5-20)。

(3)选择“城市经理绩效分析关联数据集”作为数据表,进行可视化制作(图 6-5-21)。

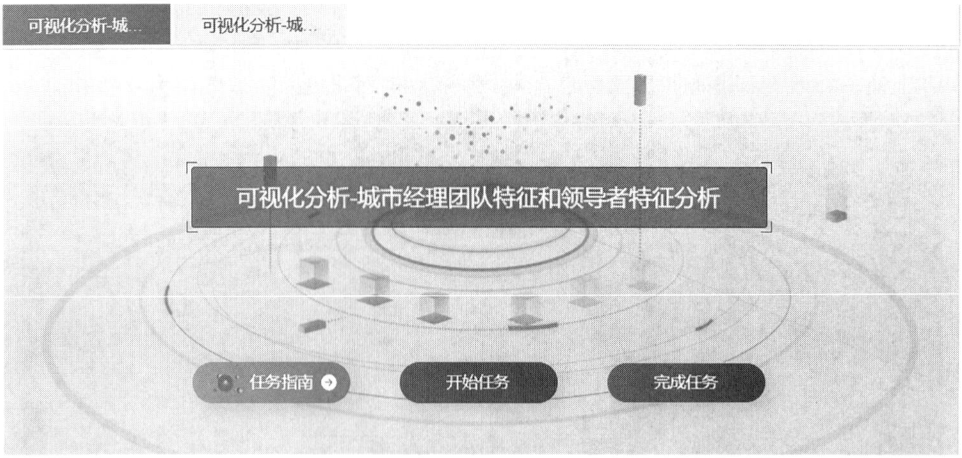

图 6-5-18　点击【开始任务】

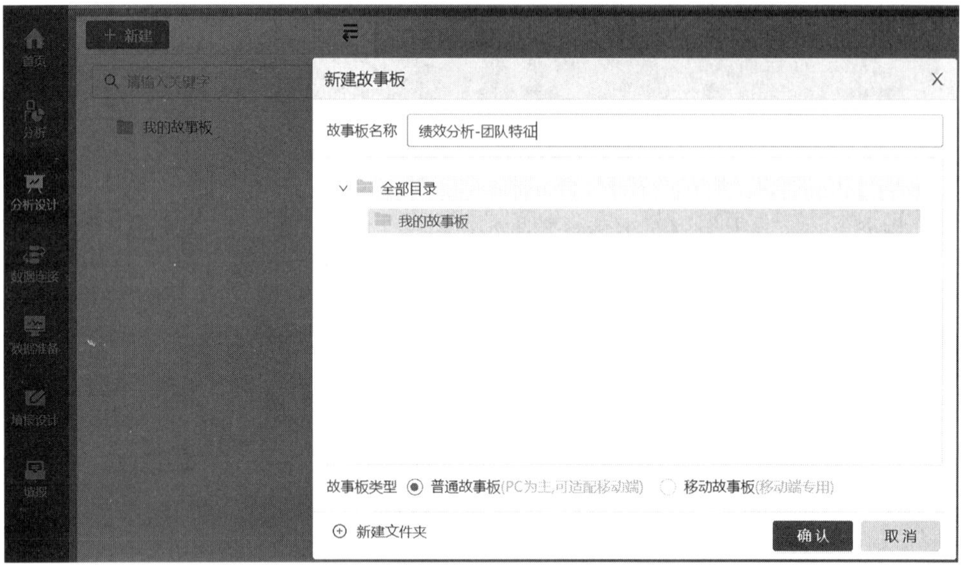

图 6-5-19　新建故事板

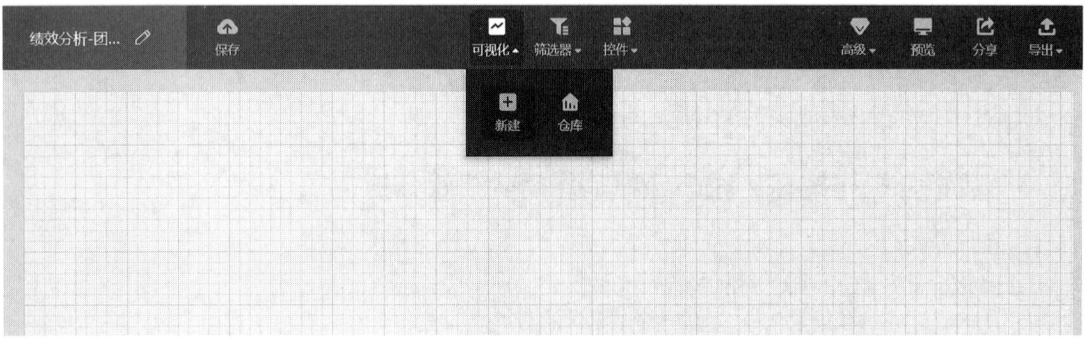

图 6-5-20　新建可视化

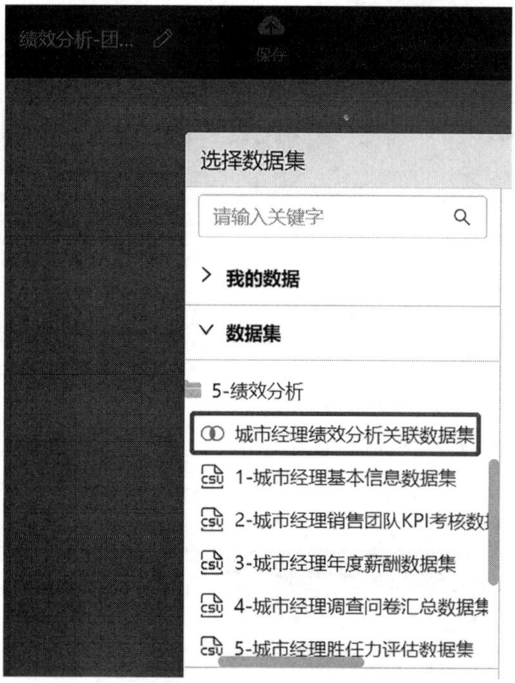

图 6-5-21　选择数据集

(4)选择合适图表类型,按照团队特征(平均年龄、平均司龄、平均工龄等)、领导者特征(性别、年龄、职级、大区、区域、省份、司龄、晋升时长)等进行可视化分析。

(5)设置可视化组件相关参数,并保存。

技能训练

对城市经理领导者特征、KPI 绩效考核进行可视化分析。

项目七　典型业务处理

知识目标

◆ 掌握采购管理模块业务处理程序及方法。
◆ 掌握销售管理模块业务处理程序及方法。
◆ 掌握库存管理模块业务处理程序及方法。
◆ 掌握存货核算模块业务处理程序及方法。

能力目标

◆ 了解供应链管理系统的主要功能；掌握供应链管理业务处理流程。

思政目标

◆ 培养学生树立正确的人生观、价值观和职业观。

任务 1　典型采购业务处理

任务描述

北京美庭商贸有限公司业财一体信息化项目进展非常顺利，达到预期效果，所有财务模块均已顺利运行，为全面实现精细化管理，现将公司采购业务全面转入业财一体信息化平台运行，需要在平台中完成采购订单、采购到货单、采购入库单和采购发票等业务，实现业务财务一体化管理目标（图 7-1-1）。

业财一体信息化平台可以对采购业务的全部流程进行管理，提供请购、采购订货、采购到货、采购入库、采购发票、采购结算的完整采购流程，也可以根据自身实际情况灵活定制采购流程。

一、采购订单

2020 年 3 月 15 日，采购专员于长胜与深圳安美家居有限公司签订购销合同（图 7-1-2），履行合同签章手续，货物已于当日收到，待检验合格后入库。依据采购计划及签订的采购合同或协议，在业财一体信息化平台采购管理模块中熟练、准确地录入采购订单。

采购订单

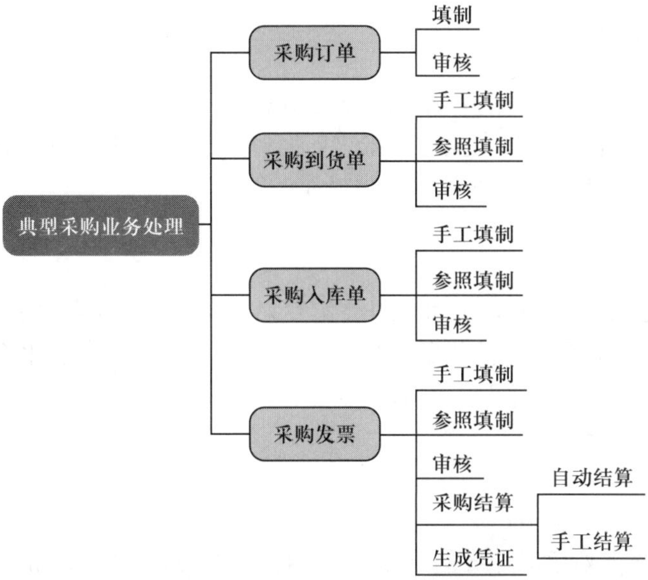

图 7-1-1　典型采购业务任务框架图

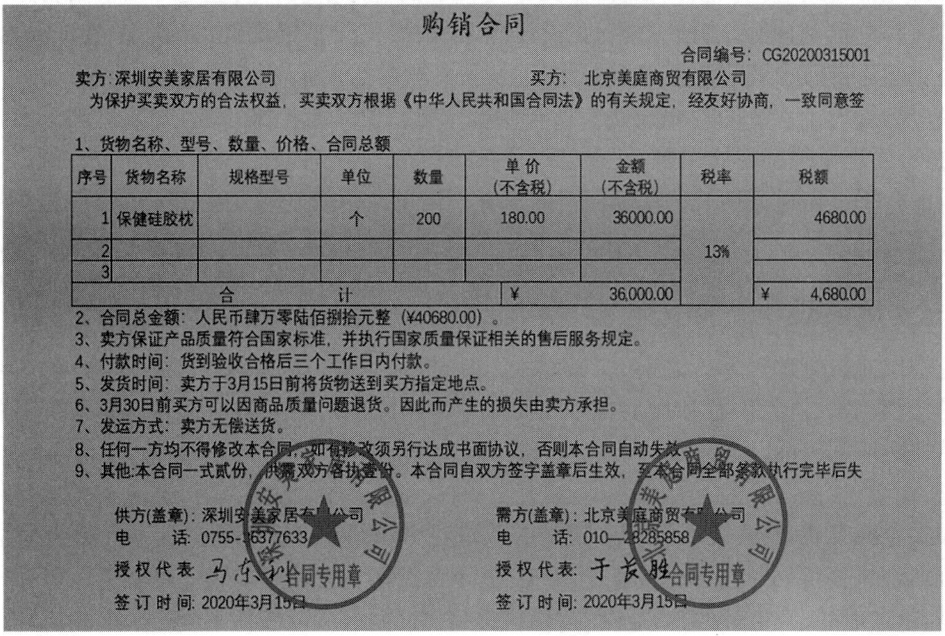

购销合同

合同编号：CG20200315001

卖方：深圳安美家居有限公司　　　　买方：北京美庭商贸有限公司

为保护买卖双方的合法权益，买卖双方根据《中华人民共和国合同法》的有关规定，经友好协商，一致同意签

1、货物名称、型号、数量、价格、合同总额

序号	货物名称	规格型号	单位	数量	单价（不含税）	金额（不含税）	税率	税额
1	保健硅胶枕		个	200	180.00	36000.00	13%	4680.00
2								
3								
合计					¥	36,000.00		¥ 4,680.00

2、合同总金额：人民币肆万零陆佰捌拾元整（¥40680.00）。
3、卖方保证产品质量符合国家标准，并执行国家质量保证相关的售后服务规定。
4、付款时间：货到验收合格后三个工作日内付款。
5、发货时间：卖方于3月15日前将货物送到买方指定地点。
6、3月30日前买方可以因商品质量问题退货。因此而产生的损失由卖方承担。
7、发运方式：卖方无偿送货。
8、任何一方均不得修改本合同，如有修改须另行达成书面协议，否则本合同自动失效。
9、其他:本合同一式贰份，供需双方各执壹份。本合同自双方签字盖章后生效，至本合同全部条款执行完毕后失

供方(盖章)：深圳安美家居有限公司　　　　需方(盖章)：北京美庭商贸有限公司
电　话：0755-86377633　　　　电　话：010—23285858
授权代表：马东和　　　　授权代表：于长胜
签订时间：2020年3月15日　　　　签订时间：2020年3月15日

图 7-1-2　购销合同

二、采购到货单

2020 年 3 月 15 日，采购专员于长胜向深圳安美家居有限公司订购的货物已于当日收到，检验合格。依据审核通过的采购订单，在业财一体信息化平台采购管理模块中，完成手工填制采购到货单或参照生成采购到货单操作。

采购到货单

三、采购入库单

2020 年 3 月 15 日，深圳安美家居有限公司发来的商品检验全部合格，全部验收入库。依据采购到货单，在业财一体信息化平台库存管理模块中，完成手工填制采购入库单或参照生成采购入库单操作。

采购入库单

四、采购发票结算

2020 年 3 月 15 日，深圳安美家居有限公司发来的商品检验全部合格，全部验收入库，同时收到采购发票。依据采购到货单，在业财一体信息化平台库存管理模块中，完成手工填制采购入库单或参照生成采购入库单操作。

采购发票结算

知识准备

采购管理帮助企业对采购业务的全部流程进行管理，包括请购、订货、到货、检验、入库、开票、采购结算在内的完整采购流程，支持普通采购、受托代销、直运等多种类型的采购业务，支持按询价比价方式选择供应商，支持以订单为核心的业务模式。企业还可以根据实际情况进行采购流程的定制，既可选择按规范的标准流程操作，又可按最简约的流程来处理实际业务，方便企业构建自己的采购业务管理平台。

供应链管理子系统的初始设置包括与供应链相关的基础档案设置、采购管理子系统初始设置、销售管理子系统初始设置、库存管理子系统初始设置、存货管理子系统初始设置。

前面介绍了与财务相关的基础档案的设置。这里介绍的是与业务相关的供应链各子系统所需要的基础档案。

一、基础数据

使用供应链管理子系统之前，应做好手工基础数据的准备工作，如对存货合理分类、准备存货的详细档案、进行库存数据的整理及与账面数据的核对等。供应链管理子系统需要增设的基础档案信息包括以下几项：

1. 存货分类

如果企业存货较多，需要按照一定的方式进行分类管理。存货分类是指按照存货固有的特征或属性将存货划分为不同的类别，以便于分类核算与统计。如工业企业可以将存货划分为原材料、产成品、应税劳务；商业企业可以将存货分为商品、应税劳务等。

在企业日常购销业务中，经常会发生一些劳务费用，如运输费、装卸费等，这些费用也是构成企业存货成本的一个组成部分。为了能够正确反映和核算这些劳务费用，一般在存货分类中单独设置一类，如“应税劳务”或“劳务费用”。

2. 计量单位

企业中存货种类繁多，不同的存货存在不同的计量单位。有些存货财务计量单位、库存计量单位、销售发货单位可能是一致的，如自行车的三种计量单位均为“辆”。同一种存货用于不同的业务，其计量单位也可能不同。如对某种药品来说，其核算单位可能是“板”，也就是说，财务上按“板”计价；而其库存单位可能按“盒”，1 盒 =20 板；对客户发货时可能按“箱”，1 箱 =100 盒。

在设置计量单位前,需先设置计量单位组。

3. 存货档案

在“存货档案”窗口中包括四个选项卡:基本、成本、控制和其他。

在“基本”选项卡中,有六个复选框,用于设置存货属性。设置存货属性的目的是在填制单据参照存货时缩小参照范围。

(1)销售。用于发货单、销售发票、销售出库单等与销售有关的单据参照使用,表示该存货可用于销售。

(2)外购。用于购货所填制的采购入库单、采购发票等与采购有关的单据参照使用。在采购发票、运费发票上一起开具的采购费用,也应设置为外购属性。

(3)生产耗用。存货可在生产过程被领用、消耗。生产产品耗用的原材料、辅助材料等在开具材料领料单时参照。

(4)自制。由企业生产自制的存货,如产成品、半成品等,主要用在开具产成品入库单时参照。

(5)在制。在制指尚在制造加工中的存货。

(6)应税劳务。应税劳务指在采购发票上开具的运输费、包装费等采购费用及开具在销售发票或发货单上的应税劳务、非应税劳务等。

在“控制”选项卡中,有三个复选框。

(1)是否批次管理。它对存货是否按批次进行出入库进行管理。该项必须在库存系统账套参数中选中“有批次管理”后,方可设定。

(2)是否保质期管理。有保质期管理的存货必须有批次管理。因此该项也必须在库存管理子系统账套参数中选中“有批次管理”后,方可设定。

(3)是否呆滞积压。存货是否呆滞积压,由用户自行决定是否设置。

4. 仓库档案

存货一般是存放在仓库中进行保管的。对存货进行核算管理,就必须建立仓库档案。

5. 收发类别

收发类别用来表示存货的出入库类型,便于对存货的出入库情况进行分类汇总统计。

6. 采购类型/销售类型

定义采购类型和销售类型,能够按采购、销售类型,对采购、销售业务数据进行统计和分析。采购类型和销售类型均不分级次,根据实际需要设立。

7. 费用项目

销售过程中有很多不同的费用发生,如代垫费用、销售支出等,在系统中将其设为费用项目,以方便记录和统计。

8. 货位档案

货位档案用于设置企业各仓库所使用的货位。设置内容一般包括货位编码、货位名称、所属仓库、最大体积、最大重量、对应条形码、备注等。货位可以分级设置。货位有下级货位时,不可修改,不可删除;非末级货位不可使用。货位一经使用,只能修改货位名、备注等信息,不能删除。在企业中,仓库的存放货位一般用数字描述。例如,3212 表示第 3 排第 2 层第 12 个货架。

9. 产品结构

产品结构指产品的组成成分及其数量,又称为物料清单(Bill of Material,BOM),即企业生产的产品由哪些材料组成。定义了产品结构之后,才可以通过 MRP 运算得出采购计划、生产计划所需的物料数量。商业企业或没有产品结构的工业企业不需定义产品结构。正确使用与维护 BOM 是系统运行期间十分重要的工作。BOM 对准确性要求很高,企业必须足够重视。

有多级结构的产品需要一级一级输入。比如计算机由显示器、主机、键盘、鼠标组成;主机由机箱、光驱、硬盘、主板、CPU 等组成。假设在存货档案中已经定义好这些物料的编号、名称、规格型号等,输入产品结构时需要先输入计算机的下一层结构,然后再输入主机的下一层结构。产品结构定义的内容包括产品结构父项栏目和子项栏目。

10. 成套件

由多个存货组成,且不能拆开单独使用或销售的存货为成套件。成套件不能进行组装、拆卸。定义成套件的组成,便于对成套件及其明细进行统计管理。主要用于库存管理和销售管理。对于没有成套件管理的企业,用户可以不设置。有成套件管理时,既可对成套件中每个单件进行统计,又可对成套件进行统计。

二、采购订单

采购订单主要内容包括采购什么货物、采购多少、由谁供货,什么时间到货、到货地点、运输方式、价格、运费等。它可以是企业采购合同中关于货物的明细内容,也可以是一种订货的口头协议。

通过采购订单的管理,可以帮助企业对采购业务进行事前预测、事中控制与监督。

功能按钮操作说明:

(1)采购订单可以手工录入,也可以参照请购单、销售订单、出口订单、采购计划(MPS/MRP/LRP、ROP)、采购合同生成。

(2)采购订单可以修改、删除、审核、弃审、变更、关闭、打开、锁定、解锁。

(3)已审核未关闭的采购订单可以参照生成采购到货单、入库单、采购发票、出口订单。

(4)已审核未关闭的采购订单可以在订单卡片上或订单列表上按【到货】按钮,推式生成采购到货单。

(5)《应付款管理》设置为启用付款申请时,已审核未关闭且没有关联采购发票的采购订单可以参照生成付款申请单,还可以在订单卡片按【请款】推式生成付款申请单。

变更采购订单:

对于已审核未关闭的订单,可能因为意外情况而需要修改业务,此时用订单变更功能实现,变更后需要经过审批单据才能正式生效,即一旦单据进行变更操作,则审批通过之后单据状态才改为“已审核”。

三、采购到货单

采购到货是采购订货和采购入库的中间环节,一般是由采购业务员根据供货通知或者送回单内容填写到货单,来确认对方送的货物数量、价格等信息,以通知单的形式传递到仓库,作为仓库保管员收货的依据,在采购业务中,到货代表入库前等待质检的一种状态,对于无须质检的产品,这个环节是可以缺省的,入库是否和到货一致,要由仓库人员清点才能确定。

功能按钮操作说明：

(1)采购到货单可以手工新增，也可以参照采购订单生成；但必有订单时，采购到货单不可手工新增。

(2)采购到货单可以修改、删除、审核、弃审、关闭、打开、变更。

(3)审核通过的采购到货单可以参照生成采购退货单、到货拒收单，参照生成入库单，质检存货可以报检。

(4)审核通过的采购到货单可以在到货单卡片和到货单列表中按【入库】推式生成入库单。

(5)审核通过的合同相关的采购到货单可以参照生成合同执行单，也可以在采购到货单上按【合同执行】推式生成合同执行单。

采购订单批量到货：

根据采购订单批量生成采购到货单，可以选择生单的记录，可以修改数量、仓库、自由项、批号和批次属性。【菜单路径】采购到货—采购订单批量到货—采购到货—采购到货单。

功能按钮操作说明：

(1)进入【采购订单批量到货】界面，显示过滤界面。

(2)输入过滤条件，按【确定】可过滤出符合条件的采购订单；用户可以按工具栏【查询】按钮重新查询。

(3)可对本次下达量、仓库名称、批号、批次属性 1~10、自由项进行修改。

(4)双击选择栏，显示“Y”则选择当前行；再双击，则取消选择；可【全选】【全消】。

(5)按【生单】则按业务类型 + 供应商 + 币种 + 采购类型批量生成采购订单，按【生单】下的【来源单据生单】，则一张订单生成一张到货单。

(6)生单成功后提示“生单全部成功，成功生成 * 张订单，是否进入单据列表查看”，选择是，进入生成的采购到货单列表，选择否，结束生单。

(7)可以对生成的采购到货单进行操作。

四、采购入库单

采购入库是将供应商提供的物料检验确认合格后放入指定仓库的业务，用友 U8 软件中采购入库业务是放在库存管理系统中进行的。采购付款环节中，入库是必备的环节，入库采购的货物没有入库，采购环节是没有办法结束的。

采购入库单是根据采购到货签收的实收数量填制的单据。对于工业企业，采购入库单一般指采购原材料验收入库时所填制的入库单据。对于商业、医药流通企业，采购入库单一般指商品进货入库时所填制的入库单据。采购入库单按进出仓库方向分为：蓝字采购入库单、红字采购入库单；按业务类型分为：普通采购入库单、受托代销入库单(商业、医药流通)、代管采购入库单、固定资产采购入库单。系统启用时，用户可以输入期初入库单，参见“采购期初记账”。

1. 采购入库

采购入库是通过采购到货、质量检验环节，对合格到货的存货进行入库验收。

暂估处理：本月存货已经入库，但采购发票尚未收到，可以对货物进行暂估入库；待发票到达后，再根据该入库单与发票进行采购结算处理。

《库存管理》未启用前，可在《采购管理》录入入库单据；《库存管理》启用后，必须在《库存管理》录入入库单据，在《采购管理》可查询入库单据，可根据入库单生成发票。

2. 菜单路径

采购入库—入库单、红字入库单:期初暂估入库单

采购入库—受托代销入库单、红字受托代销入库单:期初受托代销入库单

采购入库—入库单

采购入库—红字入库单

采购入库—受托代销入库单

采购入库—红字受托代销入库单

采购入库—入库单列表

报表—明细表—入库明细表

报表—采购账簿—采购结算余额表

功能按钮操作说明:

(1)采购部门填制采购请购单。

(2)采购部门根据采购请购单进行比价。

(3)采购部门填制采购订单。

(4)采购部门将采购订单发送给供应商,供应商进行送货。

(5)货物到达企业后,对收到的货物进行清点,参照采购订单填制采购到货单。

(6)经过仓库的质检和验收,参照采购订单或采购到货单填制采购入库单。

(7)取得供应商的发票后,采购部门填制采购发票。

(8)采购部门进行采购结算。

(9)将采购入库单报财务部门的成本会计进行存货核算,将采购发票等票据报应付账会计进行应付账款核算。

五、采购发票结算

采购结算是企业供应部的基本职能。它负责根据生产、总务、设备及检验等各部室物品需求计划,编制与之相配套的采购计划,并组织具体的实施,保证经营过程中的物资供应;负责办理购进物资到货后的相关货物入库手续的办理工作,并对不合格产品及时退货。

企业采购物品通常货物比发票来的早,所以入库单的金额不一定是准确的(以发票为准),这就是我们常说的暂估业务,结算就是用来处理这个问题的,结算之前系统会按照发票金额去调整入库的金额。

采购发票是供应商开出的销售货物的凭证,系统根据采购发票确认采购成本,并据以登记应付账款。

企业在收到供货单位的发票后,如果没有收到供货单位的货物,可以对发票压单处理,待货物到达后,再输入系统做报账结算处理;也可以先将发票输入系统,以便实时统计在途货物。

采购发票按业务性质分为:蓝字发票、红字发票。

功能按钮操作说明:

(1)填制采购发票,可手工填制,也可参照单据生成。

(2)财务部门通过《应付款管理》对采购发票审核并登记应付明细账,并回填采购发票审核人。

(3)采购结算会计对采购入库单和采购发票进行采购结算处理。

(4)由于材料不合格或其他原因,企业如果发生退货业务,且发票已付款或对应的入库单已记账,则应输入红字发票进行冲销。若发票未付款或对应的入库单未记账,则可通过取消结算,修改发票即可。

(5)通过统计报表查询各采购发票的有关信息。

采购发票按发票类型分为:

增值税专用发票:增值税专用发票扣税类别默认为应税外加,不可修改。

普通发票:普通发票包括增值税普通发票、废旧物资收购凭证、农副产品收购凭证、其他票据,其扣税类别默认为应税内含,不可修改。普通发票的默认税率为0,可修改。

运费发票,运费主要是指向供货单位或提供劳务单位支付的代垫款项、运输装卸费、手续费、违约金(延期付款利息)、包装费、包装物租金、储备费、进口关税等。运费发票的单价、金额都是含税的,运费发票的默认税率为7,可修改。

功能按钮操作说明:

(1)采购发票可以手工新增,也可以参照采购订单、采购入库单(普通采购)填制,如果有代管业务,则代管供应商的发票只能参照代管挂账确认单生成;采购发票也可以拷贝其他采购发票填制。直运业务可以参照直运销售发票;受托代销结算后生成受托发票。必有订单时,采购发票(专用、普通)不可手工新增,只能参照生成。

(2)采购合同相关的普通采购和固定资产业务,如果对应合同是启用阶段的,可以选择按合同执行单或者按采购订单、采购入库单生成采购发票;在按采购订单、采购入库单生成采购发票时,如果需要跟踪合同执行单的开票情况,可以在采购发票中按【合同结算】,对发票记录与合同执行单记录进行勾对。

(3)采购发票可以修改、删除。

(4)采购发票可以现付、弃付。

(5)采购发票可以进行复核、弃复;发票复核后可以进行结算。

(6)采购发票与采购入库单可以进行采购结算;对于代管业务,是代管挂账单与发票进行结算。

(7)采购发票可以在《应付款管理》进行审核,同时回填采购发票的审核人。参见《应付款管理手册》。

(8)《应付管理》设置为启用付款申请时,可参照已审核采购发票生成付款申请单,还可以在发票卡片和列表中按【请款】推式生成付款申请单。

任务流程

一、采购订单

操作流程如下。

采购订单通常是企业与供应商之间签订的采购合同、购销协议等,主要内容包括采购商品名称、规格型号、数量、供货时间、地点、价格等,也可以是一种订货的口头协议。

(1)操作员010于长胜登录业财一体信息化平台,从【业务工作】—【供应链】—【采购管理】—【采购订货】—【采购订单】进入如图7-1-3所示的采购订单界面。

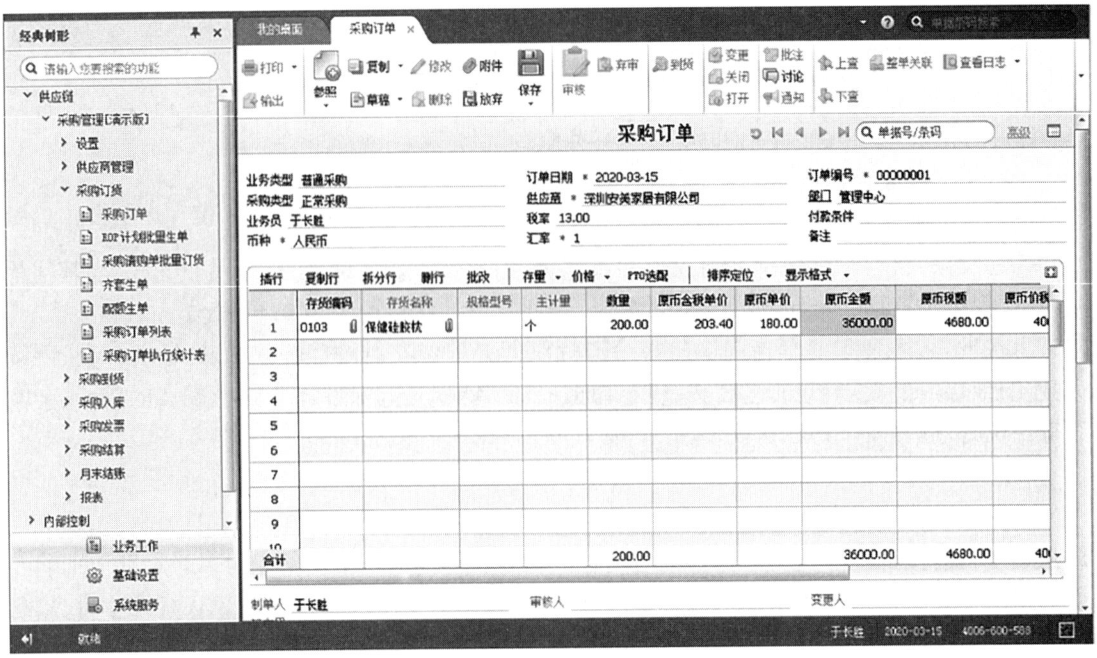

图 7-1-3 采购订单

(2) 点击【增加】按钮或按下 F5 功能键后,可以直接录入采购订单,这时【增加】按钮变成【参照】按钮,也可以点击【参照】按钮,参照请购单、销售订单、出口订单、采购计划、采购合同生成。

业务类型:系统自动带出普通采购。

订单日期:默认当前业务日期,可以点日历图标选择修改 2020-3-15。

订单编号:如果订单编号设置为手工录入,则需直接录入,否则系统自动生成。

采购类型:按 F2 功能键选择录入,正常采购。

供应商:按 F2 功能键选择录入,深圳安美家居有限公司。

部门:可先填写业务员信息,本栏内容自动带出。

业务员:于长胜

税率:13%

存货编码:按 F2 功能键选择录入,0103。

数量:手工录入 200。

原币单价:180.00

计划到货日期:按合同或口头协议录入,系统默认为当前业务日期。

(3) 点击【保存】按钮或按下 F6 功能键保存采购订单。

(4) 点击【审核】按钮完成本次采购订单录入。

二、采购到货单

操作流程如下。

采购到货是采购订货和采购入库的中间环节,一般由采购业务员根据供方通知或送货单填写货物、数量、价格等信息，作为保管员收货的依据。

(1)操作员 010 于长胜登录业财一体信息化平台，从【业务工作】—【供应链】—【采购管理】—【采购到货】—【采购到货单】进入如图 7-1-4 所示的采购到货单界面。

图 7-1-4　采购到货单

(2)采购到货单可以点击【增加】按钮或按下 F5 功能键直接录入，点击【增加】按钮或按下 F5 功能键后，【增加】按钮变成【参照】按钮，也可以点击【参照】按钮，选择采购订单，在如图 7-1-5 所示的查询条件—单据列表过滤界面。

图 7-1-5　查询条件——单据列表过滤

(3)录入查询条件后,点击【确定】按钮,弹出如图 7-1-6 所示的拷贝并执行界面。

图 7-1-6 拷贝并执行

(4)选择要拷贝的数据行,点击【确定】按钮。数据自动填充到货单中。如图 7-1-7 所示。

图 7-1-7 填写到货单中

(5)点击【保存】按钮或按下 F6 功能键,保存采购到货单。

(6)点击【审核】按钮完成本次采购到货单录入。

三、采购入库单

操作流程如下。

采购入库单是根据签收的采购到货单实际数量填制的入库凭证，采购管理模块与库存管理模块集成使用的情况下，采购入库单在库存管理模块中录入。

(1)操作员010于长胜登录业财一体信息化平台，从【业务工作】—【供应链】—【库存管理】—【采购入库】—【采购入库单】进入如图7-1-8所示的采购入库单界面。

图 7-1-8 采购入库单

(2)采购入库单可以点击【增加】按钮或按下F5功能键直接录入，也可以点击【参照】按钮，选择采购订单或采购到货单，本例选择采购到货单，弹出如图7-1-9所示的到货单生单列表界面。

图 7-1-9 到货单生单列表

(3)选择要拷贝的数据行,点击【确定】按钮。数据自动填充到采购入库单中。如图 7-1-10 所示。

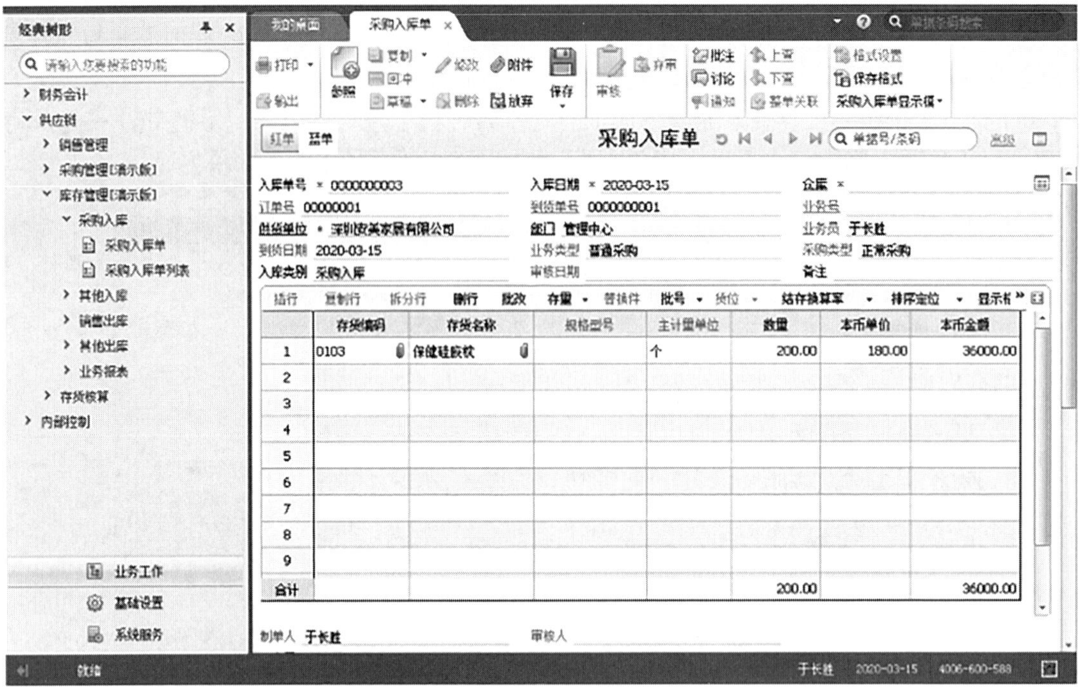

图 7-1-10　采购入库单

(4)将光标放到仓库栏,按下 F2 功能键,弹出如图 7-1-11 所示的仓库档案基本参照界面。

图 7-1-11　仓库档案基本参照

(5)选择要录入的商品库记录行,点击【确定】按钮。

(6)点击【保存】按钮或按下 F6 功能键保存采购入库单,如图 7-1-12 所示。

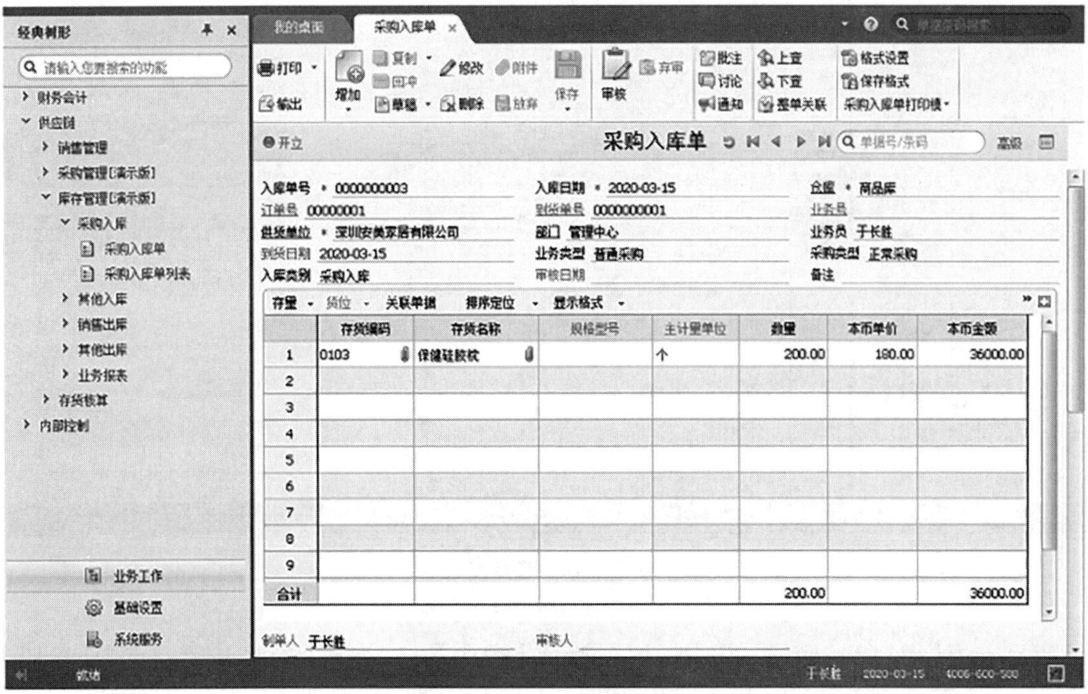

图 7-1-12　保存采购入库单

(7)点击【审核】按钮,系统弹出如图 7-1-13 所示的库存管理界面,提示该单据审核成功,完成本次采购入库单录入。

图 7-1-13　审核成功

四、采购发票结算

操作流程如下。

采购结算单是根据采购入库单、采购发票核算采购入库成本的凭据,记载了采购入库单与采购发票的对应关系,业财一体信息化平台提供自动结算和手工结算两种采购结算方式,自动结算要求采购入库单与采购发票要有完全相同的一一对应关系。

(1)操作员 010 于长胜登录业财一体信息化平台,从【业务工作】—【供应链】—【采购管理】—【采购发票】—【专用采购发票】进入如图 7-1-14 所示的专用发票界面。

图 7-1-14　专用发票

(2) 点击【增加】按钮或按下 F5 功能键后,【增加】按钮变成【参照】按钮,点击【参照】按钮的向下三角,选择采购入库单,弹出如图 7-1-15 所示的查询条件—单据列表过滤界面。

采购发票的参照来源有采购订单、采购入库单和销售发票,点击【增加】按钮的向下三角,可以直接参照前述三个来源,同样进入查询条件—单据列表过滤界面。

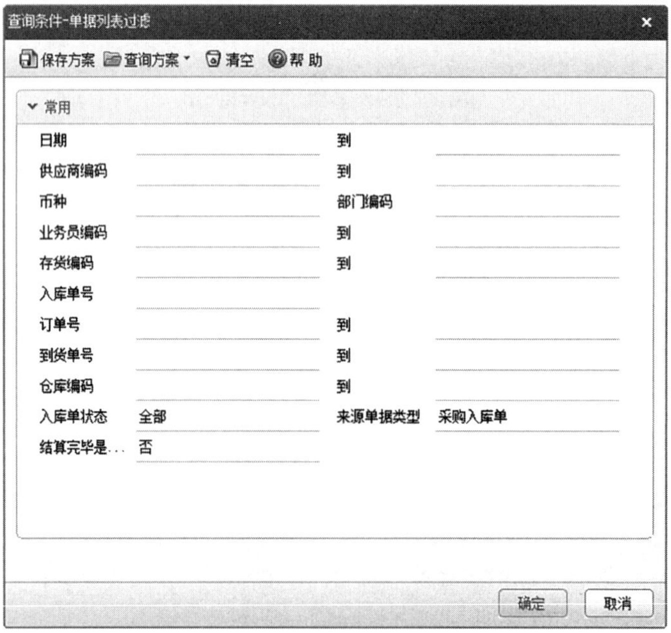

图 7-1-15　查询条件—单据列表过滤

(3)录入查询条件后,点击【确定】按钮,弹出如图 7-1-16 所示的发票拷贝入库单表头列表界面。

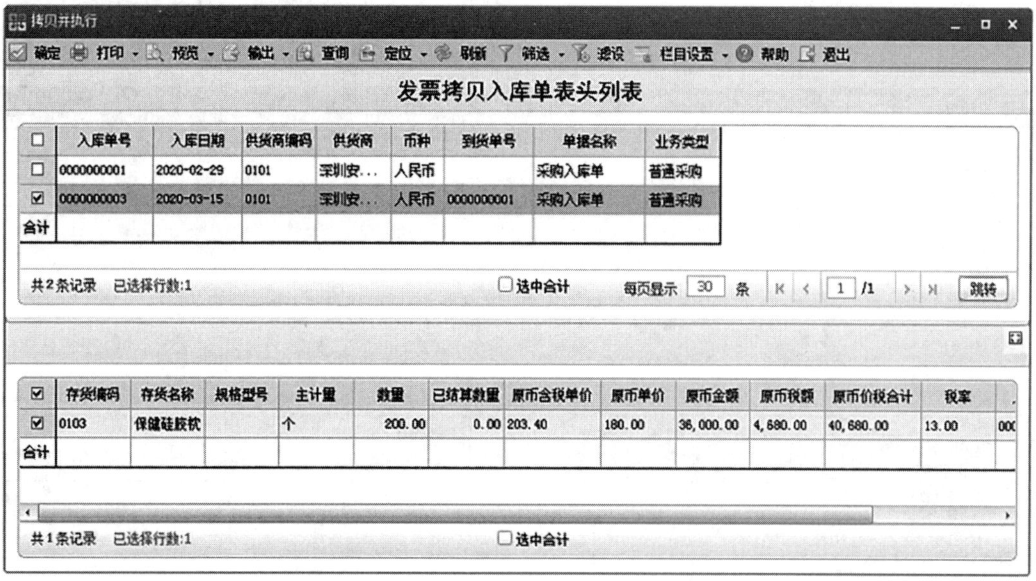

图 7-1-16　发票拷贝入库单表头列表

(4)选择要拷贝的数据行,点击【确定】按钮。数据自动填充到如图 7-1-17 所示的专用发票中。

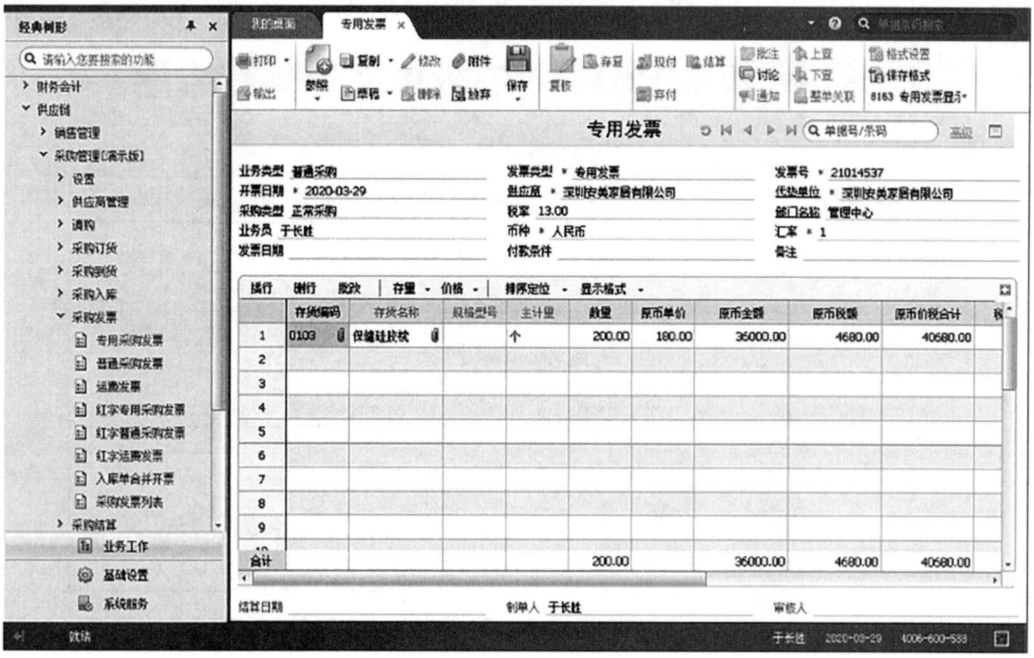

图 7-1-17　专用发票

(5)修改发票号码为 21014537 后，点击【保存】按钮或按下 F6 功能键保存专用发票。

(6)点击【复核】按钮完成本次采购专用发票录入。

(7)从【业务工作】—【供应链】—【采购管理】—【采购结算】—【手工结算】进入如图 7-1-18 所示的手工结算界面。

图 7-1-18 手工结算

(8)点击【选单】按钮，弹出如图 7-1-19 所示的结算选单界面。

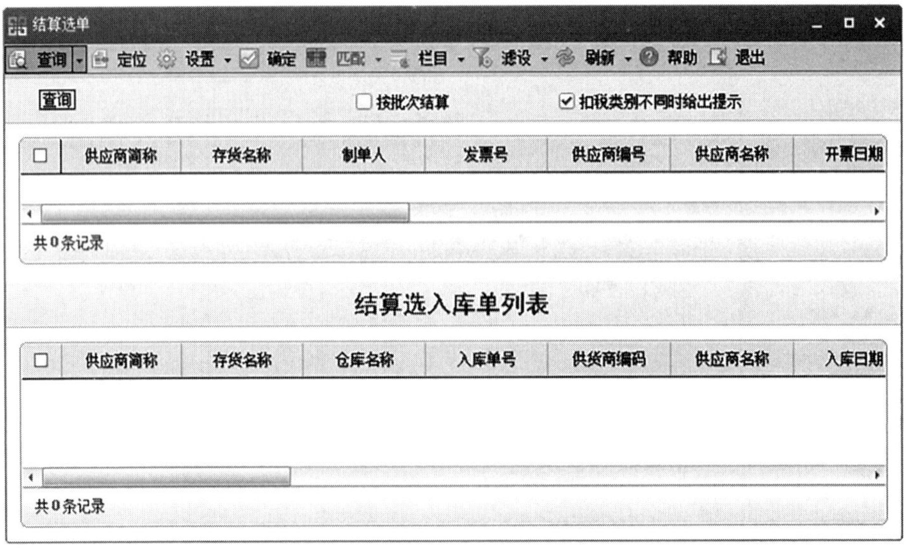

图 7-1-19 结算选单

（9）点击【查询】按钮，弹出如图 7-1-20 所示的查询条件—采购手工结算界面。

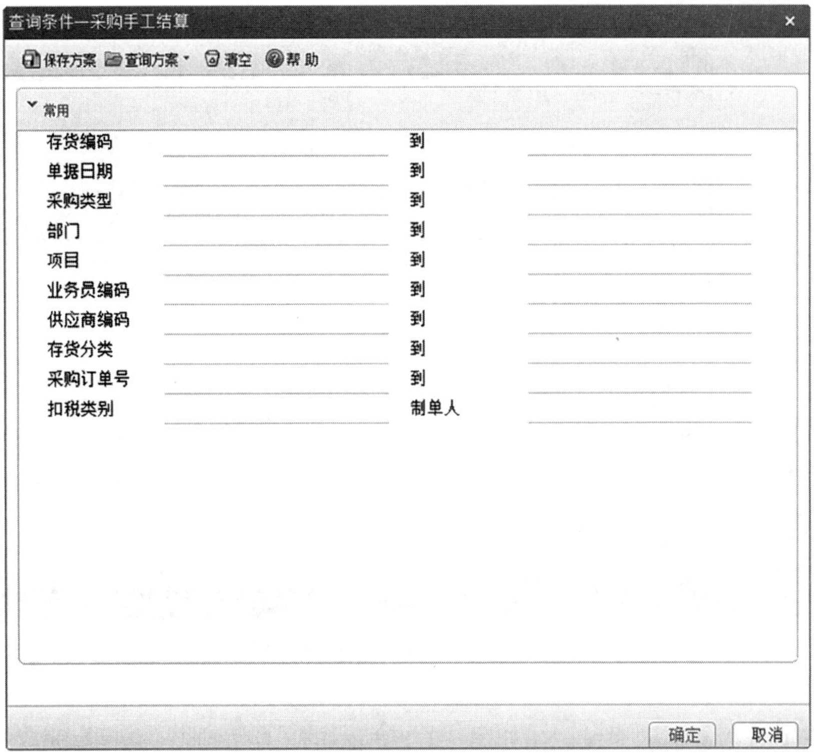

图 7-1-20　查询条件—采购手工结算

（10）录入查询条件后点击【确定】按钮，弹出如图 7-1-21 所示的结算选单界面。

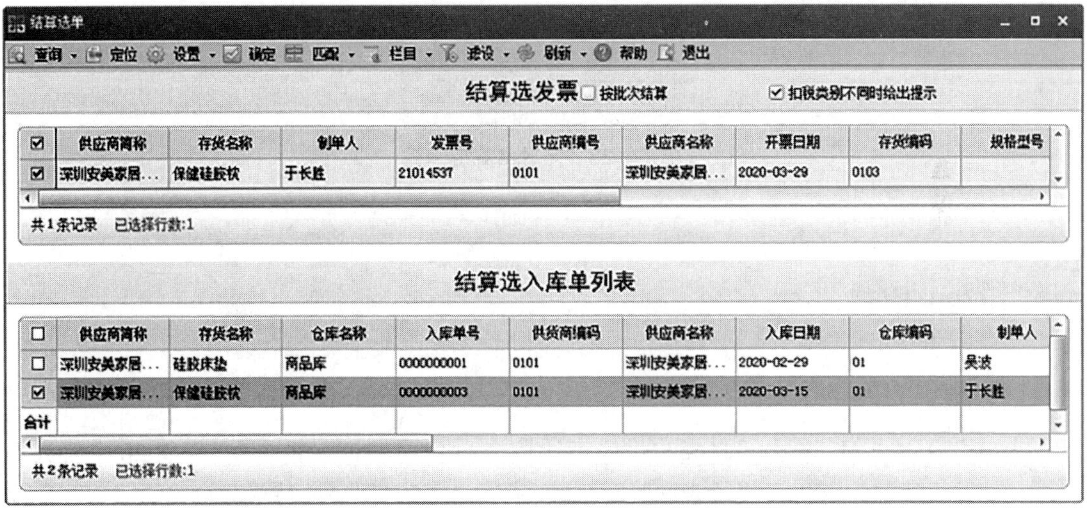

图 7-1-21　结算选单

(11)选择对应的采购发票和采购入库单,点击【确定】按钮,弹出如图 7-1-22 所示的手工结算界面。

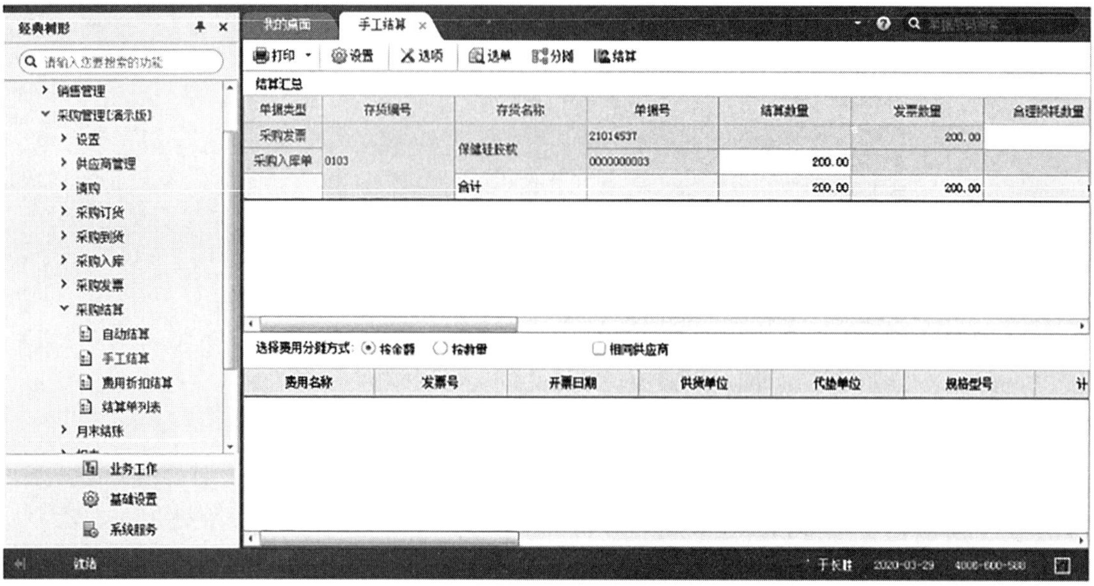

图 7-1-22　手工结算

(12)点击【结算】按钮,系统弹出如图 7-1-23 所示的采购管理界面,提示完成结算!

图 7-1-23　完成结算提示框

技能训练

一、采购订单

2020 年 1 月 8 日,采购部赵巍与供应商沈阳吉昌公司签订购销合同,采购 20 个推式开关,单价 5 元,货款未支付。履行合同签章手续,货物已于当日收到,待检验合格后入库。依据采购计划及签订的采购合同或协议,在业财一体信息化平台采购管理模块中熟练、准确地录入采购订单。

2020 年 1 月 10 日,采购部赵巍与石家庄天悦公司签订购销合同,采购脚踏开关 30 个,单价 6 元。履行合同签章手续，货物已于当日收到，待检验合格后入库。依据采购计划及签订的采购合同或协议，在业财一体信息化平台采购管理模块中熟练、准确地录入采购订单。

二、采购到货单

2020 年 1 月 8 日，采购部赵巍向供应商沈阳吉昌公司订购的 20 个推式开关已于当日收到，检验合格。依据审核通过的采购订单，在业财一体信息化平台采购管理模块中，完成手工填制采购到货单或参照生成采购到货单操作。

2020 年 1 月 10 日，采购部赵巍向石家庄天悦公司订购的脚踏开关 30 个已于当日收到，检验合格。依据审核通过的采购订单，在业财一体信息化平台采购管理模块中，完成手工填制采购到货单或参照生成采购到货单操作。

三、采购入库单

2020 年 1 月 8 日，沈阳吉昌公司发来的商品检验全部合格，全部验收入库。依据采购到货单，在业财一体信息化平台库存管理模块中，完成手工填制采购入库单或参照生成采购入库单操作。

2020 年 1 月 10 日，石家庄天悦公司发来的商品检验全部合格，全部验收入库。依据采购到货单，在业财一体信息化平台库存管理模块中，完成手工填制采购入库单或参照生成采购入库单操作。

四、采购发票结算

2020 年 1 月 8 日，沈阳吉昌公司发来的商品检验全部合格，全部验收入库，同时收到采购发票。依据采购入库单，在业财一体信息化平台采购管理模块中，完成手工填制采购发票或参照生成采购发票操作。

2020 年 1 月 10 日，石家庄天悦公司发来的商品检验全部合格，全部验收入库，同时收到采购发票。依据采购入库单，在业财一体信息化平台采购管理模块中，完成手工填制采购发票或参照生成采购发票操作。

任务 2　典型销售业务处理

任务描述

北京美庭商贸有限公司业财一体信息化项目进展非常顺利，达到预期效果，所有财务模块均已顺利运行，为全面实现精细化管理，规范销售业务流程，现将公司销售业务全面转入业财一体信息化平台运行，需要在平台完成销售业务的订单处理、出库、发货、开具销售发票等业务操作，实现业务财务一体化管理的目标。

销售业务是每一个企业都非常重视的业务，是供应链管理的重要内容，业财一体信息化平台提供报价、订货、发货、开票完整销售流程的管理，也可以定制个性化的销售管理流程，支持普通销售、委托代销、分期收款、直运、零售、销售调拨等特殊销售业务，实时监控销售价格和信用,精细分析市场动态。

典型销售业务任务框架如图 7-2-1 所示。

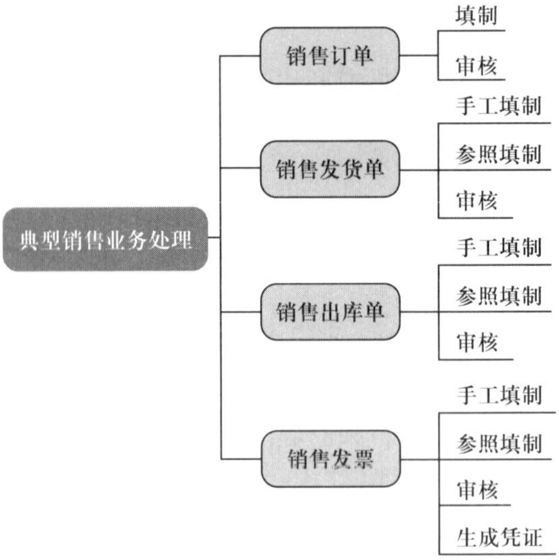

图 7-2-1　典型销售业务任务框架图

一、销售订单

销售订单

2020 年 3 月 23 日,电商经理何红艳与北京东北旺电子商务有限公司洽谈签订合同,并于签订合同当日通知仓库发货。依据与客户签订的销售合同或协议,在业财一体信息化平台销售管理模块中熟练、准确地填制销售订单(图 7-2-2)。

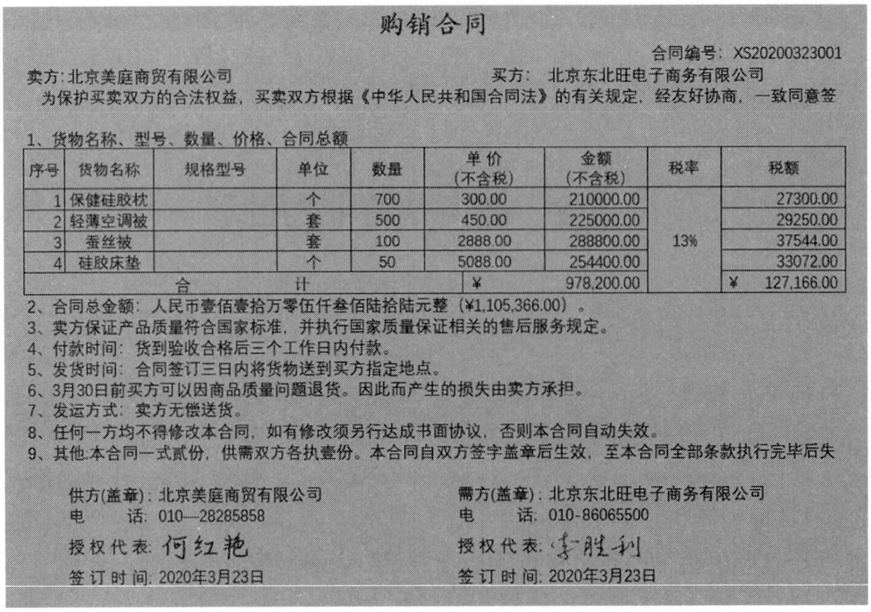

购销合同

合同编号: XS20200323001

卖方:北京美庭商贸有限公司　　买方: 北京东北旺电子商务有限公司

为保护买卖双方的合法权益, 买卖双方根据《中华人民共和国合同法》的有关规定, 经友好协商, 一致同意签

1、货物名称、型号、数量、价格、合同总额

序号	货物名称	规格型号	单位	数量	单价(不含税)	金额(不含税)	税率	税额
1	保健硅胶枕		个	700	300.00	210000.00	13%	27300.00
2	轻薄空调被		套	500	450.00	225000.00		29250.00
3	蚕丝被		套	100	2888.00	288800.00		37544.00
4	硅胶床垫		个	50	5088.00	254400.00		33072.00
合　计					¥	978,200.00		¥ 127,166.00

2、合同总金额: 人民币壹佰壹拾万零伍仟叁佰陆拾陆元整(¥1,105,366.00)。

3、卖方保证产品质量符合国家标准, 并执行国家质量保证相关的售后服务规定。

4、付款时间: 货到验收合格后三个工作日内付款。

5、发货时间: 合同签订三日内将货物送到买方指定地点。

6、3月30日前买方可以因商品质量问题退货。因此而产生的损失由卖方承担。

7、发运方式: 卖方无偿送货。

8、任何一方均不得修改本合同, 如有修改须另行达成书面协议, 否则本合同自动失效。

9、其他:本合同一式贰份, 供需双方各执壹份。本合同自双方签字盖章后生效, 至本合同全部条款执行完毕后失

供方(盖章): 北京美庭商贸有限公司　　需方(盖章): 北京东北旺电子商务有限公司

电　　话: 010—28285858　　电　　话: 010-86065500

授权代表: 何红艳　　授权代表: 李胜利

签订时间: 2020年3月23日　　签订时间: 2020年3月23日

图 7-2-2　购销合同

二、销售发货单

2020 年 3 月 23 日，公司按合同约定，委托物流公司将合同标的发往合同约定地点。在业财一体信息化平台销售管理模块中，熟练、准确地手工填制销售发货单或依据销售订单生成销售发货单。

销售发货单

三、销售出库单

2020 年 3 月 23 日，物流公司凭销售发货单到商品库办理出库手续，将合同标的发往合同约定地点。在业财一体信息化平台库存管理模块中，熟练、准确地根据销售发货单生成销售出库单(图 7-2-3)。

销售出库单

销售出库单

2020 年 3 月 23 日　　　　编号：XS20200323001

序号	名称	规格	单位	应发数量	实发数量	客户
1	保健硅胶枕		个	700	700	北京东北旺电子商务有限公司
2	轻薄空调被		套	500	500	北京东北旺电子商务有限公司
3	蚕丝被		套	100	100	北京东北旺电子商务有限公司
4	硅胶床垫		个	50	50	北京东北旺电子商务有限公司

制单：張远东　　复核：柳源　　经办人：何红艳

第三联：财务部

图 7-2-3　销售出库单

四、销售发票

2020 年 3 月 30 日，何红艳在公司信息化系统中生成销售发票并完成发票的审核制单。在业财一体信息化平台销售管理模块中，熟练、准确地完成增值税专用发票的填制(图 7-2-4)。

销售发票

1100202150

北京增值税专用发票　№ 45958965　1100202150 45958965

此联不做报销、扣税凭证使用

机器编号：351130754688　　开票日期：2020年3月30日

购买方
名　　称：北京东北旺电子商务有限公司
纳税人识别号：9111030266052765XB
地 址、电 话：北京市北京经济技术开发区科创十一街18号C座010-86065500
开户行及账号：中国农业银行亦庄开发区支行134332839312637

密码区
</*557<+/>*<3680589</32*+**+*<8
916</129*+*<66692<9414##<*#2177
#+*</9979*+#<6903</42028*<1094*
<<47165*2304<3370##<*#3426>->**

货物或应税劳务名称	规格型号	单位	数量	单价	金额	税率	税额
*橡胶制品*保健硅胶枕		个	700	300	210000. 00	13%	27300. 00
*化纤制品*轻薄空调被		套	500	450	225000. 00	13%	29250. 00
*丝制品*蚕丝被		套	100	2888	288800. 00	13%	37544. 00
*橡胶制品*硅胶床垫		个	50	5088	254400. 00	13%	33072. 00
合　计					¥978, 200. 00		¥127, 166. 00

价税合计（大写）⊗ 壹佰壹拾万伍仟叁佰陆拾陆元整　　（小写）¥1, 105, 366. 00

销售方
名　　称：北京美庭商贸有限公司
纳税人识别号：91440300708461188Y
地 址、电 话：北京市海淀区回龙观路15号010—28285858
开户行及账号：中国工商银行北京海淀支行1100229998888899588

备注

收款人：略　　复核：略　　开票人：略　　购买方：（章）

税总函[2019]144号中钞光华印刷有限公司

第一联：记账联　销售方记账凭证

图 7-2-4　增值税专用发票

知识准备

销售管理帮助企业对销售业务的全部流程进行管理，提供报价、订货、发货、开票的完整销售流程管理，支持普通销售、委托代销、分期收款、直运、零售、销售调拨等多种类型的销售业务，支持以订单为核心的业务模式，并可对销售价格和信用进行实时监控。企业可以根据实际情况进行销售流程的定制，构建自己的销售业务管理平台。

一、销售订单

销售订货指由购销双方确认的客户的要货过程，用户根据销售订单组织货源，并对订单的执行进行管理、控制和追踪。

销售订单是反映由购销双方确认的客户要货需求的单据，它可以是企业销售合同中关于货物的明细内容，也可以是一种订货的口头协议。对于必有订单的业务模式，销售订单是必用单据；否则销售订单是可选单据，用户可以根据业务的实际需要选用。销售订单对应企业的销售合同中订货明细部分的内容，但不能完全代替销售合同，没有关于合同中付款内容的描述。

销售流程如下。

销售流程图如 7-2-5 所示。

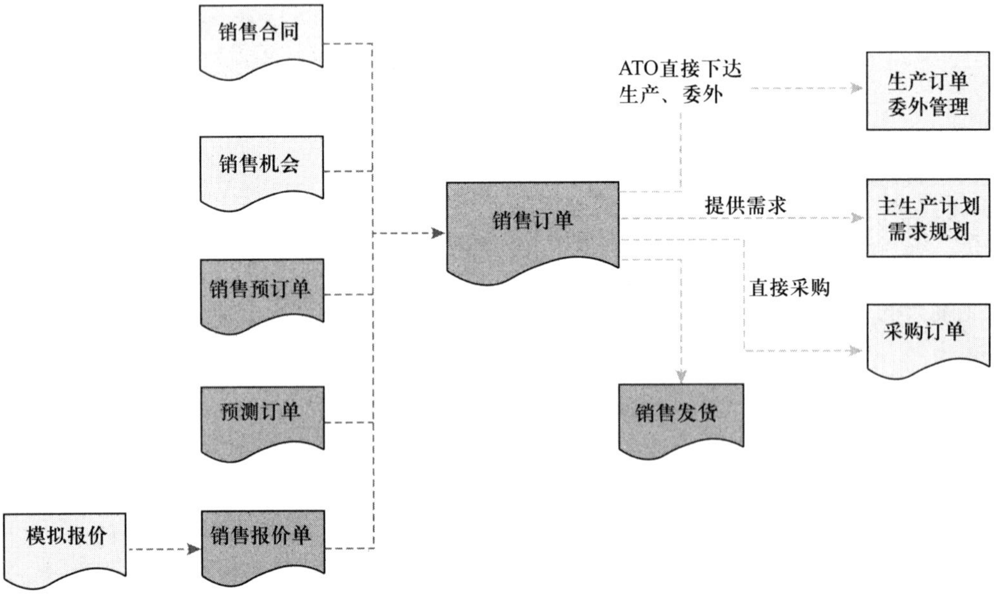

图 7-2-5 销售流程图

功能按钮操作说明：

(1)销售订单手工增加，也可参照销售报价单、合同、销售预订单、预测订单、销售机会生成。

(2)销售订单可修改、删除、审核、弃审、关闭、打开，可以行关闭、行打开。

(3)工业版账套。未审核、未整单关闭的销售订单可锁定、解锁；系统将已锁定、已审核的未关闭的销售订单余量作为需求规划、主生产计划的需求来源。

(4)已审核未关闭的销售订单可以变更。

(5)已审核未关闭的销售订单可参照生成销售发货单、销售发票,ATO 件可下达生产生成生产订单,ATO 件、ATO 模型可下达委外生成委外订单。

二、销售发货单

销售发货是企业执行与客户签订的销售合同或销售订单,将货物发往客户的行为,是销售业务的执行阶段。

功能按钮操作说明:

先发货后开票模式:发货单由销售部门根据销售订单填制或手工输入;发货单审核后,可以生成销售发票、销售出库单。

开票直接发货模式:发货单由销售发票自动生成,发货单只能浏览,不能进行修改、删除、弃审等操作,但可以关闭、打开;销售出库单根据自动生成的发货单生成。

发货单是销售方作为给客户发货的凭据,是普通销售发货业务的执行载体。无论工业企业还是商业企业,发货单都是《销售管理》的核心单据。销售发货单可以手工增加,也可以参照销售订单生成。

先发货后开票:

(1)销售发货单可以手工增加,也可以参照销售订单生成;必有订单业务模式,销售发货单不可手工新增,只能参照生成。

(2)销售发货单可以修改、删除、审核、弃审、关闭、打开,可以行关闭、行打开。

(3)已审核未关闭的销售发货单可参照生成销售发票。

(4)与《库存管理》集成时,【设置—销售选项—业务控制】[销售生成出库单]= ‘是’,则销售发货单审核时生成销售出库单;否则在《库存管理》根据发货单生成出库单。

(5)与《质量管理》集成时,可以进行发货报检、退货报检。

开票直接发货:

(1)销售发票复核时,自动生成销售发货单。

(2)销售发货单不可以修改、删除、弃审,但可以关闭、打开。

(3)与《库存管理》集成时,【设置—销售选项—业务控制】[销售生成出库单]= ‘是’,则销售发票复核时,自动生成销售出库单;否则在《库存管理》根据发货单生成出库单。

(4)与《质量管理》集成时,可以进行发货报检、退货报检。

三、销售出库单

销售出库单是销售出库业务的主要凭据,在《库存管理》用于存货出库数量核算,在《存货核算》用于存货出库成本核算。销售出库单有两种形式:

(1)《销售管理》生成出库单。《销售管理》的发货单、销售发票、零售日报、销售调拨单在审核 / 复核时,自动生成销售出库单,并传到《库存管理》和《存货核算》,《库存管理》不可修改出库数量,即一次发货一次全部出库。

(2)销售出库单由《库存管理》参照销售发货单生成;在参照时,可以修改本次出库数量,即一次发货多次出库。

在由《库存管理》生单向《销售管理》生单切换时，如果有已审核/复核的发货单、发票未在《库存管理》生成销售出库单，将无法生成销售出库单，因此应检查已审/复核的销售单据是否均已全部生成销售出库单后再切换。

业务流程如下。

业务流程如图 7-2-6 所示。

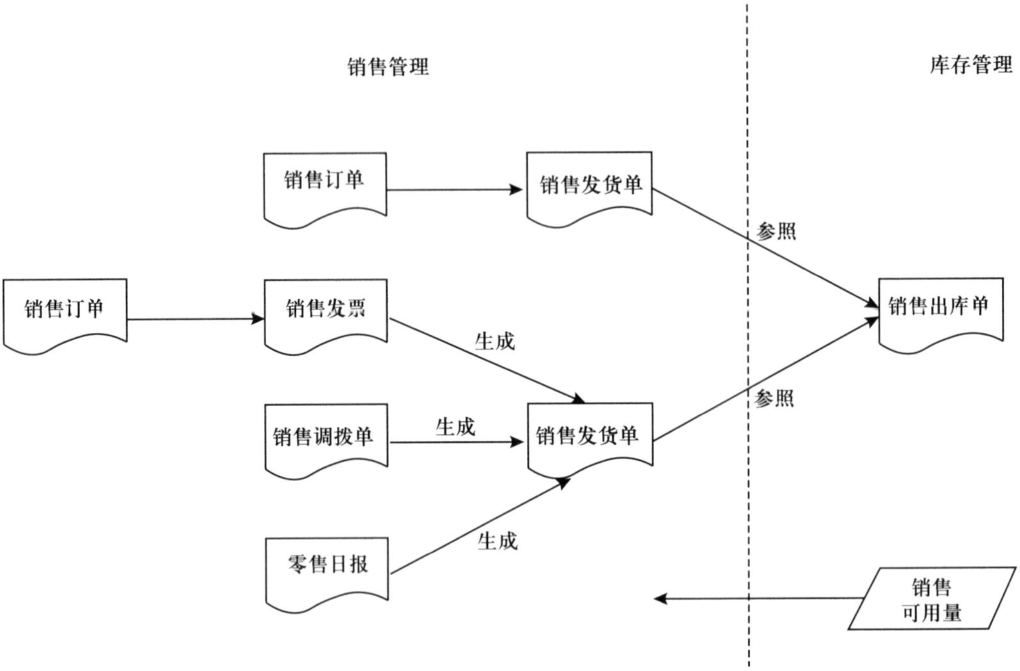

图 7-2-6　业务流程图

参照报价单生成销售订单。

(1) 先发货。参照销售订单生成发货单，参照发货单生成出库单，参照发货单或出库单生成发票。

(2) 先开票。参照销售订单生成发票，发票复核时生成发货单、出库单。

四、销售发票

销售发票是在销售开票过程中用户所开具的原始销售单据，包括增值税专用发票、增值税普通发票及其所附清单。销售发票业务流程如图 7-2-7 所示。

销售发票复核后通知财务部门的《应收款管理》核算应收账款，在《应收款管理》审核登记应收明细账，制单生成凭证。

已复核的蓝字增值税普通发票支持一键开具电子发票。

开票直接发货：

(1) 销售发票可以手工增加，也可以参照销售订单、销售发货单或销售出库单生成；必有订单业务模式，销售发票不可手工新增，只能参照生成。

(2) 销售发票可以修改、删除、复核、弃复。

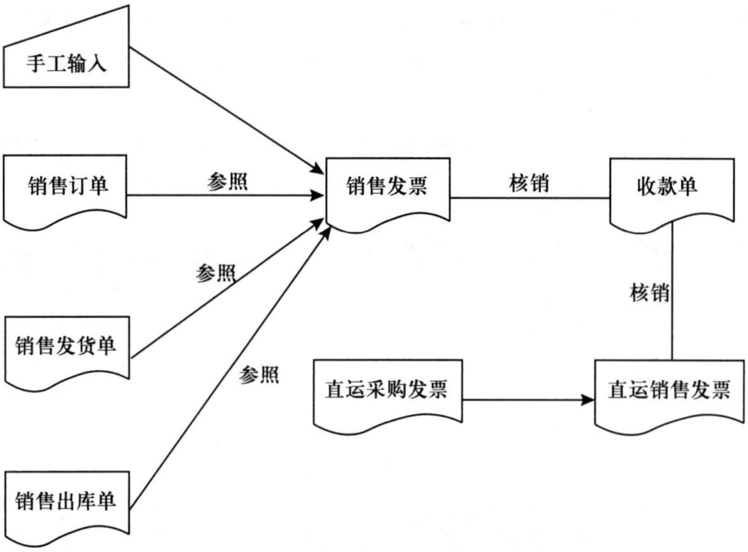

图 7-2-7　销售发票业务流程图

(3)销售发票复核时生成销售发货单;弃复时删除生成的发货单。

(4)与《库存管理》集成时,【设置—销售选项—业务控制】[销售生成出库单]=‘是’,则销售发票复核时同时生成销售出库单;否则在《库存管理》根据销售发票生成的发货单生成出库单。

先发货后开票:

(1)参照销售发货单或出库单生成销售发票;根据委托代销发货单进行委托结算时自动生成委托代销发票。参照发货单开票、委托代销结算时,可以设置[蓝字记录按出库数开票/结算]。

(2)销售发票可以修改、删除、复核、弃复。

【开具电子发票】已复核的蓝字增值税普通发票支持一键开具电子发票:点开税票按钮,则系统将发票信息传入发票管理系统申请开票,并将返回的税票号码和税票状态记入发票表头。

【发票作废】销售发票录入有错时可以删除销售发票,但在用户对销售发票有严格管理的情况下,当销售发票录入有错但已进行套打印时,销售发票不能删除(因为手工填写的销售发票是不能销毁的),这时可以使用作废销售发票的功能。

作废发票的效果相当于销售发票被删除,按【作废】后,发票左上角注明“作废”红色标记,同时【作废】变为【弃废】。

已作废销售发票,不能修改、复核。

已复核的销售发票不能作废,只能开具红字发票冲原发票,或弃复后再作废。

作废的销售发票显示在销售发票列表中。

任务流程

一、销售订单

操作流程如下。

销售订单通常是企业与客户之间签订的销售合同、购销协议等,主要内容包括销售商品、数量、供货时间、地点、价格等,也可以是一种订货的口头协议。销售订单对应企业销售合同中订货明细的部分内容,但不能完全代替销售合同。

(1)操作员 014 何红艳登录业财一体信息化平台,从【业务工作】—【供应链】—【销售管理】—【销售订货】—【销售订单】进入如图 7-2-8 所示的销售订单界面。

图 7-2-8　销售订单

(2)点击【增加】按钮或按下 F5 功能键,可以直接录入销售订单,点击【增加】按钮后,【增加】按钮变成【参照】按钮,也可以点击【参照】按钮,参照销售报价单、销售预订单、销售机会生成。

订单号:如果订单编号设置为手工录入,则需直接录入,否则系统自动生成。

订单日期:默认当前业务日期,可以点日历图标选择修改。

业务类型:系统自动带出普通销售。

销售类型:按 F2 功能键选择录入,正常销售。

供应商:按 F2 功能键选择录入,北京东北旺电子商务有限公司。

部门:可先填写业务员信息,本栏内容自动带出。

业务员:何红艳

税率:13%

存货编码:按 F2 功能键选择录入 0103、0301、0302、0401。

数量:分别手工录入 700、500、100、50。

无税单价:分别录入 300.00、450.00、2 088.00、5 088.00。

预发货日期:按合同或口头协议录入,系统默认为当前业务日期。

(3)点击【保存】按钮或按下 F6 功能键保存销售订单。

(4)点击【审核】按钮完成本次销售订单录入。

二、销售发货单

操作流程如下。

销售发货是销售订货和销售出库的中间环节，一般由采购业务员根据客户要求发货，销售发货单填写货物、数量、价格等信息，作为保管员出货的依据。

(1)操作员 014 何红艳登录业财一体信息化平台，从【业务工作】—【供应链】—【销售管理】—【销售发货】—【发货单】进入如图 7-2-9 所示的发货单界面。

图 7-2-9　发货单

(2)销售发货单可以点击【增加】按钮或按下 F5 功能键直接录入，点击【增加】按钮后，【增加】按钮变成【参照】按钮，也可以点击【参照】按钮，选择销售订单，弹出如图 7-2-10 所示的查询条件—参照订单界面。

图 7-2-10　查询条件—参照订单

(3)录入查询条件后,点击【确定】按钮,弹出如图 7-2-11 所示的参照生单界面。

图 7-2-11 参照生单

(4)选择要拷贝的北京东北旺电子商务有限公司数据行,点击【确定】按钮。数据自动填充到发货单中。填写发货仓库名称商品库后点击【保存】按钮或按下 F6 功能键,保存销售发货单。

(5)点击【审核】按钮完成本次销售发货单录入,如图 7-2-12 所示的发货单左上角状态栏显示为已审核。

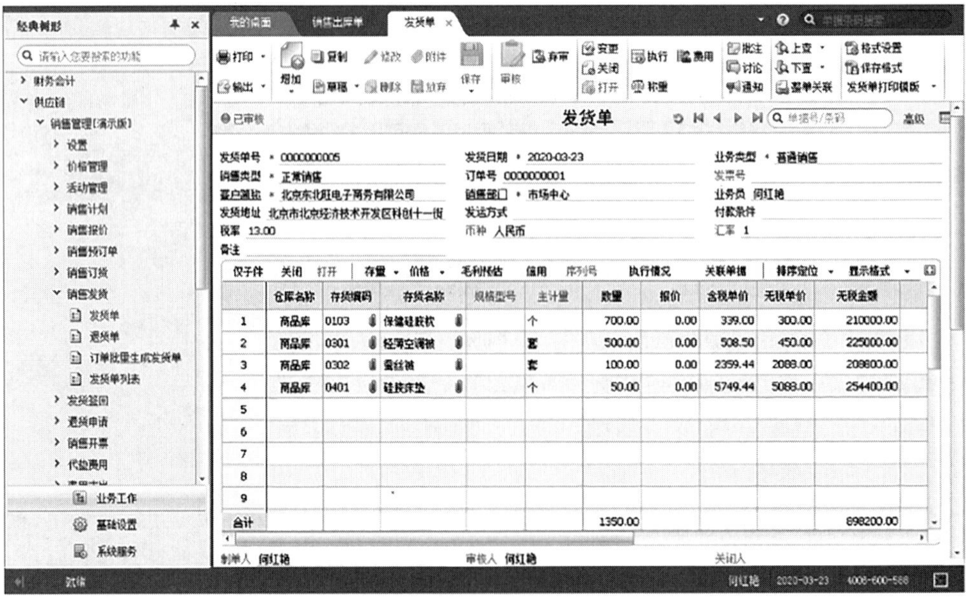

图 7-2-12 发货单审核

三、销售出库单

销售出库单是销售出库业务的主要凭据，记录存货出库数量，是存货出库成本核算的主要依据。

(1) 操作员 014 何红艳登录业财一体信息化平台，从【业务工作】—【供应链】—【库存管理】—【销售出库】—【销售出库单】进入如图 7-2-13 所示的销售出库单界面。

图 7-2-13　销售出库单

(2) 点击【增加】按钮下部的向下三角，选择销售发货单，弹出如图 7-2-14 所示的查询条件—销售发货单列表界面。

图 7-2-14　查询条件—销售发货单列表

(3) 录入查询条件后，点击【确定】按钮，弹出如图 7-2-15 所示的销售生单界面。

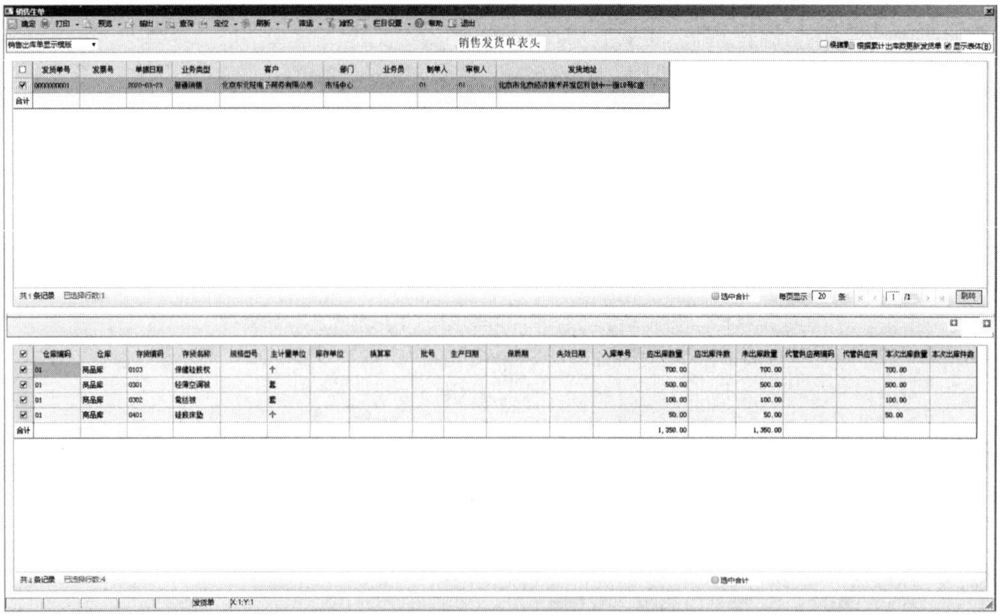

图 7-2-15　销售生单

(4) 选择北京东北旺电子商务有限公司记录行，点击【确定】按钮，数据填充到销售出库单中。

(5) 点击【审核】按钮，系统提示审核成功，如图 7-2-16 所示的销售出库单左上角状态栏显示为已审核。

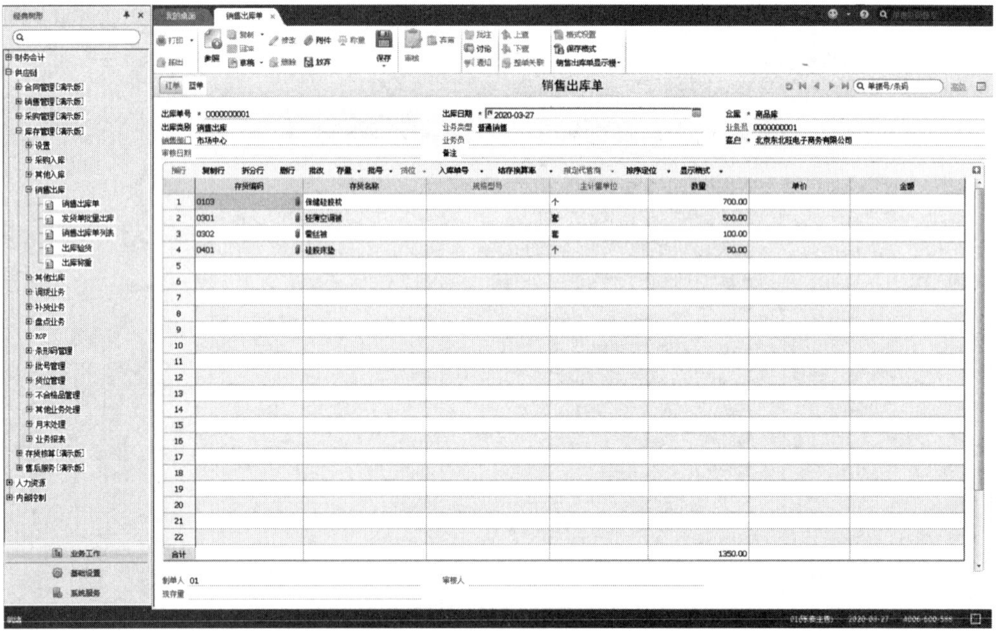

图 7-2-16　销售出库单

四、销售发票

销售发票是记录销售过程的原始销售单据，确认销售收入、计算销售成本、确认应交销售税金和应收账款的重要依据。单据主要包括增值税专用发票、增值税普通发票及其所附清单。

(1)操作员 014 何红艳登录业财一体信息化平台，从【业务工作】—【供应链】—【销售管理】—【销售开票】—【销售专用发票】进入如图 7-2-17 所示的销售专用发票界面。

图 7-2-17 销售专用发票

(2)点击【增加】按钮下部的向下三角，选择发货单，弹出如图 7-2-18 所示的查询条件—发票参照发货单界面。

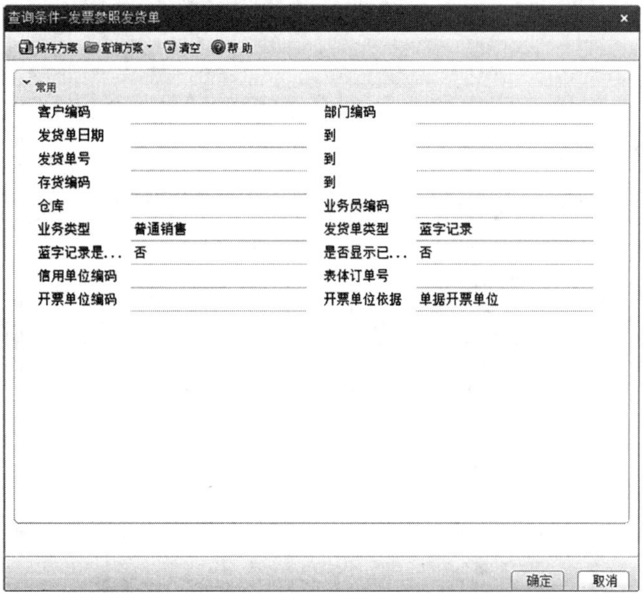

图 7-2-18 查询条件—发票参照发货单

(3) 录入查询条件后，点击【确定】按钮，弹出如图 7-2-19 所示的参照生单界面。

图 7-2-19　参照生单

(4) 选择要拷贝的北京东北旺电子商务有限公司数据行，点击【确定】按钮。数据自动填充到销售专用发票中。

(5) 填写发票号码 45958965 后，点击【保存】按钮或按下 F6 功能键，保存销售专用发票，发票状态栏显示为已开立。

(6) 点击【复核】按钮完成本次销售发货单录入，如图 7-2-20 所示的发票状态栏显示为已复核。

图 7-2-20　发票复核

技能训练

一、销售订单

2020 年 1 月 19 日，销售部吴宇与辽宁勤力公司洽谈签订合同，销售 100 个卧室台灯，含税单价 226 元，并于签订合同当日通知仓库发货。依据与客户签订的销售合同或协议，在业财一体信息化平台销售管理模块中熟练、准确地填制销售订单。

2020 年 1 月 20 日，销售部吴宇与河北益达公司洽谈签订合同，销售落地台灯 50 个，含税单价 339 元，并于签订合同当日通知仓库发货。依据与客户签订的销售合同或协议，在业财一体信息化平台销售管理模块中熟练、准确地填制销售订单。

二、销售发货单

2020 年 1 月 19 日，公司按合同约定，委托物流公司将 100 个卧室台灯发往合同约定地点。在业财一体信息化平台销售管理模块中，熟练、准确地手工填制销售发货单或依据销售订单生成销售发货单。

2020 年 1 月 20 日，公司按合同约定，委托物流公司将落地台灯 50 个发往合同约定地点。在业财一体信息化平台销售管理模块中，熟练、准确地手工填制销售发货单或依据销售订单生成销售发货单。

三、销售出库单

2020 年 1 月 19 日，物流公司凭销售发货单到商品库办理出库手续，将 100 个卧室台灯发往合同约定地点。在业财一体信息化平台库存管理模块中，熟练、准确地根据销售发货单生成销售出库单。

2020 年 1 月 19 日，物流公司凭销售发货单到商品库办理出库手续，将落地台灯 50 个发往合同约定地点。在业财一体信息化平台库存管理模块中，熟练、准确地根据销售发货单生成销售出库单。

四、销售发票

2020 年 1 月 30 日，杨再新在公司信息化系统中分别生成 2 张销售发票并完成发票的审核制单。在业财一体信息化平台销售管理模块中，熟练、准确地完成销售发票的填制。

任务 3　典型库存与存货业务处理

任务描述

北京美庭商贸有限公司业财一体信息化项目进展非常顺利，且采购销售业务都已经实现全面的精细化管理，为库存管理和存货成本核算奠定基础，现将公司库存管理和存货核算业务转入业财一体信息化平台运行，需要完成商品和材料的入库和结转工作，实现业财一体信息化存货管理的目标。

库存管理是供应链业务的一项重要内容，业财一体信息化平台基于库存管理模块对采购入库、销售出库、产成品入库、材料出库、其他出入库、盘点等业务的管理。存货核算是进行各类业务的存货核算，反映和监督存货的收发、领退和保管情况，监控企业存货成本变化，督促企业降低存货成本，减少存货资金占用，促进企业提高资金的使用效率。

典型库存与存货业务框架如图 7-3-1 所示。

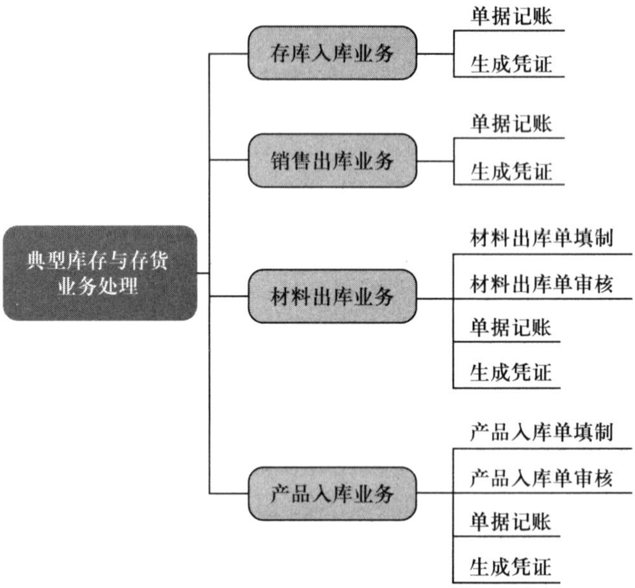

图 7-3-1　典型库存与存货业务框架

一、材料出库单

2020 年 3 月 1 日，一车间到原材料库领 300 千克天然硅胶，用于生产硅胶枕。根据材料领用出库情况，在业财一体信息化平台中熟练、准确地填制材料出库单，并进行记账处理，生成记账凭证。

材料出库单

二、产成品入库单

2020 年 3 月 1 日，一车间生产完工，并将已经检验合格的 100 个保健硅胶枕入库。根据验收入库的产品信息，在业财一体信息化平台中熟练、准确地填制产品入库单并进行记账处理，生成记账凭证。

产成品入库单

知识准备

库存管理主要是从数量的角度管理存货的出入库业务，能够满足采购入库、销售出库、产成品入库、材料出库、其他出入库、盘点管理等业务需要，提供多计量单位使用、仓库货位管理、批次管理、保质期管理、出库跟踪、入库管理、可用量管理等全面的业务应用。通过对存货的收发存业务处理，及时、动态地掌握各种库存信息，对库存安全性进行控制，提供各种储备分析，避免库存积压占用资金或材料短缺影响生产。

一、材料出库单

对于工业企业，材料出库单是领用材料时所填制的出库单据，当从仓库中领用材料用于生产时，就需要填制材料出库单。只有工业企业才有材料出库单，商业企业没有此单据。

对于生产倒冲或委外倒冲的材料，在产成品入库或委外入库（指业务类型为委外加工的采购入库）保存时，系统按规则自动生成材料出库单。

材料出库单可以手工增加，可以配比出库，可以参照《生产订单》的生产订单用料表生成、参照《生产订单》的补料申请单生成、参照《委外管理》的委外订单用料表生成，或根据限额领料单、领料申请单生成；

材料出库单还可以在产成品入库单、采购入库单、生产订单工序转移单保存后由系统自动生成；

材料出库单可以修改、删除、审核、弃审，但根据限额领料单生成的材料出库单不可修改、删除；

根据修改现存量时点设置，材料出库单保存或审核后更新现存量。

【材料出库业务核算】材料出库单是指工业企业领用材料时所填制的出库单据，是工业企业出库单据的主要部分；在存货核算系统中，提供对材料出库业务的核算。

如果用户同时启用成本管理系统，且在成本管理系统选项中选择直接材料来源于存货核算系统，则在材料出库单记账后，成本管理系统通过取数功能得到存货核算系统中的材料出库数据，通过成本管理系统中对料、工、费的归集和分配，得到完工入库产品成本和在产品成本。

如果与库存管理系统集成使用，材料出库单在库存管理系统中录入，在存货核算系统只能修改其单价、金额。

【核算规则】

(1)若存货的计价方式为先进先出、后进先出、移动平均、个别计价法，依据其计价方式在单据记账处进行出库成本计算，记入存货明细账。采用全月平均及计划价 / 售价法的存货则在期末处理处进行出库成本的计算。

(2)核算规则与算法请参见存货成本核算说明。

【制单规则】

材料出库单制单时，借方科目取对方科目设置中收发类别对应的科目，贷方取存货科目。如收发类别为材料领用出库，其对应的科目为生产成本，存货科目为原材料。

凭证科目为：

借：生产成本

　　贷：原材料

二、产成品入库单

对于工业企业，产成品入库单一般指产成品验收入库时所填制的入库单据。产成品入库单是工业企业入库单据的主要部分。只有工业企业才有产成品入库单，商业企业没有此单据。

(1)产成品入库单可以手工增加,也可以参照生产订单(父项产品及子项材料中的产出品)生成。参见"根据生产订单入库"。

(2)与《质量管理》集成使用时,可以参照产品检验单、产品不良品处理单生成。

(3)产成品入库单可以修改、删除、审核、弃审。

(4)根据修改现存量时点设置,产成品入库单保存或审核后更新现存量。

(5)与生产订单关联的产成品入库单保存时,如果有倒冲料则系统自动生成材料出库单。

(6)与生产订单关联的产成品入库单保存时,如果当前入库物料在上阶生产订单中是直接供应类型的子件,则系统自动生成上阶生产订单的材料出库单,也就是当前入库物料直接出库。

【核算规则】

按实际价核算时,以入库单上的单价、金额记账。当以实际价核算的入库单没有成本时,系统将根据您在选项中入库单成本的设置方式进行处理,如果您选择参照手工输入,系统将不允许记账,您需要手工输入,则您可在记账时点右键录入,或通过单据录入处对单据进行修改单价、金额。如果您选择其他方式,如上次入库成本,系统将参照上次入库成本进行记账。按计划价核算,若存货入库单价与存货的计划单价不同,则根据两者之差产生差异,记入差异明细账。

【制单规则】

产成品入库单制单时,贷方科目取对方科目设置中收发类别对应的科目,借方取存货科目。如收发类别为产成品入库,其对应的科目为生产成本,存货科目为产成品。

凭证科目为:

借:产成品

　　贷:生产成本

任务流程

一、材料出库单

操作流程如下。

材料出库单是原材料库的出库单据,主要是制造企业生产车间领用生产用原材料的原始凭证,是核算产品材料成本的重要依据。

(1)操作员 011 张远东登录业财一体信息化平台,从【业务工作】—【供应链】—【库存管理】—【材料出库】—【材料出库单】进入如图 7-3-2 所示的材料出库单界面。

(2)点击【增加】按钮或按下 F5 功能键,录入以下信息:

出库单号:系统自动生成。

订单日期:默认当前业务日期,点击日历图标修改为 2020-3-1。

仓库:原材料。

出库类别:领料出库。

部门:一车间。

材料编码:002。

数量:手工录入 300。

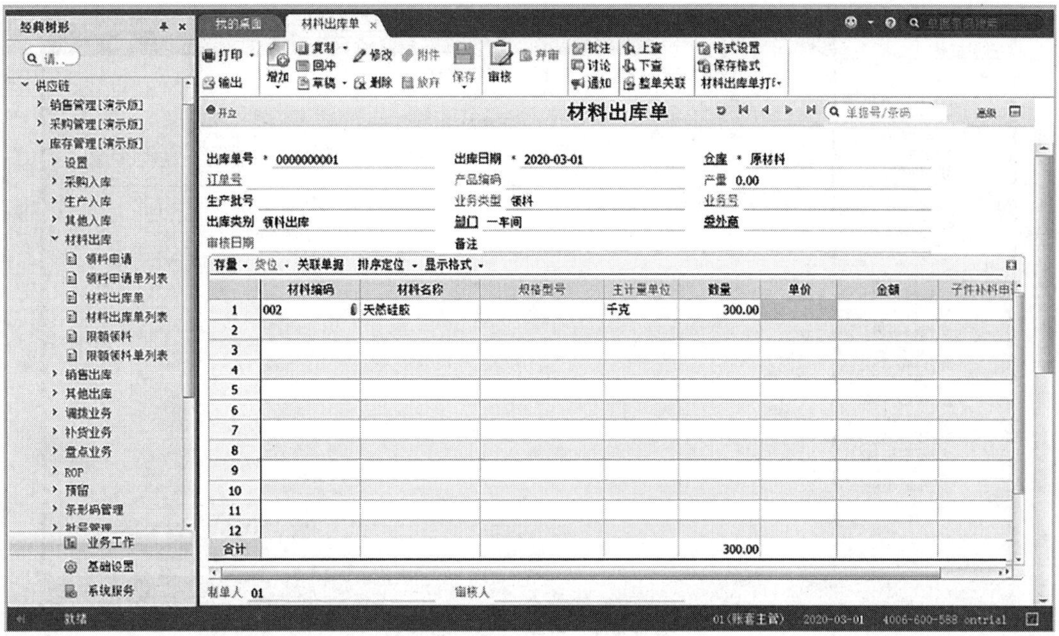

图 7-3-2　材料出库单

(3)点击【保存】按钮或按下 F6 功能键保存材料出库单。

(4)点击【审核】按钮完成本次材料出库单录入,弹出如图 7-3-3 所示的单据审核成功提示界面,点击【确定】按钮返回。

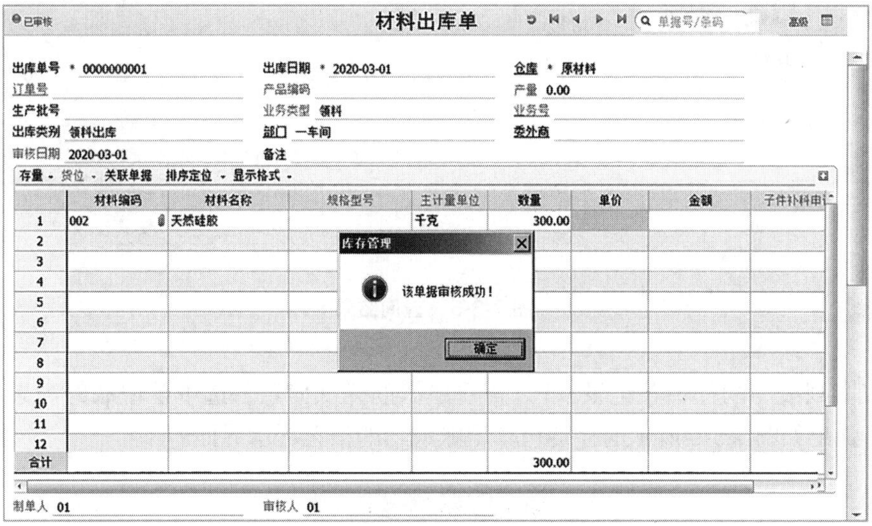

图 7-3-3　材料出库单审核

(5)从【业务工作】—【供应链】—【存货核算】—【记账】—【正常单据记账】进入如图 7-3-4 所示的正常单据记账列表界面。

(6)点击【查询】按钮,在如图 7-3-5 所示的正常单据记账列表界面的右侧显示查询结果。

图 7-3-4　正常单据记账列表

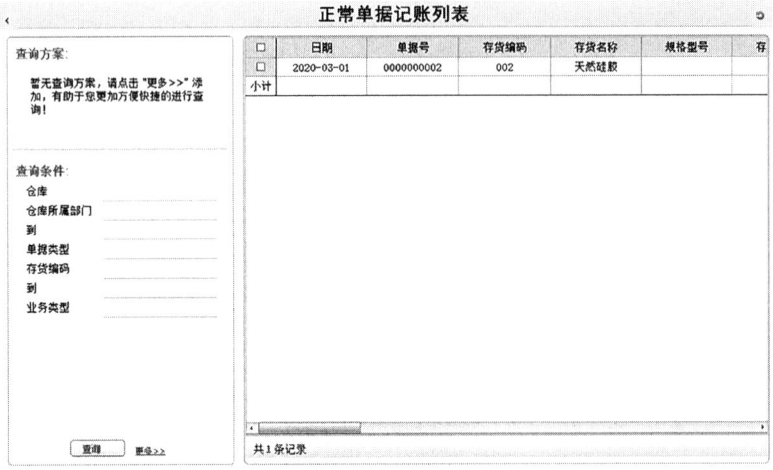

图 7-3-5　查询结果

(7) 双击列表中的任一条记录，可以查看单据的详细信息。选中要记账的记录，点击【记账】按钮，弹出如图 7-3-6 所示的存货核算记账成功的信息提示界面。

图 7-3-6　记账成功

(8)从【业务工作】—【供应链】—【存货核算】—【凭证处理】—【生成凭证】进入如图 7-3-7 所示的生成凭证界面。

图 7-3-7　生成凭证

(9)点击【选单】按钮,弹出如图 7-3-8 所示的查询条件—生成凭证查询条件界面。

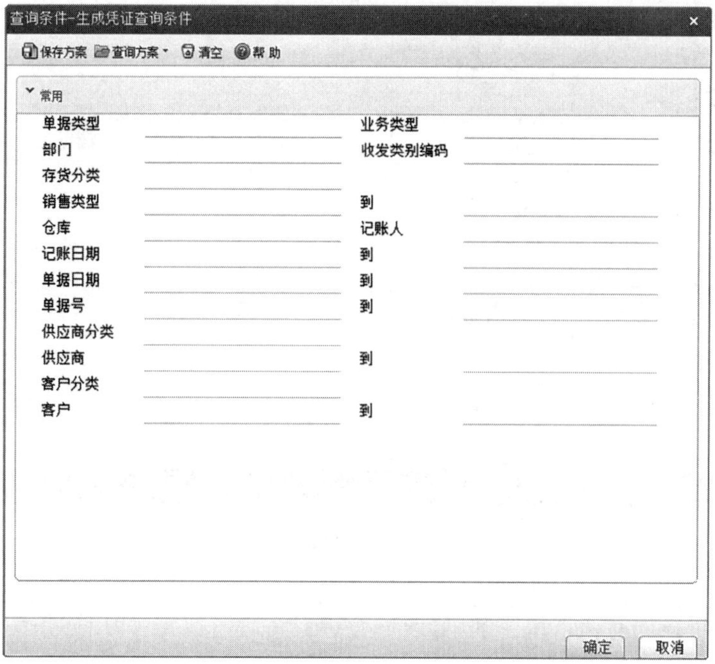

图 7-3-8　查询条件—生成凭证查询条件

(10)录入查询条件后,点击【确定】按钮,弹出如图 7-3-9 所示未生成凭证单据一览表界面。

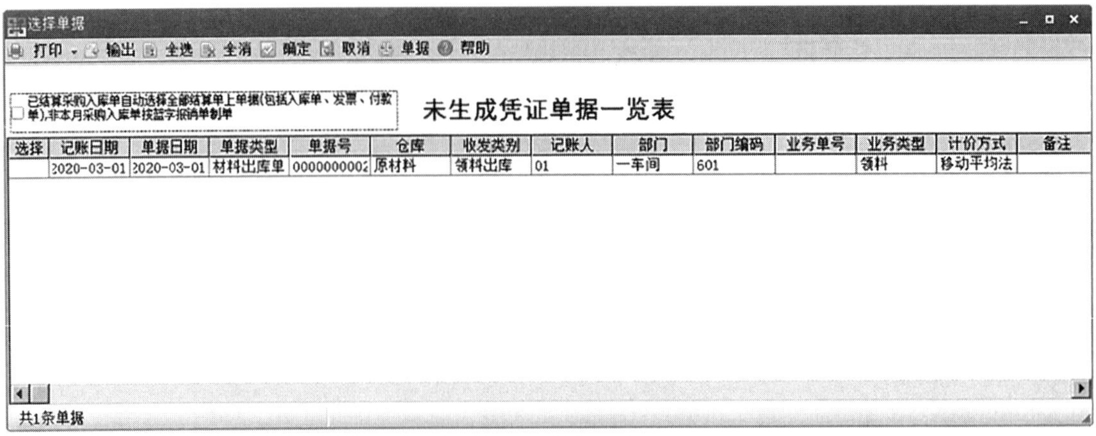

图 7-3-9　未生成凭证单据一览表

(11)选中要生成凭证的记录行,点击【确定】按钮,弹出如图 7-3-10 所示的生成凭证界面。

图 7-3-10　生成凭证

(12)如果科目编码有错误或空缺,修改后,点击【制单】按钮,弹出如图 7-3-11 所示的填制凭证界面。

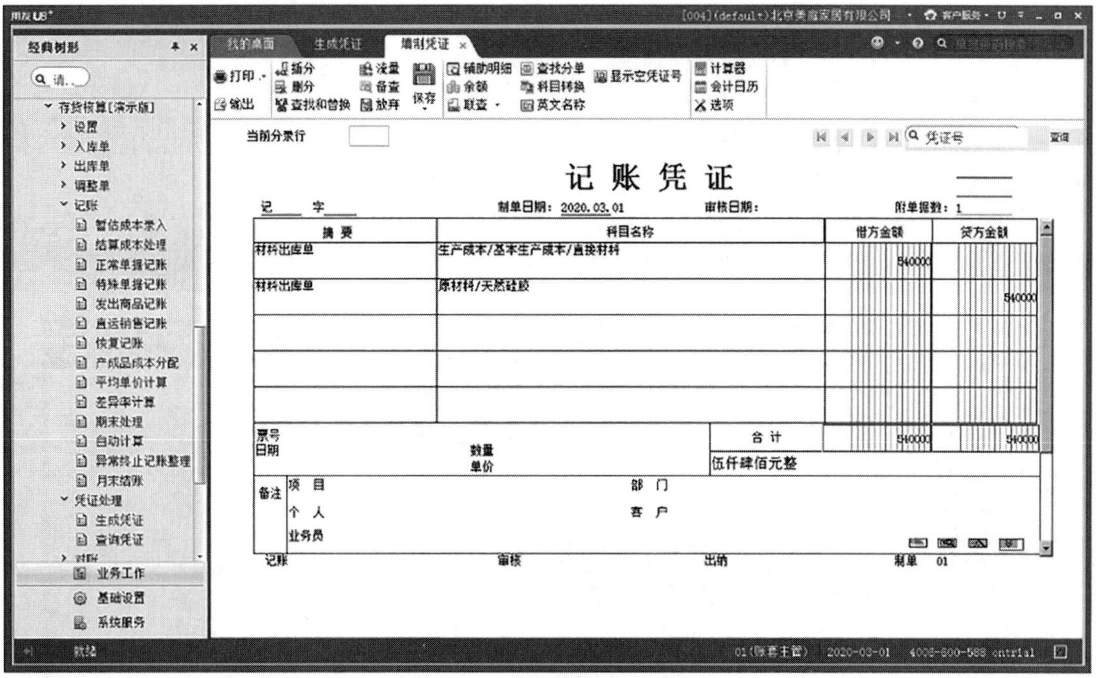

图 7-3-11　填制凭证

(13)点击【保存】按钮或按下 F6 功能键,如图 7-3-12 所示凭证左上角出现已生成字样,完成材料出库业务的制单处理。

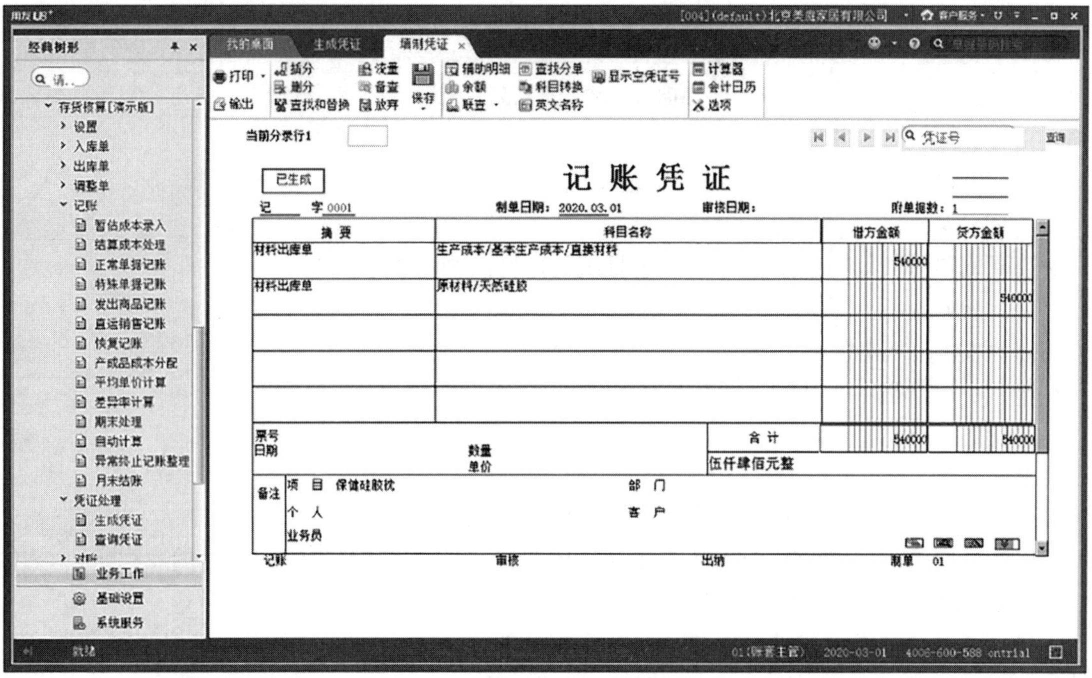

图 7-3-12　凭证生成

二、产成品入库单

操作流程如下。

产品入库单是制造业企业特有的业务，主要指生产车间将完成全部生产过程，且检验合格的产品办理入库的原始凭证，是核算产品成本的一个重要原始单据。

(1)操作员011张远东登录业财一体信息化平台，从【业务工作】—【供应链】—【库存管理】—【生产入库】—【产成品入库单】进入如图7-3-13所示的产成品入库单界面。

图7-3-13　产成品入库单

(2)点击【增加】按钮或按下F5功能键，录入以下信息：

出库单号：系统自动生成。

订单日期：默认当前业务日期，点击日历图标修改为2020-3-1。

仓库：成品库。

出库类别：产成品入库。

部门：一车间。

产品编码：004。

数量：手工录入100。

(3)点击【保存】按钮或按下F6功能键保存产成品入库单。

(4)点击【审核】按钮完成本次产成品入库单录入，弹出如图7-3-14所示的库存管理该单据审核成功界面，点击【确定】按钮返回。

(5)从【业务工作】—【供应链】—【存货核算】—【记账】—【正常单据记账】进入正常单据记账列表界面。点击【查询】按钮，在如图7-3-15所示的正常单据记账列表界面的右侧显示查询结果。

图 7-3-14　产成品入库单审核

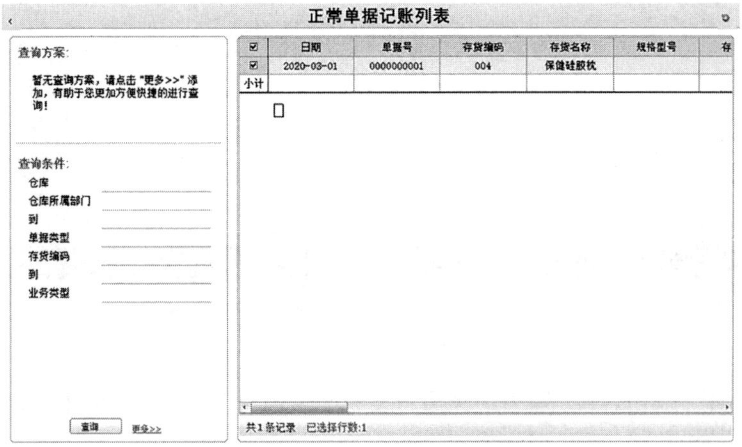

图 7-3-15　正常单据记账查询结果

(6) 双击列表中的任一条记录，可以查看单据的详细信息。选中要记账的记录，点击【记账】按钮，弹出如图 7-3-16 所示的手工输入单价列表界面。

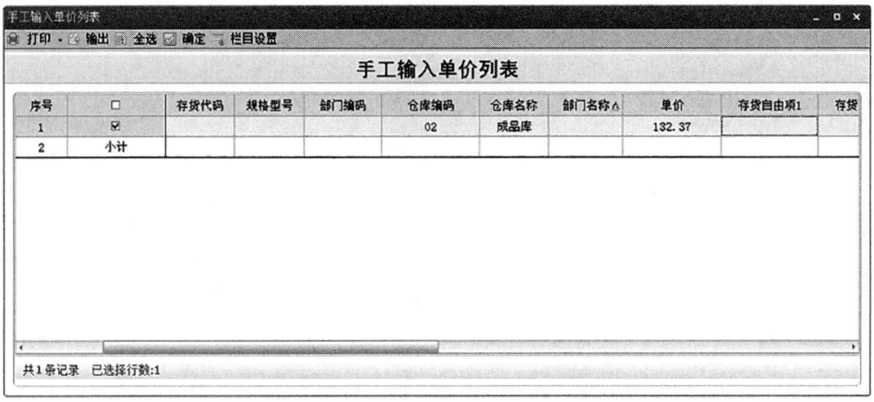

图 7-3-16　手工输入单价列表

(7)手工录入单价 132.37，点击【确定】按钮，弹出存货核算记账成功界面。

(8)从【业务工作】—【供应链】—【存货核算】—【凭证处理】—【生成凭证】进入如图 7-3-17 所示的生成凭证界面。

图 7-3-17 生成凭证

(9)点击【选单】按钮，弹出如图 7-3-18 所示的查询条件—生成凭证查询条件界面。

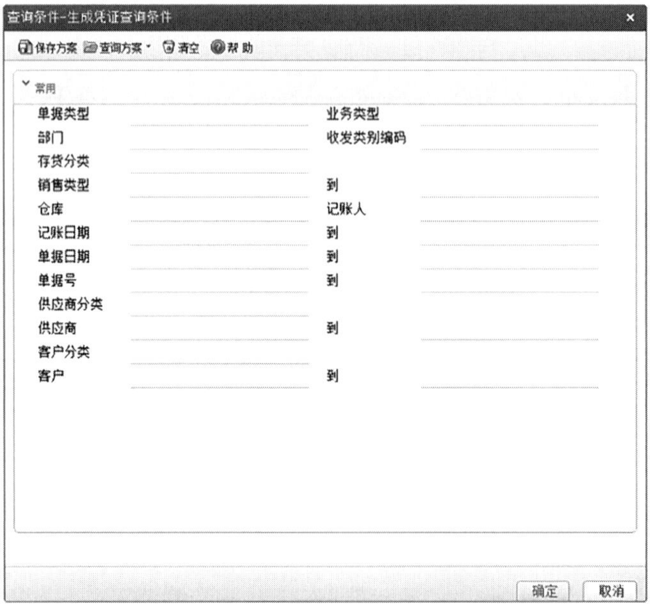

图 7-3-18 查询条件—生成凭证查询条件

（10）录入查询条件后，点击【确定】按钮，弹出如图 7-3-19 所示未生成凭证单据一览表界面。

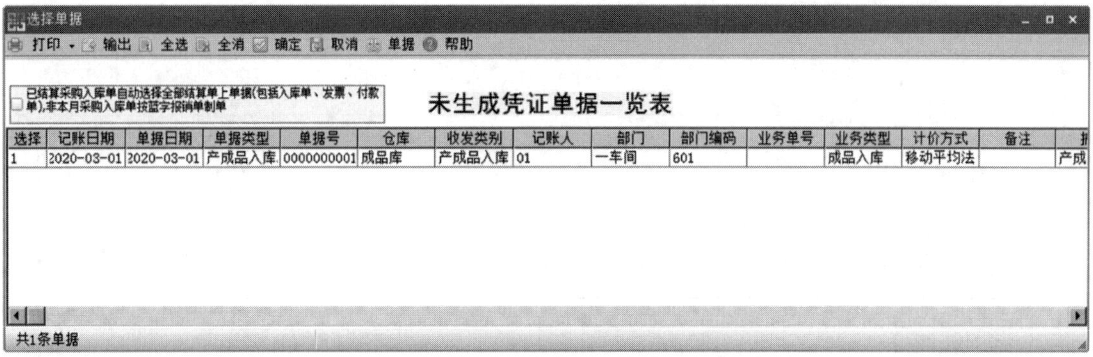

图 7-3-19　未生成凭证单据一览表

（11）选中要生成凭证的记录行，点击【确定】按钮，弹出如图 7-3-20 所示的生成凭证界面。

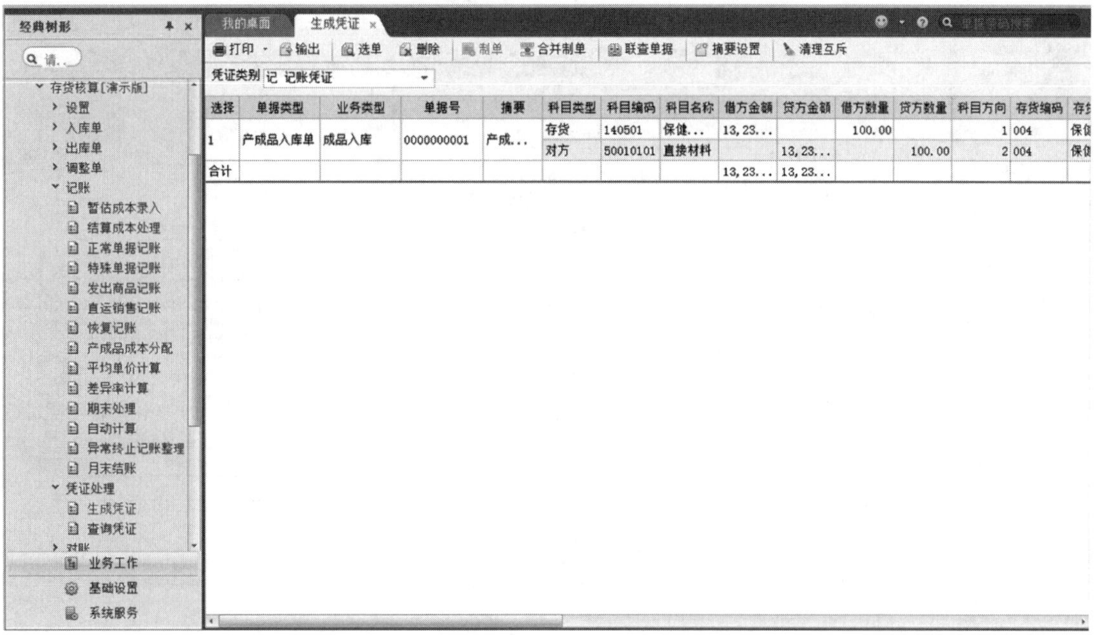

图 7-3-20　生成凭证

（12）如果科目编码有错误或空缺，修改后，点击【制单】按钮，弹出如图 7-3-21 所示的填制凭证界面。

（13）点击【保存】按钮或按下 F6 功能键，如图 7-3-22 所示凭证左上角出现已生成字样，完成产成品入库业务的制单处理。

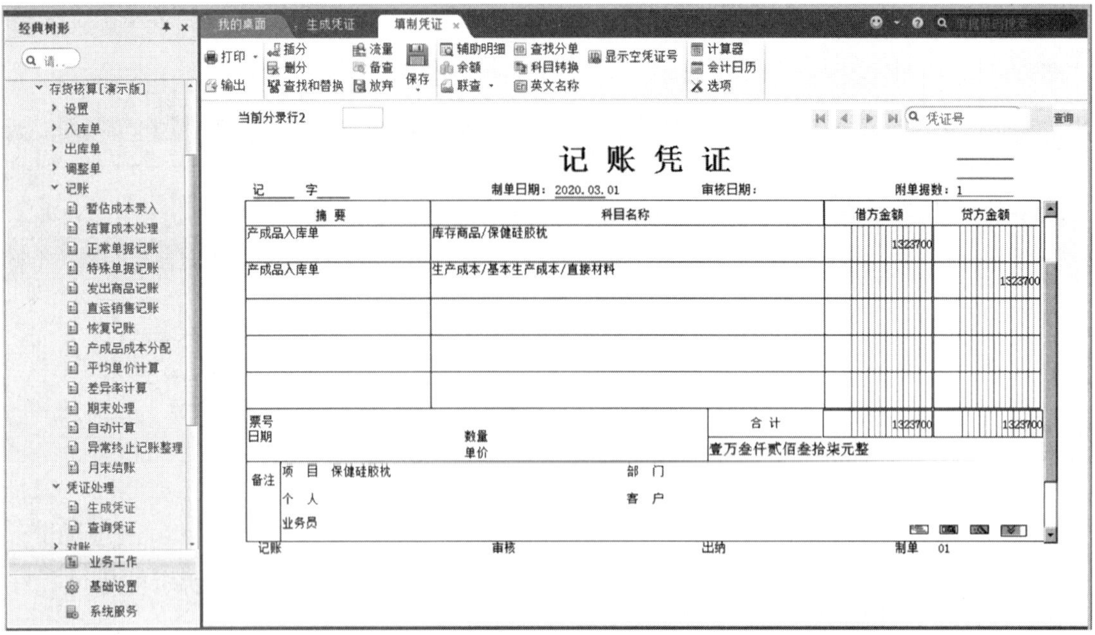

图 7-3-21　填制凭证

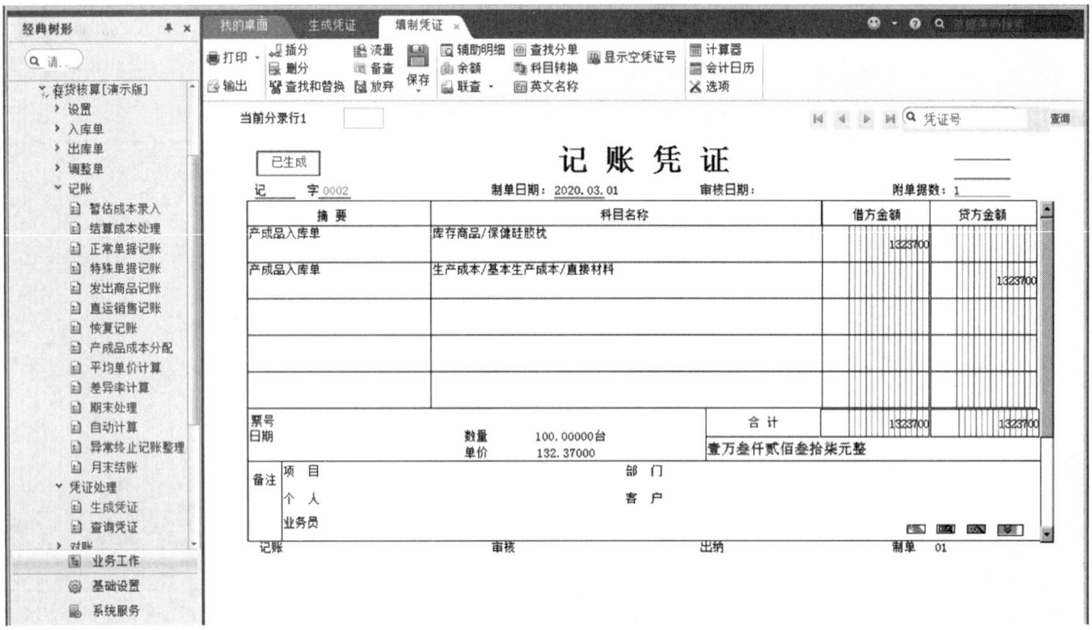

图 7-3-22　记账凭证生成

技能训练

一、材料出库单

2020 年 1 月 15 日，一车间到原材料库领 20 个推式开关，用于生产卧室台灯；领 30 个脚踏开关，用于生产落地台灯。根据材料领用出库情况，在业财一体信息化平台中熟练、准确地填制材料出库单，并进行记账处理，生成记账凭证。

二、产成品入库单

2020 年 1 月 16 日，一车间将生产完工，并将已经检验合格的 20 个卧室台灯和 30 个落地台灯入库。根据验收入库的产品信息，在业财一体信息化平台中熟练、准确地填制产品入库单并进行记账处理，生成记账凭证。

项目八　数字营销

知识目标

- 掌握数字营销传播的方式及运用。
- 掌握盈亏平衡点的计算。
- 掌握选品陈列的规则。
- 掌握直播选品的方法。
- 掌握精准营销活动的制定方法。

能力目标

- 能为企业进行数字化营销。

思政目标

- 培养数字经济意识，提升职业道德素养，努力成为数字兴业、数字兴邦的新型人才。

任务 1　品牌转型策划

任务描述

品牌转型策划

案例企业是希尔鸿远制衣有限公司，它是大型服装代工厂，成立于2004年。主要业务是代工国外一二线品牌服装生产，代工品牌有：普拉达、鳄鱼、优衣库等，有十几家相对固定的海外客户，一般是面向订单生产，有丰富的成衣制造经验和成熟的制造基础。

企业面临的主要困境：服装代工企业竞争激烈，成本逐年上升，公司将部分生产基地转移至东南亚，只能暂时缓解困境。公司没有自主品牌，利润被国外品牌企业压榨。企业面临的当下困境是：受疫情影响，代工出口业务单量骤减，同时国外疫情严重，东南亚的工厂长时间停工停产，造成损失巨大，工厂累积有小批量服装存货急需消化。

企业面对的市场环境状况：一是在党中央的领导下，我国抗疫成效十分显著，国内工厂恢复动工；二是国家基于最新国际形势，部署双循环发展战略，以国内大循环为主；三是国民对国货的认可度和接受度逐渐提升，走上世界舞台的国潮品牌越来越多；四是新技术的应用，助力国内消费市场的发展。

在这样的现状和环境下，希尔鸿远有数字化转型的规划，且涉及的方面较多，首要是基于扎实的技术基础与行业经验走自主品牌建设路线。具体可以通过引入行业咨询公司，帮助进行数字营销转型战略的制定，明确主打品牌，确定品牌定位；其次是通过市场调查和数据分析，清晰核心消费者画像。

在软件实操中，希尔鸿远进行品牌转型策划涉及四项内容：品牌定位分析、消费者画像分析、品牌形象设计、品牌策划方案。

知识准备

一、消费者画像

消费者画像的概念最早在20世纪80年代由“交互设计之父”艾伦库珀提出，是指从真实的用户行为中提炼出来的一些特征属性，一般企业通过收集与分析消费者社会属性、生活习惯、消费行为等主要信息的数据之后，完美地抽象出一个用户的商业全貌。

消费者画像分析维度包括五个方面：一是社会属性，指社会关系，比如工作性质、职位、政治信仰、家庭等，以及社交方式，比如互联网、聚会交流等。二是心理属性，体现了消费者的心理状态，如好胜心极强、好奇心强等。三是行为属性，指消费者的日常行为特征，如睡懒觉、常加班、喜欢玩游戏、上班刷微博等。四是人口属性，包括地域、年龄、性别、文化、职业收入、生活习惯、消费习惯等。五是消费属性，包括支付方式、活跃频率、产品喜好、使用习惯、产品消费等。

二、企业形象设计

品牌形象是品牌感知、联想和评价的总和，反映在消费者记忆中的品牌联想，品牌联想是记忆中与品牌结合相连的信息连接点，同时包含消费者所知的品牌含义。

品牌形象识别系统包括：

(1)理念识别(MI)：企业价值观、企业文化、经营理念等。

(2)行为识别(BI)：管理制度、行为规范、营销活动等。

(3)视觉识别(VI)：标识、标准字、标准色等。

任务流程

一、品牌定位分析

1. 子操作一：品牌方案投入操作流程

(1)进入新道云 https://cloud.seentao.com/ 系统的登录界面，先注册，再登录。如图8-1-1所示。

(2)点击进入DBE数字营销综合。单击【项目二　品牌转型策划】下的四项具体操作，如图8-1-2所示。

(3)单击【项目二　品牌转型策划】—【品牌定位分析】，进入品牌定位分析操作界面。如图8-1-3所示。

图 8-1-1　登录对话框

图 8-1-2　品牌转型策划登录界面

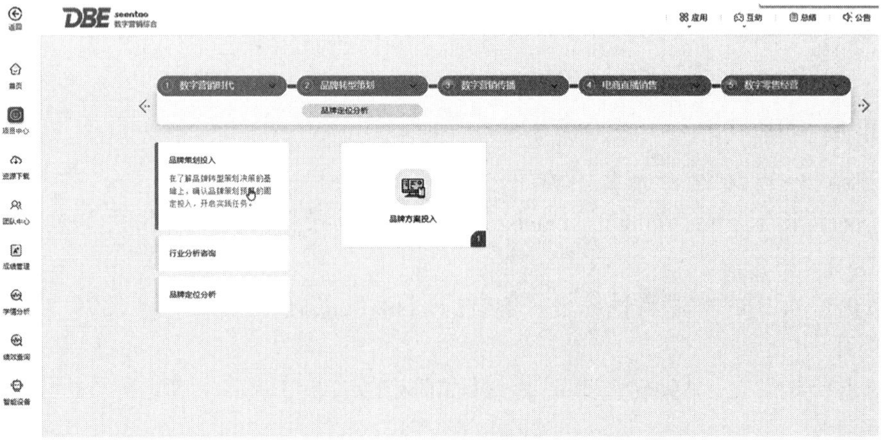

图 8-1-3　品牌定位分析界面

(4)单击【品牌定位分析】—【品牌策划投入】—【品牌方案投入】,确认公司的投放方案,确认投放金额后提交投放方案(图 8-1-4)。

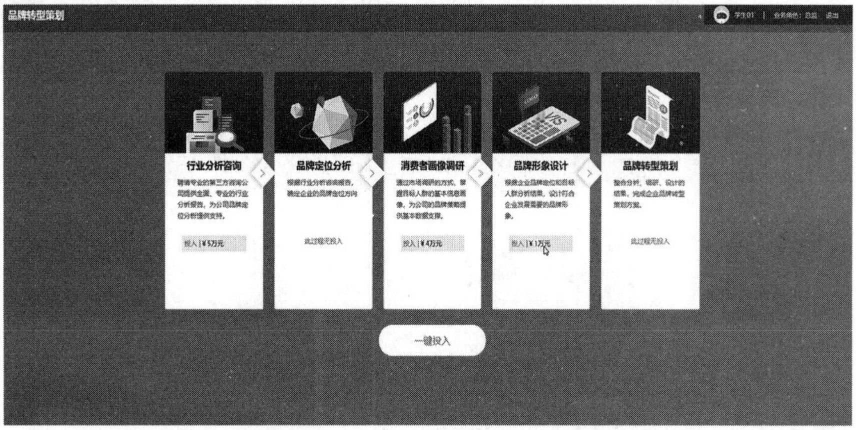

图 8-1-4　品牌方案投入界面

【操作说明】

(1)确定自己的登录组别和个人信息;点击【开始任务】进入品牌方案试投实训任务。

(2)查看并确认行业分析咨询费(5 万)、消费者画像调研费(4 万)、品牌形象设计的投入费(1 万)。

(3)确认无误后点击【一键投入】即可完成品牌方案投入任务。点击【完成任务】结束此项任务操作。

2. 子操作二:行业分析咨询操作流程

单击【品牌定位分析】—【行业分析咨询】—【行业分析报告查收】。如图 8-1-5 所示。

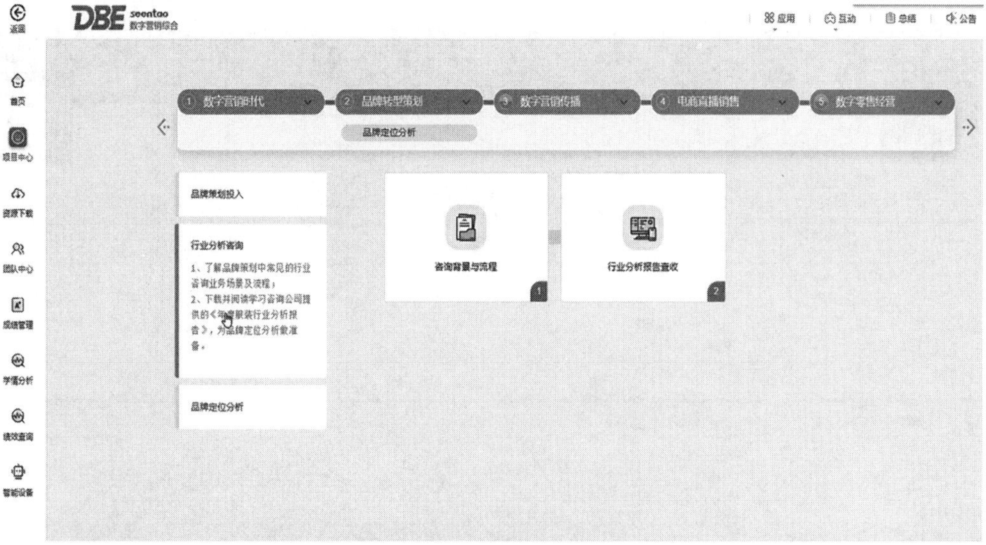

图 8-1-5　行业分析咨询界面

【操作说明】

点击【开始任务】进入界面后点击《希尔鸿远制衣有限公司咨询报告》,点击《附件:新意众联咨询公司 - 希尔鸿远服装公司咨询报告》,进行下载。

3. 子操作三:品牌定位分析操作流程

(1)单击【品牌定位分析】—【品牌定位分析】。如图 8-1-6 所示。

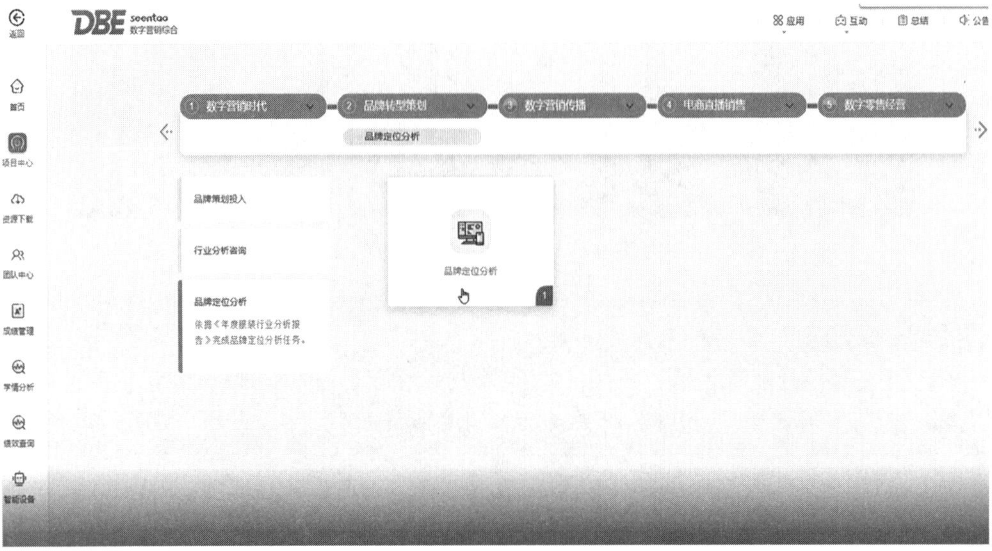

图 8-1-6　品牌定位分析界面

(2)单击【行业经济运行情况】【消费市场情况】【企业生产能力情况】【市场机会与建议】,进行定位分析。如图 8-1-7 所示。

图 8-1-7　品牌定位分析界面

【操作说明】

(1)确定自己的登录组别和个人信息;点击【开始任务】进入品牌定位分析实训任务。

(2)阅读已下载的行业咨询报告,对行业经济运行情况、消费市场情况、企业生产能力情况、市场机会与建议四个方面进行定位分析,结合图片编写品牌定位分析报告。

(3)报告每项内容按照提示进行填写,如果需要多加条目,点击【新增内容模块】,填写相应内容后点击【保存】即可。

(4)所有内容填写完成,查看无误后点击【保存】按钮,完成实训任务。点击【完成任务】结束此项任务操作。

二、消费者画像分析

操作流程如下。

(1)单击【项目二　品牌转型策划】—【消费者画像分析】—【消费者画像调研】。如图 8-1-8 所示。

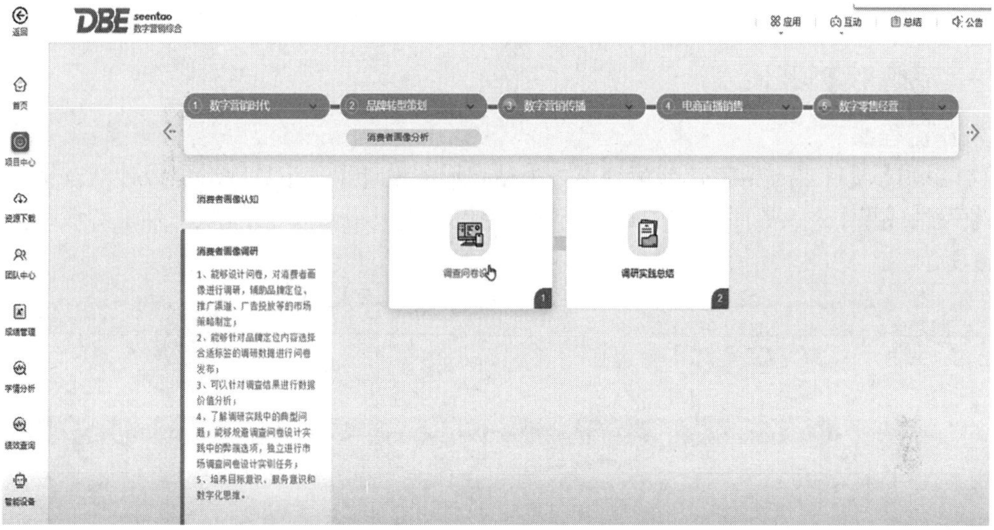

图 8-1-8　消费者画像调研界面

(2)单击【调查问卷设计】,完成调查问卷设计、调查问卷查看、调查问卷发布、调查结果分析。如图 8-1-9 所示。

【操作说明】

(1)确定自己的登录组别和个人信息;点击【开始任务】进入调查问卷设计实训任务。

(2)根据小组讨论结果勾选相应调研问卷问题,全部勾选后点击【保存】按钮完成调研问卷设计。

(3)查看调研问卷内容,有问题可以返回设计界面继续调整,没有问题即完成任务。

图 8-1-9　调查问卷设计、查看、发布与结果分析界面

三、品牌形象设计

操作流程如下。

(1) 单击【项目二　品牌转型策划】—【品牌形象设计】—【品牌形象设计活动】—【品牌形象设计成果】,进入界面,点击 24201 品牌形象设计模板 .pptx 下载,完成之后上传成果。如图 8-1-10 所示。

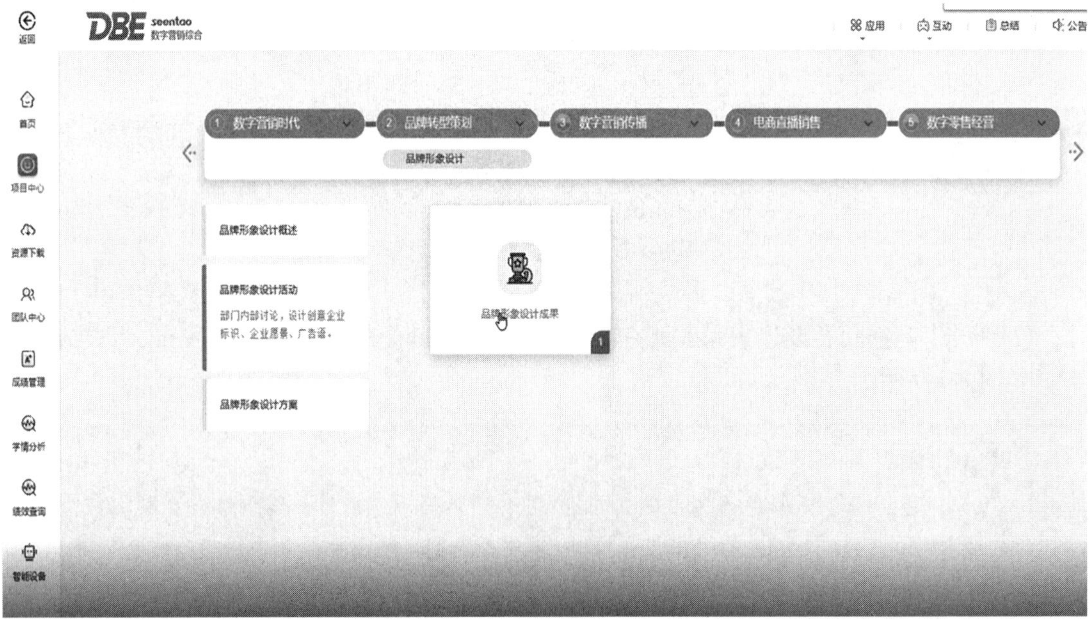

图 8-1-10　品牌形象设计成果界面

图 8-1-10(续)

(2) 单击【品牌形象设计】—【品牌形象设计方案】,完成品牌 VI 规范、品牌应用设计、企业文化表达、广告语设计四项内容。如图 8-1-11 所示。

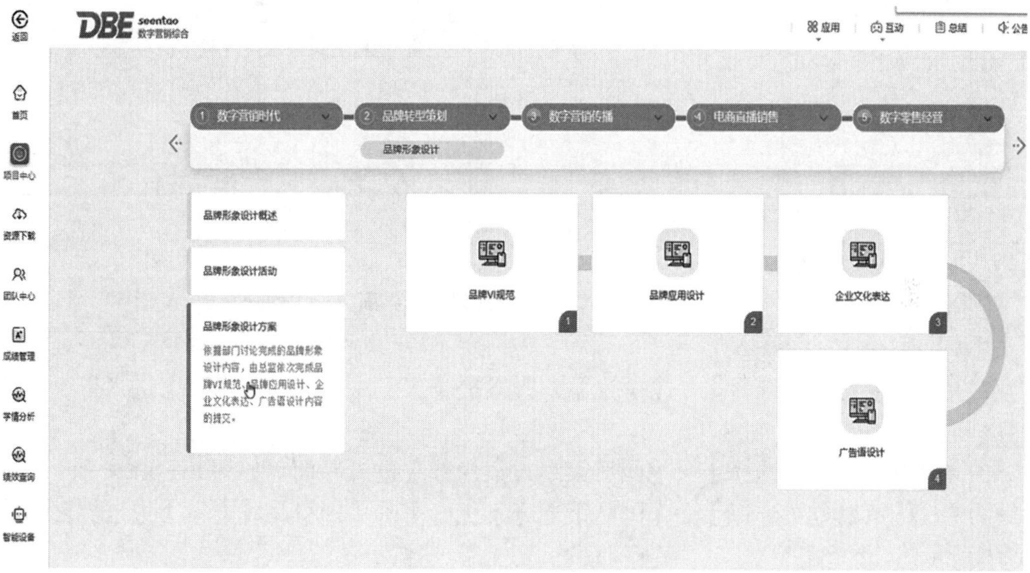

图 8-1-11　品牌形象设计方案界面

【操作说明】

(1) 确定自己的登录组别和个人信息;点击【开始任务】进入品牌形象设计方案的每个实训任务。

(2)在品牌VI规范任务中上传设计好的logo,填写主标准色、次标准色,设定色号,填写logo描述含义,点击【保存】;在品牌应用设计任务中选择手提袋造型,选择门店造型,点击【保存】;在企业文化表达任务中填写希尔鸿远品牌愿景,点击【保存】;在广告语设计任务中填写广告语,点击【保存】。

(3)填写完成检查无误后点击【完成任务】结束此项任务操作。

四、品牌策划方案

操作流程如下。

(1)单击【品牌策划方案】—【策划方案选择】,进入界面。如图8-1-12所示。

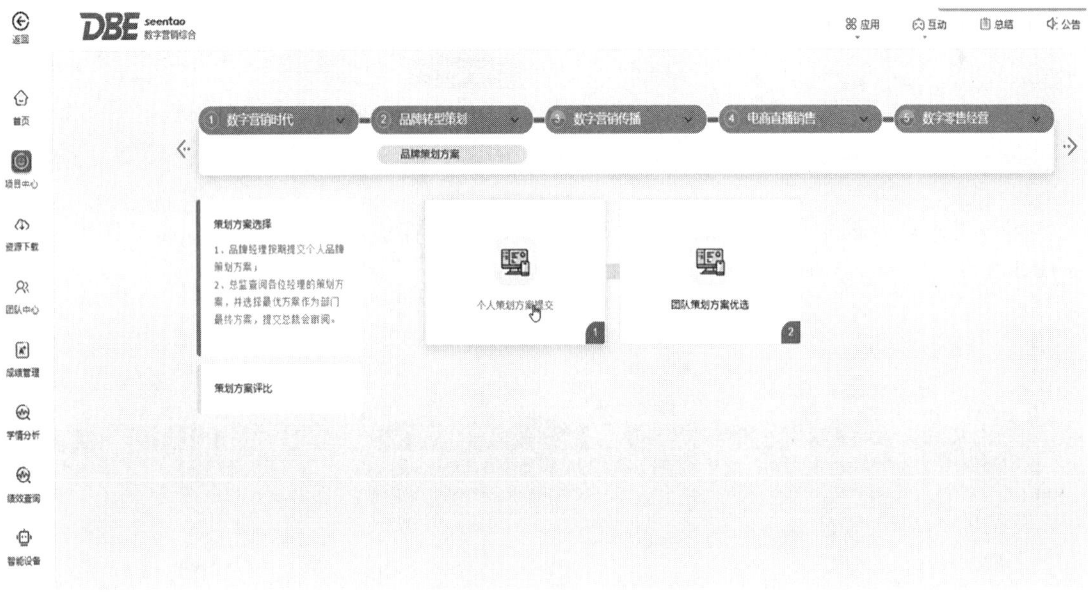

图8-1-12　策划方案选择界面

(2)单击【策划方案选择】—【个人策划方案提交】—【提交个人方案】,进入界面。如图8-1-13所示。

(3)单击【策划方案选择】—【团队策划方案优选】,进入界面。如图8-1-14所示。

(4)单击【策划方案选择】—【团队策划方案优选】—【提交品牌方案】,进入界面。如图8-1-15所示。

【操作说明】

(1)确定自己的登录组别和个人信息;点击【开始任务】进入实训任务。

(2)查看自己已填写完成的策划方案,查看小组成员提交的策划方案,选择其中较好的一个方案,作为团队策划方案。

(3)检查无误后点击【提交个人方案】【提交品牌方案】即完成本实训任务。

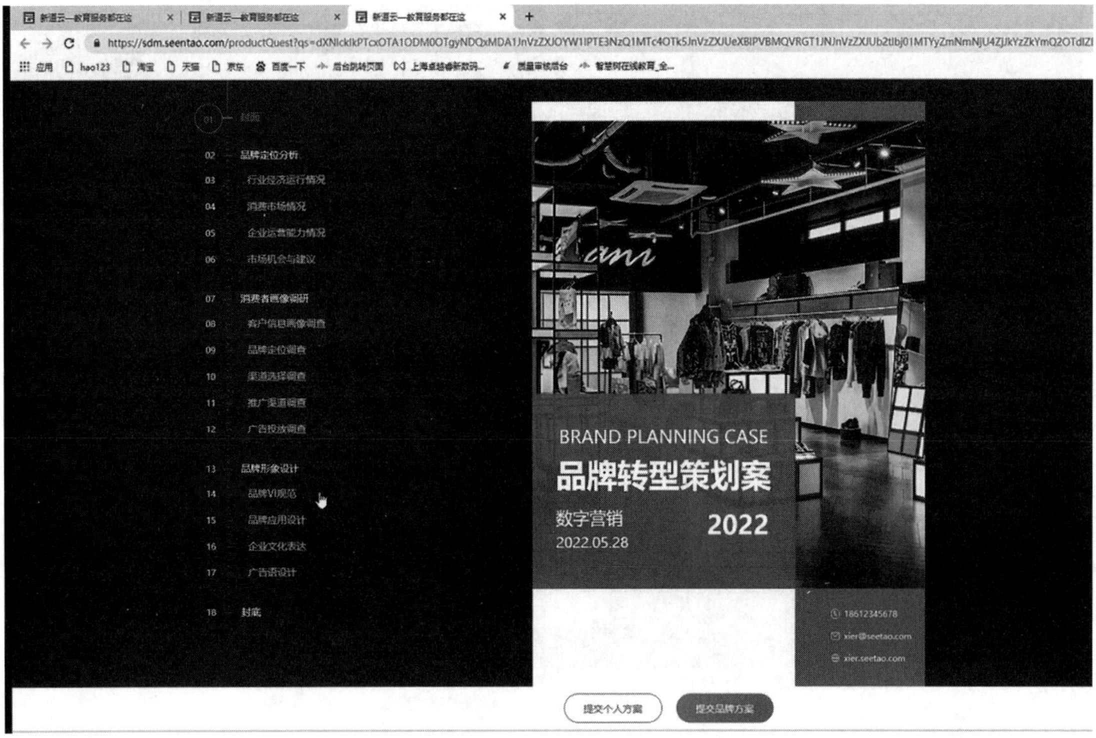

图 8-1-13　个人策划方案提交界面

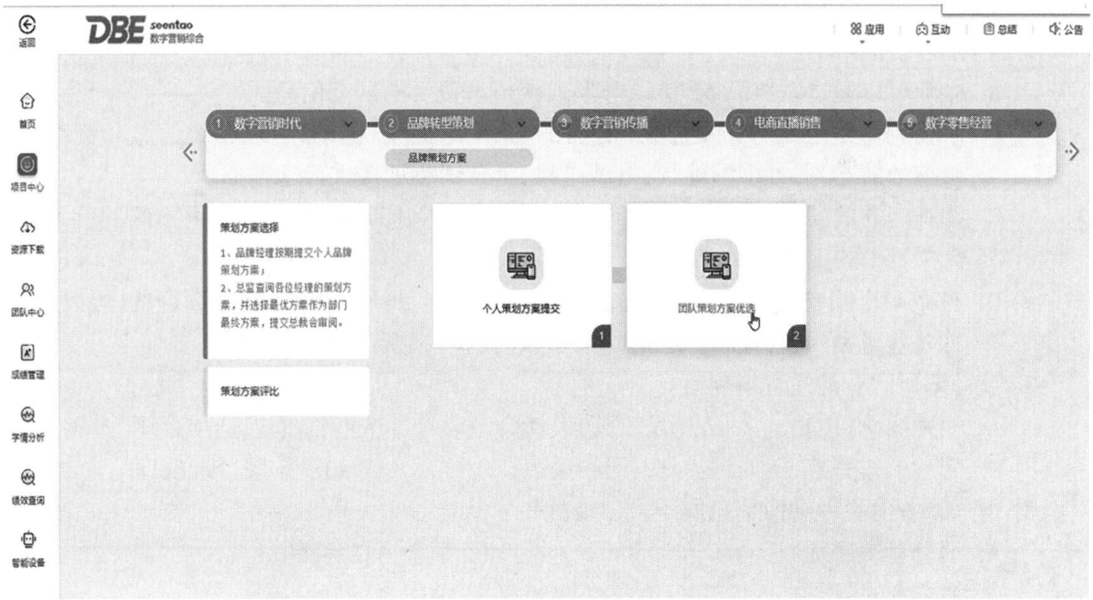

图 8-1-14　团队策划方案优选界面

图 8-1-15　提交品牌方案界面

练习题

1. 下列说法错误的是(　　)。
   A. 企业可以通过发放问卷、访谈等形式获得消费者的静态信息。
   B. 市场调研是运用科学的方法,有目的、系统地搜集、记录、整理有关信息和资料,分析市场情况、了解市场现状,发展趋势,为营销决策提供科学依据。
   C. 调查问卷的问题设计,不能假设结果,设计陷阱让别人去选,可问可不问的就不问,无关目的的不问。
   D. 在做调查问卷设计时,首先我们要明确调查的目的,并且为了调查目的,可以多设计一些隐私问题,让顾客去选择或者填写,获取更有价值的信息。
2. 设计调研问卷的注意事项有(　　)。
   A. 明确调研目的　　B. 问题设计合理　　C. 问卷选项合理
   D. 问卷形式完整　　E. 问卷渠道合理　　F. 排版合理有序
3. 下列哪些消费者画像信息属于人口属性(　　)。
   A. 消费者的性别　　B. 消费者的年龄
   C. 消费者的职业　　D. 消费者的好奇心
4. 关于市场调研问卷的优势说法正确的是(　　)。
   A. 能节省时间、人力和体力　　B. 结果更加容易量化
   C. 结果更容易统计处理和分析　　D. 能够大规模的调查

5. 完整的调查问卷形式包括以下几部分内容（　　）。

A. 问卷标题　　B. 导语　　C. 基本信息

D. 主题部分　　E. 结束语

6. 消费者画像，是作为消费者研究的一种量化形式，核心问题依然是消费者所洞察的。消费者画像的过程是一个由抽象到具体、由群体到个体、由共性到个性的过程。（　　）

任务 2　数字营销传播

任务描述

数字营销传播

案例企业是希尔鸿远制衣有限公司，该企业有数字化转型的规划。大数据和数字化时代的到来，使得服装企业和品牌面临着新的机遇和挑战。服装行业处于新零售概念的浪潮顶端，不少企业很早就开始进入天猫等电商平台开始新零售的数字化建设，之后经历了微信商城、会员通等多个平台的增建和迭代。从这点上来看，服装业一直是走在数字营销风口浪尖上的行业。

在数字化时代，服装品牌的营销传播不止局限于传统的户外广告形式，而是实现了在电脑、手机移动客户端以及电视上的多屏同时传播。所以，希尔鸿远制衣有限公司要紧跟时代发展的脚步，及时推进数字营销传播。

在软件实操中，希尔鸿远制衣有限公司的数字营销传播涉及三项内容：营销渠道试投、营销传播实践、项目总结考评。

知识准备

一、内容营销

内容营销，是一切传播的基石，是通过合理的内容创建、发布及传播，向用户传递有价值的信息，从而实现网络营销的目的，内容的呈现形式可以是图片、文字、动画等。内容营销遵循共情原则、实用原则、槽点原则、新奇特原则。

二、社交媒体营销

社交媒体营销，又称新媒体营销，它的主要目标是品牌意识和建立社会信任，企业可以利用它来获得潜在客户，甚至可以把它作为一个直接的销售渠道。所有包含社交属性的平台都可以划入社会化营销的范畴，包含但不限于：微博、微信公众号、微信小程序、抖音、小红书、大众点评、淘宝、豆瓣、知乎等。

三、搜索引擎优化

搜索引擎优化指在了解搜索引擎自然排名机制的基础之上，对网站进行内部及外部的调整优化，改进网站在搜索引擎中关键词的自然排名，获得更多的展现量，吸引更多目标客户点击访问网站，从而达到网络营销及品牌建设的目标。

四、搜索引擎营销

搜索引擎营销指营销人员通过竞价的方式在搜索结果界面刊登广告，从而接触互联网用户的方式。这种方式又叫点击付费广告，因为它的计费方式是只有当用户点击广告时，广告主才需要付费；如果用户只是看到广告而没有作出任何行动，广告主是不需要支付任何费用的。付费广告可以在多个数字平台上投放，例如百度、新浪、搜狐等网站。

付费广告可以根据用户的人口特征对用户进行细分，甚至可以针对他们的特定兴趣或地点进行分类投放。搜索广告已经被证明对于提高品牌识别度、认知度和转化率具有显著效果。

五、数字广告

数字广告，也被称为程序化广告，指在广告网络上以图片或视频的形式向消费者呈现促销信息或创意。这种方法可以针对特定的受众，让他们在自己的客户端看到针对性广告，实现“千人千面”的效果。

六、网站优化

品牌的官方网站是所有数字营销活动的中心。单独来说，它是一个非常强大的渠道，但它也是执行各种在线营销活动所需的媒介。一个网站应该以一种清晰而难忘的方式来代表一个品牌、产品和服务。

七、电子邮件营销

电子邮件营销，它仍然是最有效的数字营销渠道之一，许多数字营销人员使用所有其他数字营销渠道将潜在客户添加到他们的电子邮件列表中，然后通过电子邮件营销，创建客户获取渠道，将这些潜在客户转化为客户。

八、社群营销

社群营销指为了更好地帮助用户解决产品需求，通过微信、QQ 群等形式来销售产品，并对用户提供相应的服务，社群最大的特点就是大家都有相同或相似的爱好，聚集在一起交流。所有能交流的阵地都有社群产生：如微信群、QQ 群、微博、朋友圈等。

任务流程

一、营销传播发展

操作流程如下。

（1）进入新道云—【DBE 数字营销综合】—【项目三　数字营销传播】，如图 8-2-1 所示。

（2）单击【项目三　数字营销传播】—【营销渠道试投】—【营销渠道选择】，完成本小组的营销渠道试投，如图 8-2-2、图 8-2-3 所示。

图 8-2-1　数字营销传播界面

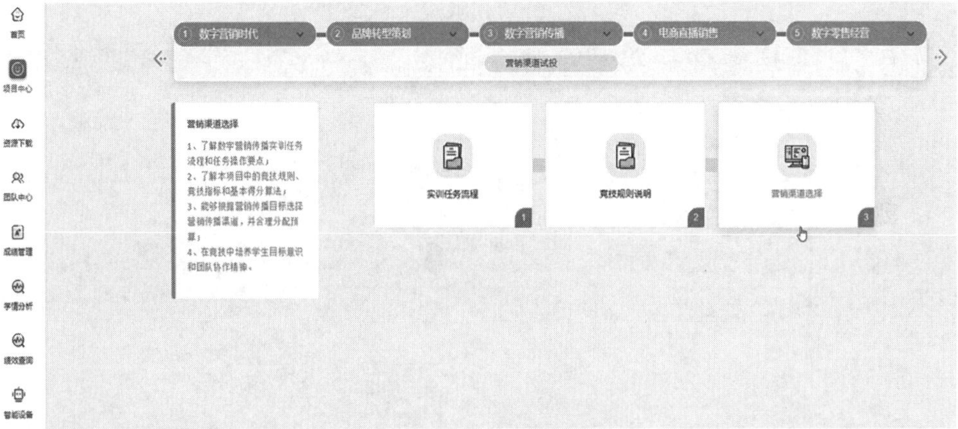

图 8-2-2　营销渠道选择界面

图 8-2-3　营销渠道试投界面

【操作说明】

(1)确定自己的登录组别和个人信息;点击【开始任务】进入营销渠道试投实训任务。

(2)勾选本组选择的投放渠道,选择数量以右上角营销方式处的数量为准。

(3)为已选择的营销渠道进行预算分配,默认显示起步投放金额,可进行增加,但各个渠道投放费用总和不得超过投放预算。总投放预算以界面右上角显示金额为准。

(4)预算分配完成检查无误后点击【提交】即可完成本小组的营销渠道试投方案。

二、营销传播发展

1. 子操作一:新媒体营销操作流程

(1)单击【数字营销传播】—【营销传播实践】—【营销传播竞技实践】,进入界面,选择新媒体营销(必选),单击【进入任务】。如图 8-2-4,图 8-2-5 所示。

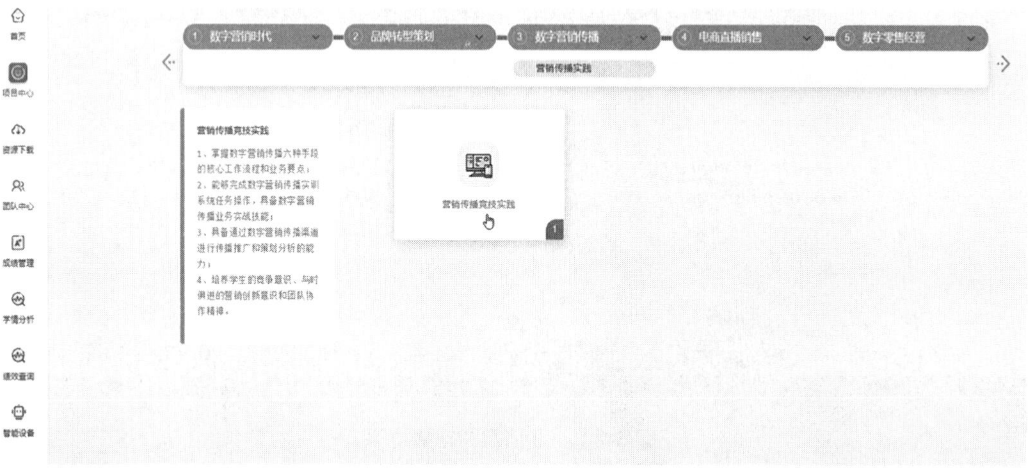

图 8-2-4　营销传播竞技实践界面

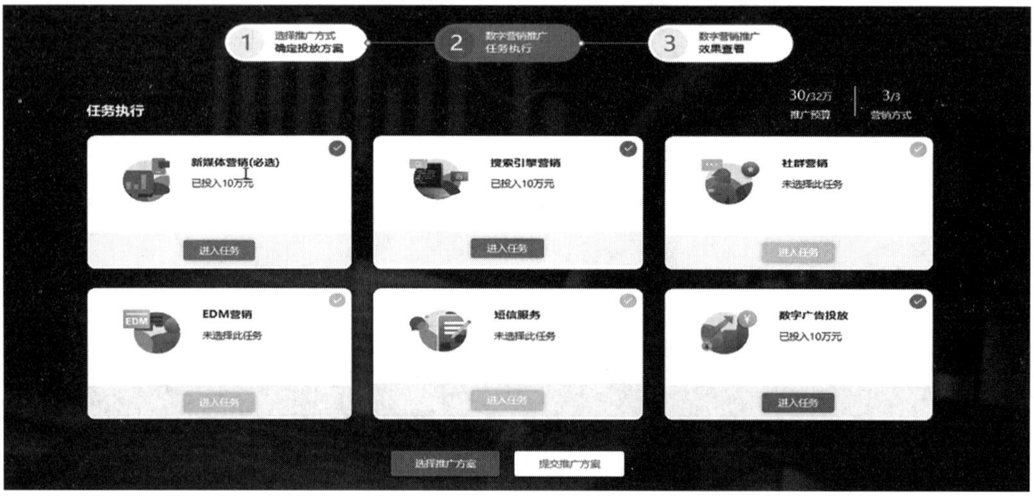

图 8-2-5　数字营销推广任务执行界面

(2)单击【新媒体投放】,完成方案名称、方案概述、投放媒介几项内容。如图 8-2-6 所示。

图 8-2-6　新媒体投放界面

(3)单击【企业自媒体运营】,完成方案名称、方案概述、发布媒介、物料制作(公众号推文、图 + 文、海报)几项内容。如图 8-2-7 所示。

图 8-2-7　企业自媒体运营界面

图 8-2-7（续）

2. 子操作二：搜索引擎营销操作流程

(1) 单击【数字营销传播】—【营销传播实践】—【营销传播竞技实践】，进入界面，选择搜索引擎营销，单击【进入任务】，如图 8-2-8 所示。

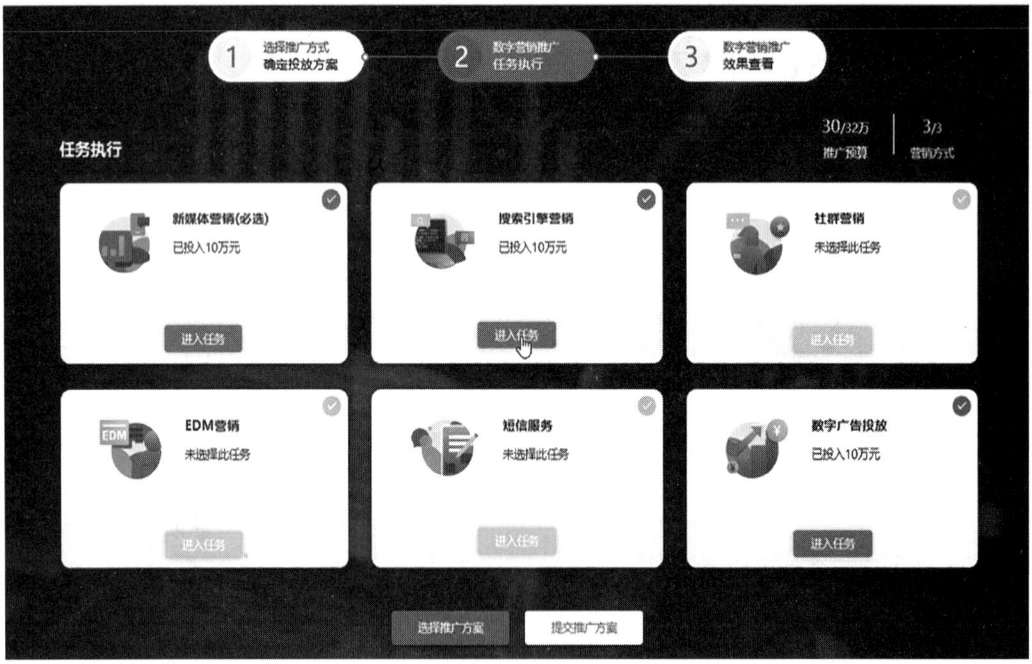

图 8-2-8　搜索引擎营销界面

(2)单击【搜索引擎营销】—【进入任务】—【SEO 网页优化】,完成搜索标题、搜索关键词、企业描述,以及搜索路径设置,如图 8-2-9 所示。

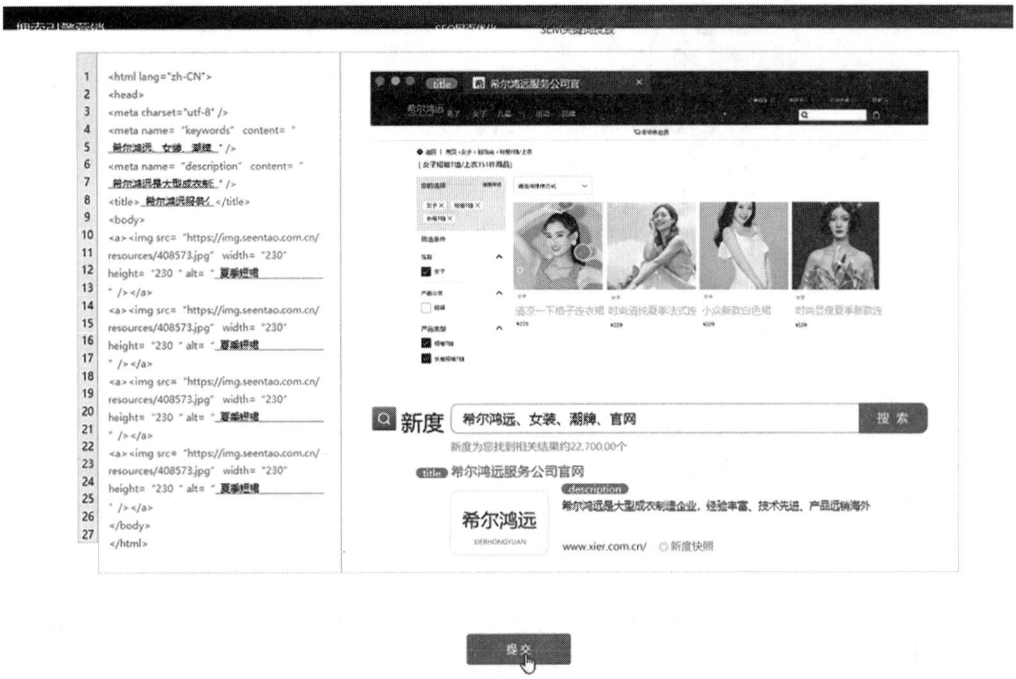

图 8-2-9 SEO 网页优化界面

(3)单击【SEM 关键词投放】—【新建投放计划】,如图 8-2-10 所示。

图 8-2-10 SEM 关键词投放界面

(4)单击【新建投放计划】进入后,有四步,第一步是新建推广信息,需要选择营销目标、搭建方式、推广业务、推广网址,如图 8-2-11 所示。操作完成单击【下一步】。

图 8-2-11　新建推广信息界面

(5)进入第二步设置推广计划,需要填写计划名称,选择推广地域、推广时段、设备出价设置,填写预算,如图 8-2-12 所示。操作完成单击【下一步】。

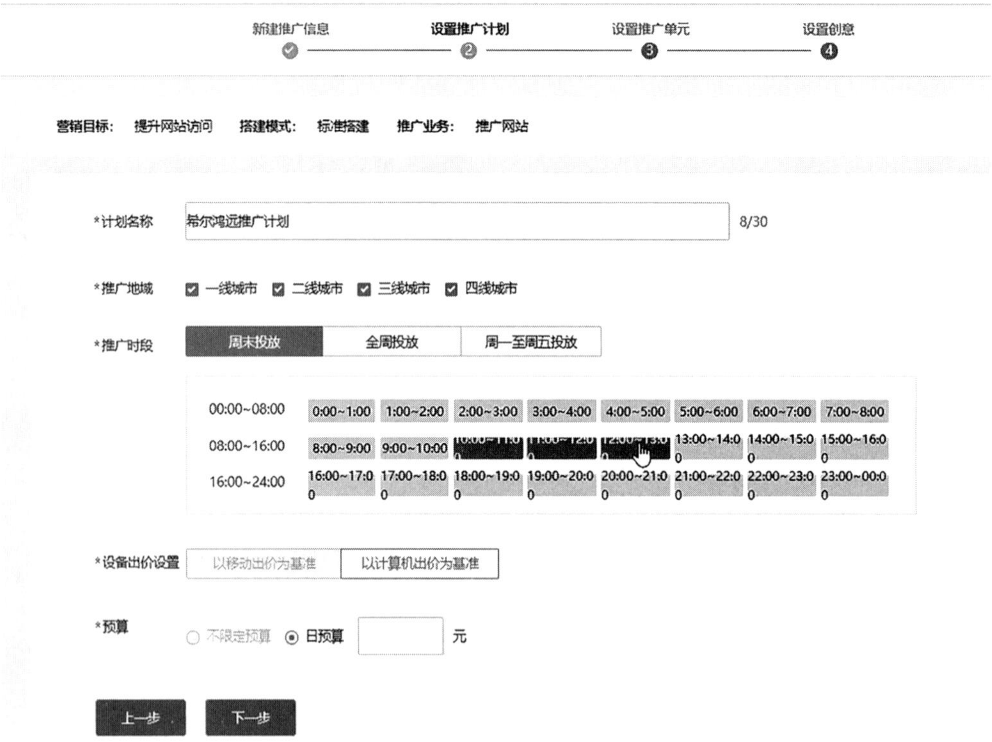

图 8-2-12　设置推广计划界面

（6）进入第三步设置推广单元，需要填写单元名称、单元出价、关键词，如图 8-2-13 所示。操作完成单击【下一步】。

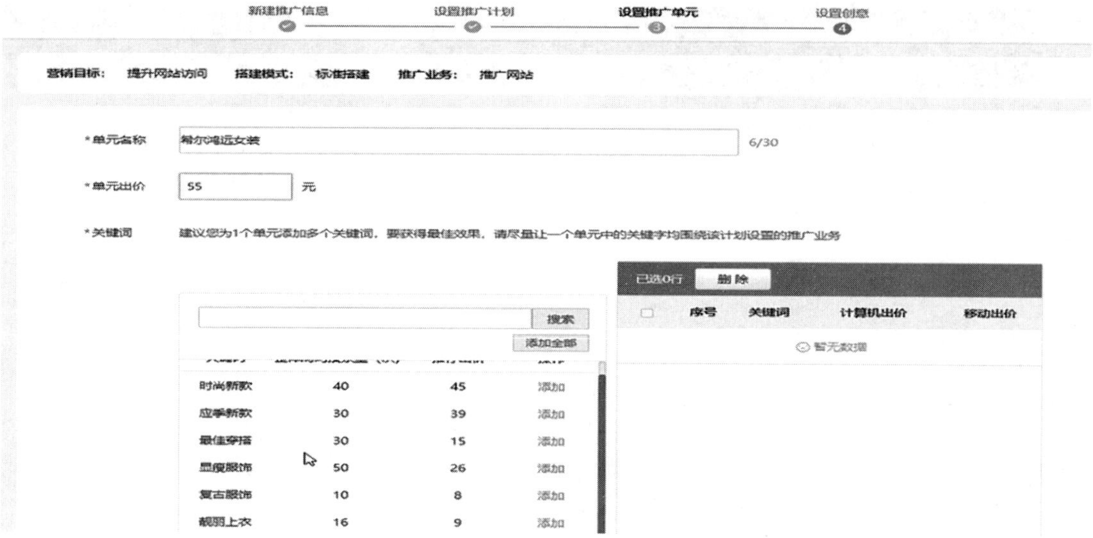

图 8-2-13　设置推广单元界面

（7）进入第四步设置创意，需要添加线索组件、填写创意标题、创意描述第一行、创意描述第二行、计算机访问网址、移动访问网址、选择图片，如图 8-2-14 所示。操作完成单击【保存】。

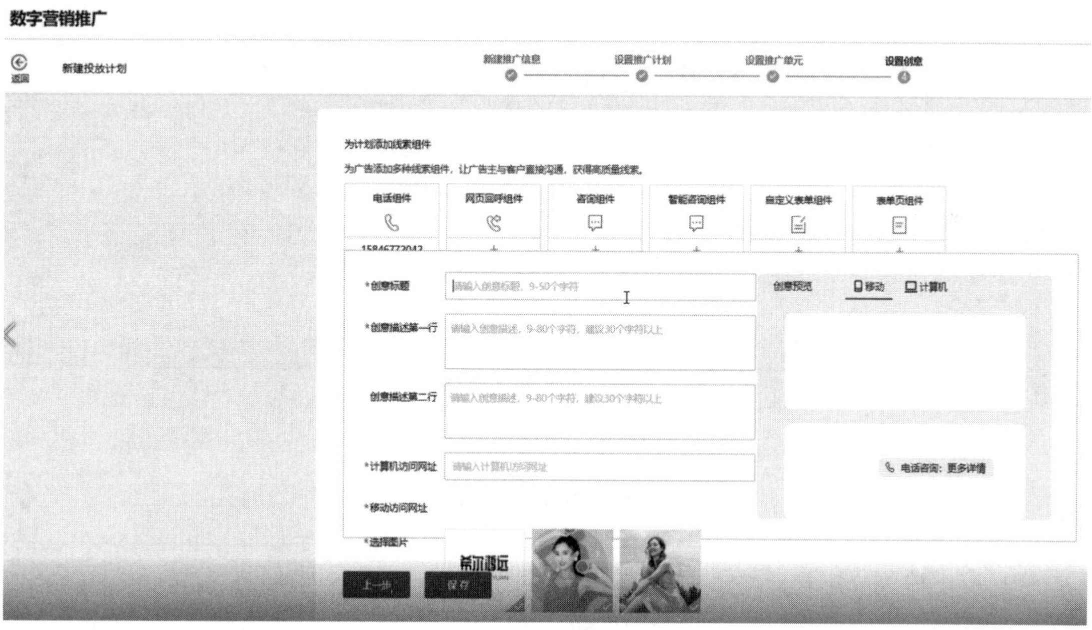

图 8-2-14　设置创意界面

（8）新建投放计划四步全部完成并保存之后，单击【提交】，然后就可以看到最新撞线、消费、展现、平均点击价格。如图 8-2-15 所示。

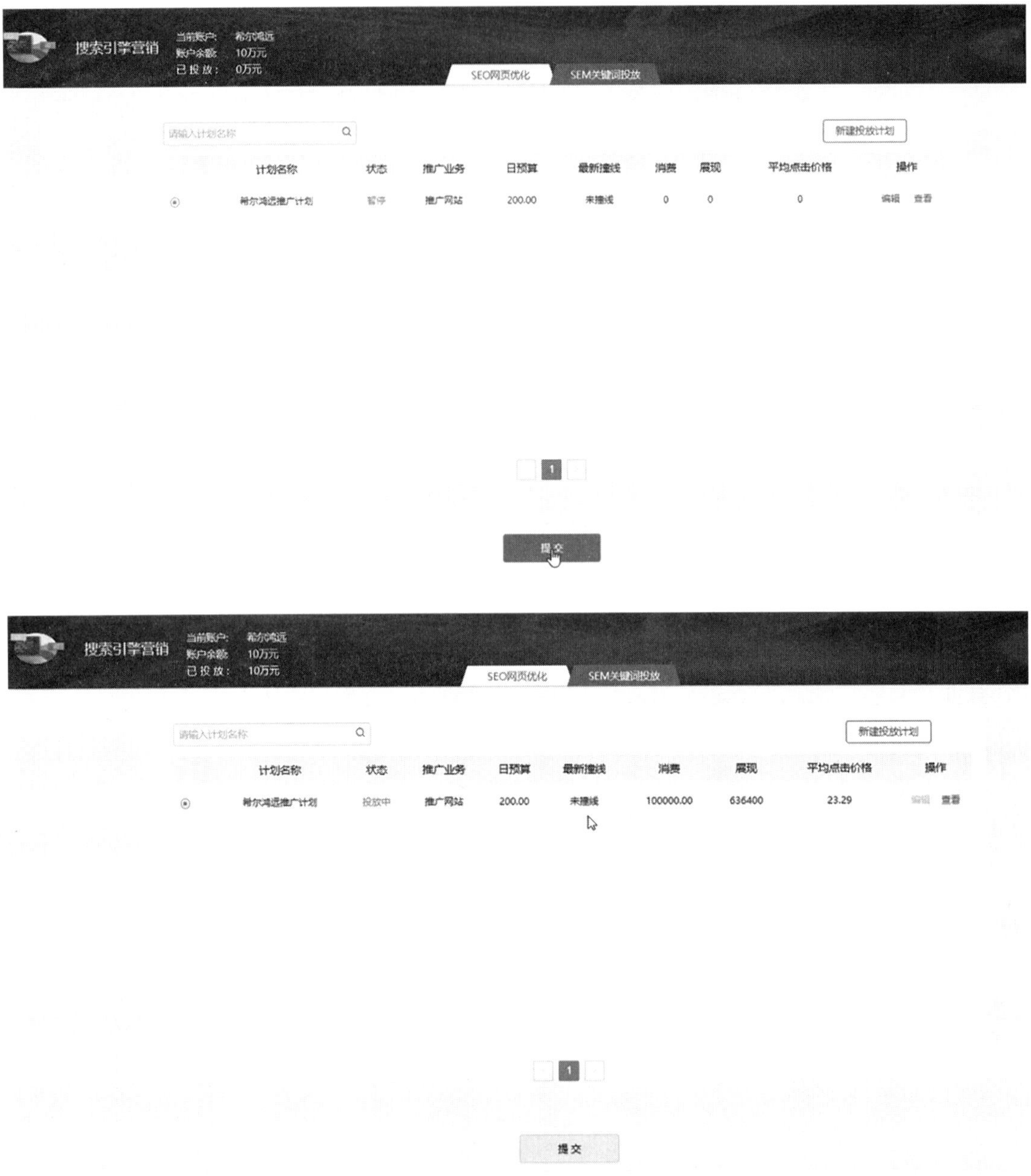

图 8-2-15　新建投放计划提交界面

3. 子操作三：数字广告投放操作流程

（1）单击【数字营销传播】—【营销传播实践】—【营销传播竞技实践】，进入界面，选择【数字广告投放】，单击【进入任务】，如图 8-2-16 所示。

（2）单击【进入任务】—【新建数字广告】，如图 8-2-17 所示。

图 8-2-16　数字广告投放界面

图 8-2-17　新建数字广告界面

(3)单击【新建投放计划】进入后，有四步，第一步是新建广告组，需要选择推广目的、填写广告组名称、日预算、选择投放速度、投放日期，如图 8-2-18 所示。操作完成单击【下一步】。

图 8-2-18　新建广告组界面

(4)进入第二步广告定向设置,需要进行投放资源设置、选择投放时间、所在地域、性别、年龄段、人群偏好,如图 8-2-19 所示。操作完成单击【下一步】。

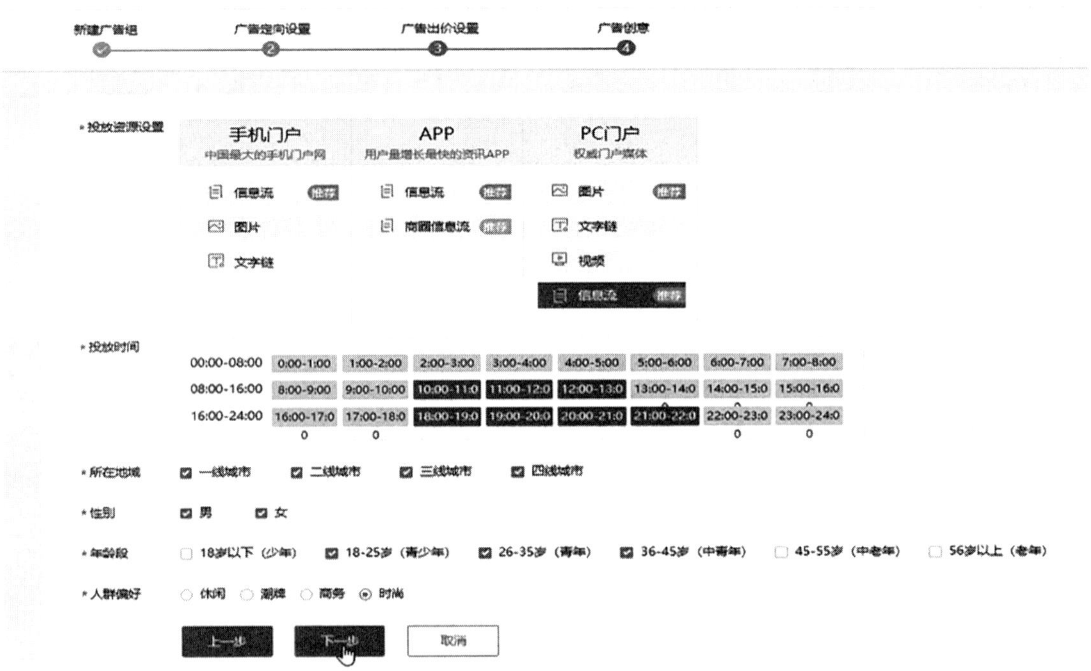

图 8-2-19　广告定向设置界面

(5)进入第三步广告出价设置,需要填写广告名称、选择付费方式、填写落地页地址、转化目的、转化名称、出价金额,如图 8-2-20 所示。操作完成单击【下一步】。

图 8-2-20　广告出价设置界面

(6)进入第四步广告创意，在图文、电话、组图、多帧大图、微动大图、微动大图组图、高清图中选择广告创意图片素材，如图 8-2-21 所示。操作完成单击【投放】。

图 8-2-21　广告创意界面

(7) 单击【提交】,完成新建数字广告组的投放提交,如图 8-2-22 所示。

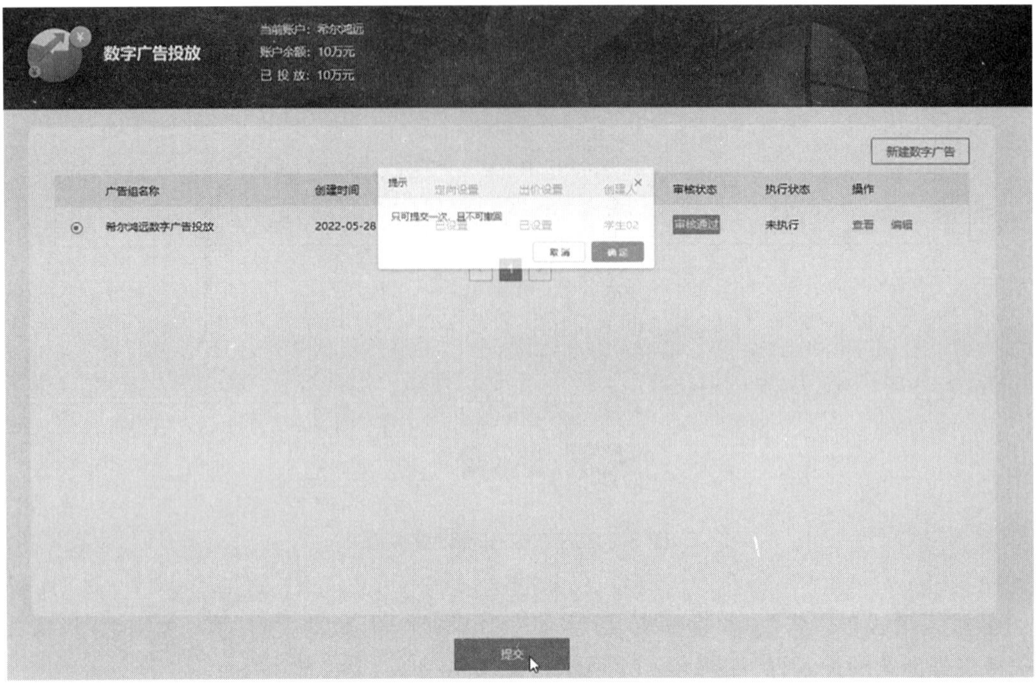

图 8-2-22　新建数字广告组提交界面

(8) 在新媒体营销、搜索引擎营销、数字广告投放,这三项操作完成之后,单击【选择推广方案】,选定之后,单击【确定】,单击【提交推广方案】,完成数字营销传播方案的提交,如图 8-2-23 所示。

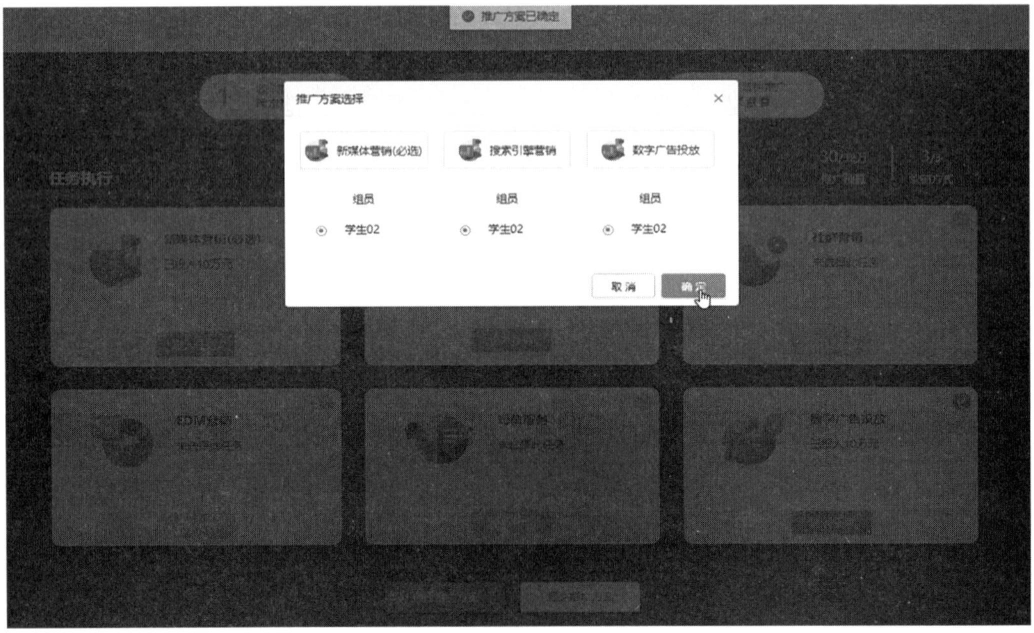

图 8-2-23　推广方案选择与提交界面

三、项目总结考评

(1)单击【竞争力看板】,可以看到团队排名情况,如竞争指数、品牌影响力指数、流量指数、粉丝指数。如图 8-2-24 所示。

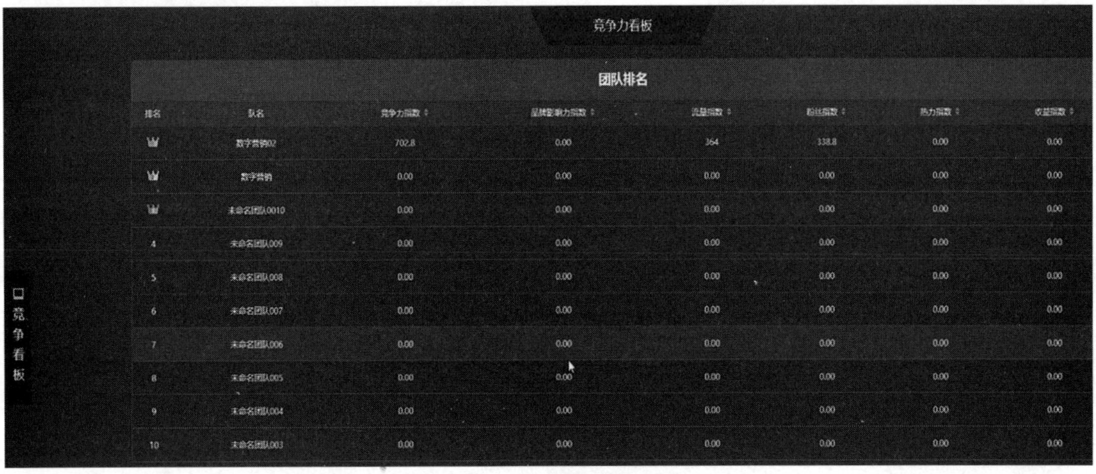

排名	队名	竞争力指数	品牌影响力指数	流量指数	粉丝指数	热力指数	收益指数
	数字营销02	702.8	0.00	364	338.8	0.00	0.00
	数字营销	0.00	0.00	0.00	0.00	0.00	0.00
	未命名团队0010	0.00	0.00	0.00	0.00	0.00	0.00
4	未命名团队009	0.00	0.00	0.00	0.00	0.00	0.00
5	未命名团队008	0.00	0.00	0.00	0.00	0.00	0.00
6	未命名团队007	0.00	0.00	0.00	0.00	0.00	0.00
7	未命名团队006	0.00	0.00	0.00	0.00	0.00	0.00
8	未命名团队005	0.00	0.00	0.00	0.00	0.00	0.00
9	未命名团队004	0.00	0.00	0.00	0.00	0.00	0.00
10	未命名团队003	0.00	0.00	0.00	0.00	0.00	0.00

图 8-2-24　竞争力看板界面

(2)单击【数字营销传播】—【竞技实践总结】—【竞技结果总结】,下载数字营销传播竞技解析模板,填写完成,单击【上传成果】。如图 8-2-25,图 8-2-26 所示。

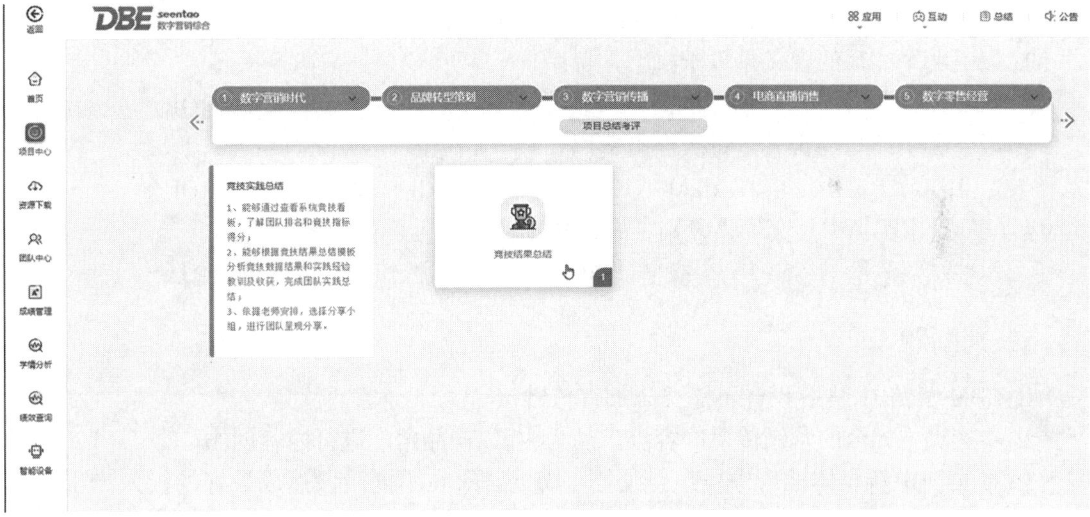

图 8-2-25　竞技结果总结界面

竞技结果总结
教师推送任务。
请尽快给其他团队进行评分。
教师结束团队成果任务。
团队成果：竞技结果总结
要求描述：各小组填写总结PPT上传系统并进行分享。
评分规则：组间互评0%
模板下载：34101数字营销传播竞技解析模板.pptx | 下载
SCORE
评分尚未开启，请等待教师开启互评哦~
上传成果

图 8-2-26　竞技解析模板上传界面

练习题

一、选择题

1. 本实训中想要快速提升官网在搜索引擎结果中的排位，应采取以下哪种方式(　　)？
   A. 社交媒体营销　B. 网站优化　C. SEM　D. SEO
2. 以下哪个缩写的含义是每千次曝光费用(　　)？
   A. UGC　B. CPM　C. CPC　D. ROI
3. 以下哪个缩写的含义是每次点击费用(　　)？
   A. UGC　B. CPM　C. CPC　D. ROI
4. (多选)本实训中社交媒体营销主要依托于哪个平台(　　)？
   A. 微博、微信　B. 小红书、B站　C. 抖音、快手　D. 论坛

二、判断题

1. EDM营销中，内容设计不需要添加宣传链接。(　　)
2. 本实训中如今的营销传播内容以产品为主，以产品角度进行内容创作。(　　)
3. 本实训中新媒体推广中应组合使用KOL资源，在不同阶段达成最好的投入产出比效果。(　　)
4. 头部KOL可以快速增加曝光打造认知。(　　)
5. SEM是搜索引擎营销，SEO是搜索引擎优化。SEO是SEM的一种类型。SEM和SEO是包含关系，SEM包含了SEO。(　　)

任务3　电商直播销售

任务描述

电商直播销售

案例企业是希尔鸿远制衣有限公司,该企业有数字化转型的规划。该公司的电商业务发展策略是:线上业务依托平台电商起步,开设直营旗舰网店;利用电商直播迅速提升线上销售量,并通过互动带动粉丝、会员、客户数量的增长。

在软件实操中,希尔鸿远制衣有限公司的电商直播销售涉及三项内容:直播运营准备、直播带货实践、直播数据分析。

知识准备

一、直播团队

直播团队的组织与分工包括主播、助播、运营。主播负责直播出镜、商品介绍、粉丝互动、掌控直播节奏、Cue流程、统筹全场。助播负责辅助主播、带动气氛、介绍促销活动、提醒节点抽奖、卖点提醒。运营负责直播设置、数据运营、场外监控、数据跟踪、复盘优化、发优惠券、画外音互动、直播间氛围组、场外粉丝答疑。直播系统分为:主播手机端、运营PC端和用户直播端。直播间系统装修要有明确的直播名称,简明扼要的直播简介,诱人的直播封面,醒目的直播专题图,关注、分享、主播信息卡等贴纸必不可少。

二、选品促销

根据直播任务,选择商品状态为正常商品、汰换商品、主打商品、畅销商品、新品上市的商品加入直播间。选中的商品,要根据业务需要设定为引流款、福利款、毛利款或走量款,各小组自行设定。

引流款,价格诱人,吸引场外粉丝进入直播间抢购。福利款,价格上通常会明显低于市场认知。毛利款,高品质,价格略高,但在款式、功能上有自己独特之处。主打追求品质的粉丝,对价格敏感度较低,打中需求点就会下单。而这类型商品一般出货量不会很大,但是带来的利润却相对可观,是直播间利润所在。走量款,超高性价比,主要作用是冲业绩,撑起直播间订单量的利器。这就要求爆款不一定价格低,但一定要款式好、用户群广、效果好,同时性价比高,这样才能够走量。主播在爆款上花费的讲解时间也比普通款式更长。

三、直播技巧

直播脚本是根据直播内容和直播商品,需要规划出开播讲什么,过程做什么,有哪些要点需要主播注意等。根据脚本模板,助播需要把内容提前规划好,并与主播进行沟通,包括流程节点,需要谁来配合,介绍哪个产品、卖点是什么、主播口播内容是什么等。创建了直播间后,需要通过各种方法把直播间地址推广出去,如发优惠券、发直播间地址、让粉丝互相转发等。

常见的推广渠道有开播提醒、主播自己的粉丝群、淘宝群、QQ 群、微信群推广等。

在直播过程中，首先要对直播进行规划和安排，直播的重点是逻辑和玩法的编写以及直播节奏的把控。直播节奏大略是进状态，打招呼，唠家常；渲染本场产品，口碑，质量等。宣布本场直播福利，抽奖等。按规划展示本场产品，着重介绍主推款，其余可配套展示。正式进入产品逐个推荐，主推款可延长，每隔一段时间进行抽奖互动对粉丝评论进行回应。做呼声较高产品的返场演绎。完整演绎爆款购买路径。剧透下期的新款，或答疑问题强调关注主播下期时间及福利。

单品直播的常见手法是：聚人、留客、锁客、举证、说服、催单、逼单。

四、数据复盘

需要进行数据分析、经验总结、问题罗列、措施改进。主要围绕新增粉丝数、直播间浏览次数、成交金额、成交件数、点赞数和在线人数来展开。

任务流程

一、直播运营准备

操作流程如下。

(1) 进入新道云—【DBE 数字营销综合】—【项目四 电商直播销售】。如图 8-3-1 所示。

图 8-3-1　电商直播销售界面

(2) 单击【直播运营准备】—【直播间创建】—【直播间创建】，填写直播名称、直播简介、选择直播封面，助播、运营上岗，完成直播间的创建。如图 8-3-2 所示。

(3) 单击【直播间选品】—【直播选品】，添加引流款、添加毛利款、添加走量款，完成选品。如图 8-3-3 所示。

(4) 单击【直播间选品】—【商品定价】，填写店铺价、直播价、直播卖点，完成引流款、毛利款、走量款选品的定价。如图 8-3-4 所示。

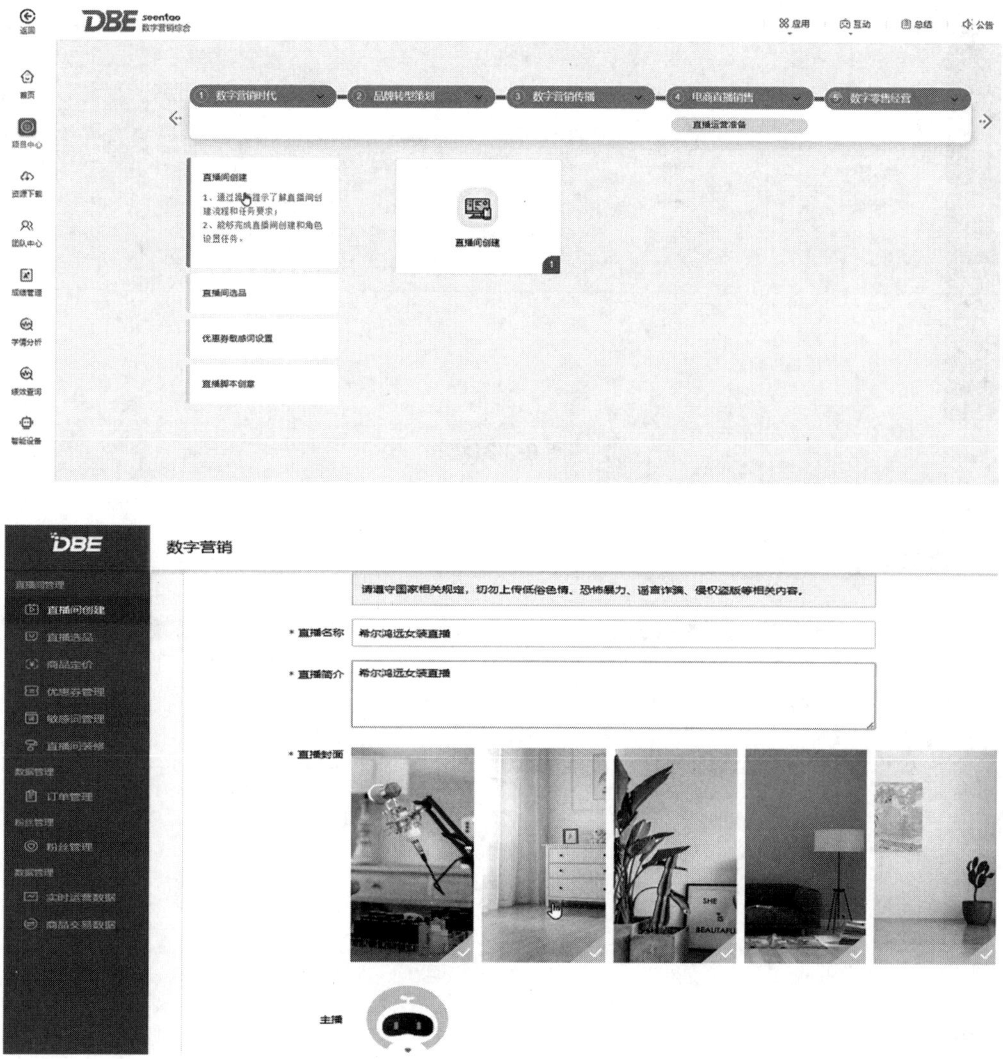

图 8-3-2　直播间创建界面

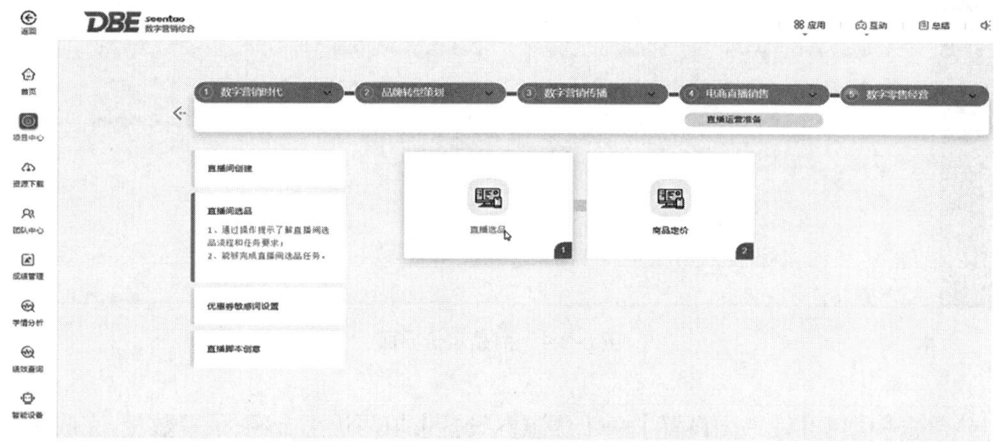

图 8-3-3　直播间选品界面

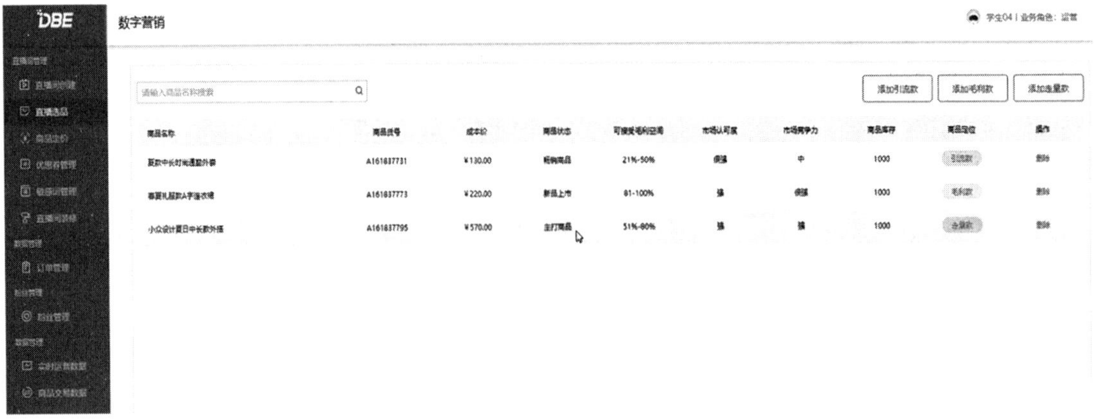

图 8-3-3（续）

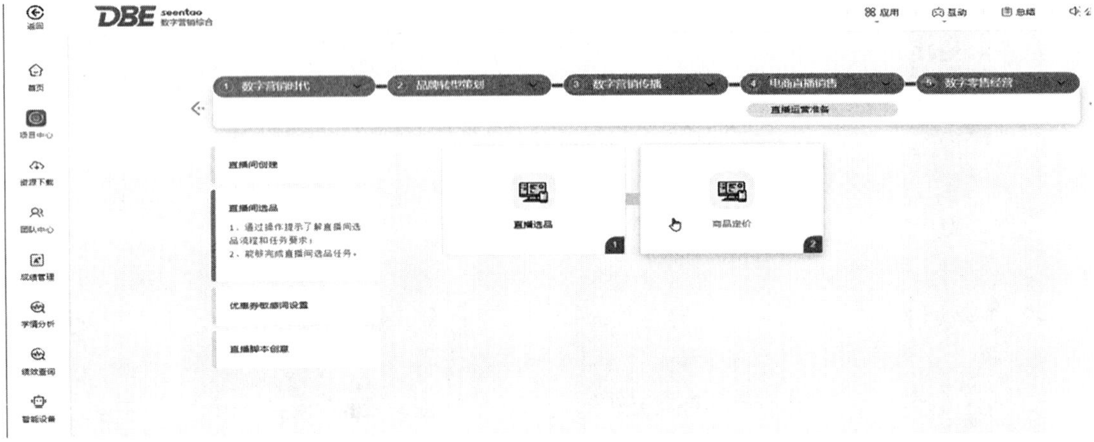

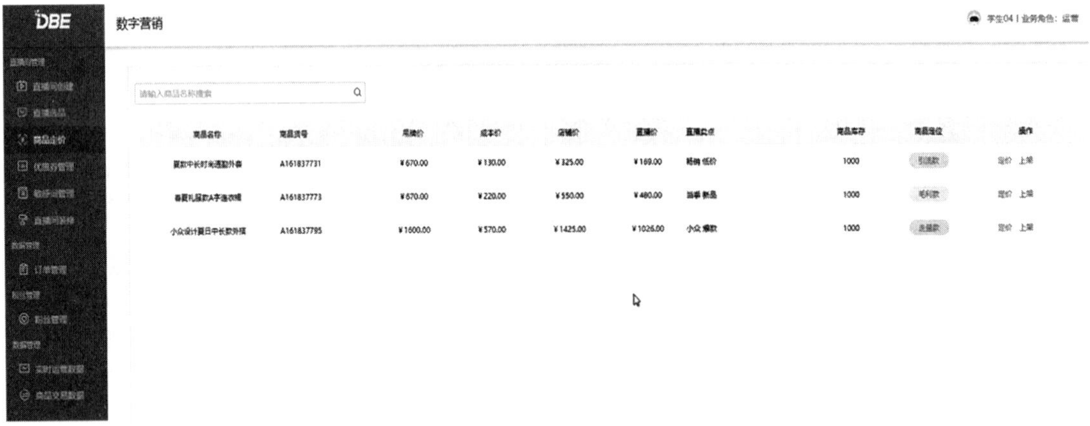

图 8-3-4　商品定价界面

(5)单击【优惠券敏感词设置】—【优惠券设置】，填写优惠金额、预置数量，完成引流款、毛利款、走量款选品的优惠券设置。如图 8-3-5 所示。

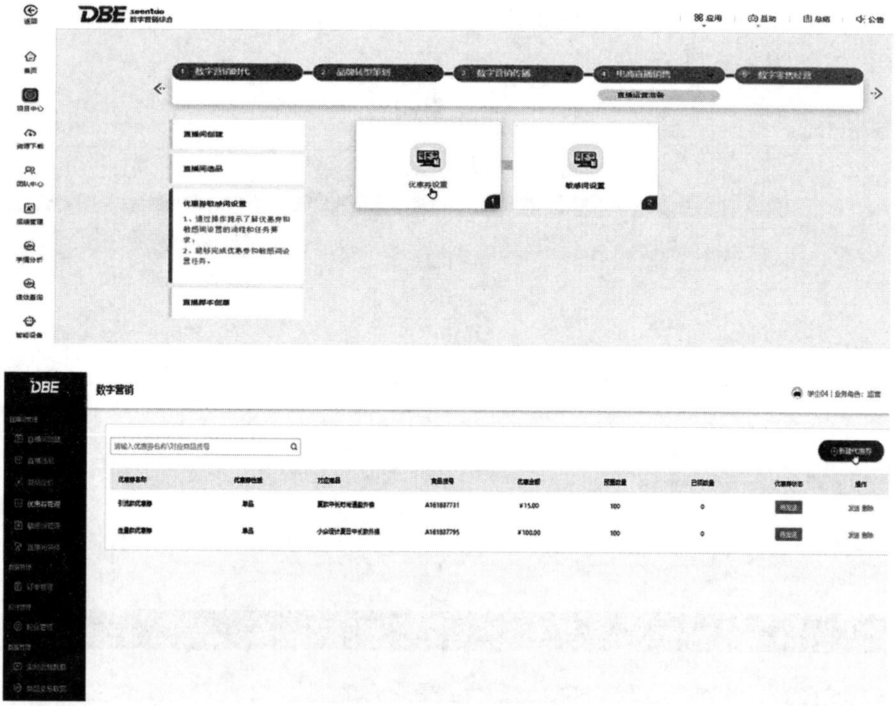

图 8-3-5 优惠券设置界面

⑹单击【优惠券敏感词设置】—【敏感词设置】,完成敏感词的添加。如图 8-3-6 所示。

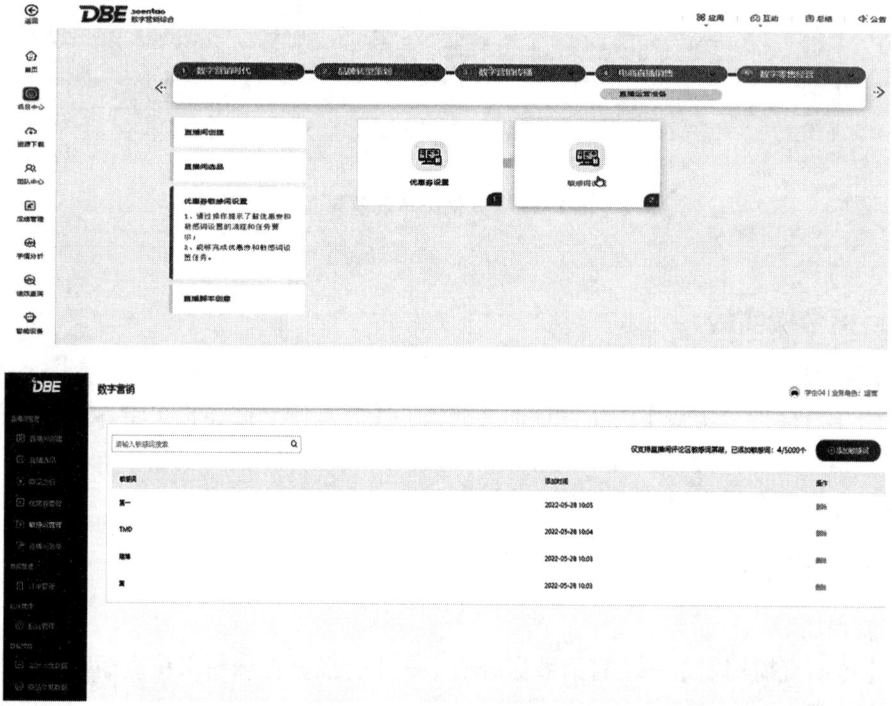

图 8-3-6 敏感词设置界面

(7)单击【直播脚本创意】—【直播脚本创意】,完成时间段、流程、控场动作、主推产品、口播内容的添加,如图 8-3-7 所示。

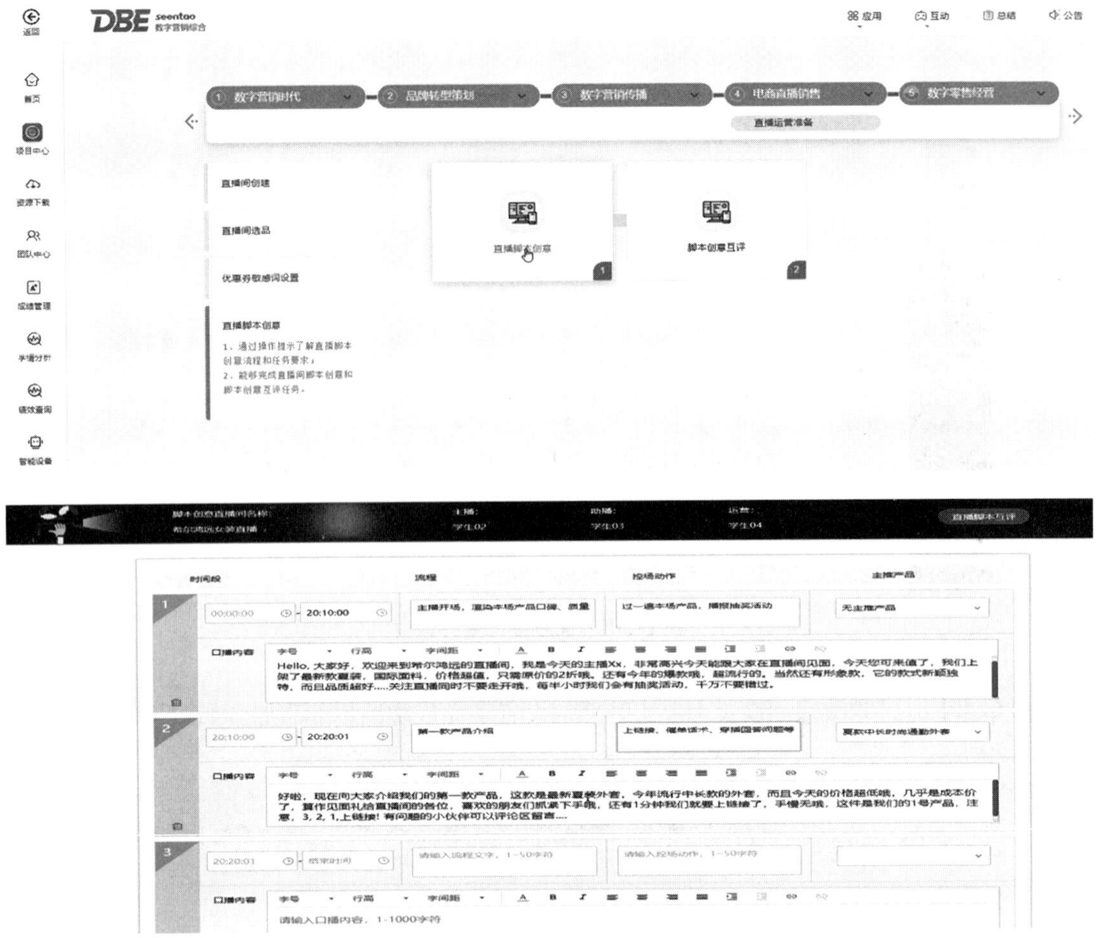

图 8-3-7 直播脚本创意界面

二、直播带货实践

操作流程如下。

(1)单击【直播带货实践】—【直播间装修】—【直播间装修模拟】,将界面中的图片元素拖到直播间预览界面,调整位置和大小,完成直播间的装修,如图 8-3-8 所示。

(2)单击【立即开播】,进行希尔鸿远女装直播界面,如图 8-3-9 所示。

三、直播数据分析

操作流程如下。

单击【电商直播销售】—【直播数据分析】—【直播数据分析】,将直播数据填写到直播数据分析模板中,上传,如图 8-3-10 所示。

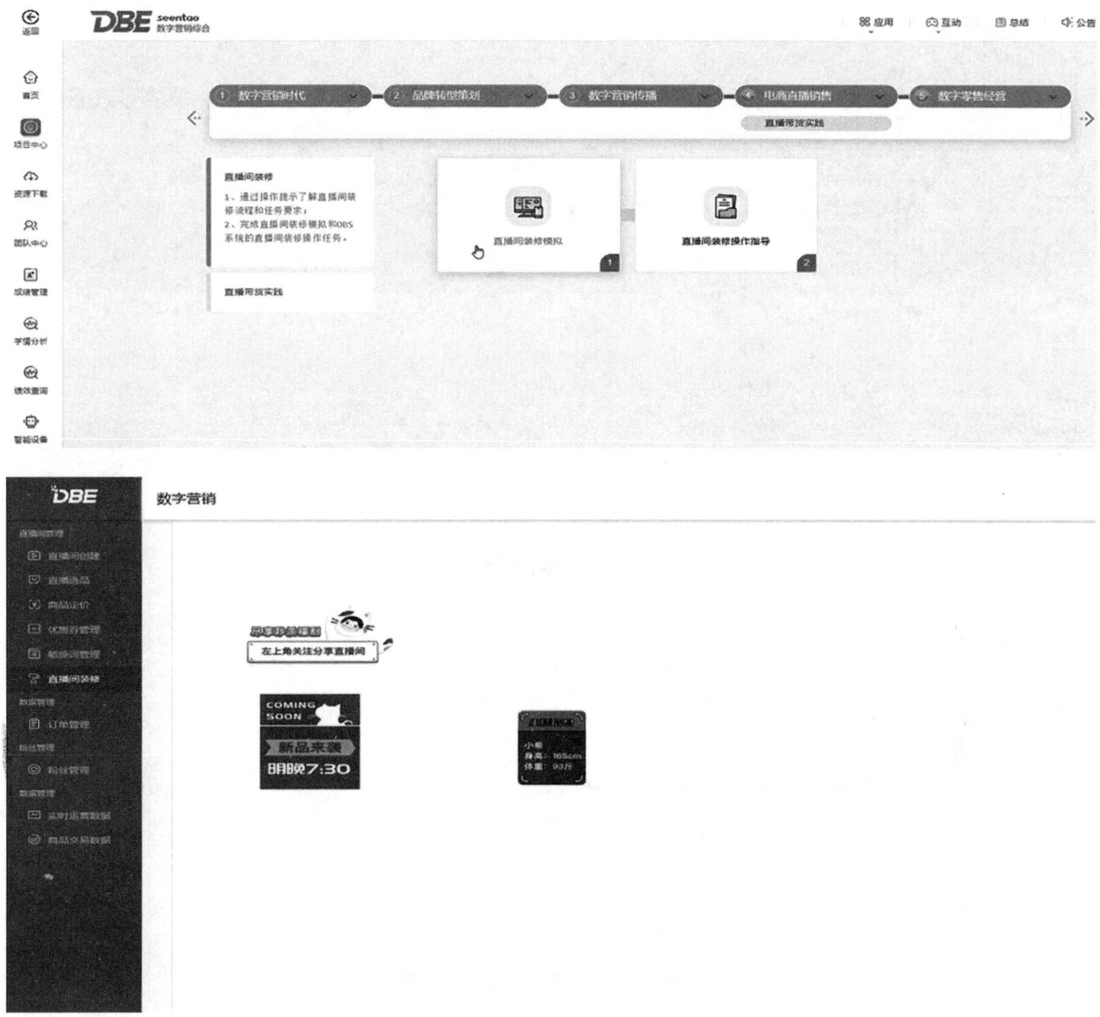

图 8-3-8　直播间装修模拟界面

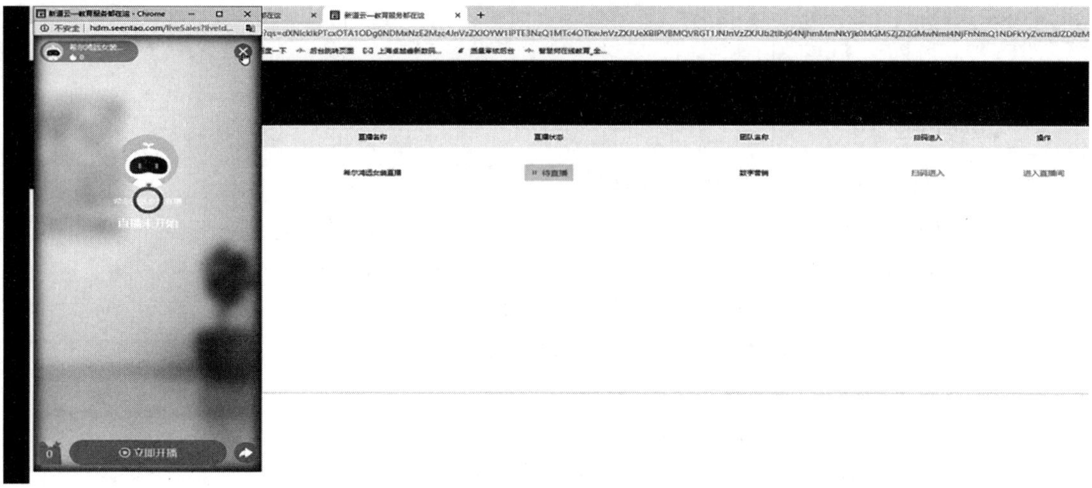

图 8-3-9　直播界面

图 8-3-10　直播数据分析界面

练习题

一、选择题

1. 电商直播是哪一年在哪个平台出现的？（　　）

A. 2016 年，淘宝　　B. 2017 年，蘑菇街

C. 2016 年，蘑菇街　　D. 2017 年，淘宝

2. 本次实训中电商直播选品中以下哪种配比最佳？（　　）

A. 引流款（10%）、走量款（60%）、毛利款（30%）

B. 引流款（60%）、走量款（10%）、毛利款（30%）

C. 引流款（30%）、走量款（60%）、毛利款（10%）

D. 引流款（50%）、走量款（20%）、毛利款（30%）

3. 直播间主要利润来自。(　　)

A. 引流款　　B. 走量款　　C. 毛利款

4. 直播间冲业绩的是。(　　)

A. 引流款　　B. 走量款　　C. 毛利款

5. 本实训直播过程中气氛组负责人是谁? (　　)

A. 运营小组　　B. 助播 + 运营小组

C. 助播　　D. 主播

6. 毛利款的特性是。(　　)

A. 高品质,价格略高。

B. 在款式、功能上有自己独特之处。

C. 主打追求品质的粉丝,对价格敏感度较低,打中需求点就会下单。

D. 这类商品一般出货量不会很大,但是带来的利润却相对可观。

二、判断题

1. 直播间背景应以简洁、大方为基础,不花哨凌乱,建议以浅色、纯色为主,例如浅灰色系办公室或窗帘等,不建议纯白墙,白墙易曝光过度或显脸黄。(　　)

2. 主播站位是镜头中心,在直播中的构图主播占比可以超过 70%。(　　)

3. 引流款,价格诱人,吸引场外粉丝进入直播间抢购。(　　)

4. 走量款,超高性价比,不一定价格低,但一定是款式好、用户群广、效果好。主播在爆款上花费的讲解时间也比普通款式更长。(　　)

5. 直播流程中,一开始就进入单品逐渐介绍环节。(　　)

6. 复盘环节对于电商直播至关重要,可优化并改进问题。(　　)

7. 电商直播前需要准备产品相关资料及验证证书,收集好评以便于产品宣传。(　　)

任务 4　数字零售经营

任务描述

数字零售经营

案例企业是希尔鸿远制衣有限公司,该企业有数字化转型的规划。数字科技,正在深入而又全面地影响着人们生活的方方面面。同样地,零售行业也在发生着一场深刻而又彻底的改变。无论是以线上零售为代表的电商,抑或是以线下零售为代表的实体商超,数字科技对于它们的影响和改变正在发生。

数字技术更加关注的是对于零售行业的内在元素、流程和环节进行深入而又彻底的改造。经过数字技术的改造之后,零售行业将会打破线上和线下的界限,推倒虚拟与实体的高墙,实现深入而又全面的深度融合。

在软件实操中,希尔鸿远制衣有限公司的数字零售经营涉及三项内容:门店开设、门店订货、门店开业。

知识准备

一、盈亏平衡点

盈亏平衡点,又称零利润点、保本点、盈亏临界点、损益分歧点、收益转折点。通常指全部销售收入等于全部成本时的销量。以盈亏平衡点的界限,当销售收入高于盈亏平衡点时企业盈利,反之,企业就亏损。盈亏平衡点收入等于固定成本除以毛利率,固定成本包括月摊销费用、租金、物业费用、管理费用、水电费用、人工费用。

二、选品陈列规则

选品陈列规则有五个:

一是商品价格区间与商圈主流月消费金额,越接近越匹配。

二是商品适合年龄区间与商圈主流年龄段,越接近越匹配。

三是商品风格与商圈类型,休闲风格最匹配的是生活区商圈,职业区最匹配的是办公区商圈,时尚和运动户外风格最匹配的是商业区商圈。

四是商品状态与陈列区,第一视觉区最匹配的是主打款或新款,第二视觉区最匹配的是新款,次级销售热区最匹配的是新款,辅助主题区最匹配的是老款,冷区最匹配的是淘汰款,促销花车最匹配的是断码款,模特 1 和模特 2 最匹配的是主打款。

五是商品毛利空间与陈列区,高毛利匹配第一、第二视觉区和模特 1、模特 2,中毛利匹配次级和辅助区,低毛利匹配冷区和促销花车。

任务流程

一、门店开设

操作流程如下。

(1)进入新道云—【DBE 数字营销综合】—【项目五 数字零售经营】。如图 8-4-1 所示。

(2)单击【门店开设】—【门店选址】—【门店选址实践】,选择沈水湾办公区,并根据给出的信息计算盈亏平衡点,完成门店选址。如图 8-4-2 所示。

(3)单击【门店开设】—【门店布局】—【门店布局实践】,根据布局图的要求,通过拖拽的方式将第一视觉主题区、第二视觉主题区、次级主题区、辅助主题区、冷区、促销出清区、主模特、次模特放到门店平面图中。完成后将三个智能摄像头放到合适的位置,最后将门店的动线绘制出来。如图 8-4-3 所示。

(4)单击【门店开设】—【选品陈列】—【选品陈列实践】,根据选品陈列规则,为第一视觉主题区、第二视觉主题区、次级主题区、辅助主题区、冷区、促销出清区、主模特、次模特在众多商品中选择适配度最高的商品及数量。如图 8-4-4 所示。

图 8-4-1　数字零售经营界面

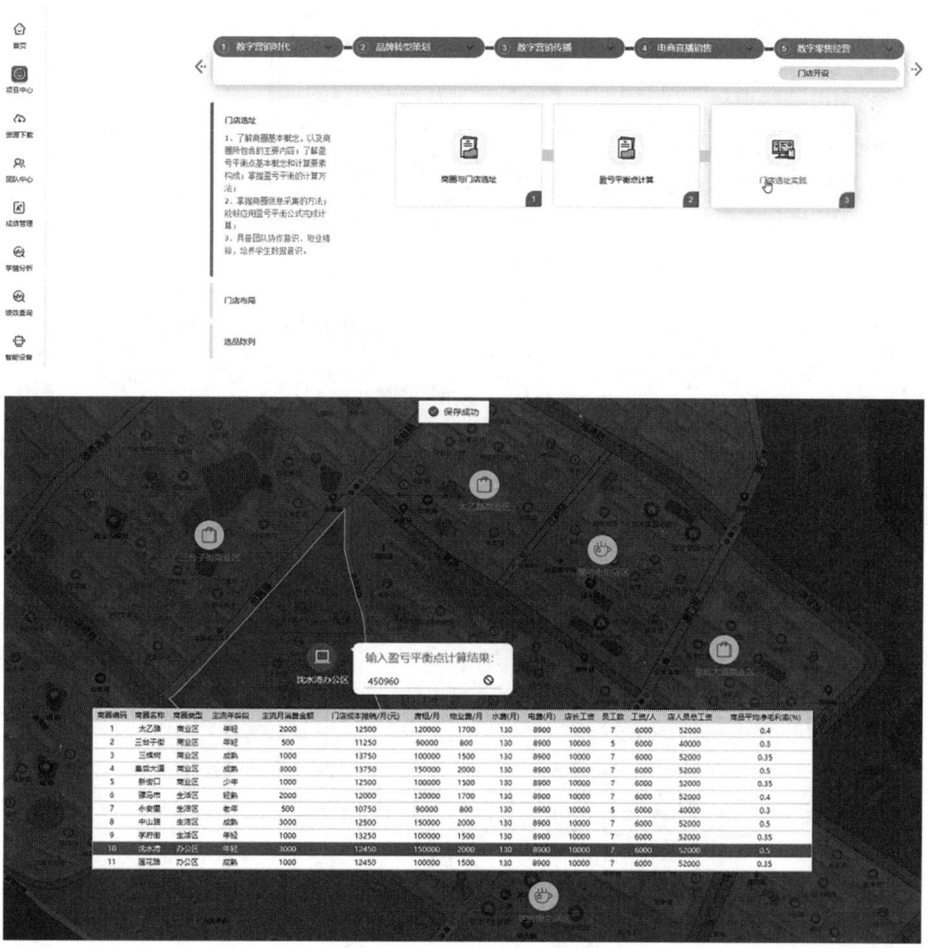

图 8-4-2　门店选址实践界面

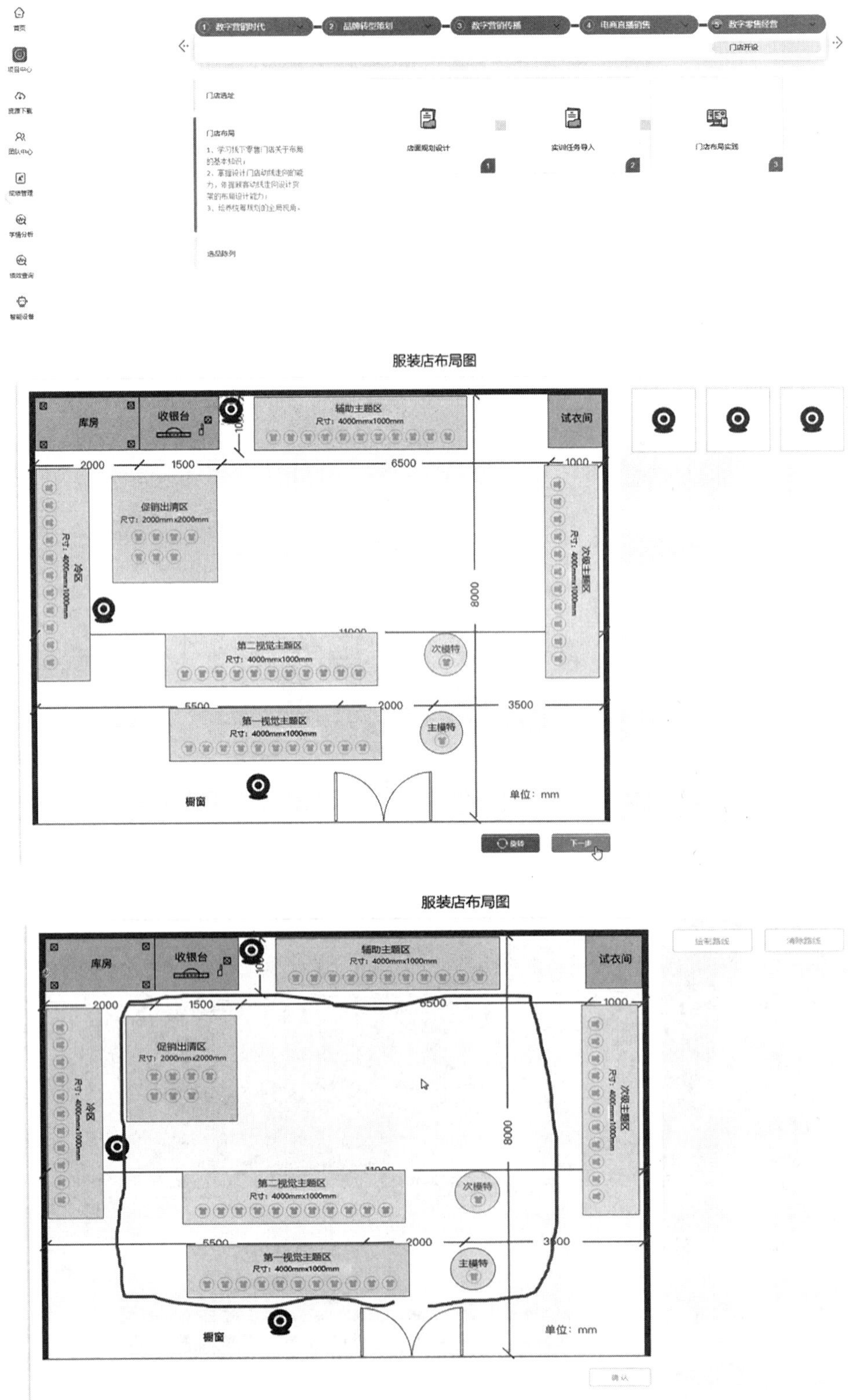

图 8-4-3　门店布局实践界面

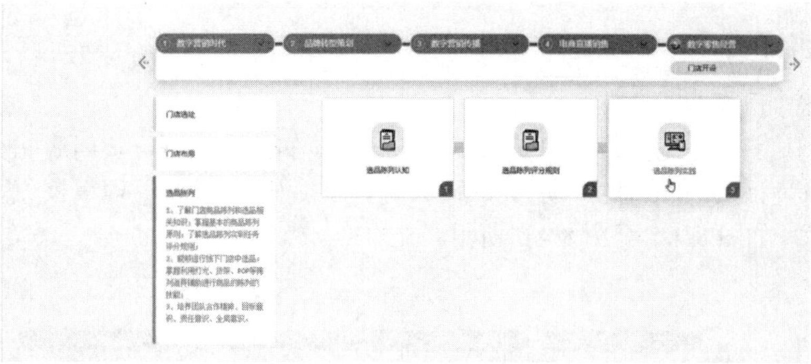

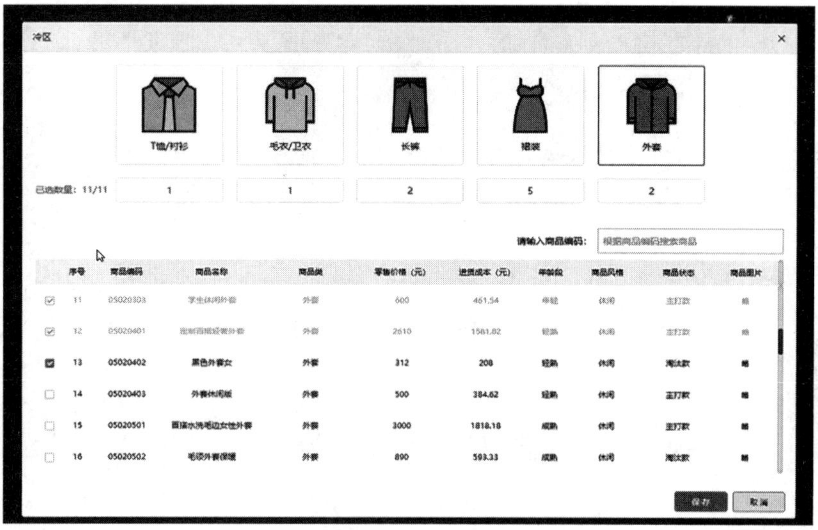

仿真门店选品陈列

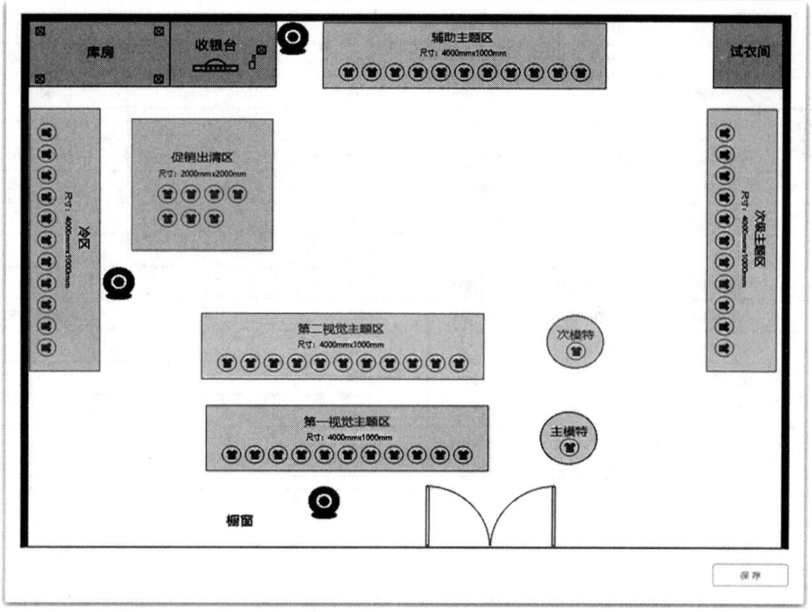

图 8-4-4 选品陈列实践界面

二、门店订货

操作流程如下。

单击【门店订货】—【门店订货实践】—【订货实践】,填写订货门店、业务员信息、订货日期、订货数量、订货人信息、日期,完成商品订货单填写。然后,经理审核、总监审核、库房发货、门店入库。如图 8-4-5 至图 8-4-7 所示。

图 8-4-5　订货实践界面

商 品 订 货 单　　新道 seentao

订货单号:　　订货门店:沈水湾

业务员:01　　供货商:总部大库　　订货日期:2022-05-28

序号	商品编码	商品名称	商品类别	进货价格	订货数量	订货金额
1	01010303	上班族女T恤	T恤/衬衫	306.92	13	¥3989.96
2	01010403	减龄职业上衣	T恤/衬衫	430.77	13	¥5600.01
3	01020202	休闲T恤 女装	T恤/衬衫	133.33	13	¥1733.29
4	01020203	学生休闲T恤	T恤/衬衫	537.69	13	¥6989.97
5	01020301	休闲版T恤	T恤/衬衫	472.73	13	¥6145.49
6	01020302	韩版学生T恤	T恤/衬衫	446.67	13	¥5806.71
7	01020303	休闲T恤 宽松版	T恤/衬衫	676.92	13	¥8799.96
8	01020401	上班族休闲T恤	T恤/衬衫	600	13	¥7800
9	01020402	中年T恤休闲版	T恤/衬衫	733.33	13	¥9533.29
10	01020403	女T恤宽松版	T恤/衬衫	923.08		
11	01020602	减龄老人T恤	T恤/衬衫	332.67		
12	01030303	时尚T恤	T恤/衬衫	923.08		
13	01030401	中年时尚T恤	T恤/衬衫	969.09		
14	01030403	韩国T恤女款	T恤/衬衫	588.46		
15	01040203	运动T恤女	T恤/衬衫	306.92		
16	01040301	年轻运动T恤	T恤/衬衫	423.64		
17	01040302	户外运动T恤	T恤/衬衫	366.67		
18	01040303	运动型T恤	T恤/衬衫	153.08		

图 8-4-6　商品订货单界面

商品入库单

入库单号：　　订货单号：DHD20220500001　　订货门店：沈水湾

业务员：01　　供货商：总部大库　　订货日期：2022-05-28

序号	商品编码	商品名称	商品类别	进货价格	订货数量	实际入库数量	订货金额
1	01010303	上班族女T恤	T恤/衬衫	306.92	13		
2	01010403	减龄职业上衣	T恤/衬衫	430.77	13		
3	01020202	休闲T恤 女装	T恤/衬衫	133.33	13		
4	01020203	学生休闲T恤	T恤/衬衫	537.69	13		
5	01020301	休闲版T恤	T恤/衬衫	472.73	13		
6	01020302	韩版学生T恤	T恤/衬衫	446.67	13		
7	01020303	休闲T恤 宽松版	T恤/衬衫	676.92	13		
8	01020401	上班族休闲T恤	T恤/衬衫	600	13		
9	01020402	中年T恤休闲版	T恤/衬衫	733.33	13		
10	01020403	女T恤宽松版	T恤/衬衫	923.08	13		
11	01020602	减龄老人T恤	T恤/衬衫	332.67	13		
12	01030303	时尚T恤	T恤/衬衫	923.08	13		
13	01030401	中年时尚T恤	T恤/衬衫	969.09	13		
14	01030403	韩国T恤女款	T恤/衬衫	588.46	13		
15	01040203	运动T恤女	T恤/衬衫	306.92	13		

图 8-4-7　商品入库单界面

三、门店开业

操作流程如下。

(1) 单击【门店开业】—【门店开业准备】—【备用金申请实践】,填写申请人、部门、日期、用途、金额、领用人签字。然后,完成总部审核,部门主管审批签字;财务审核,财务主管审批签字。如图 8-4-8 所示。

图 8-4-8　备用金申请实践界面

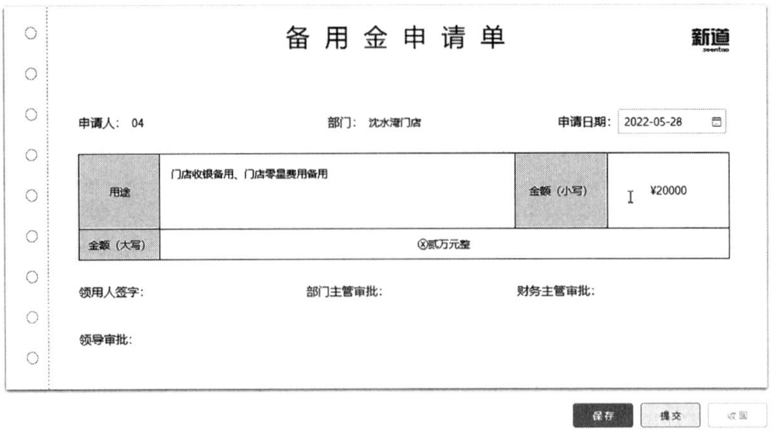

备用金申请单

新道 seentao

申请人：04　　部门：沈水湾门店　　申请日期：2022-05-28

用途	门店收银备用、门店零星费用备用	金额（小写）	¥20000
金额（大写）	ⓧ贰万元整		

领用人签字：　　部门主管审批：　　财务主管审批：

领导审批：

保存　提交　收回

图 8-4-8(续)

(2) 单击【门店开业】—【门店开业准备】—【开业装饰采购实践】，选择需要采购的物品，填写数量。如图 8-4-9 所示。

开业装饰采购单

序号	采购项目	单位	价格（元）	采购数量	采购金额（元）
1	气球拱门	个	140	请输入数量	
2	充气大拱门	个	500	1	500
3	花篮	个	60	4	240
4	易拉宝	个	110	请输入数量	
5	三脚展架	个	60	2	120
6	二维码水牌	个	20	1	20
7	礼品台	个	200	1	200
8	拉新礼品50只装（水杯）	组	400	1	400
9	海报	个	20	2	40
10	舞台表演	次	2000	1	2000
11	蛋糕	个	300	请输入数量	
12	环保购物袋（100个）	套	170	1	170
13	室外音响租赁	套	1200	1	1200
合计				15	4890

保存　提交

图 8-4-9　开业装饰采购实践界面

(3)单击【门店开业】—【门店地图打点】—【地图打点】,店长在线上对门店进行上线、地图打点,让顾客能在地图中搜到门店信息。如图 8-4-10 所示。

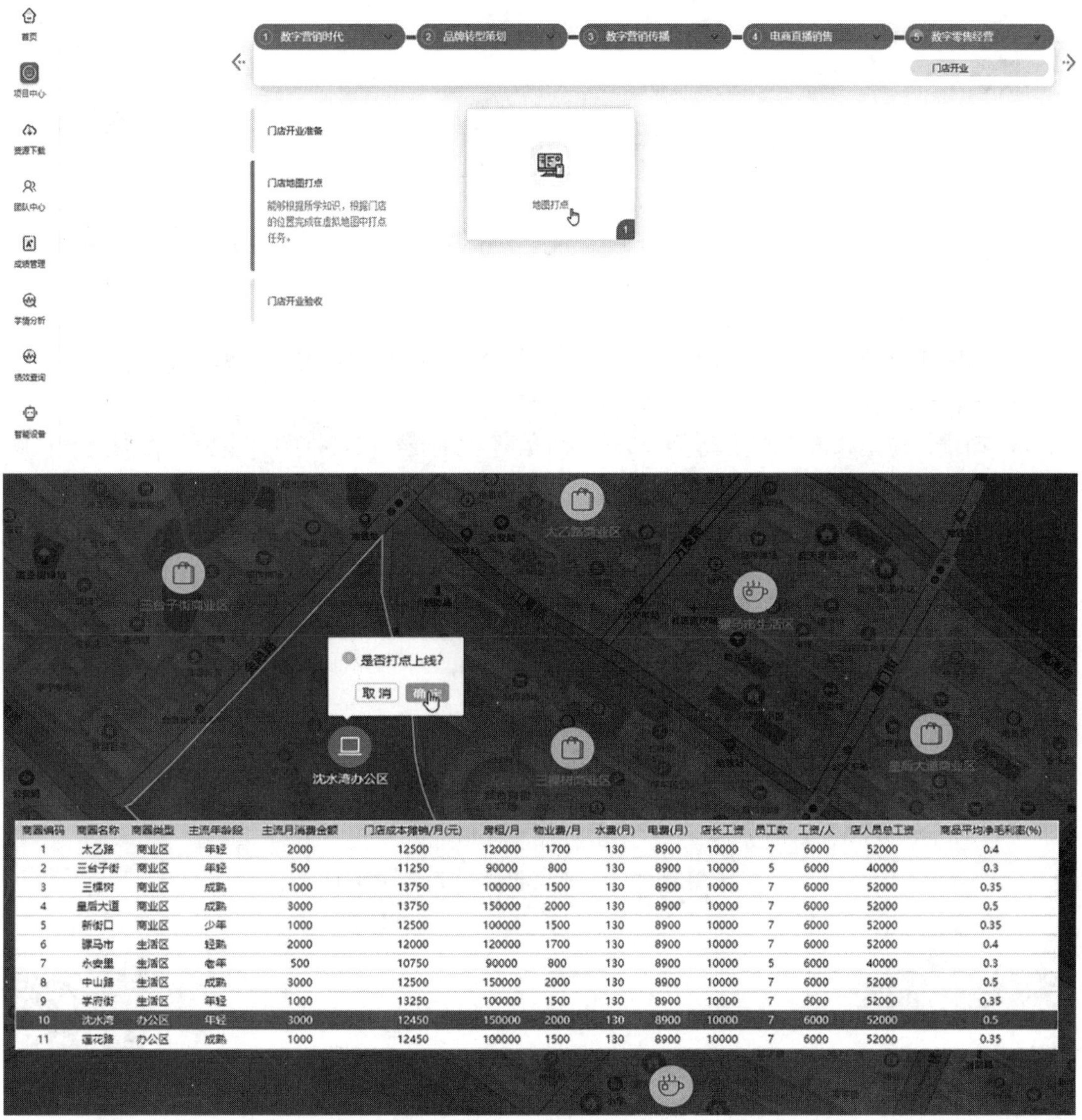

商圈编码	商圈名称	商圈类型	主流年龄段	主流月消费金额	门店成本摊销/月(元)	房租/月	物业费/月	水费(月)	电费(月)	店长工资	员工数	工资/人	店人员总工资	商品平均净毛利率(%)
1	太乙路	商业区	年轻	2000	12500	120000	1700	130	8900	10000	7	6000	52000	0.4
2	三台子街	商业区	年轻	500	11250	90000	800	130	8900	10000	5	6000	40000	0.3
3	三棵树	商业区	成熟	1000	13750	100000	1500	130	8900	10000	7	6000	52000	0.35
4	皇后大道	商业区	成熟	3000	13750	150000	2000	130	8900	10000	7	6000	52000	0.5
5	新街口	商业区	少年	1000	12500	100000	1500	130	8900	10000	7	6000	52000	0.35
6	骡马市	生活区	轻熟	2000	12000	120000	1700	130	8900	10000	7	6000	52000	0.4
7	小夹里	生活区	老年	500	10750	90000	800	130	8900	10000	5	6000	40000	0.3
8	中山路	生活区	成熟	3000	12500	150000	2000	130	8900	10000	7	6000	52000	0.5
9	学府街	生活区	年轻	1000	13250	100000	1500	130	8900	10000	7	6000	52000	0.35
10	沈水湾	办公区	年轻	3000	12450	150000	2000	130	8900	10000	7	6000	52000	0.5
11	莲花路	办公区	成熟	1000	12450	100000	1500	130	8900	10000	7	6000	52000	0.35

图 8-4-10　地图打点界面

练习题

一、选择题

1. 门店选址注意事项包括哪些?(　　)

A. 门店总体定位

B. 门店房屋产权和其他部门法律关系

C. 门店周边的交通情况

D. 门店可覆盖配送范围商圈信息

E. 门店核心商圈信息

2. 线下门店布局要素包括哪些？（　　）

A. 门店出入口　　B. 门店动线　　C. 门店货架

D. 门店收银台　　E. 门店功能模块

3. 线下门店常见动线设计样式有哪些？（　　）

A. 8 字形动线　　B. R 字形动线　　C. O 字形动线

二、判断题

1. 商圈是以门店为中心，沿着一定的方向和距离扩展，吸引顾客的辐射范围。（　）

2. 入口设计要“容易进去”，入口要宽敞明亮。（　　）

3. 动线并非是顾客随意走动所形成的，而是商家刻意规划安排的。主要的目的就是让顾客能够在商品陈列区多停留，多挑选商品，产生购买。（　　）

4. 第一视觉主题区应陈列老款。（　　）

5. 第二视觉主题区应陈列新款。（　　）

6. 次级销售热区应陈列断码款。（　　）

7. 辅助主题区应陈列老款。（　　）

8. 冷区应陈列淘汰款。（　　）

9. 促销花车应陈列新款。（　　）

10. 模特 1 和模特 2 应陈列主打款。（　　）

任务5　私域流量运营

任务描述

私域流量运营

案例企业：希尔鸿远制衣有限公司。该企业有数字化转型的规划。通过数字零售经营的运行，已经建立了流量入口，把公域流量引入了私域流量。要做好私域流量的经营，应该要了解怎样才能让目标受众获益，从而吸引住目标人群，获得目标受众的热捧，建立关系。还需要通过精细化经营管理和系统改造闭环控制，实现消费者的自动持续增长方式。

在软件实操中，希尔鸿远制衣有限公司的私域流量运营涉及四项内容：会员政策制定、新品促销、会员运营、精准营销。

知识准备

一、私域流量

私域流量指从公域(internet)、它域(如平台、媒体渠道、合作伙伴等)引流到自己私域官网或客户名单上,以及私域本身产生的流量访客。私域流量是可以进行二次以上链接、触达、发售等市场营销活动的客户数据。私域流量和域名、商标、商誉一样属于企业私有的经营数字化资产。在数字经济时代,企业的核心目标是要从产权的高度上真正去重视和拥有“客户”这个最有价值的资产,并不断提升自己为每个客户创造更具丰富价值的能力。

二、公域流量

公域流量指商家直接入驻平台实现流量转换,比如大家熟悉的拼多多、京东、淘宝、饿了么等,以及内容付费行业的喜马拉雅、知乎、得到等公域流量平台。常见的平台流量五大板块有:电商平台,如淘宝,京东,网易考拉等;内容聚合型平台,如腾讯新闻、网易新闻、今日头条等;社区平台,如百度贴吧、微博、知乎、简书等;视频内容型平台,如腾讯视频、爱奇艺、抖音等;搜索平台,如百度搜索、360 搜索等。

任务流程

一、会员政策制定

操作流程如下。

(1) 进入新道云—【DBE 数字营销综合】—【项目六 私域流量运营】。如图 8-5-1 所示。

图 8-5-1 私域流量运营界面

(2) 单击【私域流量概述】—【会员政策制定】—【会员政策制定】，下载会员政策制定(画布)，填写并上传。如图 8-5-2 至图 8-5-4 所示。

图 8-5-2　会员政策制定界面

会员政策画布

会员管理规则	规则内容
会员资格	凡愿意提供真实个人信息，在本店有过销售行为的，进行会员登记后即可成为本店普通级会员。（任意消费）
会员等级	普通会员、银卡会员、金卡会员、白金卡会员
晋级规则	单笔消费 666 元，或 12 个月内累计消费满 1 288 元，系统自动升级为银卡会员。 单笔消费满 1 266 元，或 12 个月内累计消费满 2 666 元，系统自动升级为金卡会员。 单笔消费满 1 999 元，或 12 个月内累计消费满 4 999 元，系统自动升级为白金卡会员。
会员积分规则	订单 5 折及 5 折以上，实付 1 元=1 积分，订单低于 5 折不积分。
会员关怀策略	生日礼：普通卡、银卡会员生日当月获赠价值 58 元现金抵用券 1 张；金卡、白金卡会员生日当月获赠价值 100 元现金抵用券 1 张。 晋升礼：普通和银卡会员发生等级晋升时，获赠 5 积分；金卡会员晋升礼 240 元现金券礼包；白金卡会员晋升礼 280 元现金券礼包。
会员营销策略	短信、微信公众号。
其他规则	无

图 8-5-3　会员政策制定(画布)界面

推送
教师推送任务。
2 开启互评
请尽快给其他团队进行评分。
3 结束互评
教师结束团队成果任务。
团队成果：会员政策制定
要求描述：各小组商定本组会员政策后填写相应内容，保存上传系统。
评分规则：组间互评0%
模板下载：61202会员政策制定（画布）.docx | 下载
我的成果：61202会员政策制定（画布）.docx | 下载
SCORE
评分尚未开启，请等待教师开启互评哦~
上传成果

图 8-5-4　会员政策制定(画布)上传界面

二、新品促销

操作流程如下。

(1)单击【新品促销】—【促销方案制定】—【促销方案申请】，如图 8-5-5 所示，完成新品促销营销活动申请表的填写及审核。如图 8-5-6 所示。

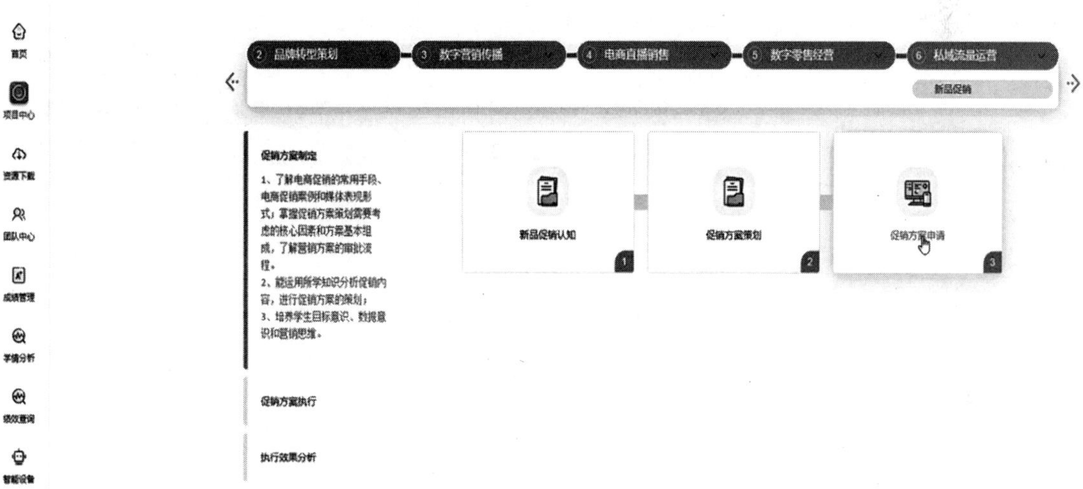
首页
项目中心
资源下载
团队中心
成绩管理
学情分析
绩效查询
智能设备
2 品牌转型策划
3 数字营销传播
4 电商直播销售
5 数字零售经营
6 私域流量运营
新品促销
促销方案制定
1、了解电商促销的常用手段、电商促销案例和媒体表现形式；掌握促销方案策划需要考虑的核心因素和方案基本组成，了解营销方案的审批流程。
2、能运用所学知识分析促销内容，进行促销方案的策划；
3、培养学生目标意识、数据意识和营销思维。
新品促销认知
促销方案策划
促销方案申请
促销方案执行
执行效果分析

图 8-5-5　促销方案申请界面

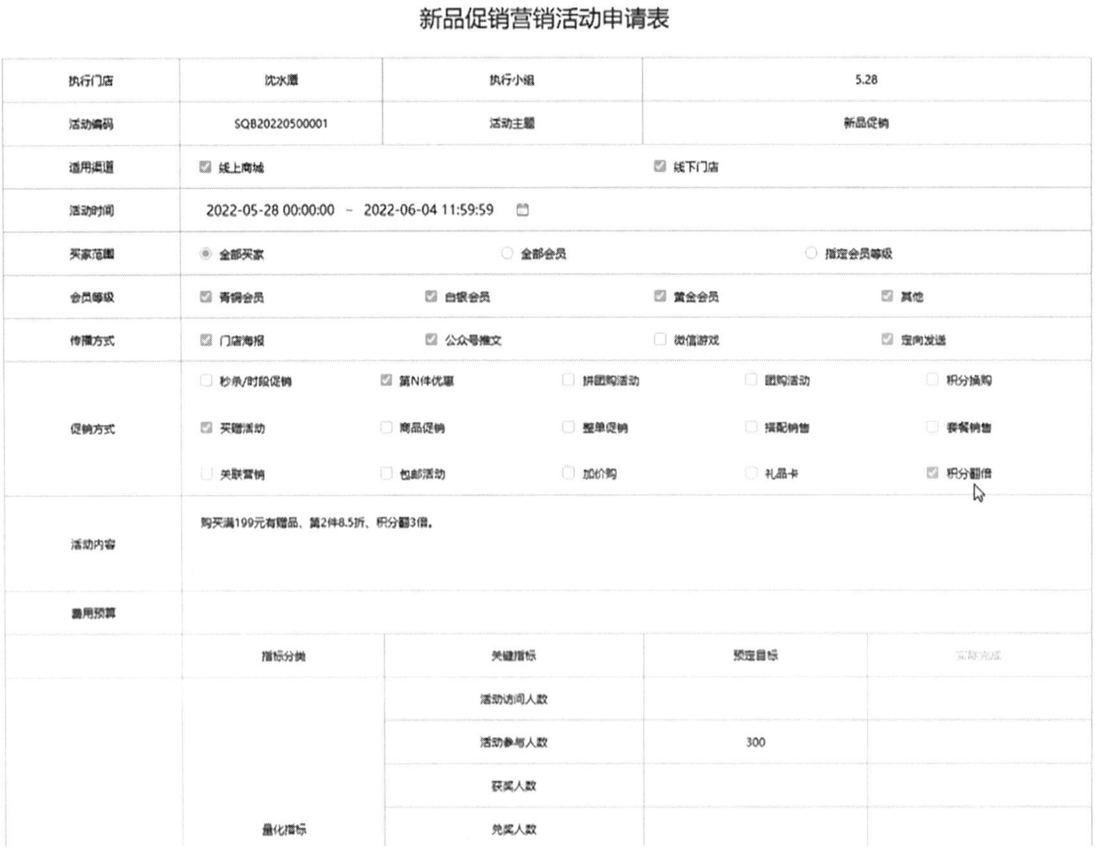

新品促销营销活动申请表

执行门店	沈水湾		执行小组	5.28	
活动编码	SQB20220500001		活动主题	新品促销	
适用渠道	☑ 线上商城		☑ 线下门店		
活动时间	2022-05-28 00:00:00 ~ 2022-06-04 11:59:59				
买家范围	◉ 全部买家		○ 全部会员	○ 指定会员等级	
会员等级	☑ 青铜会员	☑ 白银会员	☑ 黄金会员	☑ 其他	
传播方式	☑ 门店海报	☑ 公众号推文	☐ 微信游戏	☑ 定向发送	
促销方式	☐ 秒杀/时段促销	☑ 第N件优惠	☐ 拼团购活动	☐ 团购活动	☐ 积分换购
	☑ 买赠活动	☐ 商品促销	☐ 整单促销	☐ 搭配销售	☐ 套餐销售
	☐ 关联营销	☐ 包邮活动	☐ 加价购	☐ 礼品卡	☑ 积分翻倍
活动内容	购买满199元有赠品、第2件8.5折、积分翻3倍。				
费用预算					
	指标分类	关键指标	预定目标	实际完成	
	量化指标	活动访问人数			
		活动参与人数	300		
		获奖人数			
		兑奖人数			

图 8-5-6　新品促销营销活动申请表界面

(2)单击【新品促销】—【促销方案执行】—【营销云新品促销实践】,登录营销云系统操作任务,登录账号选择新道科技 XDKJ,进入界面后,单击【友零售】—【促销中心】,设置促销活动,包括买赠活动、积分翻倍活动,单击【友零售】—【会员中心】—【营销】,设置大转盘活动,并进行传播。如图 8-5-7 至图 8-5-9 所示。

图 8-5-7　营销云新品促销实践界面

图 8-5-8 U 会员登录界面

图 8-5-9 U 会员操作界面

三、会员运营

操作流程如下。

(1)单击【会员运营】—【会员拉新】—【营销云会员拉新实践】,进入营销云系统,单击【友零售】—【促销中心】—【拼团购活动】,设置团购活动内容,包括活动名称、活动时间、凑团设置等内容,设置完成后点击【保存】,如图 8-5-10 至图 8-5-12 所示。

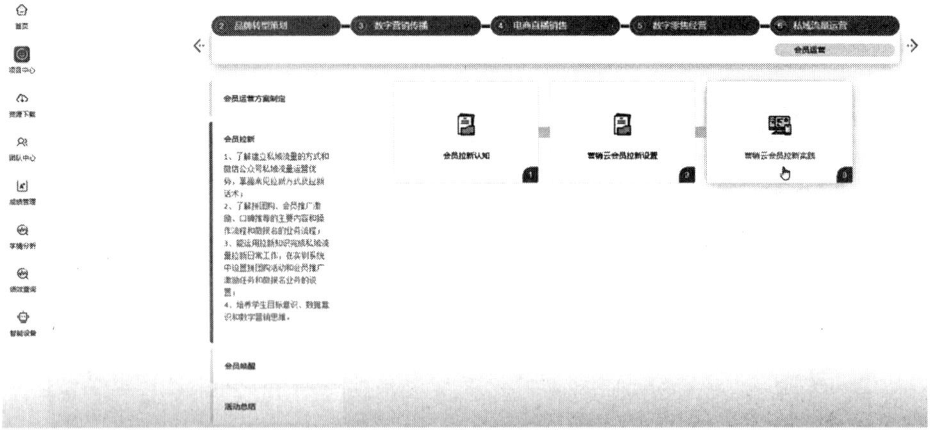

图 8-5-10　营销云会员拉新实践界面

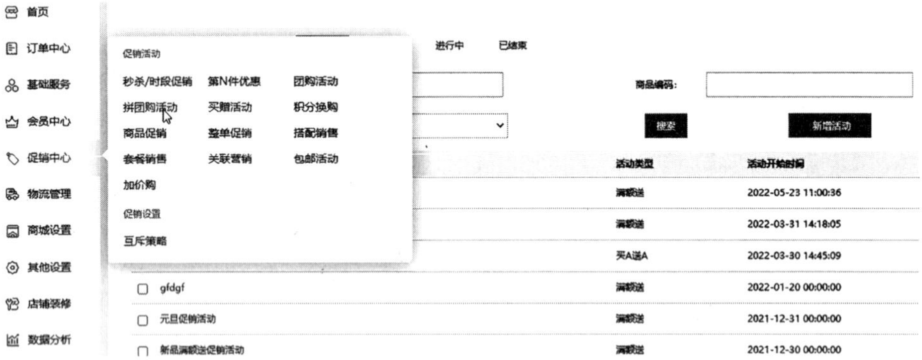

图 8-5-11　促销中心界面

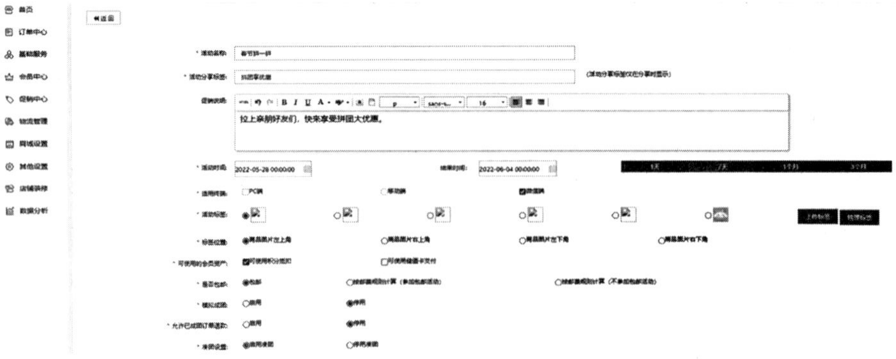

图 8-5-12　拼团购活动界面

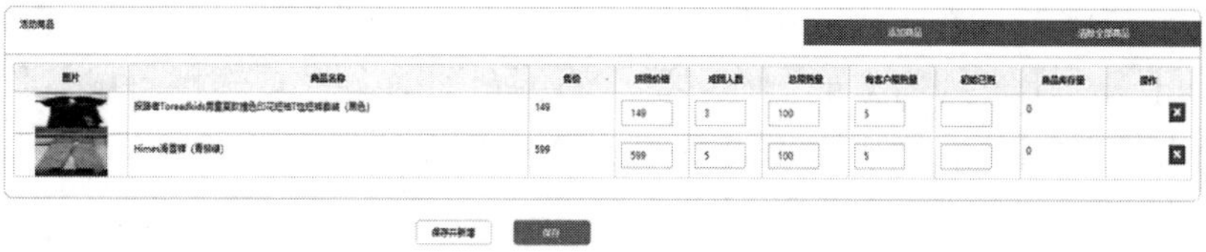

图 8-5-12(续)

(2)【会员运营】—【会员唤醒】—【营销云会员拉新实践】,进入营销云系统,单击【友零售】—【促销中心】—【积分换购活动】,完成主题设置、换购商品选择、活动说明等内容,设置完成后点击【保存】,如图 8-5-13,图 8-5-14 所示。

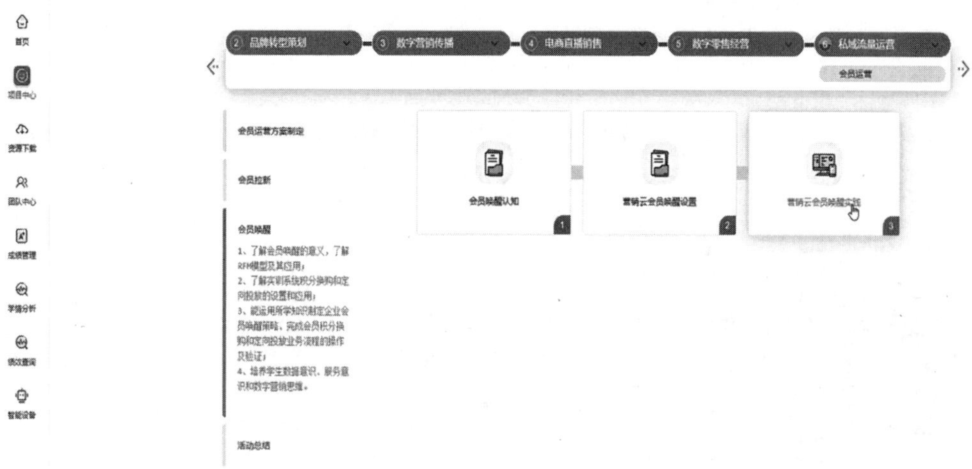

图 8-5-13　会员唤醒界面

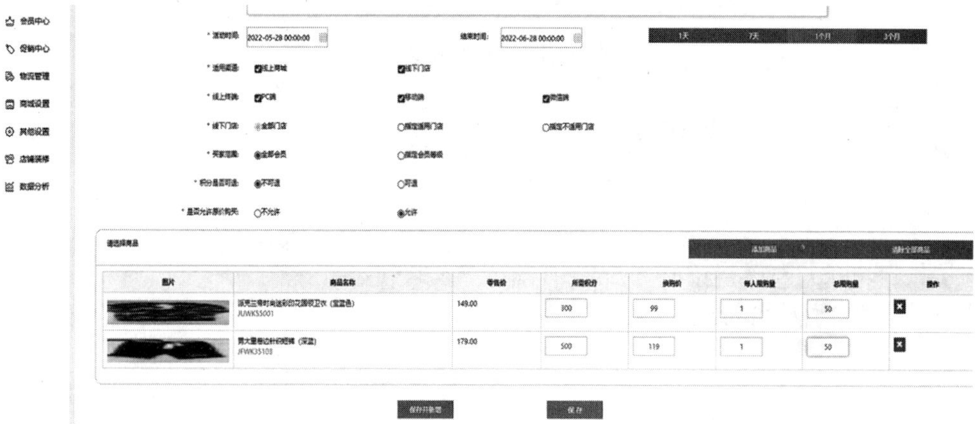

图 8-5-14　积分换购界面

四、精准营销

操作流程如下。

单击【精准营销】—【会员标签设置】—【营销云会员标签实践】,进入营销云系统,单击【营销】—【卡券】,进入新卡券制作界面,按照提示填写内容,选择商城某款商品限定使用,完成后点击【保存】完成制作,如图 8-5-15 至图 8-5-17 所示。

图 8-5-15　会员标签设置界面

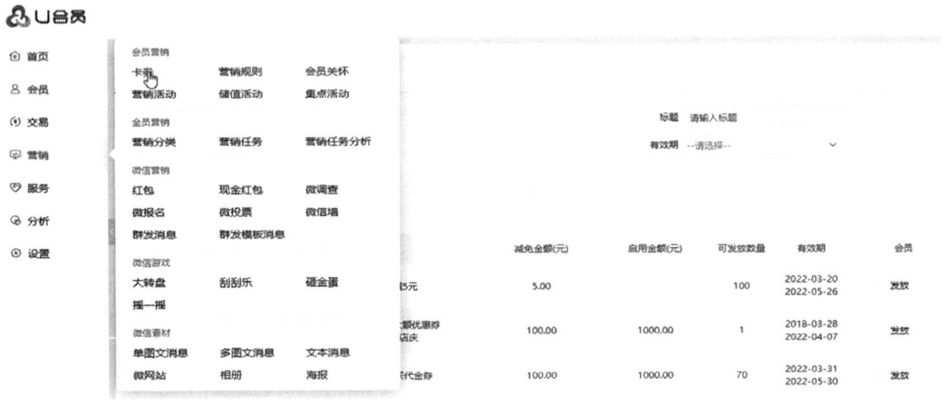

图 8-5-16　会员营销界面

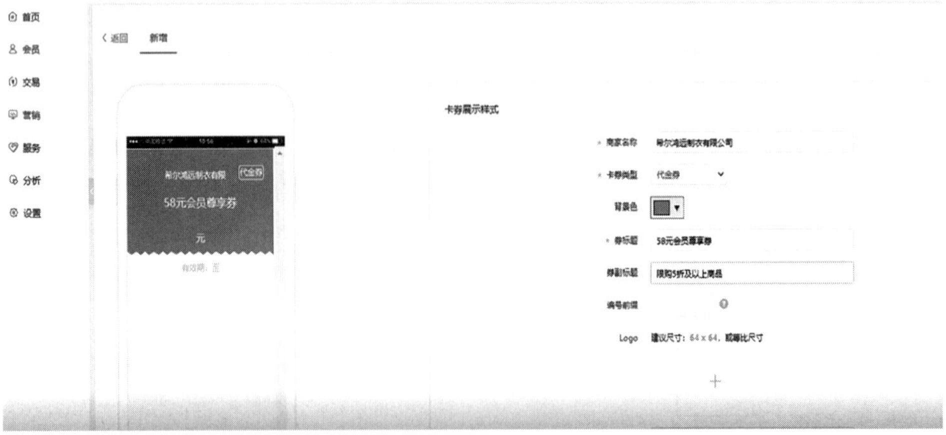

图 8-5-17　卡券设置界面

练习题

一、选择题

1. 关于私域流量说法不正确的是。(　　)
   A. 私域流量指从公域(internet)、它域(平台、媒体渠道、合作伙伴等)引流到自己私域(官网、客户名单),以及私域本身产生的流量(访客)
   B. 在公域流量平台企业无法拿到自己想要的数据,但是拥有私域流量的所有数据企业可以进行掌握和分析数据
   C. 私域流量直达用户,我们可以和用户有更多的交互,了解用户的消费需求,以便更精准的服务用户
2. 下列说法正确的是。(　　)
   A. 公域流量平台的流量逻辑以“货”为中心,而私域流量以“人”为核心
   B. 公域流量平台有社交功能,所以它的用户黏性很高,而私域流量客户比较关注优惠信息,所以黏性不高,利用价值比较低
   C. 公域平台的主要获客方式包括地推、朋友圈广告、社群裂变等手段
   D. 私域平台的主要获客方式包括大数据筛选后的精准投放、购买广告位、SEO 等手段
3. 下列关于私域流量运营优势说法正确的是。(　　)
   A. 可以直接降低企业营销成本
   B. 避免老顾客的丢失
   C. 有助于塑造品牌
   D. 私域流量的建设需要很多的费用支持
4. 关于会员说法正确的是。(　　)
   A. 实行会员制可以提高企业会员精细化管理的水平
   B. 以积分、成长值、经验值等刺激和引导用户完成会员体系设计之初期望用户完成的相关动作,促进其积分、成长值的获取和增长,提高会员级别,是为提升用户活跃与留存
   C. 会员成长值可以兑换积分,领取优惠券以及享受各级别会员服务,提供与普通用户差异化的产品功能与服务,促成会员的交易增长,同时提升会员荣誉感与被尊重感
   D. 顾客只有缴纳了会员费,完善自己的信息后才能算是企业会员

二、判断题

1. 建立完善的会员积分体系,并让会员明确积分奖励及消费制度,体会到积分的价值,从而通过各种途径积累积分,持续消费并主动分享和传播,让会员不断壮大,为企业提供动力源泉。(　　)

2. 会员营销,是商家提升营业额的必要商业手段,它涉及吸引粉丝、开发新客户、留住老客户并让老客户将品牌进行传播,老客户可以带来更多新客户和商机。(　　)

项目九　区块链

知识目标

- 掌握区块链基本知识及行业术语
- 了解区块链技术的发展历程、现状及趋势
- 了解我国区块链发展政策环境及价值导向
- 了解区块链在金融、实体经济等领域的行业发展状况
- 了解区块链行业创新场景的应用价值
- 了解区块链创新的典型风险

能力目标

- 能够运用区块链技术特征解决行业应用问题以及价值创造
- 具备一定的产业区块链项目创新能力

思政目标

- 形成正确的区块链技术创新思维及价值导向
- 塑造诚信意识，强化社会和谐与协作意识，遵纪守法意识
- 增强数据意识、形成数据安全、隐私保护的风险意识
- 塑造基于区块链技术的创新意识、创造精神

任务1　区块链概论

情景导入

区块链概论

2023年2月，工业和信息化部对外公示“2022年区块链典型应用案例”，北京市大数据中心、上海市大数据中心、国家电网、移动、联通、蚂蚁集团、航天信息等机构的61个案例入围。应用案例分为“创新技术及产品”“区块链＋实体经济”“区块链＋民生服务”“区块链＋智慧城市”“区块链＋政务服务”五大方向。自2022年8月开始征集，历经4个月时间，入围项目具有较高技术水平、明显的行业或区域特色及成熟商业模式，具备较强的代表性、示范性、创新性和可推广性。

区块链是支撑数字经济发展的战略性技术。近年来，区块链“加速落地实体产业”“加速多技术交叉融合”的趋势明显，这项技术不再局限于存证、食品溯源等简单应用，而是更多的进入了智能制造、港航物流等复杂场景中，助力多业务主体的可信协作。

此外，区块链加速与隐私计算、人工智能、物联网等技术融合，产生了一批多技术融合创新案例。以入围的“蚂蚁链数据可信协作平台”为例，主要应用了隐私计算和区块链这两项技术的优势，解决数据要素的权属和流通安全问题。

在工信部本次区块链案例评选中，有24个案例属于“区块链＋实体经济”这一大类，其占总数的近四成。蚂蚁集团、传神语联、联通等机构的案例涉及多技术融合，将成为重要的创新方向。

业内专家表示，随着数字经济的发展，社会各行业的数据价值将进一步激发。区块链这一信任技术通过交叉融合多项技术的方式，将会在实体产业数字化、数据要素资产化领域发挥更大作用，驱动数字经济创新发展。

知识准备

一、区块链价值认知

国家需要　早在2019年我国相关领导人就开展了区块链的学习，其中中共中央政治局在2019年10月24日下午就区块链技术发展现状和趋势进行第十八次集体学习。中共中央总书记习近平在主持学习时强调，区块链技术的集成应用在新的技术革新和产业变革中起着重要作用。我们要把区块链作为核心技术，自主创新的重要突破口，明确主攻方向，加大投入力度，着力攻克一批关键核心技术，加快推动区块链技术和产业创新发展。通过这次国家领导人集体学习区块链，说明区块链已经站到了国家的高度。

产业需要　随着我国近些年全面快速发展，产业在不断转型、不断升级，其中也涌现出一些新兴产业，像云计算大数据、人工智能、新能源等，那区块链也是属于信息基础设施产业重要的组成部分，社会需要打造可信社会的基础设施，从信息互联网到价值互联网再到秩序互联网。不断地完善体系及规则，利用区块链构建了基于技术规则的低成本信用机制，推动法律约束与执行走向智能化。

就业需要　随着产业的持续升级创新，新型职业也在涌现，新型人才需求也在增加，2020年人力资源和社会保障部联合市场监管总局、国家统计局近日正式向社会发布9个新职业，其中包含“区块链工程技术人员”“区块链应用操作员”我国工业和信息化部也已经发布了《区块链产业人才岗位能力要求》标准，该标准立足区块链领域的实际岗位需求，提出了区块链核心研发岗位、实用技术岗位和行业应用岗位3类人才，21个具体岗位的能力要求。明确了企业遴选区块链岗位人才以及为普通高等院校提供人才培养、课程设置方面的参考。

二、区块链缘起及发展历程

（一）区块链的发展历经了1.0、2.0、3.0时代

从2.0时代到3.0时代，区块链有了很大的改变，将技术、市场、政策进行了有效融合。产业数字化创新、冲击美元霸权、应用前景与应用价值得到认同，引起世界各国的广泛重视。区块链可以分为公有链、联盟链和私有链。

公有链是全网公开，自由进出，无用户授权机制，所有节点地位相同，交易匿名。联盟链只允许授权的节点加入网络，根据所授权限读写信息。各网络节点地位不同，交易实名。

私有链是所有网络中的节点,都在一家机构手中。机构外无权读写。各网络节点地位不同,交易实名。

(二)区块链分类方式说明(图 9-1-1)

公有链是无许可。全球参与。任何人可自由使用。数据全透明。任何节点上的人都可以写数据。任何节点上的人都可以看数据。信任机制:靠技术。

联盟链有许可。多方协作。联盟内用。有准入机制。N 个机构共同管理。每个机构 1 个或多个节点。节点数据读写限范围。规则内部商定。信任机制:集体背书。

私有链有许可。完全私有。集团机构内部使用。需要授权才能加入节点。写入权限由机构控制。被允许的节点,是需求有选择的开放数据的权限。信任机制:自己背书。

技术维度上区块链是使用密码技术链接将共识确认过的区块按顺序追加而形成的分布式账本。区块链是一种多方共同维护,使用密码学保证传输和访问安全能够实现数据一致存储难以篡改,防止抵赖的记账技术。也称为分布式账本技术。

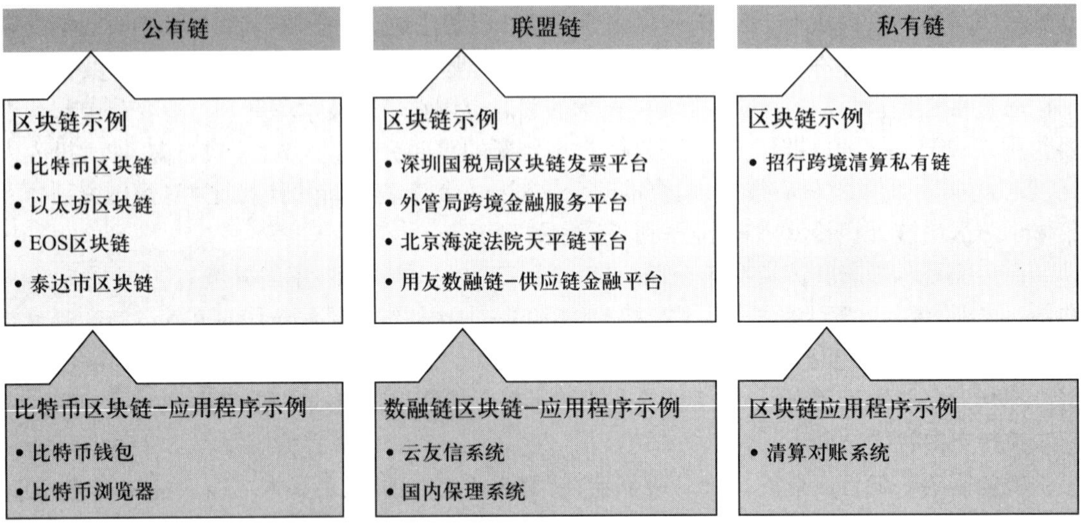

图 9-1-1　公有链、联盟链、私有链

(三)区块链的五类基础技术

(1)密码学技术。解决数据安全。

(2)点对点交易技术。解决交易可信。

(3)分布式储存技术。解决数据多点储存。

(4)共识技术。解决数据写入一致性。

(5)智能合约技术。解决数据读写规则固化。

三、区块链概念认知

区块链是使用密码技术链接将共识确认过的区块按顺序追加而形成的分布式账本。

区块链技术是"集成技术",是多种技术的统称;区块链本质上是一个低效的数据库(因为要做多方共识动作)每个区块链都是"独一无二"的个体,各自围绕所达成的场景目标而构建,集成多种技术来实现预期目标。每个区块链上都具有自己的区块链应用程序(Dapp)。

四、区块链发展前景

技术标准研发形成良好格局。当前的区块链应用如同早期的“野蛮生长”的信息互联网一般,呈现出技术发展和应用中的诸多乱象。乱象的发生源自于技术标准的缺位。可以预见,随着区块链应用的持续高速发展,会呈现“由乱到治”的发展态势,相关的技术标准研发受到广泛的重视。

横向的跨链互联互通区块链标准体系走向完善。《区块链服务网络 BSN 底层框架适配标准》,各个联盟链底层架构想要部署在 BSN 中进行应用,就必须按照该标准进行适配。

BSN 上的开发者可以使用同一密钥证书通过授权许可,同时接入不同底层框架的不同应用。这一标准化的操作,既方便开发者使用 BSN 服务网络,同时也实现了不同框架间的跨链数据交互。

纵向的区块链技术分层标准体系走向完善。国内区块链创新中均采用联盟链,纵向的分类可将其分为区块链底层框架技术、BaaS 平台接入与管理技术以及在 BaaS 平台之上的应用开发技术、项目实施和运维技术等。

各类行业标准形成体系。区块链的集成应用涉及多方合作,影响范围较大,在缺乏应用标准指导的情况下,带来的变革风险非常大。

区块链金融相关标准化工作已经开展,未来将更加呈现为多层次、多元化的标准研发的格局。其中与区块链创新前沿联系最紧密的行业标准、团体标准等将是其中的重点。

(1)2019 年 12 月,“保险行业区块链应用技术标准制定工作启动暨区块链保险应用白皮书发布仪式”在上海保交所举行,启动推进“保险行业区块链应用技术标准”建设工作。

(2)2020 年 2 月,《金融分布式账本技术安全规范》(R/T0184-2020)金融行业标准由中国人民银行正式发布。

(3)2020 年 4 月,中国互联网金融协会启动研究推进金融领域区块链应用系统通用评价规范、区块链跨链协议、区块链开源软件测评和区块链供应链金融应用规范等团体标准研制工作。

(4)2020 年 7 月,中国物流与采购联合会发布团体标准《食品追溯区块链技术应用要求》,为金融企业参与食品溯源的金融服务提供了条件。

(5)2020 年 8 月,中国证券业协会发布《关于推进证券行业数字化转型发展的研究报告》。报告提出,加快出台行业标准,逐步建立完善人工智能、区块链、云计算、大数据等数字技术在证券行业的应用标准和技术规范。

(6)2021 年 7 月,在中国信通院和浙江财政厅的指导下,蚂蚁集团联合 20 多家国内科技企业,完成了《区块链电子票据应用技术规范》的编写,标准内容包括技术框架、测试目标、测试步骤、预期结果等,能够为区块链平台建设方、运营方、监管方、开票机构、报销机构、测评机构等参与方对区块链票据系统的性能、安全的测评,提供规范且适用于对区块链电子票据系统的设计、建设、开发、测试、部署和应用等场景。

金融监管机制实现创新。区块链具不可篡改、可追溯的特性,可以便利监管接入并获得更加全面实时的监管数据,可以有效地提升穿透式监管的实施效率。区块链使监管能够对历史数据进行调阅,实现监管政策全面覆盖。

1. 区块链造就金融监管信息共享模式

监管机构可作为区块链联盟方参与建设，从层层监管、单一监管转变为共同监管、穿透式监管，在降低监管成本的同时凸显监管的全新效果。

当交易中存在非法行为时，监管机构可以直接调用链上相关交易电子数据，而无需交易当事人提交相应材料。

2. 依靠智能合约保障交易的合规性

基于智能合约的各项优势，将各项法律法规、相关政策、技术要求等写入智能合约中，并利用现有的预警算法和预警模型融入大数据技术构建金融风险预警系统，监管机构能在第一时间获得真实有效的信息数据，提高监管效率。

共建一体化新型服务生态。数字经济时代，客户金融需求日趋生活化、场景化，实现“金融 + 场景”方式下的多方开放合作，构建金融服务生态圈，成为金融服务企业，尤其是银行企业必须具备的一种适应数字经济时代的新能力。

1. 区块链 + 政务 + 金融

各类财政资金的使用监管将进一步加强并向末梢延伸，帮助实现政务资金使用的效率提升、过程合规、防范腐败。银行等金融机构通过提供资金流的数据信息，融入政务平台。

2. 区块链 + 医疗 + 金融

依托区块链技术连通区域性医疗资源，基于数据共享的医疗健康生态圈有望建立，形成政府、医疗机构、居民、银行、药店、药械厂家、医保、商业保险等多方的互联互通，进行全方位的医疗健康大数据资源的积累。

3. 区块链 + 教育 + 金融

通过区块链技术的多方合作机制，引入金融机构进行金融服务创新，适时提供与教育培训相关的嵌入式金融服务。例如，帮助解决在校学生助学金的管理公正性问题，在进行“先培训、后付款”的培训机构业务中参与构建可信的学校、培训机构、金融企业参与的社会化培训体系业务流程之中。

支撑探索社会治理新模式。在粗放式发展的年代，社会信用的建设受到忽视，不得不付出高昂的信用成本。在讲求质量发展、内涵式发展的当下，信用建设成为整个社会关注的重点；区块链在金融领域的创新应用，对建设可信社会、探索社会治理新模式等方面都将发挥重要支撑作用。

促进社会信用建设。金融信用是社会信用体系的重要组成部分，以金融信用共享模式为蓝本，可以期待未来实现进一步建立政府机构、金融机构、企业多方互认的联盟生态，也即实现“联盟链公有化”，进一步重塑社会信用机制，降低社会治理成本。

探索社会治理新模式。通过区块链技术的应用，业务相关、利益相关的多方社会机构可以构建一个相互协作的平台，在行为合规的前提下，公开可被广泛关注的焦点数据和业务逻辑，通过多方参与形成更加公平、更加开放的治理体系，例如，针对个别慈善机构、众筹互助平台出现的信任危机问题，可借助区块链金融公益服务，实现商业与公益的平衡，实现公益行为的社会化监督，抑制公益行为中的内部人腐败现象。

练习题

一、单选题

1. 区块链发展历程中，哪个说法是正确的（　　）。
   A. 区块链 1.0 时代，典型代表是比特币
   B. 区块链 2.0 时代，典型代表是以太坊
   C. 区块链 3.0 时代，典型代表是 fabric 联盟链
   D. 以上都对
2. 区块链缘起于（　　）的出现。
   A. 中本聪　　B. 智能合约　　C. 比特币　　D. 以太币
3. 习近平总书记 10 月 24 日的讲话确立了区块链的国家战略地位，讲话时间是（　　）。
   A. 2017 年　　B. 2018 年　　C. 2019 年　　D. 2020 年

二、判断题

区块链互联网 BSN 解决了区块链应用开发的高性能问题。（　　）

任务 2　区块链与数字经济

情景导入

区块链与数字经济

国务院印发的《“十四五”数字经济发展规划的通知》提出：到 2025 年，数字经济迈向全面扩展期，数字技术与实体经济融合取得显著成效，数字经济治理体系更加完善，我国数字经济竞争力和影响力稳步提升。数字经济长足稳健发展，要从数字经济运行的秩序基础建设着手。想要高效、稳定且可迭代地搭建起数字世界的底层秩序基础，区块链技术将是很好的解决方案，并且它将成为构建数字世界亟需的“新基建”。

一、区块链是数字经济发展的关键技术

区块链在我国数字经济发展中发挥了重要作用，主要表现在以下几个方面：

第一，区块链是奠定我国数字经济发展基础的关键技术。数字经济价值在于将传统固化于“点”的价值转变为“链网”价值，这意味着在数字世界实现价值传递非常重要。互联网可以做到信息互通却无法传递价值；而区块链能够对数据的所有权进行确权，解决了物理世界物品唯一性和数字世界中复制边际成本为零的矛盾，实现了物理世界物品到数字世界的唯一映射问题，基于此，价值得以顺利传递和转移。基于数字资产的可信流转，区块链技术未来将从以信用为核心的产业渗透扩张开，形成覆盖各类产业的“区块链 +”新业态，实现对数字经济的全方位赋能。

第二，区块链是促进产业生态融合创新的重要纽带。经济数字化转型，不仅是将各类经济主体活动迁移到数字世界，其本质在于通过数字世界实现不同主体间数据的连结和共享，从而打通物理世界隔阂，创建互联互通的经济体系。如果没有分布式共识技术，经济的数字化转型很可能只能局限在有限个体的有限内部，导致数字化的价值无法充分释放。区块链将为产业链上下游等各类主体间进行生产协同、信息共享、资源整合、柔性管理提供保障，从而促成经济数字化转型中最大限度的合作与共创，逐步实现分布式的、无边界的资源配置模式和生产方式，带动经济发展降本增效，并极大促进跨界创新的产生。

第三，区块链是打造可信数字化商业模式的坚强保障。商业和公共服务的数字化转型正在为我国居民提供更加便利的数字生活体验和数字服务体系，然而在迅猛发展的消费互联网背后，依然存在着很多亟待解决的问题和危机。例如，电商零售商品及餐饮食品的质量安全问题、医疗数据上线的隐私问题、数字家政产业中的资信审查问题等。区块链技术具可追溯、不易篡改的特征，其将大大降低商业模式创新过程中产生的各类风险，消除居民数字化生活中存在的安全隐患；同时基于其信任体系保障，生活数字化转型的领域和场景才能不断扩大，为民众创造更多数字化生活福利。

第四，区块链是实现数字经济高效治理的底层基座。复杂多样的经济活动与商业模式创新，以及新冠疫情等不确定性事件的发生，对政府的协调、决策和应急响应能力提出了重大挑战。区块链分布式共识技术特点有利于促使治理相关方进行数据共享和流通，将分散且滞后的信息系统化、实时化，进而全面提升政府的管理服务、统筹协调能力，不仅实现“一网通办”，更能够联合多方力量增强政府在各领域的精益管理能力。同时，基于区块链智能合约可以实现多人同时报送、多方全局确认的新模式，有利于建立公开透明、参与度高的社会监管体系，增强民众对于政府治理的信任度和美誉度，提升政府公信力。

第五，区块链是引领我国数字技术突破创新的重要力量。区块链是信息科学领域的新兴交叉学科，当前我国在这一新赛道处于国际领先位置，有充分资格争取该领域规则制定权。例如，我国上海树图区块链研究院凭借自主研发的 Conflux 树图公有区块链成为了区块链技术领域的全球领跑者，被电气与电子工程师协会（IEEE）授权作为《区块链系统应用接口规范》国际标准制定工作组主席机构，主导该项标准的制定工作。区块链技术完全有基础也有能力成为中国科技自立自强的重要支撑，以及我国发力原始创新在第四次工业革命浪潮中实现超越式发展的重要支柱力量。

二、未来区块链的发展方向及建设重点

面向数字经济发展未来，区块链的建设发展亟须在以下 3 个方面着力：

一是大力推进区块链作为数字经济发展的新基础设施建设。加快明确区块链技术在我国数字经济发展中的功能定位，制定区块链技术发展规划，构建促进区块链技术发展的良好政策环境，加强科技、产业、教育、金融等配套政策的支持和引导力度。加快制定规范区块链技术发展的法律法规，保障区块链技术发展行稳致远。

二是加强对于区块链技术的标准建设及创新人才培养。加强区块链基础理论研究与技术研发工作，大力布局区块链技术标准建设，打造我国在区块链技术领域的国际话语权和影响力。加大专业型和复合型人才培养力度，尤其要强化同时熟悉区块链技术和行业应用场景的复合型人才培养力度。

三是推动区块链技术与应用场景有机结合并形成典型示范。区块链产业要想进一步突破创新瓶颈,离不开技术和场景的深度融合。目前很多应用场景存在“借热点”“博眼球”现象,并未充分考虑区块链相对于其他替代方案的优势及成本问题,导致案例缺乏代表性,给人留下“技术华而不实”的印象。只有实事求是,在真正需要且适合区块链应用落地的领域展开示范工程建设,才能真正形成示范带动效应。

知识准备

一、区块链与数字经济

什么是数字经济?我国的信息通信研究院在2020年7月发表了《中国数字经济发展白皮书》数字经济是以数字化的知识和信息作为关键生产要素。以数字技术为核心驱动力、以现代信息网络为重要载体。通过数字化技术与实体经济深度融合。不断提高数字化、网络化、智能化水平。加速重构经济发展与治理模式的新型经济形态。

区块链助力数字经济四化协同发展,数据价值化、数字企业化、产业数字化、数字化治理,2019年中国国际经济交流中心副理事长黄奇帆把区块链技术比喻为更先进的“基因改造技术”。

区块链集成应用推动各类数字技术融合发展包括:云计算、大数据、物联网、人工智能、下一代网络、加密技术等。

区块链可为重要的“数据要素”是提供确权、定价、交易的平台,例如政府数据、社会公共数据、政务商业个人隐私数据等。

区块链可为数字经济下各类社会公共服务,为商业服务的生命周期全流程打通,提供社会级的连接、协同、共享《供应链》级工作平台。可为商流、物流、资金流、信息流协同。实现供应链整体效率、成本、质量的优化改进。

区块链成为国家战略意味着什么?①国际市场竞争表明数字经济的国际竞争需要区块链。②未来市场竞争区块链影响到国家经济的未来发展。③占领创新制高点,取得产业新优势,技术要落实到应用创新上,强调“用“而非技术本身。

区块链需要聚焦数字经济的5个方面的公共基础设施建设,重构社会生产活动协作关系。其中5个方面的公共基础设施包含了,第1区块链加金融也就是金融服务领域。第2区块链加政务(企业服务管理)。第3区块链加民生。第4区块链加城市设施。第5区块链加政务(政务共享服务)。

二、区块链改变生成关系

区块链带来的数字经济时代的革命性变化,就是改变了数字经济时代的生产关系,也就是涉及国家政治,不存在是一个技术问题。政治经济学中的两个重要概念,生产力及生产关系,二者是如何进行关联,区块链在其中起着非常重要的作用。其中区块链改变了生产关系后台基础设施的定位。

同样区块链技术也在改变着生产协作关系。那我们说到区块链是数字经济时代的基础设施,它能淡化社会组织的边界,重构社会组织,经济活动中人与人之间的相互关系带来市场游戏规则的调整,优化和进步涉及了大量的思政教育。国家市监总局起草了《关于平台经济领域的反垄断指南》该指南主要是为了预防和制止平台经济领域垄断行为。引导平台经济领域经营者依法合规经营。促进线上经济持续健康发展。北京银保监局也发文规范了银行与金融科技公司的生产协作关。

三、区块链创新思维

数字经济时代,区块链推动了生产力的发展数字经济时代,数据是核心生产要素、生产协作需要可信的数据,需要我们区块链进行保护。同时区块链不仅改变了生产关系,也改变了生产力。区块链通过连接生态的各个IT系统。解决多个业务之间数据的相互信任问题。推动社会生产力发展。区块链如果进行应用创新,就需要有区块链创新的思维。

区块链创新思维的6维度模型。该模型研究提出,可用于指导基于区块链技术的产业应用创新,完善区块链应用创新方案。这6个维度包括适用场景、痛点识别、创新要点、商业落地、技术实现、创新效果(图9-2-1)。

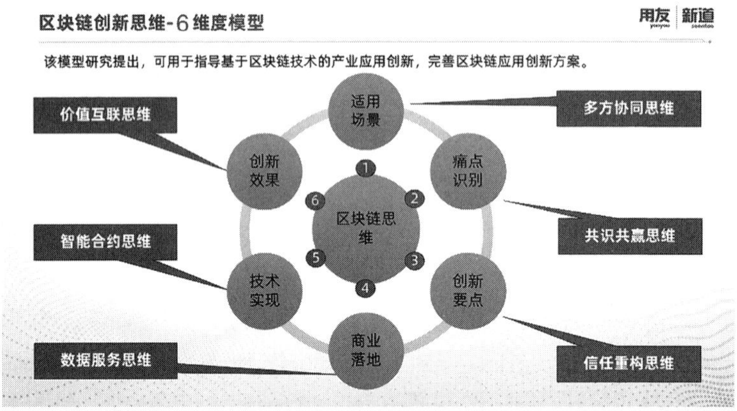
区块链创新思维-6维度模型
用友 新道
该模型研究提出，可用于指导基于区块链技术的产业应用创新，完善区块链应用创新方案。
价值互联思维
多方协同思维
智能合约思维
共识共赢思维
数据服务思维
信任重构思维
适用场景
痛点识别
创新要点
商业落地
技术实现
创新效果
区块链思维
1
2
3
4
5
6

图9-2-1　6维度模型

四、区块链缘起的比特币技术

实物货币到数字货币,经历了4个阶段。实物货币——纸币——电子货币——数字货币(图9-2-2)。其中数字货币是以比特币为代表的分布式数字货币,大家都有权记账,货币不能超发。

用友 新道
互联网技术
区块链技术
实物货币
贝壳、金银等具有稀缺性，作为实物货币充当一般等价物
纸币
以国家信用背书的纸币，制作成本极低，相比实物货币便于携带
电子货币
中心化的电子货币，如发工资在银行卡账户上做加法，买衣服在银行卡账户上做减法
数字货币
以比特币为代表的分布式数字货币，大家都有权记账，货币不能超发

图9-2-2　实物货币到数字货币阶段

在 2009 年 1 月，首个比特币开源客户端和首批比特币发布，比特币网络正式上线。比特币网络有开源、去中心化、P2P、匿名密码货币协议；不需要任何个人信息，只需很少的信任；不受任何中央机构监管，但受密码学算法约束。

五、中国虚拟货币监管政策

1.《关于防范比特币风险的通知》

关于防范比特币风险的通知如图 9-2-3 至图 9-2-5 所示。

五部委《关于防范比特币风险的通知》(1)

用友｜新道

中国人民银行等五部委《关于防范比特币风险的通知》(2013年12月3日)

近期，一种通过特定计算机程序计算出来的所谓"比特币"（Bitcoin）在国际上引起了广泛关注，国内也有一些机构和个人借机炒作比特币及与比特币相关的产品。为保护社会公众的财产权益，保障人民币的法定货币地位，防范洗钱风险，维护金融稳定，依据《中华人民共和国中国人民银行法》、《中华人民共和国反洗钱法》、《中华人民共和国商业银行法》、《中华人民共和国电信条例》等有关法律法规，现将有关事项通知如下：

一、正确认识比特币的属性

比特币具有没有集中发行方、总量有限、使用不受地域限制和匿名性等四个主要特点。虽然比特币被称为"货币"，但由于其不是由货币当局发行，不具有法偿性与强制性等货币属性，并不是真正意义的货币。从性质上看，比特币应当是一种特定的虚拟商品，不具有与货币等同的法律地位，不能且不应作为货币在市场上流通使用。

二、各金融机构和支付机构不得开展与比特币相关的业务

现阶段，各金融机构和支付机构不得以比特币为产品或服务定价，不得买卖或作为中央对手买卖比特币，不得承保与比特币相关的保险业务或将比特币纳入保险责任范围，不得直接或间接为客户提供其他与比特币相关的服务，包括：为客户提供比特币登记、交易、清算、结算等服务；接受比特币或以比特币作为支付结算工具；开展比特币与人民币及外币的兑换服务；开展比特币的储存、托管、抵押等业务；发行与比特币相关的金融产品；将比特币作为信托、基金等投资的投资标的等。

五部委《关于防范比特币风险的通知》(2)

用友｜新道

三、加强对比特币互联网站的管理

依据《中华人民共和国电信条例》和《互联网信息服务管理办法》，提供比特币登记、交易等服务的互联网站应当在电信管理机构备案。

电信管理机构根据相关管理部门的认定和处罚意见，依法对违法比特币互联网站予以关闭。

四、防范比特币可能产生的洗钱风险

中国人民银行各分支机构应当密切关注比特币及其他类似的具有匿名、跨境流通便利等特征的虚拟商品的动向及态势，认真研判洗钱风险，研究制定有针对性的防范措施。各分支机构应当将在辖区内依法设立并提供比特币登记、交易等服务的机构纳入反洗钱监管，督促其加强反洗钱监测。

提供比特币登记、交易等服务的互联网站应切实履行反洗钱义务，对用户身份进行识别，要求用户使用实名注册，登记姓名、身份证号码等信息。各金融机构、支付机构以及提供比特币登记、交易等服务的互联网站如发现与比特币及其他虚拟商品相关的可疑交易，应当立即向中国反洗钱监测分析中心报告，并配合中国人民银行的反洗钱调查活动；对于发现使用比特币进行诈骗、赌博、洗钱等犯罪活动线索的，应及时向公安机关报案。

五部委《关于防范比特币风险的通知》(3)

用友｜新道

五、加强对社会公众货币知识的教育及投资风险提示

各部门和金融机构、支付机构在日常工作中应当正确使用货币概念，注重加强对社会公众货币知识的教育，将正确认识货币、正确看待虚拟商品和虚拟货币、理性投资、合理控制投资风险、维护自身财产安全等观念纳入金融知识普及活动的内容，引导社会公众树立正确的货币观念和投资理念。

各金融监管机构可以根据本通知制定相关实施细则。

请中国人民银行上海总部，各分行、营业管理部、省会（首府）城市中心支行将本通知转发至辖区内各地方性金融机构和支付机构。本通知执行过程中发现的新情况、新问题，请及时向中国人民银行报告。

中国人民银行　工业和信息化部　银监会　证监会　保监会

图 9-2-3 《关于防范比特币风险的通知》

内蒙古五部门《关于检查清理整顿虚拟货挖矿企业的通知》

用友 | 新道

内蒙古五部门发布《关于检查清理整顿虚拟货挖矿企业的通知》

（2019年11月11日）

各盟市工业和信息化局：

按照《内蒙古自治区工业和信息化厅 发改委 公安厅 地方金融监督管理局 大数据发展管理局关于检查清理整顿虚拟货币“挖矿”企业的通知》（内工信信软字〔2019〕384号）文件部署，自治区联合检查组赴部分盟市，对虚拟货币“挖矿”企业清理整顿情况进行联合检查，现将有关事项通知如下。

一、检查的主要内容

分析各盟市上报的材料和自治区掌握的相关数据为基础，重点摸清与实体经济无关、规避监管、能耗较大，以“大数据产业”为包装享受地方电价、土地和税收等方面的优惠政策的虚拟货币“挖矿”企业为目的开展此次检查。

二、检查时间

自2019年11月11日—11月25日。

三、检查人员分组及地区（略）

四、相关要求

（一）各盟市一定要高度重视，加强领导，组织专门力量，做好与检查组的配合衔接工作，为检查组提供必要的交通工具等保障，确保本次检查工作取得实效。

（二）自治区制定统一“挖矿”企业检查技术标准，检查组在全区检查时按照统一标准进行检查。

（三）各盟市提前作好与公安等相关部门和相关企业衔接沟通工作，为检查组顺利开展工作提供保障。对无故阻扰和不配合检查组正常开展检查工作的个别公司按“挖矿”企业论处，造成恶劣影响的要追究企业应承担的法律责任。

图 9-2-4 内蒙古五部门《关于检查清理整顿虚拟货挖矿企业的通知》

2021-05-21：国务院金融委出手，打击比特币挖矿和交易行为（1）

用友 | 新道

强化平台企业金融活动监管，打击比特币挖矿和交易行为，坚决防范个体风险向社会领域传递

国务院金融委出手，打击比特币挖矿和交易行为（2）

用友 | 新道

- 上述消息公布后，虚拟货币再度狂跌，1小时爆仓17亿
  - 比特币价格直线跳水，10分钟跌逾3000美元，一度击穿34000美元，较上月历史最高点64900美元，缩水超47%。
  - 以太坊日内跌8%
  - 瑞波币跌超10%。

图 9-2-5 打击比特币挖矿和交易行为

2. 禁止通证发行集资的监管政策（图 9-2-6 至图 9-2-9）

《关于防范代币发行融资风险的公告》(1)

中国人民银行 中央网信办 工业和信息化部 工商总局 银监会 证监会 保监会关于防范代币发行融资风险的公告（2017-09-04）

近期，国内通过发行代币形式包括首次代币发行（ICO）进行融资的活动大量涌现，投机炒作盛行，涉嫌从事非法金融活动，严重扰乱了经济金融秩序。为贯彻落实全国金融工作会议精神，保护投资者合法权益，防范化解金融风险，依据《中华人民共和国人民银行法》、《中华人民共和国商业银行法》、《中华人民共和国证券法》、《中华人民共和国网络安全法》、《中华人民共和国电信条例》、《非法金融机构和非法金融业务活动取缔办法》等法律法规，现将有关事项公告如下：

一、准确认识代币发行融资活动的本质属性

代币发行融资是指融资主体通过代币的违规发售、流通，向投资者筹集比特币、以太币等所谓“虚拟货币”，本质上是一种未经批准非法公开融资的行为，涉嫌非法发售代币票券、非法发行证券以及非法集资、金融诈骗、传销等违法犯罪活动。有关部门将密切监测有关动态，加强与司法部门和地方政府的工作协同，按照现行工作机制，严格执法，坚决治理市场乱象。发现涉嫌犯罪问题，将移送司法机关。

代币发行融资中使用的代币或“虚拟货币”不由货币当局发行，不具有法偿性与强制性等货币属性，不具有与货币等同的法律地位，不能也不应作为货币在市场上流通使用。

定性：虚拟货币不是“币”

《关于防范代币发行融资风险的公告》(2)

二、任何组织和个人不得非法从事代币发行融资活动

本公告发布之日起，各类代币发行融资活动应当立即停止。已完成代币发行融资的组织和个人应当做出清退等安排，合理保护投资者权益，妥善处置风险。有关部门将依法严肃查处拒不停止的代币发行融资活动以及已完成的代币发行融资项目中的违法违规行为。

三、加强代币融资交易平台的管理

本公告发布之日起，任何所谓的代币融资交易平台不得从事法定货币与代币、“虚拟货币”相互之间的兑换业务，不得买卖或作为中央对手方买卖代币或“虚拟货币”，不得为代币或“虚拟货币”提供定价、信息中介等服务。

四、各金融机构和非银行支付机构不得开展与代币发行融资交易相关的业务

各金融机构和非银行支付机构不得直接或间接为代币发行融资和“虚拟货币”提供账户开立、登记、交易、清算、结算等产品或服务，不得承保与代币和“虚拟货币”相关的保险业务或将代币和“虚拟货币”纳入保险责任范围。金融机构和非银行五、社会公众应当高度警惕代币发行融资与交易的风险隐患。代币发行融资与交易存在多重风险，包括虚假资产风险、经营失败风险、投资炒作风险等，投资者须自行承担投资风险，希望广大投资者谨防上当受骗。

图 9-2-6 《关于防范代币发行融资风险的公告》

《关于防范以STO名义实施违法犯罪活动的风险提示》

北京市互联网金融行业协会《关于防范以STO名义实施违法犯罪活动的风险提示》

（2018/12/04）

2017年9月4日，中国人民银行等七部委联合发布《关于防范代币发行融资风险的公告》，明确指出“代币发行融资是指融资主体通过代币的违规发售、流通，向投资者筹集比特币、以太币等所谓‘虚拟货币’，本质上是一种未经批准非法公开融资的行为，涉嫌非法发售代币票券、非法发行证券以及非法集资、金融诈骗、传销等违法犯罪活动”。之后，人民银行、银保监会、中央网信办、公安部、市场监管总局、中国互联网金融协会及北京市地方金融监督管理局等也多次发布相关风险提示。

近期，我们发现仍有部分机构或个人以STO（Security Token Offering，即证券化代币发行）名义继续从事宣传培训、项目推介、融资交易等相关活动。

在此，我们郑重提醒本市各相关机构和个人：所有金融业务都要纳入监管。STO涉嫌非法金融活动，应严格遵守国家法律和监管规定，立即停止关于STO的各类宣传培训、项目推介、融资交易等活动。涉嫌违法违规的机构和个人将会受到驱离、关闭网站平台及移动APP、吊销营业执照等严厉惩处。

同时，提醒广大投资者应保持理性，增强风险防范意识，主动抵制违法违规金融活动，谨防上当受骗。对于发现的违法犯罪线索，可积极向有关部门举报。

图 9-2-7 《关于防范以 STO 名义实施违法犯罪活动的风险提示》

《关于防范虚拟货币交易炒作风险的公告》2021年5月18日

用友 | 新道

近期，虚拟货币价格暴涨暴跌，虚拟货币交易炒作活动有所反弹，严重侵害人民群众财产安全，扰乱经济金融正常秩序。为进一步贯彻落实中国人民银行等部门发布的《关于防范比特币风险的通知》《关于防范代币发行融资风险的公告》等要求，防范虚拟货币交易炒作风险，中国互联网金融协会、中国银行业协会、中国支付清算协会联合就有关事项公告如下：

一、正确认识虚拟货币及相关业务活动的本质属性

虚拟货币是一种特定的虚拟商品，不由货币当局发行，不具有法偿性与强制性等货币属性，不是真正的货币，不应且不能作为货币在市场上流通使用。

开展法定货币与虚拟货币兑换及虚拟货币之间的兑换业务、作为中央对手方买卖虚拟货币、为虚拟货币交易提供信息中介和定价服务、代币发行融资以及虚拟货币衍生品交易等相关交易活动，违反有关法律法规，并涉嫌非法集资、非法发行证券、非法发售代币票券等犯罪活动。

二、有关机构不得开展与虚拟货币相关的业务

金融机构、支付机构等会员单位要切实增强社会责任，不得用虚拟货币为产品和服务定价，不得承保与虚拟货币相关的保险业务或将虚拟货币纳入保险责任范围，不得直接或间接为客户提供其他与虚拟货币相关的服务，包括但不限于：为客户提供虚拟货币登记、交易、清算、结算等服务；接受虚拟货币或将虚拟货币作为支付结算工具；开展虚拟货币与人民币及外币的兑换服务；开展虚拟货币的储存、托管、抵押等业务；发行与虚拟货币相关的金融产品；将虚拟货币作为信托、基金等投资的投资标的等。

金融机构、支付机构等会员单位应切实加强虚拟货币交易资金监测，依托行业自律机制，强化风险信息共享，提高行业风险联防联控水平；发现违法违规线索的，要及时按程序采取限制、暂停或终止相关交易、服务等措施，并向有关部门报告；同时积极运用多渠道、多元化的触达手段，加强客户宣传和警示教育，主动做好涉虚拟货币风险提示。

互联网平台企业会员单位不得为虚拟货币相关业务活动提供网络经营场所、商业展示、营销宣传、付费导流等服务，发现相关问题线索应及时向有关部门报告，并为相关调查、侦查工作提供技术支持和协助。

三、消费者要提高风险防范意识，谨防财产和权益损失

虚拟货币无真实价值支撑，价格极易被操纵，相关投机交易活动存在虚假资产风险、经营失败风险、投资炒作风险等多重风险。从我国现有司法实践看，虚拟货币交易合同不受法律保护，投资交易造成的后果和引发的损失由相关方自行承担。

广大消费者要增强风险意识，树立正确的投资理念，不参与虚拟货币交易炒作活动，谨防个人财产及权益受损。要珍惜个人银行账户，不用于虚拟货币账户充值和提现、购买和销售相关交易充值码以及划转相关交易资金等活动，防止违法使用和个人信息泄露。

四、加强对会员单位的自律管理

各会员单位要严格落实国家有关监管要求，恪守行业自律承诺，坚决不开展、不参与任何与虚拟货币相关的业务活动。三家协会将加强对会员单位的自律监督，发现违反有关监管规定和行业自律管理要求的，将依照相关自律规范对其采取业内通报、暂停会员权利、取消会员资格等处分措施，并向金融管理部门报告，涉嫌违法犯罪的，将有关线索移送公安机关。

中国互联网金融协会 中国银行业协会 中国支付清算协会

2021年5月18日

图 9-2-8 《关于防范虚拟货币交易炒作风险的公告》

2021年7月6日央行《关于防范虚拟货币交易活动的风险提示》

用友 | 新道

《关于防范虚拟货币交易活动的风险提示》

为贯彻落实党中央、国务院关于打击虚拟货币交易的决策部署，防控虚拟货币交易炒作风险，保护人民群众财产安全，近期，北京市地方金融监督管理局联合中国人民银行营业管理部、怀柔区政府相关部门，对涉嫌为虚拟货币交易提供软件服务的北京取道文化发展有限公司予以清理整顿，责令该公司注销，官方网站已停用。

在此，我们郑重警告辖内相关机构，不得为虚拟货币相关业务活动提供经营场所、商业展示、营销宣传、付费导流等服务。辖内金融机构、支付机构不得直接或间接为客户提供虚拟货币相关服务。

同时，提醒广大消费者，应增强风险意识，树立正确的投资理念。不参与虚拟货币交易炒作活动，不盲目跟风虚拟货币相关投机行为，谨防个人财产及权益受损。要珍惜个人银行账户，不用于虚拟货币账户充值和提现、购买和销售相关交易充值码以及划转相关交易资金等活动，防止违法使用和个人信息泄露。及时举报虚拟货币交易相关违法违规线索，对其中涉嫌违法犯罪的，应及时向公安机关报案。

北京市地方金融监督管理局

人民银行营业管理部

2021年7月6日

图 9-2-9 《关于防范虚拟货币交易活动的风险提示》

练习题

一、选择题

1. 区块链国家战略要求抓住三点契机，指的是（　　）。

   A. 技术融合、产业协同、跨界共享

   B. 技术融合、功能拓展、产业细分

   C. 技术集成、信息变革、可信数据

2. 区块链改变生产关系，是通过（　　）。

   A. 采用去中心化技术　　B. 执行国家区块链战略　　C. 改变数据权

二、判断题

区块链钱包是存放私钥的容器。(　　)

任务 3　数字人民币(DCEP)应用

任务描述

学习 DCEP 与区块链的关系以及 DCEP 的试点运行和实操。

通过模拟【数字人民币申请】【数字人民币 App 注册】【数字人民币购物】流程,体验数字人民币的中签,设置以及购物的全流程。

数字人民币
(DCEP)应用

知识准备

数字人名币简称(DCEP),DCEP 不是公有链,因为它有准入控制,是实名而非匿名。

从它出现的第 1 天起中国人民银行就明确表示,DCEP 仅借用了区块链的关键概念,例如对等支付的可追溯性和防篡改性。在发行、清结算、支付、回收、销毁等环节,DCEP 并未完全照搬区块链技术。DCEP 是有准入和身份验证的。DCEP 钱包申请的最低条件是输入手机号,而国内的手机号是实名获得的,不是可以匿名使用。数字人民币用户使用密码符合大众的简单操作习惯,密码丢失可挂失,不使用公钥和私钥。它是全球首个在零售领域进入实验阶段的央行数字货币。

我国对数字人名币的管理也是非常严格的,2019 年我国中国人民银行发布了关于冒用人民币银行名义发行或推广法定数字货币情况的公告(图 9-3-1)。

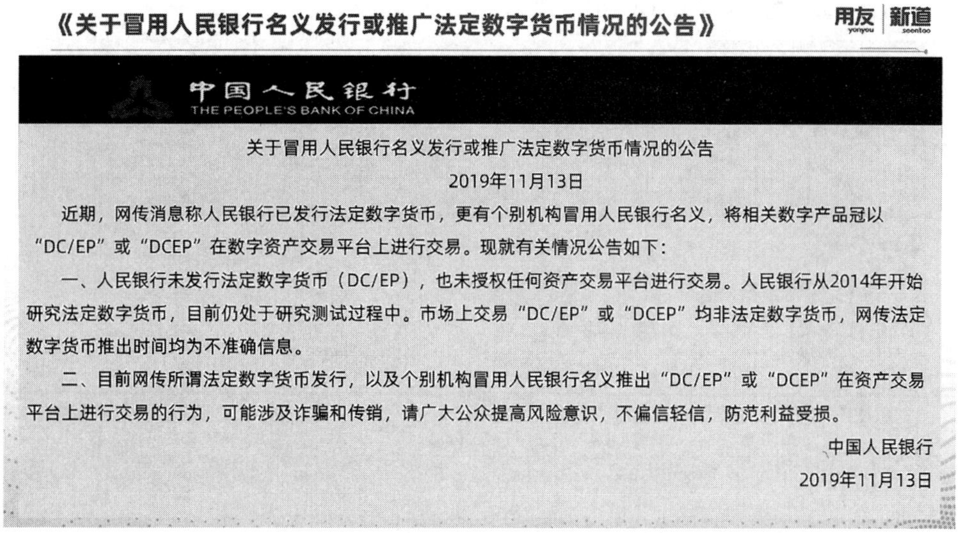
《关于冒用人民银行名义发行或推广法定数字货币情况的公告》

中国人民银行
THE PEOPLE'S BANK OF CHINA

关于冒用人民银行名义发行或推广法定数字货币情况的公告

2019年11月13日

近期,网传消息称人民银行已发行法定数字货币,更有个别机构冒用人民银行名义,将相关数字产品冠以"DC/EP"或"DCEP"在数字资产交易平台上进行交易。现就有关情况公告如下:

一、人民银行未发行法定数字货币(DC/EP),也未授权任何资产交易平台进行交易。人民银行从2014年开始研究法定数字货币,目前仍处于研究测试过程中。市场上交易"DC/EP"或"DCEP"均非法定数字货币,网传法定数字货币推出时间均为不准确信息。

二、目前网传所谓法定数字货币发行,以及个别机构冒用人民银行名义推出"DC/EP"或"DCEP"在资产交易平台上进行交易的行为,可能涉及诈骗和传销,请广大公众提高风险意识,不偏信轻信,防范利益受损。

中国人民银行

2019年11月13日

图 9-3-1 《关于冒用人民银行名义发行或推广法定数字货币情况的公告》

数字人民币钱包分为 App 钱包和硬件钱包。App 钱包是指数字人民币钱包的智能化应用。硬件钱包是指通过柜台或电子渠道开通的储存数字人民币的物理媒体。它是带有硬件安全单元介质的 DCEP 载体。具有取款、存款消费,转账查询等基本功能(图 9-3-2)。

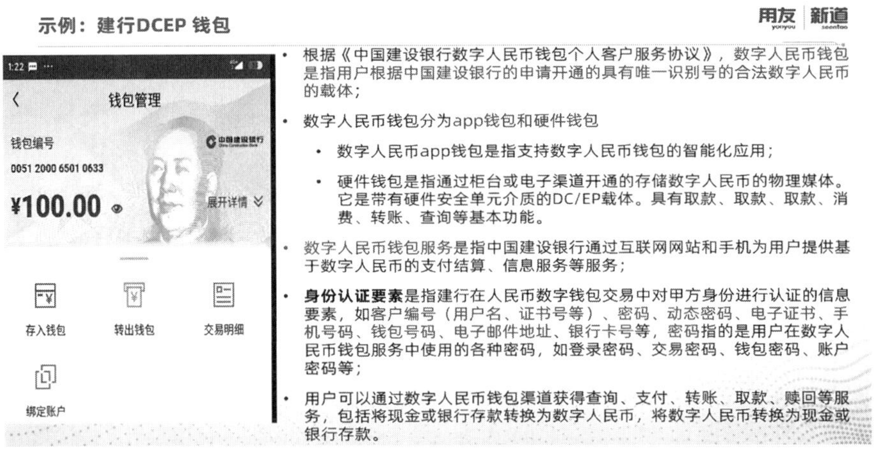
示例：建行DCEP 钱包
用友 新道
钱包管理
钱包编号
0051 2000 6501 0633
¥100.00
展开详情
存入钱包
转出钱包
交易明细
绑定账户
根据《中国建设银行数字人民币钱包个人客户服务协议》，数字人民币钱包是指用户根据中国建设银行的申请开通的具有唯一识别号的合法数字人民币的载体；
数字人民币钱包分为app钱包和硬件钱包
数字人民币app钱包是指支持数字人民币钱包的智能化应用；
硬件钱包是指通过柜台或电子渠道开通的存储数字人民币的物理媒体。它是带有硬件安全单元介质的DC/EP载体。具有取款、取款、取款、消费、转账、查询等基本功能。
数字人民币钱包服务是指中国建设银行通过互联网网站和手机为用户提供基于数字人民币的支付结算、信息服务等服务；
身份认证要素是指建行在人民币数字钱包交易中对甲方身份进行认证的信息要素，如客户编号（用户名、证书号等）、密码、动态密码、电子证书、手机号码、钱包号码、电子邮件地址、银行卡号等，密码指的是用户在数字人民币钱包服务中使用的各种密码，如登录密码、交易密码、钱包密码、账户密码等；
用户可以通过数字人民币钱包渠道获得查询、支付、转账、取款、赎回等服务，包括将现金或银行存款转换为数字人民币，将数字人民币转换为现金或银行存款。

图 9-3-2　建行 DCEP 钱包截图

目前,数字人民币钱包服务内容共有 9 项。分别是开立或注销、现金兑换、从账户兑出、兑回到账户、转账、挂失、升降级、绑定银行卡、小额免密服务。

数字人民币与比特币有哪些区别呢?首先发行主体是不同的,比特币无主体,它是一个挖矿产生的行为,数字人民币是我国央行发行的银行存款等额兑换。其次管理方式,比特币是去中心化、超主权无监管的;数字人民币是中心化、是有监管的。在价值背书、法律约束、流通方式、离线支付、支付特点、智能支付、记账特点、记账方式、钱包开设以及企业应用等方面,数字人民币都符合中国国情,并且受我国法律保护,是属于我国的数字货币(图 9-3-3)。

DCEP与比特币的异同简要分析　　用友 新道

序号	对比项目	虚拟币-比特币	数字人民币 DCEP
1	发行主体	无主体，挖矿产生（发行成本高），总量限制2100万	央行发行（发行成本低），银行存款等额兑换
2	管理方式	去中心化、超主权、无监管	中心化，中国货币主权，有监管
3	价值背书	无现实资产支撑，前途难料（有信众、有人炒才行）	有支撑，国家税收/国有资产，国家信用背书
4	法律约束	国内流通是非法的（国外美国、日本等合法）	法币，不能拒收
5	流通方式	匿名	可匿名、可实名
6	离线支付	不能离线支付	可“双离线支付”
7	支付特点	不方便，需要私钥（存在丢失资产风险）	方便，使用密码可找回，无需私钥
8	智能支付	不能加载智能合约，	可加载智能合约，自动支付
9	记账特点	比特币区块链分布式数据库为准	央行数据库为准
10	记账方式	挖矿即记账，争夺记账权，分布式记账	央行/银行/商户，中心化记账
11	钱包开设	比特币钱包，在比特币网络产生私钥、公钥、地址	DCEP钱包，通过商业银行开立，四类钱包
12	企业应用	Token 不可在中心化IT系统中使用	Token 可在中心化IT系统中使用

图 9-3-3　DCEP 与比特币的异同简要分析

数字人民币并未完全照搬区块链技术，仅引入了分布式账本技术，用于实现交易追溯。在发行清结算支付回收等销毁环节，数字人民币都坚持以央行为中心，基础上也以中心化系统为核心。

(1)按流程进行预约数字人民币。

(2)按流程进行数字人民币 App 注册。

(3)登录数字人民币 App 进行子钱包推送。

(4)使用数字人民币进行购物。

(5)登录数字人民币 App 查看购物历史。

练习题

1. DCEP 采用了区块链技术(　　)。
   A. DCEP 是公有链　　B. DCEP 不是公有链
2. DCEP 钱包(　　)。
   A. 可以挂失　　B. 不可以挂失
3. 用 DCEP 进行支付(　　)。
   A. 可以拒收　　B. 不可以拒收
4. 央行数字货币 DCEP(　　)。
   A. 可以炒作　　B. 不可以炒作
5. (多选)数字人民币是(　　)。
   A. 人民银行发行的数字形式的法定货币
   B. 由指定运营机构参与运营
   C. 以狭义账户体系为基础
   D. 支持银行账户松耦合功能
   E. 与实物人民币等价

参考文献

1. 张艳玲,鲍海峰. 会计电算化与 ERP 应用. 北京:化学工业出版社,2017.

2. 庞靖麒,马娟. ERP 供应链管理系统(用友 U8V10.1). 北京:北京理工大学出版社,2022.